ଓଡ଼ିଆ ସାହିତ୍ୟ-ସଂସ୍କୃତି ଓ
କବିଚନ୍ଦ୍ର କାଳୀଚରଣ

ଓଡ଼ିଆ ସାହିତ୍ୟ-ସଂସ୍କୃତି ଓ
କବିଚନ୍ଦ୍ର କାଳୀଚରଣ

ଡକ୍ଟର ସର୍ବେଶ୍ୱର ସେଣ

ବ୍ଲାକ୍ ଇଗଲ୍ ବୁକ୍ସ
ଭୁବନେଶ୍ୱର, ଓଡ଼ିଶା

BLACK EAGLE BOOKS
Dublin, USA

ଓଡ଼ିଆ ସାହିତ୍ୟ-ସଂସ୍କୃତି ଓ କବିଚନ୍ଦ୍ର କାଳୀଚରଣ / ଡକ୍ଟର ସର୍ବେଶ୍ୱର ସେଣ

ବ୍ଲାକ୍ ଇଗଲ୍ ବୁକ୍ସ : ଭୁବନେଶ୍ୱର, ଓଡ଼ିଶା • ଡବ୍‌ଲିନ୍, ଯୁକ୍ତରାଷ୍ଟ୍ର ଆମେରିକା

USA address:
7464 Wisdom Lane
Dublin, OH 43016

India address:
E/312, Trident Galaxy, Kalinga Nagar,
Bhubaneswar-751003, Odisha, India

E-mail: info@blackeaglebooks.org
Website: www.blackeaglebooks.org

First International Edition Published by
BLACK EAGLE BOOKS, 2025

ODIA SAHITYA- SANSKRUTI O KABICHANDRA KALICHARAN

By Dr. Sarbeswar Sena
E-mail : drssena@gmail.com
Cell: 9437088039

Cover & Interior Design: Ezy's Publication

ISBN- 978-1-64560-796-0 (Paperback)

Printed in the United States of America

ଉତ୍ସର୍ଗ

ମୋ ଧର୍ମପତ୍ନୀ ସ୍ୱର୍ଗୀୟା ବିଚକ୍ଷଣା ବିଶ୍ୱାଳଙ୍କ ସ୍ମୃତିରେ....

- ଡକ୍ଟର ସର୍ବେଶ୍ୱର ସେଣ

କୁମାର ପୂର୍ଣ୍ଣିମା
ତା୦୭.୧୦.୨୦୨୫

ସ୍ୱୀକାରୋକ୍ତି

ପ୍ରଫେସର ଡକ୍ଟର ସର୍ବେଶ୍ୱର ସେଣ ଓଡ଼ିଶାର ଜଣେ ଲବ୍ଧପ୍ରତିଷ୍ଠ ସାହିତ୍ୟ ସମାଲୋଚକ, ବିଶିଷ୍ଟ ଶିକ୍ଷାବିତ୍, ପ୍ରବୀଣବକ୍ତା, ଦକ୍ଷ ପ୍ରଶାସକ ତଥା ଖ୍ୟାତନାମା ସ୍ତମ୍ଭକାର। ଜଣେ ଆଦର୍ଶବାଦୀ ପ୍ରାଧ୍ୟାପକ, ଅଧ୍ୟକ୍ଷ ଓ ଛାତ୍ର ବତ୍ସଳ ଶିକ୍ଷକ ଭାବରେ ସେ ଓଡ଼ିଶାର ବିଭିନ୍ନ ସ୍ଥାନରେ ପରିଚିତ। ବୃତ୍ତି ତାଙ୍କର ଅଧ୍ୟାପନା; କିନ୍ତୁ ନିଶା ସାରସ୍ୱତ ସର୍ଜନା। ସାହିତ୍ୟ ସାଧନା, ଗବେଷଣା ଜରିଆରେ ସେ ଓଡ଼ିଆ ଭାଷା ଓ ସାହିତ୍ୟର ଉନ୍ନତିରେ ବିଶେଷ ଭାବେ ସହାୟକ ହୋଇଛନ୍ତି। ବିଭିନ୍ନ ସମ୍ବାଦପତ୍ର ଓ ସାହିତ୍ୟ ପତ୍ରିକାରେ ଡ. ସେଣଙ୍କର ବହୁ ଲେଖା ପ୍ରକାଶ ପାଉଛି। ଏଗୁଡ଼ିକର ପାଠକୀୟ ଆଦର ବି କିଛି ଊଣା ନୁହେଁ। ଜଣେ ବିଶିଷ୍ଟ ସ୍ତମ୍ଭକାର ଭାବେ ଡ. ସେଣ ବି ବେଶ୍ ଜଣାଶୁଣା। ପଦ୍ୟାତ୍ମକ ଗଦ୍ୟ ରଚନା ତାଙ୍କ ଶୈଳୀର ଗୋଟେ ନିଆରାପଣ। 'ଓଡ଼ିଆ ସାହିତ୍ୟ-ସଂସ୍କୃତି ଓ କବିଚନ୍ଦ୍ର କାଳୀଚରଣ' ଡ. ସେଣଙ୍କର ଗୋଟେ ଉପାଦେୟ ପ୍ରବନ୍ଧ ପୁସ୍ତକ।

ଓଡ଼ିଆ ସାହିତ୍ୟ-ସଂସ୍କୃତି ଜଗତର ଏକାଙ୍ଗ ଚକ୍ରବର୍ତ୍ତୀ କବିଚନ୍ଦ୍ର କାଳୀଚରଣ ପଟ୍ଟନାୟକ। କାୟ-ମନୋ-ବାକ୍ୟରେ ସେ ଜଣେ କଳାକାର। ଭଲ ପାଇଛନ୍ତି ଓଡ଼ିଆ ମା'-ମାଟି-ଭାଷାକୁ। ଜାତିର ସାଂସ୍କୃତିକଟେକ ପରିବର୍ଦ୍ଧନରେ ତାଙ୍କ ଦାନ ଅଦ୍ୱିତୀୟ। କଳା ପାଇଁ ତାଙ୍କର ସମର୍ପିତ ଜୀବନ। କବିଚନ୍ଦ୍ର ଜଣେ ଯଶସ୍ୱୀ ନାଟ୍ୟକାର, ଲବ୍ଧପ୍ରତିଷ୍ଠ କବି, ନିପୁଣ ଅଭିନେତା। ଅସାଧାରଣ ଓଡ଼ିଶୀ ସଂଗୀତ - ନୃତ୍ୟ ବିଶାରଦ ବି। ଓଡ଼ିଆ ନାଟ୍ୟ ସାହିତ୍ୟ, ସଂସ୍କୃତିର ଇତିହାସ ନିର୍ଣ୍ଣୟ କବିଚନ୍ଦ୍ରଙ୍କ ବିନା ଅସମ୍ଭବ। ତାଙ୍କର ବହୁ ନାଟକ କୋଟି ନାଟ୍ୟ ପ୍ରେମୀଙ୍କ ମନ ଜିଣିଛି। ଲଳିତ ମଧୁର ପଦାବଳୀ ସମ୍ବଳିତ ତାଙ୍କର କେତେକ ରାସଲୀଳା। ସେ ସବୁ ରସଗ୍ରାହୀ ପାଠକଙ୍କ ପ୍ରାଣ ଛୁଇଁଛି। କବିଚନ୍ଦ୍ର ରାସ-ରସ ଚଖାଇଛନ୍ତି। ସେ ଜଣେ ନିପୁଣ ଅଭିନେତା। ତାଙ୍କ ମାନସ ସନ୍ତାନ 'ଓଡ଼ିଶା ଥିଏଟର୍ସ'। ଅତୀତରେ ନାଟ୍ୟରସ ପରିବେଷଣ କରି ଅମାପ ଖ୍ୟାତି ଅର୍ଜନ କଲା। କଟକ ବେତାର କେନ୍ଦ୍ର, କଲିକତା ବେତାର କେନ୍ଦ୍ର - ଉଭୟର କଣ୍ଠଶିଳ୍ପୀ କବିଚନ୍ଦ୍ର। ତାଙ୍କ ସ୍ୱର ଭାରି ମିଠା। ଅନେକ ଓଡ଼ିଶୀ, ଛାନ୍ଦ, ଚଉପଦୀ, ଭଜନ ଜଣାଣ ଗାଇଲେ,

ମନ ମୋହିଲେ। କବିଚନ୍ଦ୍ର ଜଣେ ନିପୁଣ ଅଭିନେତା ଆଉ ସୁଦକ୍ଷ ନାଟ୍ୟ ନିର୍ଦ୍ଦେଶକ। ସେବେକା ସମୟ, ନାଟକରେ ନାରୀ ଭୂମିକା, ପୁରୁଷଟି ହିଁ ନାରୀ ବେଶପୋଷାକ ପିନ୍ଧି ଅଭିନୟ କରେ। କାଳୀଚରଣ ଆଣିଲେ ଯୁଗାନ୍ତକାରୀ ପରିବର୍ତ୍ତନ। ନାରୀ ଭୂମିକାରେ ନାରୀମାନଙ୍କୁ ଅଭିନୟ ସୁବିଧା ଦେଲେ। କେତେ କେତେ ନିନ୍ଦା ଅପବାଦ ସହିଲେ। ଆଉ ପଛକୁ ଫେରି ଚାହିଁଲେନି। ଦୃଢ଼ ପ୍ରତିଜ୍ଞ ମନ, ବହି ଯାଉଥିବା ନଈ - କିଏ ବା ଏହାର ଗତିରୋଧ କରିପାରିବ ? କାଳୀଚରଣ ସାରା ଜୀବନ ଓଡ଼ିଆ ସାହିତ୍ୟ - ସଂସ୍କୃତିରେ ମନୋନିବେଶ କଲେ। ଓଡ଼ିଶୀ ନୃତ୍ୟ ଶାସ୍ତ୍ରୀୟ ସ୍ୱୀକୃତି ପାଇଲା - ଏ ଶ୍ରେୟ କବିଚନ୍ଦ୍ରଙ୍କର।

'ଯାହା କରିବେ ସାଇଁ, ତାହା କାହାରି ହାତରେ ନାହିଁ' - ଏ କଥାଟି କାଳୀଚରଣଙ୍କ ଅଙ୍ଗେଲିଭା କଥା। ଖଣ୍ଡପଡ଼ା, ବାରିପଦା, ପୁରୀ; ରାଜାଘର ଚାକିରି, ଘିଅ ମହୁରେ ଭାସିଲେ। ମନ ମାନିଲାନି, ଚାକିରି ଛାଡ଼ିଲେ। 'କବିକି ଚାକିରି ଘୋଡ଼ା ବେକରେ ଜୁଆଳି' - ଏ କଥାଟି ତାଙ୍କୁ ଅଛପା ରହିଲାନି। ଶେଷରେ କଳା ହିଁ କଳା - ଏଥିରେ ହଜି ମଜ୍ଜିଗଲେ, ଯଶସ୍ୱୀ ହେଲେ। 'ଗୁଣ ଚିହ୍ନେ ଗୁଣିଆ'। ପୁରୀ ଗଜପତି ରାମଚନ୍ଦ୍ର ଦେବ, 'କବିଚନ୍ଦ୍ର' ଉପାଧିରେ ଭୂଷିତ କଲେ। ଉତ୍କଳ ସାହିତ୍ୟ ସମାଜ 'ନାଟ୍ୟାଚାର୍ଯ୍ୟ' ସମ୍ମାନ ଦେଲେ। ସମ୍ବଲପୁର ୟୁନିଭରସିଟି ପ୍ରଦାନ କଲେ 'ଡକ୍ଟରେଟ୍' ଉପାଧି। ୧୯୭୪ ମସିହା। 'ପଦ୍ମଶ୍ରୀ' ପୁରସ୍କାର ଘୋଷିତ ହେଲା। ପ୍ରାପକ କାଳୀଚରଣ ପଟ୍ଟନାୟକ। ସେତେବେଳକୁ ଗଡ଼ାଣିଆ ସମୟ। ତାଙ୍କୁ ୭୫ ବର୍ଷ ବୟସ। ବୁଢ଼ା ଦିନେ ଏ ଉପାଧିର କି ଯଥାର୍ଥତା ? ବିନୟର ସହ 'ପଦ୍ମଶ୍ରୀ' ପ୍ରତ୍ୟାଖ୍ୟାନ କଲେ। ଓଡ଼ିଆଙ୍କ ମନ-ପ୍ରାଣ-ଆତ୍ମାରେ ସେ 'କବିଚନ୍ଦ୍ର'। ଏଇଟି ତାଙ୍କ ପାଇଁ ସର୍ବଶ୍ରେଷ୍ଠ ସମ୍ମାନ।

୧୮୯୭ ରୁ ୧୯୭୫। ଜୀବନର ଲମ୍ବାରାସ୍ତା। କେତେ କେତେ ହସକାନ୍ଦର ଅନୁଭବ, ଅନୁଭୂତି। କାଳୀଚରଣ ପରଖିଲେ। ଲେଖିଲେ ଆତ୍ମଲିପି 'କୁମ୍ଭାରଚକ'। ପୁସ୍ତକଟି ଓଡ଼ିଆ ସଂସ୍କୃତିର ରସୋତ୍ତୀର୍ଣ୍ଣ ଇତିହାସ, ଏକ ନିର୍ଭୁଲ ସାମାଜିକ ସନନ୍ଦ। ଆତ୍ମଲିପିଟି କେନ୍ଦ୍ର ସାହିତ୍ୟ ଅକାଦମୀ ପୁରସ୍କାର ବିଜେତା। 'କୁମ୍ଭାରଚକ' ଉପରେ ଆଧାରିତ ଡ. ସେଣଙ୍କର କେତେକ ପ୍ରବନ୍ଧ। ତତ୍କାଳୀନ ଓଡ଼ିଆ ସାହିତ୍ୟ - ସଂସ୍କୃତିର ଚର୍ଚ୍ଚା ଏଗୁଡ଼ିକର ବିଶେଷତ୍ୱ। ଆଲୋଚନା ଗୁଡ଼ିକର ଭାଷା ସହଜ-ସରଳ-ସାବଲୀଳ। ଏଥିସହ କାବ୍ୟିକ ତଥା ବୌଦ୍ଧିକ ପରିପ୍ରକାଶ ଲେଖାଗୁଡ଼ିକୁ କରିଛି ବେଶ୍ ସୁଖପାଠ୍ୟ। କବିଚନ୍ଦ୍ରଙ୍କ ଆତ୍ମଲିପିଟିରେ ବହୁ ରୂଢ଼ି ପ୍ରୟୋଗ କରିଛନ୍ତି। ସେ ସବୁ ଆପଣାଇଛନ୍ତି ଡ. ସେଣ। କେତେକ ପ୍ରବନ୍ଧର ଶିରୋନାମା ସେଇ ସବୁ ରୂଢ଼ିକୁ ନେଇ। ତାହା ହିଁ ଏକ ନିଆରା ପ୍ରୟାସ। ପ୍ରବନ୍ଧ ପୁସ୍ତକଟିକୁ ଗୁଣୀ ପାଠକେ ଆଦରି ନେବେ - ଏ ବିଶ୍ୱାସ ରହିବ ନିଶ୍ଚୟ !

ଲେଖକୀୟ ମୁଖବନ୍ଧ

ପ୍ରଥିତଯଶା କଳାକାର କବିଚନ୍ଦ୍ର କାଳୀଚରଣ ପଟ୍ଟନାୟକ। ଓଡ଼ିଆ ସାହିତ୍ୟ-ସଂସ୍କୃତିର ଅଭିବୃଦ୍ଧି, ଓଡ଼ିଶୀ ନୃତ୍ୟର ଶାସ୍ତ୍ରୀୟ ସ୍ୱୀକୃତି - ଏ କ୍ଷେତ୍ରରେ ତାଙ୍କର ଅବଦାନ ଅତୁଳନୀୟ। ଏକାଧାରରେ ସେ ଜଣେ ନିପୁଣ ଅଭିନେତା, ନିଖୁଣ ନାଟ୍ୟ ନିର୍ଦ୍ଦେଶକ, ସ୍ୱନାମଧନ୍ୟ ନାଟ୍ୟକାର, ଅସାଧାରଣ ଓଡ଼ିଶୀ ସଂଗୀତ-ନୃତ୍ୟ ବିଶାରଦ ତଥା ଲବ୍ଧପ୍ରତିଷ୍ଠ କବି। ସାହିତ୍ୟର ଅନେକ ବିଭାଗରେ ତାଙ୍କର ଲେଖନୀ ଚଳଚଞ୍ଚଳ। ସେ ଜଣେ ସଫଳ ପାଠ୍ୟପୁସ୍ତକ ରଚୟିତା। କବିଚନ୍ଦ୍ରଙ୍କ ଆତ୍ମଲିପି 'କୁମ୍ଭାର ଚକ'। ଏଥିରେ ସ୍ଥାନିତ ଘଟଣାର ଅୟମାରମ୍ଭ ୧୮୯୭ରୁ ପ୍ରଲମ୍ବିତ ୧୯୭୫ ଯାଏ। ସ୍ରଷ୍ଟାଙ୍କ ଜୀବନର ହସ-କାନ୍ଦ, ସୁଖ-ଦୁଃଖ, ଯଶ-ଅପଯଶ, ଉତ୍ଥାନ ପତନ ଆଦି ନାନା କଥା-ବ୍ୟଥା - ଏସବୁକୁ ଆପଣାର କରି ଆତ୍ମଲିପିଟି ଅତୀବ ମଞ୍ଜୁଳ। ପୁସ୍ତକଟି ଓଡ଼ିଶା ସଂସ୍କୃତିର ରସୋତ୍ତୀର୍ଣ୍ଣ ଇତିହାସ, ଏକ ନିର୍ଭୁଲ ସାମାଜିକ ସନନ୍ଦ। ଓଡ଼ିଆ ସାହିତ୍ୟ-ସଂସ୍କୃତି ମନସ୍କ କାଳୀଚରଣ। ସେ କାୟ-ମନୋ-ବାକ୍ୟରେ ଏଥି ପ୍ରତି ସମର୍ପିତ। ଓଡ଼ିଆ ସଂସ୍କୃତିକୁ ସେ ବହୁ ଭାବରେ, ବହୁ ରୂପରେ ପରିପୁଷ୍ଟ କରିଛନ୍ତି। ପହଞ୍ଚାଇଛନ୍ତି ଯଶ-ଖ୍ୟାତିର ଶୀର୍ଷରେ। କବିଚନ୍ଦ୍ରଙ୍କ 'କୁମ୍ଭାର ଚକ' ଏକ ଅନବଦ୍ୟ କୃତି। ଆତ୍ମଲିପିଟି କେନ୍ଦ୍ର ସାହିତ୍ୟ ଅକାଦମୀ ପୁରସ୍କାର ବିଜେତା। ଏହାର ସ୍ରଷ୍ଟା ଅନନ୍ୟ, ଅସାଧାରଣ ନିଶ୍ଚୟ।

ଭାଗ୍ୟ, ମଣିଷ - ଉଭୟ ଦ୍ୱାରା ପରାଜିତ କାଳୀଚରଣ। ନିଜକୁ ମଣିଛନ୍ତି ଫଟା କପାଳିଆ। କେବେ ସେ କ୍ଷତାକ୍ତ, କେବେ ଅସହାୟ, ଆଉ କେତେବେଳେ ଧୂଳିମାଟିରେ ପତିତ। ମନେ ପକେଇଛନ୍ତି କୁମ୍ଭାର କଥା। ସେଇ କୁମ୍ଭାର ଅଦୃଷ୍ଟ, କାହା ପାଇଁ ଈଶ୍ୱର, ପରଂବ୍ରହ୍ମ, ପରମାତ୍ମା, କିଏ କେତେ ବାଗରେ ତାଙ୍କୁ ଡାକେ, ତାଙ୍କ କରୁଣା ଭିକ୍ଷାକରେ। କାଳୀଚରଣଙ୍କ ପାଇଁ ସେ ଅଦୃଶ୍ୟ କୁମ୍ଭାର। ଜୀବନର ଚକ (ପେଷା ବା ପେଷଣା) ଘୂରୁଛି। ଚକ ଭିତରେ କିଳା (ଖିଲ) ଅତିସାନ, ଚକି ଘୂରିବାଟା ସମସ୍ତଙ୍କ ଆଖିରେ

ପଡ଼େ, ହେଲେ ଚକି ଭିତରେ ଛୋଟ କିଳାଟି, ରହିଯାଏ ଅଦେଖା। ସେହିପରି କୁମ୍ଭାର ମାଟି ହାଣେ, ଚକଟେ, ଚକ ବୁଲାଏ, ତା'ରି ଇଚ୍ଛା, ତା'ରି ପସନ୍ଦ। ଗଢ଼େ ହାଣ୍ଡି, ଆଟିକା, ସରା, ମାଠିଆ। ହଣା, ଦଳା, ଚକଟା - ସେତେବେଳେ ମାଟିର ରୂପ ଅଲଗା। ଗଢ଼ା ସରିଲେ ଅଲଗା ରୂପ। ଠିକ୍ ସେମିତି, କୁମ୍ଭାର ଚକରେ ଗଢ଼ା କାଳୀଚରଣଙ୍କ ଜଞ୍ଜାଳିଆ ଜୀବନ। ପୁରା ୭୫ ବର୍ଷର କଥା। ସୁଖ, ଦୁଃଖ, ହସ, କାନ୍ଦ, ଖ୍ୟାତି କୀର୍ତ୍ତି; କେତେବେଳେ ହତାଶା ବ୍ୟର୍ଥତା, ଜୀବନର ହାହାକାର; ଲେଖକ ବେଉନ୍ତିବାରେ ତ୍ରୁଟି କରିନାହାନ୍ତି। ଓଡ଼ିଆ ସାହିତ୍ୟ-ସଂସ୍କୃତିର ଏକ ନିଖୁଣ ଚିତ୍ର 'କୁମ୍ଭାର ଚକ' - ଏହା ଅନସ୍ୱୀକାର୍ଯ୍ୟ। ପିଲାଦିନ, ଚାକିରି ଜୀବନ, କଳା ଜୀବନ, ଓଡ଼ିଶା ରଙ୍ଗମଞ୍ଚ ଇତିହାସ, ଡାଏରୀରୁ ଯତ୍ କିଞ୍ଚିତ୍, ପଦ୍ମଶ୍ରୀ, ଡକ୍ଟରେଟ୍, ବିଦାୟ ମାଗୁଣି - ଏଇସବୁ ପରିଚ୍ଛେଦକୁ ନେଇ 'କୁମ୍ଭାର ଚକ'। ଆତ୍ମଲିପିଟିରେ ସ୍ଥାନିତ ପ୍ରତିଟି ଲେଖା, ସେବେକା 'କଳିଙ୍ଗ', 'ଆସନ୍ତାକାଲି', ମାସିକ ପତ୍ରିକା 'ସହକାର'ରେ ପ୍ରକାଶ ପାଇଥିଲା। ବହୁ ଜନାଦୃତ ହେଲା, ଶେଷରେ ପୁସ୍ତକ ଆକାରରେ ସୂର୍ଯ୍ୟାଲୋକ ଦେଖିଲା (ଦୋଳପୂର୍ଣ୍ଣିମା, ୧୯୭୫)।

କାଳୀଚରଣଙ୍କ ଗେଲବସରିଆ ପିଲା ଦିନ। ପିତା ଦୁର୍ଗାଚରଣ ପଟ୍ଟନାୟକଙ୍କ ବଡ଼ମ୍ବା ରାଜଦରବାରରେ ଦେବାନ। ତାଙ୍କ ଗାଁ ବାଙ୍କି ଖମାରଙ୍ଗ। କିନ୍ତୁ କାଳୀଚରଣଙ୍କ ଜନ୍ମ ବଡ଼ମ୍ବାରେ। ବଉଳ ଅମାବାସ୍ୟା, ୧୮୯୭ ମସିହା, ଡିସେମ୍ବର ୨୩ ତାରିଖ (୧୩୦୫ ସାଲ, ଧନୁ ଦଶଦିନ)। ଏ ଦିନ କାଳୀଚରଣ ଦେଖିଲେ ପହିଲି ସୂର୍ଯ୍ୟାଲୋକ। ବାପା, ମା'ଙ୍କର ଏକୋଇରବଳା ବିଶିକେଶନ 'କାଳୀଚରଣ'। ତାଙ୍କ ଉପରେ ଭାଇ, ଭଉଣୀ ବାହୁଡ଼ି ଥିଲେ। କାଳୀଙ୍କ ବାଲ୍ୟକାଳ, ହସ ଖୁସିରେ ବିତିଲା। ତାଙ୍କ ହେତୁ ହେଲା। ବଡ଼ମ୍ବା ଗଡ଼ରେ ସରସ ସାଂସ୍କୃତିକ ଜୀବନ। ନାଟକ, ଯାତ୍ରା, ଗୋଟିପୁଅ ନାଚ, ରାସଲୀଳା, ମୋଗଲ ତାମସା, କେଳାକେଲୁଣୀ ନାଚ - ବର୍ଷସାରା ଚାଲେ। ପିଲାଦିନୁ କାଳୀଚରଣ ଏସବୁ ଦେଖିଲେ। କଳାପ୍ରତି ତାଙ୍କର ଆଗ୍ରହ ବଢ଼ିଲା। କଥାରେ ଅଛି - 'ଚାଟଘର ପୁଅ ଚାଟ', 'ଓଳି ଘେନି କୋଳି'। ଏ କଥାଟି କାଳୀଚରଣ ଜୀବନରେ ପରୀକ୍ଷିତ। ତାଙ୍କ ବାପା, ଜେଜେବାପାଙ୍କ ସଂଗୀତ ପ୍ରୀତି। ଘରେ ଓଡ଼ିଶୀ ଆସର ଜମେ। କାଳୀଙ୍କ ମା'ଙ୍କର କିଛି କିଛି ସଂସ୍କୃତ ଜ୍ଞାନ, ଛାନ୍ଦ ଚଉପଦୀ ଗାଆନ୍ତି। 'ବୈଦେହୀଶ ବିଳାସ' ଆବୃତ୍ତି କରନ୍ତି। ଭାରି ମଧୁର ତାଙ୍କର ସ୍ୱର। ପିଲାବେଳେ କାଳୀଚରଣ ସଂଗୀତ ପ୍ରତି ଆକୃଷ୍ଟ ହେଲେ। ବଡ଼ମ୍ବାରେ ନାଁ ଡାକ ଚନ୍ଦନଯାତ୍ରା। ରାମଲୀଳା ଜାକଜମକରେ ଚାଲେ। ବିଭିନ୍ନ ଯାତ୍ରା ଦଳ ଆସନ୍ତି। ନାଟକ ଅଭିନୀତ ହୁଏ। ବେଳେ ବେଳେ କାଳୀ ତାଙ୍କ ମା'ଙ୍କୁ ପକଳାପାକଲି କରି ମନ ନିଅନ୍ତି। ତାଙ୍କ ଦାଣ୍ଡରେ ଚାଲେ ଯାତ୍ରା। କାଳୀଚରଣ ଉପଭୋଗ କରନ୍ତି। ଯାତ୍ରା ଆଡ଼େ ତାଙ୍କ ମନ ଚାଲିଲା। ନିଜେ କିଛି କିଛି ଗାଇବାକୁ

ଚେଷ୍ଟାକଲେ। ତାଙ୍କର ଶିକ୍ଷକମାନେ, ସମସ୍ତେ ଊଣା ଅଧିକେ ସଂଗୀତ-ରସିକ, କେତେଜଣ କବି ବି। କାଳୀଚରଣ ସେମାନଙ୍କ ଠାରୁ ପାଇଲେ ପ୍ରୋତ୍ସାହନ। ଲେଖା ଲେଖି ଆରମ୍ଭ କଲେ। ସେ ଖୋର୍ଦ୍ଧା ହାଇସ୍କୁଲର ଛାତ୍ର। ବାହାରିଲା ସାହିତ୍ୟ ପ୍ରତିକାଟେ - 'ଉଦୁଉଦୁମା'। ଏଥିରେ ତାଙ୍କର କବିତାଟେ ସ୍ଥାନ ପାଇଲା। କାଳୀ ହେଲେ ଉତ୍ସାହିତ। ଅଧିକରୁ ଅଧିକ ଲେଖିଲେ। କଳାଜଗତରେ ନାଁ ରଚିଲେ। ଓଡ଼ିଶାର ନାଁ ଡାକ ପତ୍ରିକା 'ଉତ୍କଳଦୀପିକା' ଆଉ 'ମୁକୁର'। କିଛି ସମୟ ପାଇଁ ଏ ଦୁଇ ପତ୍ରିକାର ସମ୍ପାଦନା ଦାୟିତ୍ୱରେ ଥିଲେ କାଳୀଚରଣ।

କାଳୀଚରଣଙ୍କ ସଂଗୀତମୟ ଜୀବନ। ନଗଦା ନଗଦି ପରୀକ୍ଷା ଦେଇ ଥାଆନ୍ତି। ରହଣି କଟକରେ, ସେଠାରେ ନିତି ଗାଆଣ ବଜାଣ ଚାଲେ। ସେ ସମୟର ଦୁଇ ଓସ୍ତାଦ୍ - ଖାନୁ ମିଆଁ, ମାଧବ ରାଓ। କାଳୀଚରଣ ଆଗରୁ ହିନ୍ଦୁସ୍ତାନୀ ଗାଉଥିଲେ। ଖାନୁମିଆଁ ଠାରୁ ଶିଖିଲେ ଓଡ଼ିଶୀ। ରାଗ-ରାଗିଣୀ, ବାଦୀ-ବିବାଦୀ, ଆରୋହ-ଅବରୋହ, ସ୍ୱର ନିୟମ - ଏ ସବୁ ଓଡ଼ିଶୀର ବିଧି। କାଳୀ ଶିଖିଲେ, କ୍ରମେ ପୋଖତ ହେଲେ। ଏଥି ସହିତ ବଂଶୀ ବାଦନ, ସେତାର ବାଦନ - ସେ ଆଡ଼େ ନିଘା ଦେଲେ। ସାଧନାରୁ ସିଦ୍ଧି। କାଳୀଚରଣ ଏକ ପ୍ରକାର ବିଶାରଦ ପାଲଟିଗଲେ। ଆକୃଷ୍ଟ ହେଲେ ରାସଲୀଳା ଆଡ଼େ। ସାକ୍ଷାତ୍ ହେଲା ଗୋବିନ୍ଦ ଶୂରଦେଓଙ୍କ ସହ। ଶୂରଦେଓ ଜଣେ ନିଚୋଳା କଳାକାର, ତାଙ୍କର ଅହେତୁକ ରାସ-ନିଶା। ରାସରେ ତାଙ୍କର ନିଜସ୍ୱ ପରିକଳ୍ପନା। ସେ ଜଣେ ବିଶିଷ୍ଟ ଗୀତିକାର। ଓଡ଼ିଶୀ ଢଙ୍ଗର ଗୀତ, ଛାନ୍ଦବୃତ୍ତ ଧାଡ଼ିରେ, ସ୍ଥାନକୁ ମନାଇ ହିନ୍ଦୁସ୍ତାନୀ ଚୁଟୁକି, ସବୁ ଗୀତ ଗଜଲ ସ୍ୱରରେ, ଏଥିରେ ନଥାଏ କର୍ଣ୍ଣାଟକୀ ଢଙ୍ଗ। ଏଇଟି ଶୂରଦେଓଙ୍କ ବିଶେଷତ୍ୱ। 'ଯାହା ମନ ଯହିଁକି ରସେ' - କାଳୀଚରଣଙ୍କୁ ରାସ ନିଶା ଘାରିଲା। ଓଡ଼ିଶା ସାରା, ଚଖାଇଲେ ରାସ-ରସ, ବେଶ୍ ନାଁ କଲେ। ଦୁର୍ଦ୍ଦିନ ଆସିଲା, ନୂଆଗଡ଼ରେ ଚାଲିଥାଏ ରାସାଭିନୟ। ଟିକଟ ବିକ୍ରି କମିଲା, ଖାଇଖୋରାକି ଉଠିଲାନି। କାଳୀଚରଣ କାମିଜରେ ଲାଗିଥିଲା କେଇଟି ସୁନା ବୋତାମ, ତାକୁ ବିକିଲେ। ମନ ତୁଟିଲା। ରାସଦଳ ଭାଙ୍ଗିଲା, ପୁନଶ୍ଚ ନାଟକ ଆଡ଼େ ମନ। ଗଢ଼ିଲେ 'ଓଡ଼ିଶା ଥିଏଟର୍ସ', ବହୁ ନାଁ କରା ଅନୁଷ୍ଠାନ, ତା' ବି ଉଧେଇଲାନି। କଳାର ଲୋଡ଼ା ପୃଷ୍ଠପୋଷକତା। ତାହା ତ ମିଳିଲାନି। ଧୋବଧାଉଳିଆ, ଗଣ୍ଡା ଜୋଡ଼ିଆ, ବଡ଼ବଡ଼ିଆ - ସମସ୍ତେ ମାଗଣା ଦେଖିବେ। ତାଙ୍କ ପାଇଁ ପାଶ୍ ଲୋଡ଼ା। ସହଜେ ତ ପାର୍ଟି ହାତରୁ ଖାଇ ଗଣ୍ଠିଲି ବୋହିବା କଥା, ସେଥିରେ ପୁଣି ଏ ଅବ୍ୟବସ୍ଥା। ଓଡ଼ିଶା ଥିଏଟର୍ସର ସମଦଶା। କାଳୀଚରଣଙ୍କ ଦଶ ଦିଗ ଅନ୍ଧାର, ସାହାରାହା ନାହିଁ, କାଳିଆ ଏକା ସାହା ଭରସା।

'ଯାହା କରିବେ ସାଇଁ, ତା' କାହାରି ହାତରେ ନାହିଁ' - କାଳୀଚରଣ ଏକଥା

ଜାଣିଥିଲେ। ଜୀବନରେ ଆସିଛି ଦୁଃଖ, ପାଣି ପରି ମିଳେଇ ଯାଇଛି, ପୁଣି ନୂଆ ସାହା ରାହା। ତାଙ୍କ ମେଟ୍ରିକ୍ ପରୀକ୍ଷା ବର୍ଷ, ବାପା ଆରପାରିକି ବାଟ କାଟିଲେ। କଲେଜ ପଢ଼ା ସରିଲା। ଏବେ ଜୀବନ-ଜୀବିକା କଥା, ଚାକିରି ଆଡ଼େ ମନ ବଳାଇଲେ। ସାହାଯ୍ୟର ହାତ ବଢ଼େଇଲେ ବଡ଼ମ୍ବା ରାଜା। କାଳୀଚରଣ 'ରାମ୍‌ସେ' ସାହାବଙ୍କୁ ଭେଟିଲେ। ସାହାବଙ୍କ କୋଠି ସମ୍ବଲପୁରରେ। ସାହାବଙ୍କ ଆଶୀର୍ବାଦ, ଶେଷରେ ପାଇଲେ ଚାକିରି ଖଣ୍ଡେ। ଖଣ୍ଡପଡ଼ା ରାଜା ଭାରି ସଂଗୀତ ରସିକ। ପହିଲି ଦେଖା, ରାଜାଙ୍କୁ ଖାଲି ହାତରେ ସାକ୍ଷାତ ଅବିଧି। ବାପ ଛେଉଣ୍ଡ କାଳୀଚରଣ। କି ଭେଟି ବା ଦେବେ ? ନିଜେ ଲେଖିଥିଲେ ଚଉପଦୀଟେ - "ସୁଧା ସିନ୍ଧୁହେ ! କାହିଁ ଲୁଚାଇଛୁ ଧନ, ପୂର୍ଣ୍ଣ ମୁଖ ଇନ୍ଦୁ।" ଏଇଟି ଘୋଷା, ଗୀତଟିର ଭଣତି - "ସ୍ୱପ୍ନେ ଜାଗରଣେ ହୋଇ ବଣା / କ୍ଷଣ କ୍ଷଣକେ ଦିଶୁ ବିଚକ୍ଷଣା / କିଣା ଠାରୁ ମୁଁ ଅଧିକ କିଣା / ରାମଚନ୍ଦ୍ର ନୃପ ଭାଷେ ମନେଥିବି ବନ୍ଧୁ।" ରାଜାଙ୍କ ନିର୍ଦ୍ଦେଶ, କାଳୀ ସେଇ ଗୀତଟି ଗାଇଲେ। ମଧୁରିଆ ସୁର। ରାଜା ବିହ୍ୱଳ। କାଳୀଙ୍କୁ ମିଳିଲା ଚାକିରିଟେ। ରାଜାଙ୍କ ଆଦର, କାଳୀଚରଣ ଘିଅ ମହୁରେ ଭାସିଲେ। କ୍ରମେ ଚାକିରି ଆଡ଼େ ମନ ତୁଟିଲା। ରାସଦଳ ଗଢ଼ିଲେ, ଖଣ୍ଡପଡ଼ାରୁ ଚାକିରି ଛାଡ଼ିଲେ। ରାସ ଦଳର ଦୁରବସ୍ଥା, ପୁନଃ ଚାକିରି ଖୋଜା, ଚାକିରି ଖଣ୍ଡେ ବି ମିଳିଲା, ବାରିପଦାରେ। ମହାରାଜା ପୂର୍ଣ୍ଣଚନ୍ଦ୍ର ଭଞ୍ଜ, ତାଙ୍କୁ ସାକ୍ଷାତ୍ କରିବା କାଠିକର ପାଠ। ବହୁବାର ଫେରିଲେ। ତାଙ୍କ ପ୍ରାଇଭେଟ୍ ସେକ୍ରେଟାରୀ, ବାରମ୍ବାର ଫେରାଇଲେ। ମନମରା କାଳୀଚରଣ। ସେଦିନ ଚନ୍ଦ୍ରପକ୍ଷ, ସୁଲୁସୁଲିଆ ଚଇତାଳି ବହୁଥାଏ। ଢେର୍ ରାତି। କାଳୀଚରଣ ବଂଶୀ ବଜାଉ ଥାଆନ୍ତି। ରାଜା ଦୂରରୁ ଶୁଣିଲେ, ଚପରାଶୀ ହାତରେ ଡକାଇ ପଠାଇଲେ, ଖୁସିରେ ଚାକିରିଟିଏ ଦେଲେ। ଖଣ୍ଡପଡ଼ାରେ ଚଉପଦୀଟେ, ବାରିପଦାରେ ବଂଶୀବାଦନ। କାଳୀଚରଣ ବୁଝିଲେ - ଏ ସବୁ କଳାର କିମିଆ। ବାରିପଦା ଛଉନାଚ, ଖୁବ୍ ପ୍ରସିଦ୍ଧ। କାଳୀଚରଣ ଛଉ-ରସ ଚାଖିଲେ। ଓଡ଼ିଶୀ ମଧ୍ୟରେ ଠା ଠା ଛଉଗୀତ ପୂରାଇଲେ। ବାରିପଦାକୁ ଆସିଲେ କାନ୍ତକବି ଲକ୍ଷ୍ମୀକାନ୍ତ। ତାଙ୍କ ରାସ ଦଳ ନୃତ୍ୟ ପରିବେଷଣ କରେ। ଲକ୍ଷ୍ମୀକାନ୍ତ ସହ କାଳୀଚରଣଙ୍କ ଘନିଷ୍ଠ ସମ୍ପର୍କ। ଏକାଠି ବସାଉଠା, ଖିଆପିଆ। ଲକ୍ଷ୍ମୀକାନ୍ତଙ୍କ ବ୍ୟଙ୍ଗ କବିତା, କାଳୀଚରଣଙ୍କ ମନ ମୋହିଲା। ସେ ବି ଲେଖିଲେ, ଛୋଟ ଚଟି ବହିଖଣ୍ଡେ - 'ହାଲଫେସନ'। ଲେଖକଙ୍କ ଛଦ୍ମ ନାଁ - ଶ୍ରୀଚଣ୍ଡୀ। ବ୍ୟଙ୍ଗ ସାହିତ୍ୟ ଦ୍ୱିଅର୍ଥବୋଧକ। ସମାଜ ସଂସ୍କାର ଏହାର ଅସଲ ଲକ୍ଷ୍ୟ। ରାଜାଙ୍କ ପାଖ ଲୋକେ, ତାଙ୍କ କାନରେ ଫୋଡ଼ିଲେ। ରାଜା 'ହାଲଫେସନ'କୁ ପରମତ୍ତୁଟରେ ନେଲେ। ଖୁବ୍ ରାଗିଲେ, କାଳୀଚରଣଙ୍କ ଚାକିରି ଗଲା। ଏଣିକି ସାହା ଚକାନୟନ। ଥକାମନ, ଅବଶ ଦେହ। ତଥାପି ନିଦ ନାହିଁ, ପହଞ୍ଚିଲେ ପୁରୀରେ। ରାଜା ଗଜପତି ରାମଚନ୍ଦ୍ରଦେବ, ତାଙ୍କ ରାଣୀ

ଶ୍ରୀମତୀ ରହସ୍ୟ ମଞ୍ଜରୀ, ଡାକ ନାଁ ମଣି। ସେ ବାରିପଦା ରାଜକନ୍ୟା। କାଳୀଚରଣ ତାଙ୍କୁ ଓଡ଼ିଶୀ ଶିଖାଉଥିଲେ। ପୁରୀ ରାଜା ବି ସଂଗୀତ ରସିକ। କାଳୀଚରଣଙ୍କୁ ମିଳିଗଲା ଚାକିରି ଖଣ୍ଡେ। ଦିଅଁଙ୍କ ପିଣ୍ଡିକା ଦେଖା, ନଥର କଚେରି ନଥିପତ୍ର ରାଜାଙ୍କ ଆଗରେ ପେଶ୍ କରିବା, ଦିଅଁଙ୍କ 'ଚାମର ସେବା' - ଏଇ ତାଙ୍କର ନିତିଦିନିଆ କାର୍ଯ୍ୟ। ସେ ହେଲେ ରାଜକବି। କାଳିଆ ଆଶୀର୍ବାଦ ବରଷିଲା। ଦିନ ସୁଖରେ ଗଲା। ଭାଗ୍ୟଚକ ପୁଣି ଘୂରିଲା। କିଛି ଜରୁରୀ ଚିଠି, ଡାକଯିବ ସନ୍ଧ୍ୟା ଛ'ଟା ଭିତରେ। କିଛି ନଥିପତ୍ର। ରାଜାଙ୍କୁ ଦସ୍ତଖତ କରିବାକୁ ହେବ। ଛ'ଟା ବିଲାତି କୁକୁର, ରାଜା ତାଙ୍କ ସହ ପେଣ୍ଡୁ କ୍ରୀଡ଼ାରତ। କାଳୀଚରଣ ଯିବାର ଅଭିପ୍ରାୟ ଜଣାଇଲେ। ରାଜାଙ୍କ କୋପ, ବିନା କାରଣରେ। 'କୁକୁର' ଠାରୁ କାଳୀଙ୍କ ଦାମ୍ କମ୍ ବୋଲି କହିଲେ। ସ୍ୱାଭିମାନୀ କଳାକାର କାଳୀଚରଣ। ଚାକିରିକୁ ସେଇ ଦିନ ଛି' କଲେ - 'ଚାକିରି ଝକ୍ ମାରି, ଏ ଜୀବନ ନାଇଁ କରି'। ରାଜା ଘରେ ଚାକିରି, ଆମୋଦ ଯେତିକି, ପ୍ରମାଦ ସେତିକି। 'ରାଜା ବୁଝିଲେ ପାଚିଲା ଧାନରେ ମଇ' - ଏ କଥା କାଳୀଚରଣ ହେଜିଲେ। ସବୁ କପାଳ ଲିଖନ, 'ମଣିଷ ବିଚାରେ ଆନ, ଦଇବ ବିଚାରେ ଆନ'। ଜୀବନର ଗତିପଥ ବଦଳିଲା। ଏଣିକି କାଳୀଚରଣଙ୍କ କଳା-ସାହିତ୍ୟ-ସଂସ୍କୃତି ବିକାଶରେ ନିଘା।

ସୁଗାୟକ କାଳୀଚରଣ, ତାଙ୍କ କଣ୍ଠଟି ମିଠା। ହଠାତ୍ ସୁଯୋଗଟେ ଆସିଲା। କଲିକତାର ଦମ୍‌ଦମ୍‌ର ହିଜ୍ ମାଷ୍ଟରସ୍ ଭୟସ ରେକର୍ଡ଼ିଂ କମ୍ପାନୀ। ଏହାର ମନୋନୀତ ବିକ୍ରେତା ମସ୍ତାନ ବାବୁ। ଗାୟକ / ଗାୟିକା ଠିକଣା କରିବା ତାଙ୍କ ଦାୟିତ୍ୱ। ରାଜଦ୍ୱାରେ ଅପମାନିତ କାଳୀଚରଣ। ବସାରେ ପହଞ୍ଚିଲେ। ଅପେକ୍ଷା କରିଥିଲେ ମସ୍ତାନବାବୁ। ଦିନ ଧାର୍ଯ୍ୟ। କଲିକତାରେ ଗଙ୍ଗାସ୍ନାନ, ରେକର୍ଡ଼ିଂ - ଏକା ସମୟରେ 'ଠାକୁର ଦେଖା କଦଳୀ କିଣା'। ସାଥିରେ ତାଙ୍କର ମୋହନ ଗୋସ୍ୱାମୀ। ଉଭୟଙ୍କର ଚାରିଟି ଗୀତ ରେକର୍ଡ଼ିଂ ହେଲା। ଲେଖକ କାଳୀଚରଣ। ସେଇ ଗୀତ ମଧ୍ୟରୁ 'ଚାକିରି ଝକ୍ ମାରି, ଏ ଜନମେ ନାଇଁ କରି' ଅନ୍ୟତମ। ଗୀତଟି ଢେର୍ ନାଁ କଲା। କାଳୀଚରଣଙ୍କର ନିଜର ଗୋଟେ ରେକର୍ଡ଼ିଂ କମ୍ପାନୀ - 'ସୁରଲେଖା'। ପ୍ରଖ୍ୟାତ କଣ୍ଠଶିଳ୍ପୀମାନେ, ସେମାନଙ୍କ ମଧ୍ୟରେ ବାଳକୃଷ୍ଣ ଦାସ, ଅଙ୍ଗୁରବାଳା ରାୟ, ସୁମତି ଦେବୀ - ଏମାନଙ୍କର ଗୀତ ରେକର୍ଡ଼ିଂ ହେଲା। କମ୍ପାନୀର ନାଁ ବଢ଼ିଲା। ଏତଦ୍‌ଭିନ୍ନ କବିଚନ୍ଦ୍ର ଜଣେ ସଫଳ ନାଟ୍ୟକାର। ବହୁ ନାଟକର ସେ ସ୍ରଷ୍ଟା। ସେଗୁଡ଼ିକ ମଧ୍ୟରୁ 'ଧ୍ରୁବ', 'ଭାତ', 'ଚକ୍ରୀ', 'ଅଭିଯାନ', 'ରକ୍ତମାଟି', 'ଦଶଭୁଜା', 'ଫଟାଭୂଇଁ', 'ଗାର୍ଲସ୍କୁଲ', 'ଚୁମ୍ବନ' ଆଦି ବେଶ୍ ନାଁ କଲା। ଜାତିସ୍ମର କାଳୀଚରଣ। ପୂଜ୍ୟପୂଜା ସମ୍ମାନ, ପୂର୍ବସୂରୀଙ୍କୁ କୃତଜ୍ଞତା ଜ୍ଞାପନ - ଏଥିରେ ତ୍ରୁଟି କରି ନ ଥିଲେ। ଲେଖିଲେ 'ଜଗନ୍ନାଥ ଦାସ', 'ଜୟଦେବ' - ଏଇ ଦୁଇ ନାଟକ।

ପ୍ରଥମଟିରେ ଅସହିଣୀ ବଙ୍ଗୀୟ ବୈଷ୍ଣବଙ୍କ ମୁଖା ଖୋଲିଦେଲେ। କବି ଜୟଦେବ ଖାଣ୍ଟି ଓଡ଼ିଆ। ଏ କଥାଟି ଜୟଦେବ ନାଟକରେ ପ୍ରତିପାଦନ କଲେ। କେବଳ କଥା ନୁହେଁ; ତାତ୍ତ୍ୱିକ ଦୃଷ୍ଟିରୁ ନାଟକଟି ଉଚ୍ଚକୋଟୀର। ସାକ୍ଷୀ ଗୋପୀନାଥ, ଲକ୍ଷ୍ମୀଙ୍କୁ ନେଇ ତାଙ୍କର କିମ୍ବଦନ୍ତୀ ମୂଳକ ନାଟକ 'ଲକ୍ଷ୍ମୀ'। ଏଇଟି ଦର୍ଶକଙ୍କ ମନମୋହିଲା, ଠିକ୍ ସେଇପରି 'କିଶୋର ଚନ୍ଦ୍ରାନନ୍ଦ ଚମ୍ପୂ' ନାଟକ। କବିସୂର୍ଯ୍ୟଙ୍କ କିଶୋର ଚନ୍ଦ୍ରାନନ୍ଦ ଚମ୍ପୂର ଏଇଟି ନାଟ୍ୟରୂପ।ଏଥିରେ କାଳୀଚରଣଙ୍କର କେତେକ ନୂଆ ଭିଆଣ। ନାଟକରେ ନାରୀଚରିତ୍ର। ଆଗରୁ ପୁରୁଷମାନେ ନାରୀ ଭୂମିକାରେ। ନାରୀମାନେ ଅଭିନୟର ସୁଯୋଗ ପାଇଲେ। ଏ ଶ୍ରେୟ କାଳୀଚରଣଙ୍କର। କାଳୀଚରଣ କେତେକ ନାଁ କରା ରାସଲୀଳାର ସ୍ରଷ୍ଟା। ସେଗୁଡ଼ିକ ମଧ୍ୟରୁ 'ଶ୍ରୀରାଧା', 'ବନବିହାର', 'କୌତୁକ ଚିନ୍ତାମଣି', 'ପ୍ରୀତିସୁଧାକର' - ଏ ସମସ୍ତ କାଳଜୟୀ। ପ୍ରଥମ ପୂର୍ଣ୍ଣାଙ୍ଗ ଚଳଚ୍ଚିତ୍ର 'ଲଳିତା'। ଏଥି ସହ ପ୍ରଥମ ଓଡ଼ିଆ ଡକୁମେଣ୍ଟାରୀ ପିକ୍‌ଚର, କାଳୀଚରଣ ଏହାର ନିର୍ଦ୍ଦେଶକ। ସେ କେନ୍ଦ୍ର ନାଟକ ଅକାଦମୀର ପ୍ରଥମ ଫେଲୋ, ଏସବୁ ଅନନ୍ୟ ଗୌରବର ଅଧିକାରୀ କାଳୀଚରଣ। ସେ ଜଣେ ଆସାଧାରଣ ନାଟ୍ୟକାର, କବି, ସଙ୍ଗୀତଜ୍ଞ, ନୃତ୍ୟବିତ୍, ପ୍ରାବନ୍ଧିକ ତଥା ଅଭିନେତା - ଏହା ବହୁଜନ ସ୍ୱୀକୃତ।

ଓଡ଼ିଶୀ ନୃତ୍ୟର ଶାସ୍ତ୍ରୀୟ ସ୍ୱୀକୃତି - ଏ ଗୌରବ କବିଚନ୍ଦ୍ର କାଳୀଚରଣଙ୍କର। ବାଲ୍ୟୁତ କାଳୁ ସେ ଓଡ଼ିଶୀ ସଂଗୀତ, ଓଡ଼ିଶୀ ନୃତ୍ୟପ୍ରେମୀ। ଜୀବନ ସାରା ସାଧନା। ଏଥିରେ ଢେର୍ ନାଁ କଲେ। କଟକ ଆକାଶବାଣୀ, କଲିକତା ଆକାଶବାଣୀର ସେ କଣ୍ଠଶିଳ୍ପୀ। ବହୁ ଓଡ଼ିଶୀ ଗାଇଲେ, ଜନମନ ମୋହିଲେ। ଓଡ଼ିଶୀ ନୃତ୍ୟ ବିଶାରଦ ପାଲଟିଲେ। ଓଡ଼ିଶୀ ନୃତ୍ୟର ଲଳିତ କଳା ଭଙ୍ଗୀ। କୋଣାର୍କର ସୂର୍ଯ୍ୟମନ୍ଦିର, ଭୁବନେଶ୍ୱରର ରାଜାରାଣୀ ମନ୍ଦିର ଗାତ୍ର, ସବୁଠି ଓଡ଼ିଶୀ ନୃତ୍ୟଚିତ୍ର। ସଂଗୀତ ନାରାୟଣ, ଅଭିନୟ ଚନ୍ଦ୍ରିକା, ନାଟ୍ୟ ମନୋରମା, ସଂଗୀତ ଅଭିନୟ ଦର୍ପଣ - ଏଗୁଡ଼ିକ ତାଳପତ୍ର ଖେଦା। ଏଥିରେ ଓଡ଼ିଶୀ ନୃତ୍ୟ ସମ୍ପର୍କିତ ନାନାଦି ତତ୍ତ୍ୱ ତଥ୍ୟ, କାଳୀଚରଣ ଏସବୁ ସଂଗ୍ରହ କଲେ। ଦିଲ୍ଲୀରେ ଆୟୋଜିତ ହେଲା ନୃତ୍ୟ ସମାରୋହ। କାଳୀଚରଣ ପାଠକଲେ ଓଡ଼ିଶୀ ନୃତ୍ୟ ସମ୍ବନ୍ଧୀୟ ତାତ୍ତ୍ୱିକ ପ୍ରବନ୍ଧଟେ (ତା ୪।୪।୧୯୫୮)। ଶାସ୍ତ୍ରୀୟ ସ୍ୱୀକୃତି ପାଇଁ ଦାବୀ ଉପସ୍ଥାପନ କଲେ। ଭାଇ ହେଲେ ଭଗାରି, ଆପଣା ଲୋକେ ବାଟ ଓଗାଳିଲେ। ଶେଷରେ ସତ୍ୟର ହେଲା ବିଜୟ। ଓଡ଼ିଶୀ ନୃତ୍ୟ ପାଇଲା ଶାସ୍ତ୍ରୀୟ ମାନ୍ୟତା। ଓଡ଼ିଶୀ ନୃତ୍ୟରେ ଗବେଷଣା ପାଇଁ ବୃତ୍ତି ବ୍ୟବସ୍ଥା ହେଲା।

କଳା ଅମୂଲ ମୂଲ। କାଳରେ ସୃଷ୍ଟି ହୁଏ, ହୋଇଯାଏ କାଳଜୟୀ। କଳାକାରଟି ସାଧାରଣ ଭିତରେ ଅସାଧାରଣ, ସେମିତି ଜଣେ ନିଆରା କଳାକାର କାଳୀଚରଣ। ନାଟକ

ସଂରଚନାରୁ ରଙ୍ଗମଞ୍ଚ ପରିକଳ୍ପନା, ଅଭିନୟରୁ ନୃତ୍ୟ, ସଂଗୀତ ସର୍ଜନା - ସବୁଥିରେ କାଳୀଚରଣ ବିଶାରଦ। କଳା ତାଙ୍କୁ ଯଶଖ୍ୟାତିର ଶିଖରରେ ପହଞ୍ଚାଇଲା। ବହୁ ଅନୁଷ୍ଠାନ ଦ୍ୱାରା ସେ ସମ୍ବର୍ଦ୍ଧିତ। ଗଜପତି ରାମଚନ୍ଦ୍ର ଦେବ 'କବିଚନ୍ଦ୍ର' ଉପାଧିରେ ଭୂଷିତ କଲେ (୧୯୨୭)। ଉତ୍କଳ ସାହିତ୍ୟ ସମାଜ ନାଟ୍ୟାଚାର୍ଯ୍ୟ ଉପାଧିଟେ ପ୍ରଦାନ କଲେ (୧୯୩୮)। ସମ୍ବଲପୁର ୟୁନିଭରସିଟି ବିଭୂଷିତ କଲେ 'ଡକ୍ଟରେଟ୍' ଉପାଧିରେ। ଶେଷରେ 'ପଦ୍ମଶ୍ରୀ', ଏ ଉପାଧି ପାଇଁ ତାଙ୍କ ନାମ ଘୋଷିତ ହେଲା (୧୯୭୪)। ପୁରୁଣା ଡାଏରୀ ପୃଷ୍ଠା ଖୋଲିଲେ କାଳୀଚରଣ। ୧୯୬୪ ମସିହା, କଟକ କିଲଟର ସାହେବ 'ପଦ୍ମଶ୍ରୀ' ପାଇଁ ତାଙ୍କ ନାଁ ସୁପାରିଶ କଲେ। ଦଶବର୍ଷ ବିତିଲା। ଏବେ କାଳୀଚରଣଙ୍କୁ ୭୫ ବର୍ଷ ବୟସ। ଗଡ଼ାଣିଆ ବୟସ। ବୁଢ଼ା ଦିନେ ବା 'ପଦ୍ମଶ୍ରୀ' କି ଲୋଡ଼ା ? ଅତି ବିନୟରେ ସେ ଉପାଧି ପ୍ରତ୍ୟାଖ୍ୟାନ କଲେ। ତାଙ୍କ ପାଇଁ କବିଚନ୍ଦ୍ର, ନାଟ୍ୟାଚାର୍ଯ୍ୟ, ଡକ୍ଟରେଟ୍ ଉପାଧି ଯଥେଷ୍ଟ। ତାଙ୍କୁ ଦୁନିଆ ଜାଣିଲା କବିଚନ୍ଦ୍ର ଭାବେ। ତାହା ହିଁ ତାଙ୍କର ଶ୍ରେଷ୍ଠ ପରିଚୟ।

କାଳୀଚରଣଙ୍କ ଆତ୍ମଲିପି 'କୁମ୍ଭାରଚକ'। ଲେଖକଙ୍କ ବ୍ୟକ୍ତି ଜୀବନର ସୁଖ-ଦୁଃଖର କଥା ଏଥିରେ ସ୍ଥାନିତ। ମାତ୍ର ତାହା ପାଲଟିଛି ନୈର୍ବ୍ୟକ୍ତିକ। ଏଥିରୁ ଓଡ଼ିଆ ସାହିତ୍ୟ ସଂସ୍କୃତି ସମ୍ବନ୍ଧୀୟ ନାନାଦି ତଥ୍ୟ ମିଳେ। ଏହାର ଐତିହାସିକ ମୂଲ୍ୟବୋଧ ଉଚ୍ଚକୋଟୀର। ଏସବୁ ବିଷୟକୁ ବିଚାରକୁ ନିଆଯାଇଛି। ସମଗ୍ର ଆତ୍ମଲିପିଟିର ସାହିତ୍ୟିକ ମୂଲ୍ୟବୋଧ, ରାଜନୀତିକ ଚିତ୍ର, ଓଡ଼ିଶା ରଙ୍ଗମଞ୍ଚ ଇତିହାସ, ଓଡ଼ିଶାରେ ଗଡ଼ଜାତ ରାଜ୍ୟ ମିଶ୍ରଣ ଆଦି ବିଭିନ୍ନ ପ୍ରସଙ୍ଗ। ଏଗୁଡ଼ିକ ଉପରେ ପର୍ଯ୍ୟବସିତ ତାତ୍ତ୍ୱିକ ତଥା ବୌଦ୍ଧିକ ଚର୍ଚ୍ଚା। ତାହା ପୁସ୍ତକଟିରେ ସ୍ଥାନିତ ପ୍ରବନ୍ଧ ଗୁଡ଼ିକର କଳାପକ୍ଷ ଆଉ ଭାବପକ୍ଷ। 'କୁମ୍ଭାରଚକ'ର ପରିବେଷଣ ମାଧୁର୍ଯ୍ୟମୟ, ଭାଷା ସହଜ, ତଥା ଭାବ ସଞ୍ଚାରୀ। ପ୍ରବାଦ, ପ୍ରବଚନ, ରୂଢ଼ି ଆଦି ଗାଉଁଲି ପ୍ରୟୋଗର ଚମତ୍କାରିତା। ପୁସ୍ତକଟି ଅତୀବ ସୁଖପାଠ୍ୟ। ସ୍ରଷ୍ଟାଙ୍କ ଦ୍ୱାରା ବ୍ୟବହୃତ ରୂଢ଼ି ବେଶ୍ ମନଛୁଆଁ। ବିଶେଷକରି ଏସବୁକୁ ଶିରୋନାମା ରୂପେ ନିଆଯାଇଛି। ରଚିତ ହୋଇଛି ପ୍ରବନ୍ଧ ସମୂହ; ଯଥା :- 'ଅଦୃଶ୍ୟ କୁମ୍ଭାରର ଇଚ୍ଛା', 'ଆଲୋ ମଉସା ଜଡ଼ ପଇସା', 'ଅଗା-ବଗା-ଖଗା ତିନିକି ତିନିହେଁ ଏକା', 'ବେଙ୍ଗ ବୋଲେ ବେଙ୍ଗୁଲିଲୋ ପୃଥ୍ୱୀ କ୍ଷଣ କ୍ଷଣକେ ଆନ', 'ଦଇବ ଦଉଡ଼ି ମଣିଷ ଗାଈ', 'ଏ ମନ ଭାବୁଥାଇ ଯାହା', 'ଗୁରୁଙ୍କୁ ସୁନ୍ଦର ଚାଟ', 'ଗୁଣ ଚିହ୍ନେ ଗୁଣିଆ' ଇତ୍ୟାଦି। ପ୍ରବନ୍ଧଗୁଡ଼ିକ ଓଡ଼ିଶାର କଳା-ସାହିତ୍ୟ-ସଂସ୍କୃତି ଉପରେ ଆଧାରିତ। ଏସବୁକୁ ବିଚାର ନିଆଯାଇ ପୁସ୍ତକଟିର ନାମକରଣ କରାଯାଇଛି 'ଓଡ଼ିଆ ସାହିତ୍ୟ-ସଂସ୍କୃତି ଓ କବିଚନ୍ଦ୍ର କାଳୀଚରଣ'।

ଶେଷରେ ଦି' ପଦ। ପୁସ୍ତକଟିରେ ସ୍ଥାନିତ ପ୍ରବନ୍ଧଗୁଡ଼ିକ ଦୈନିକ ସମ୍ବାଦପତ୍ର 'ସମ୍ବାଦ କଳିକା', 'ଶ୍ରୁତି', ପାକ୍ଷିକ 'କଳିଙ୍ଗପ୍ରଭା'ରେ ପ୍ରକାଶିତ। ପୁସ୍ତକଟି ପ୍ରକାଶନ ଅବସରରେ ସେଇ ସବୁ ଗୁଣୀ ସମ୍ପାଦକ (ଶ୍ରୀ ଜୟାଶୀଷ ରାୟ, ଶ୍ରୀ ସର୍ବେଶ୍ୱର ମିଶ୍ର, ସ୍ୱର୍ଗୀୟ ପ୍ରଦୀପ୍ତ କୁମାର ପରିଡ଼ା)ଙ୍କ ନିକଟରେ ଏ ଲେଖକ କୃତଜ୍ଞତା ଜଣାଉଛି। ମୋର ଅଗ୍ରଜ ପ୍ରତିମ ଭଦ୍ରକ ନିବାସୀ, ବିଶିଷ୍ଟ ଐତିହାସିକ ଡକ୍ଟର ରାଇମୋହନ ମହାପାତ୍ର, ବିଶିଷ୍ଟ କବି, ଲବ୍ଧ ପ୍ରତିଷ୍ଠ ସାମ୍ବାଦିକ ଶ୍ରୀ ଗୁରୁକଲ୍ୟାଣ ମହାପାତ୍ର - ଏମାନେ ବହିଟି ପ୍ରକାଶ ପାଇଁ ପ୍ରେରଣା ଯୋଗାଇଛନ୍ତି। ସେମାନଙ୍କ ନିକଟରେ ମୁଁ କୃତଜ୍ଞ। ମୋର ଶ୍ରଦ୍ଧେୟ ଛାତ୍ର ସାମ୍ବାଦିକ ଶ୍ରୀମାନ ଅରୁଣ କାନୁନ୍‌ଗୋଙ୍କ ସହଯୋଗ ଭୁଲିହେବନି। ମୋ ଅଗ୍ରଜ, ଉଚ୍ଚ ବିଦ୍ୟାଳୟର ଅବସରପ୍ରାପ୍ତ ପ୍ରଧାନଶିକ୍ଷକ ଶ୍ରୀ ନଟବର ସେଣ, ଅନୁଜ ପ୍ରଧାନ ଶିକ୍ଷକ ଶ୍ରୀ ପରମେଶ୍ୱର ସେଣଙ୍କ ଅବଦାନ ସ୍ମରଣୀୟ। ସେମାନଙ୍କ ନିକଟରେ ଋଣୀ ରହିବି ନିଶ୍ଚୟ। ମୋ ଲେଖକୀୟ ଜୀବନର ପ୍ରେରଣାଦାତ୍ରୀ ସହଧର୍ମିଣୀ, ଅବସରପ୍ରାପ୍ତା ପ୍ରଧାନ ଶିକ୍ଷୟିତ୍ରୀ ବିଚକ୍ଷଣା ବିଶ୍ୱାଳ। ତାଙ୍କରି ଉତ୍ସାହ, ସହଯୋଗ ହେତୁ ପୁସ୍ତକଟି ଆତ୍ମପ୍ରକାଶ କଲା; ମାତ୍ର ଅବଶୋଷ ଏବେ ସେ ଆରପାରିରେ। ତାଙ୍କ ନିକଟରେ ସାରା ଜୀବନ ମୁଁ ଋଣୀ। ସାନଭାଇ ସଦୃଶ ଅବସରପ୍ରାପ୍ତ ଅଧ୍ୟକ୍ଷ ଡକ୍ଟର ସ୍ମୃତିରଞ୍ଜନ ବେହେରା, ସାନ ଭଉଣୀ ସଦୃଶା ପ୍ରାଧ୍ୟାପିକା ଡଃ ଜ୍ୟୋତ୍ସ୍ନାରାଣୀ ତ୍ରିପାଠୀ, ଶିକ୍ଷକ ହୃଷିକେଶ ପଣ୍ଡା, ଅଧ୍ୟାପକ ସୁରଞ୍ଜନ ଆଚାର୍ଯ୍ୟ - ଏମାନଙ୍କର ସହଯୋଗ ସବୁଦିନ ମନେରହିବ। ସେମାନଙ୍କୁ ସାଧୁବାଦ ଜଣାଉଛି। ପରମ ଆଦରଣୀୟ ଏରସମା ମଣ୍ଡଳ ଉନ୍ନୟନ ଅଧିକାରୀ ସୁ-ସାହିତ୍ୟିକ ଶ୍ରୀ ଦାଶରଥି ଜେନାଙ୍କ ପ୍ରେରଣା ସଦା ଅଭୁଲା। ତାଙ୍କୁ ବଧେଇ ଜଣାଉଛି। ଅନୁଜ ପ୍ରତିମ କୋଣାର୍କ ନିବାସୀ ବିଶିଷ୍ଟ ଗବେଷକ ତଥା ଯଶସ୍ୱୀ ସାହିତ୍ୟିକ ଶ୍ରଦ୍ଧେୟ ସଞ୍ଜୟ କୁମାର ବରାଳ, ମାନ୍ୟବର ଉଚ୍ଚନ୍ୟାୟାଳୟର ସ୍ୱନାମଧନ୍ୟ ଅଧିବକ୍ତା, ସୁସାହିତ୍ୟିକ ଶ୍ରୀମାନ ଦେବାଶିଷ ତ୍ରିପାଠୀ - ଏମାନଙ୍କ ପ୍ରେରଣା ପୁସ୍ତକଟିର ଆତ୍ମ ପ୍ରକାଶରେ ବିଶେଷ ସହାୟକ। ସେମାନଙ୍କ ନିକଟରେ ଋଣୀ ରହିବି ନିଶ୍ଚିତ। ବ୍ଲାକ୍ ଇଗଲ୍ ବୁକ୍‌ସର ସତ୍ତ୍ୱାଧିକାରୀ ଶ୍ରୀ ସତ୍ୟ ପଟ୍ଟନାୟକ, ଶ୍ରୀ ଅଶୋକ ପରିଡ଼ା - ଉଭୟଙ୍କ ନିକଟରେ କୃତଜ୍ଞତା ଜ୍ଞାପନ କରୁଛି। ପୁସ୍ତକଟିକୁ ନିର୍ଭୁଲ ତଥା ସର୍ବାଙ୍ଗ ସୁନ୍ଦର କରିବା ପାଇଁ ସମସ୍ତ ପ୍ରକାର ପ୍ରଯତ୍ନ କରାଯାଇଛି; ଏହା ସତ୍ତ୍ୱେ କେତେକ ତ୍ରୁଟି ହୁଏତ ପରିଲକ୍ଷିତ ହୋଇପାରେ, ଗୁଣୀ ପାଠକେ ତାହାକୁ ଉଦାରପଣେ ଘେନା କରିବାକୁ ନିବେଦନ।

କୁମାର ପୂର୍ଣ୍ଣିମା ॥ ଇତି ॥

ତା ୦୭.୧୦.୨୦୨୫ ବିନୟାବନତ

ସର୍ବେଶ୍ୱର ସେଣ

ସଂକ୍ଷେପରେ କବିଚନ୍ଦ୍ର କାଳୀଚରଣ ପଟ୍ଟନାୟକ

ଜନ୍ମ ଓ ଜନ୍ମସ୍ଥାନ	:	୨୩ ଡିସେମ୍ବର ୧୮୯୭
		ବାଙ୍କୀ, ଜିଲ୍ଲା - କଟକ, ଓଡ଼ିଶା
ମୃତ୍ୟୁ	:	୨୪ ଜୁଲାଇ ୧୯୭୮(ବୟସ - ୮୦)
ଭାଷା	:	ଓଡ଼ିଆ
ବିଷୟ	:	ନାଟକ, ଓଡ଼ିଶୀ ସଙ୍ଗୀତ, ଗପ, ଏକାଙ୍କିକା, କବିତା
ସାହିତ୍ୟର ଆନ୍ଦୋଳନ	:	ଓଡ଼ିଆ ନାଟ୍ୟ
ସାହିତ୍ୟ କୃତି	:	ଓଡ଼ିଶା ଥିଏଟର୍ସ
ପୁରସ୍କାର	:	କେନ୍ଦ୍ର ସାହିତ୍ୟ ଏକାଡ଼େମୀ ପୁରସ୍କାର (୧୯୭୭)
		ଓଡ଼ିଶା ସଙ୍ଗୀତ ନାଟକ ଏକାଡେମୀ ପୁରସ୍କାର (୧୯୭୧)

କାଳୀଚରଣ ପଟ୍ଟନାୟକ : କୃତି ଓ କୃତିତ୍ୱ

(କବି, ଓଡ଼ିଶୀ ସଙ୍ଗୀତଜ୍ଞ, ଗବେଷକ ଓ ନାଟ୍ୟକାର)

କବିଚନ୍ଦ୍ର କାଳୀଚରଣ ପଟ୍ଟନାୟକ (୨୩ ଡିସେମ୍ବର ୧୮୯୭ - ୨୪ ଜୁଲାଇ ୧୯୭୮)। ଜଣେ ଆଧୁନିକ ଓଡ଼ିଆ ନାଟ୍ୟକାର, ଗୀତିକାର, କବି, ଓଡ଼ିଶୀ ସଙ୍ଗୀତଜ୍ଞ ଓ ନୃତ୍ୟ ବିଶାରଦ ଥିଲେ। କାଳୀଚରଣ ପାରମ୍ପରିକ ଲୀଳା ନାଟକ ପ୍ରଦର୍ଶନ କରି ନିଜର ନାଟ୍ୟକାର ଜୀବନ ଅରମ୍ଭ କରିଥିଲେ। ୪ର୍ଥ ଦଶକ ବେଳକୁ ସେ ଆଧୁନିକ ମଞ୍ଚ ନାଟକ ଲେଖି ତାହାର ବିପଣନ କରିବା ଆରମ୍ଭ କରିଥିଲେ। ସେଥିପାଇଁ ୧୯୨୯ ମସିହାରେ 'ସାକ୍ଷୀଗୋପାଳ ନାଟକ ସଂଘ' ଓ ୧୯୩୯ରେ 'ଓଡ଼ିଶା ଥିଏଟର୍ସ' ନାମରେ ଏକ ରଙ୍ଗମଞ୍ଚ ଗଠନ କରି ଓଡ଼ିଶା ନାଟକାଭିନୟ ଜଗତର ପ୍ରସାର ଓ ଉନ୍ନତି କରିଥିଲେ। ତାଙ୍କର ଜନପ୍ରିୟ ନାଟକ ଗାର୍ଲ ସ୍କୁଲ (୧୯୩୯) ଓଡ଼ିଆ ମଞ୍ଚାଭିନୟରେ ନୂତନ ଯୁଗର ଆରମ୍ଭ କରିଥିଲା। ତାଙ୍କୁ ଆଧୁନିକ ଓଡ଼ିଆ ନାଟ୍ୟଶାସ୍ତ୍ରର 'ଭରତମୁନି' ବୋଲି ମଧ୍ୟ କୁହାଯାଏ। ତାଙ୍କ ପ୍ରଚେଷ୍ଟାରୁ ୧୯୫୮ ମସିହାରେ ଓଡ଼ିଶୀନୃତ୍ୟ ଶାସ୍ତ୍ରୀୟ ମର୍ଯ୍ୟାଦା ପାଇଥିଲା।

ବାଲ୍ୟଜୀବନ ଓ ଶିକ୍ଷା

କାଳୀଚରଣ, ୧୮୯୭ ଡିସେମ୍ବର ୨୩ ତାରିଖ, ବକୁଳ ଅମାବାସ୍ୟା ଦିନ ବାଙ୍କୀ ସହର ଉପକଣ୍ଠରେ ଥିବା ଖମାରଙ୍ଗ ଗ୍ରାମରେ ପିତା ଦୁର୍ଗାଚରଣ ପଟ୍ଟନାୟକ ଓ ମାତା ରାଧାମାଳୀ ଦେବୀଙ୍କ ଠାରୁ ଜନ୍ମଗ୍ରହଣ କରିଥିଲେ। ସେ ପିତାମାତାଙ୍କର ଦ୍ୱିତୀୟ ସନ୍ତାନ ଥିଲେ। କାଳୀଚରଣଙ୍କ ପିତା ବଡ଼ମ୍ବା ଗଡ଼ର ଦେବାନ ଥିଲେ। ତାଙ୍କର ପ୍ରାଥମିକ ଶିକ୍ଷା ସେ ଚର୍ଚ୍ଚିକା ପ୍ରାଥମିକ ବିଦ୍ୟାଳରେ ସମ୍ପନ୍ନ କରି ଖୋର୍ଦ୍ଧା ଉଚ୍ଚବିଦ୍ୟାଳୟରେ

ମାଟ୍ରିକ ପଢ଼ିଥିଲେ। କଟକର ରେଭେନ୍ସା ମହାବିଦ୍ୟାଳୟରୁ ସେ ଉଚ୍ଚତର ଶିକ୍ଷା ଗ୍ରହଣ କରିଥିଲେ।

ଓଡ଼ିଆ ସାହିତ୍ୟକୁ ଅବଦାନ

ଖୋର୍ଦ୍ଧା ସ୍କୁଲରେ ପଢୁଥିବା ସମୟରେ ସଙ୍ଗୀତ ନାଟକ ପ୍ରତି ଆସକ୍ତ କାଳୀଚରଣ ପ୍ରଥମେ ସଙ୍ଗୀତଜ୍ଞ ବାସୁଦେବ ମହାପାତ୍ର ଓ ପରେ ଓସ୍ତାଦ୍ ଖାନୁ ଖାଁ, ବନଓ୍ୱାରୀ ମିଶ୍ରଙ୍କ ଭଳି ବିଶାରଦଙ୍କ ଠାରୁ ଶାସ୍ତ୍ରୀୟ ସଙ୍ଗୀତ ଶିକ୍ଷା କରିଥିଲେ। ବାଙ୍କୀର ମହାପର୍ବତ ଦେଖି 'ମହାପର୍ବତ' ନାମକ ଖଣ୍ଡକାବ୍ୟ ଓ 'କଳଙ୍କ ଭଞ୍ଜନମାଳା' ନାଟକ ରଚନା କରିବା ପରେ ଶିକ୍ଷକ ପଣ୍ଡିତ କୃପାସିନ୍ଧୁ ହୋତାଙ୍କ ପ୍ରକୃତି ବର୍ଣ୍ଣନା ପାଇଁ ଉପଦେଶ ତାଙ୍କର ରଚନାତ୍ମକ ଦୃଷ୍ଟିଭଙ୍ଗୀରେ ଏକ ଉଲ୍ଲେଖନୀୟ ପରିବର୍ତ୍ତନ ଆଣିଥିଲା। ଗୋବିନ୍ଦଚନ୍ଦ୍ର ଶୂରଦେଓଙ୍କ ସମ୍ପର୍କରେ ଆସି କାଳୀଚରଣ ରାସଲୀଳାଭିନୟ ପ୍ରତି ଅଧିକ ଆକର୍ଷିତ ହେଲେ। ରେଭେନ୍ସା କଲେଜରେ ପଢୁଥିବା ସମୟରେ 'ବରଣଡାଳା' କବିତା ପୁସ୍ତିକା ଛପାଇଲେ। ଏହାକୁ ପଢ଼ି ମଧୁସୂଦନ ଦାସ ତାଙ୍କୁ ୧୦୦ ଟଙ୍କା, କନିକା ରାଜା ସାହେବ ପାଟ ଯୋଡ଼ଟିଏ ଓ ୨୫ ଟଙ୍କା ପୁରସ୍କାର ଦେଇଥିଲେ। ୧୯୧୮ ମସିହାରେ ଆଇ.ଏ. ପଢ଼ିବାବେଳେ ସେ ପ୍ରଥମ ନାଟକ 'ଧ୍ରୁବ' ରଚନା କରିଥିଲେ ମଧ୍ୟ ତାଙ୍କର ପ୍ରଥମ ସାମାଜିକ ନାଟକ ଥିଲା ୧୯୩୪ ମସିହାରେ ରଚିତ 'ପ୍ରତିଶୋଧ'। ପ୍ରାୟ ୪୦ଟି ପୂର୍ଣ୍ଣାଙ୍ଗ ନାଟକ ସହିତ ସେ ରଚନା କରିଯାଇଛନ୍ତି ବହୁ ନୃତ୍ୟ ନାଟିକା, କାବ୍ୟ ନାଟିକା, ଗଳ୍ପ, ଉପନ୍ୟାସ ଓ କବିତା।

ସାହିତ୍ୟ କୃତି :

ନୃତ୍ୟନାଟିକା (ଲୀଳା ନାଟକ) - କଳଙ୍କଭଞ୍ଜନ, ଦାରିଦ୍ର୍ୟ ଭଞ୍ଜନ, ମିଳନ ମାଧୁରୀ, ଶ୍ରୀ ରାଧା, ବାଂଶରୀ - ବିଳାସ, ଶ୍ରୀ ଗୀତଗୋବିନ୍ଦ, ପ୍ରୀତି ସୁଧାକର, ଲକ୍ଷ୍ମୀ, କୌତୁକ ଚିନ୍ତାମଣୀ, କିଶୋର ଚନ୍ଦ୍ରାନନ୍ଦ ଚମ୍ପୂ, ମାନିନୀ, ଆଖିର ଦେଖା, ଦେହି ପଦପଲ୍ଲବ ମୁଦାରଂ

ପୌରାଣିକ ନାଟକ -

ଧ୍ରୁବ, ମୃଗୟା, ବନ ବିହାର, ବିଦ୍ୟାବଳୀ, ଶକୁନ୍ତଳା, ହରିଶ୍ଚନ୍ଦ୍ର, ଚକ୍ରୀ, ଦଶଭୁଜା

ଐତିହାସିକ ନାଟକ - ଅଭିଯାନ (୧୯୪୬), ମାଳତୀ, ରକ୍ତ ମନ୍ଦାର

ସାମାଜିକ ନାଟକ -

ପ୍ରତିଶୋଧ, ଆହୂତି, ଚୁମ୍ବନ, କମଳ (୧୯୪୩), ଭାତ (୧୯୪୫), ଗାର୍ଲ ସ୍କୁଲ (୧୯୩୯ - ପ୍ରଥମେ ନାରୀମାନେ ଅଭିନୟର ସୁଯୋଗ ପାଇଲେ), ରକ୍ତମାଟି (୧୯୪୭), ଫଟାଭୂଇଁ, ସନ୍ଧାନ (୧୯୫୩), ହୀରାଖଣ୍ଡ (୧୯୫୩)

ଜୀବନୀ ଆଧାରିତ ନାଟକ - ଜୟଦେବ, ସାରଳା ଦାସ, ଜଗନ୍ନାଥ ଦାସ

ଗଳ୍ପ ସଂଗ୍ରହ -

ବନଫୁଲ, କବିତା ସଂଗ୍ରହ, ଚନ୍ଦ୍ରିକା, ଫୁଲରେଣୁ, ମଞ୍ଚ ନାଟକ, ମଞ୍ଚଧାରା, କାବ୍ୟନାଟକ, ଅନଙ୍ଗ, ଏକକ ନାଟକ, ପଞ୍ଚରଙ୍ଗ, ଷଡ଼ରସ, ସପ୍ତପର୍ଣ୍ଣୀ, ଜୀବିତ ତର୍ପଣ, ଯୁଗପୁରୁଷ (ବାପୁଜୀଙ୍କ ତିରୋଧାନ ଉଦ୍ଦେଶ୍ୟରେ)

ଶିଶୁ ସାହିତ୍ୟ -

ଶିଶୁ ଖେଳଗୀତ, ପିଲାଙ୍କ କର୍ମ ସଙ୍ଗୀତ, ଠକ୍କର ବାପା, ନେପୋଲିୟନ, କେତେଟି କଥା, ଆମ ସାହିତ୍ୟ, ବାଳ ବୋଧକ, କଳାହାଣ୍ଡିଆ ମେଘ, ବଉଳବେଣୀ, ବାୟା ଧନଟି, ପ୍ରଥମ ପାଠ, ଆମ ପାଠ, କଥା ଶୁଣ, ସରସ ସାହିତ୍ୟ (ପ୍ରଥମ ଓ ଦ୍ୱିତୀୟ ଭାଗ)

ଅନ୍ୟାନ୍ୟ -

ଯୁଗେ ଯୁଗେ ଉତ୍କଳ, ବେକାର, ନାରଣ ଦାସ, ଯୁଗେ ଯୋଗୀ (ହିନ୍ଦୀ), ଭୁଖା (ହିନ୍ଦୀ), ଫୁଲରେଣୁ, ଦାସକାଠି, ସୁଆଙ୍ଗ, ରାଣୀ ଶୁକଦେଈ

ବ୍ୟଙ୍ଗ ସାହିତ୍ୟ - ହାଲ ଫେସନ, ଚରଣ ଚୁଟିଆ ଦାମ

ଏକାଙ୍କିକା -

ତାଙ୍କ ଲିଖିତ 'ଜୀବିତ ତର୍ପଣ' ଓଡ଼ିଆ ଭାଷାର ପ୍ରଥମ ଏକାଙ୍କିକା। ଏହା ବ୍ୟତୀତ ପଞ୍ଚରଙ୍ଗ, ଷଡ଼ରସ, ଭଙ୍ଗାଘର, ସପ୍ତପର୍ଣ୍ଣୀ (ସାତ ଗୋଟି ଏକାଙ୍କିକାର ସମାବେଶ), ଯୁଗପୁରୁଷ, କକାନାଇଁ (ପ୍ରୌଢ଼ ଶିକ୍ଷା), ଦୋଷ କେଉଁଠି (ପ୍ରୌଢ଼ ଶିକ୍ଷା)

ଆତ୍ମ ଜୀବନୀ - 'କୁମ୍ଭାର ଚକ'

ଓଡ଼ିଆ ସଙ୍ଗୀତକୁ ଅବଦାନ

ସଙ୍ଗୀତ ସାର, ଗୀତ ମଞ୍ଜରୀ, କବିଚନ୍ଦ୍ର ଗୀତାବଳୀ (ଓଡ଼ିଶୀ ଭାଗ), କବିଚନ୍ଦ୍ର ଗୀତାବଳୀ (ଲଘୁ ସଂଗୀତ ଭାଗ), କବିଚନ୍ଦ୍ର ଗୀତାବଳୀ (ଭଜନ ଓ ଜଣାଣ), କବିଚନ୍ଦ୍ର ଗୀତାବଳୀ (ପଲ୍ଲୀଗୀତ ଭାଗ), କବିଚନ୍ଦ୍ର ଗୀତାବଳୀ (କୀର୍ତ୍ତନ ଭାଗ), ସଙ୍ଗୀତ ଓ ହାର୍ମୋନିୟମ ଶିକ୍ଷା, ପିଲାଙ୍କ ସଙ୍ଗୀତ ଶିକ୍ଷା, ଓଡ଼ିଶୀ ସଙ୍ଗୀତର ରୂପରେଖ, ରକ୍ତ ଝଙ୍କାର, ବରଣ ଡାଲା, ସପ୍ତସୁରୀ, ସୁରଲେଖା (ଗୀତ ଓ ସ୍ୱରଲିପି), ଚମ୍ପୂ-ସ୍ୱରଲିପି, ଆମ ଓଡ଼ିଆ ସଙ୍ଗୀତ

ଓଡ଼ିଆ କଥାଚିତ୍ରକୁ ଅବଦାନ -

କାଳୀଚରଣ ପଟ୍ଟନାୟକ ଓଡ଼ିଆ ଚଳଚ୍ଚିତ୍ର 'ଲଳିତା' (୧୯୪୯) ଓ 'ମାଟିର ମଣିଷ'(୧୯୬୭) ପାଇଁ ଗୀତ ରଚନା କରିଥିଲେ। ସେ 'ଲଳିତା' କଥାଚିତ୍ରର ନିର୍ଦ୍ଦେଶକ ଥିଲେ।

ପୁରସ୍କାର ଓ ସମ୍ମାନ -

ଗଜପତି ରାମଚନ୍ଦ୍ର ଦେବଙ୍କର ରାଜଦରବାରରେ ଏକଦା ସଭାକବି ଓ ରାଜ-ସଙ୍ଗୀତଜ୍ଞ ପଦବୀ ଅଳଂକୃତ କଲେ କାଳୀଚରଣ। ଗଜପତିଙ୍କ ଦ୍ୱାରା ୧୯୨୬ ମସିହା ସୁନିଆଁ ଦିନ 'କବିଚନ୍ଦ୍ର' ଉପାଧିରେ ଭୂଷିତ ହେବା ସଙ୍ଗେ ସଙ୍ଗେ ମହାପ୍ରଭୁ ଶ୍ରୀଜଗନ୍ନାଥଙ୍କର ଚାମର ସେବା ଓ ବୈଷ୍ଣବାଗ୍ନି ପ୍ରାପ୍ତ ହେବା ପାଇଁ ସ୍ୱୀକୃତି ଓ ଆଜ୍ଞା ପାଇଥିଲେ। ଏହାପରେ ୧୯୪୪ ମସିହାରେ ଉତ୍କଳ ସାହିତ୍ୟ ସମାଜ ଦ୍ୱାରା 'ନାଟ୍ୟାଚାର୍ଯ୍ୟ', କେନ୍ଦ୍ର ସାହିତ୍ୟ ଏକାଡ଼େମୀ ପକ୍ଷରୁ ସମ୍ମାନଜନକ ଫେଲୋସିପ୍, ୧୯୭୫ ମସିହାରେ ସମ୍ବଲପୁର ବିଶ୍ୱବିଦ୍ୟାଳୟ ଦ୍ୱାରା ଡି.ଲିଟ୍ ଉପାଧି ଓ ୧୯୭୭ ମସିହାରେ ଆତ୍ମଜୀବନୀ ଗ୍ରନ୍ଥ 'କୁମ୍ଭାର ଚକ' ପାଇଁ କେନ୍ଦ୍ର ସାହିତ୍ୟ ଏକାଡ଼େମୀ ଦ୍ୱାରା ପୁରସ୍କୃତ ହୋଇଥିଲେ। ସେ କେନ୍ଦ୍ର ସଙ୍ଗୀତ ନାଟକ ଏକାଡେମୀ ରତ୍ନସଦସ୍ୟ (୧୯୬୮) ଓ ଓଡିଶା ସଙ୍ଗୀତ ନାଟକ ଏକାଡ଼େମୀ ପୁରସ୍କାର (୧୯୭୧) ବିଜେତା ହୋଇଥିଲେ। ୧୯୭୪ ମସିହାରେ ଭାରତ ସରକାରଙ୍କଦ୍ୱାରା ପ୍ରଦତ୍ତ 'ପଦ୍ମଶ୍ରୀ' ସମ୍ମାନ (ଯୁଗ୍ମ ବିଜେତା)କୁ ସେ ପ୍ରତ୍ୟାଖ୍ୟାନ କରିଥିଲେ।

ରେକର୍ଡ଼ କରିଥିବା ଗୀତ -

ଗ୍ରାମୋଫୋନ ରେକର୍ଡ଼ -

୧. କାହ୍ନୁ ଗୁଣେ ତୋ ରଣୀ ବ୍ରଜଧାମେ ବ୍ରଜନାରୀ

୨. ଚାକିରି ଝକ୍‌ମାରି ଏ ଜନମେ ନାଇଁ କରି (ଗୀତଟି ବିଷୟରେ କବିଚନ୍ଦ୍ର ବିସ୍ତୃତ ଭାବେ ନିଜ ଆତ୍ମଜୀବନୀ 'କୁମ୍ଭାରଚକ'ରେ ଲେଖିଛନ୍ତି) ।

ସୂଚିପତ୍ର

ଫଟାକପାଳିଆ ପୁଅର ନାଁ କାଳୀଚରଣ

'ଫଟାକପାଳ' ଶବ୍ଦରେ ତଦ୍ଧିତ ପ୍ରତ୍ୟୟ 'ଇଆ'। ନୂତନ ଶବ୍ଦଟି ଫଟାକପାଳିଆ ଅର୍ଥାତ୍, ଫଟା କପାଳ ଯାହାର ସେ ଫଟାକପାଳିଆ। 'ଫଟାକପାଳ' ଏକ ଚମତ୍କାର ରୂଢ଼ି। ଭାଗ୍ୟ, ଭଗବାନ, ଭବିତବ୍ୟ - ଏସବୁ ସମ୍ପର୍କିତ କପାଳ ସହ। କଥାରେ ଅଛି 'କପାଳେ ଥିଲେ ଗୋପାଳେ ଦେବେ', କପାଳେ ନାହିଁ ତ ଗୋପାଳ କାହୁଁ ଦେବେ? ଦୁର୍ଭାଗ୍ୟ ରାହୁ ଗ୍ରସ୍ତ ମଣିଷଟି ହିଁ ଫଟାକପାଳିଆ। ଅନେକତ୍ର ଏ ଶବ୍ଦଟି ବହୁ ପଦସ୍ଥ ବ୍ୟକ୍ତି ବ୍ୟବହାର କରନ୍ତି। ସେମାନେ ଯଶ, କୀର୍ତ୍ତି, ଖ୍ୟାତିର ଶିଖରରେ ପହଞ୍ଚିଛନ୍ତି। ତଥାପି ନିଜକୁ ହୀନ, ମୂର୍ଖ, ହତଭାଗ୍ୟ କହିଛନ୍ତି। ଏହା ବିନୟ ଭାବର ଦ୍ୟୋତକ। କଳା, ସାହିତ୍ୟ, ସଂସ୍କୃତି ଅବା ଆଉ ଆଉ ବିଭାଗ ଶୀର୍ଷରେ ଅନେକ। ବିଖ୍ୟାତ ବୈଜ୍ଞାନିକ 'ନିୟୁଟନ'। ଜ୍ଞାନ ସମୁଦ୍ର ବେଳାଭୂମିରୁ କେଇଟି ବାଲିଗରଡ଼ା ସଂଗ୍ରହ କରିଛନ୍ତି - ଏକଥା କହିଲେ। ତାଙ୍କ ମହାନୁଭବତା ପ୍ରକାଶ କଲେ। କବି ସାରଳା ଦାସ, ଲେଖିଲେ ଅଠର ଖଣ୍ଡିଆ 'ମହାଭାରତ', ତାହା ପୁଣି ପ୍ରାକୃତ ଭାଷାରେ। ଏତେ ବଡ଼ ମହାକାବ୍ୟ ରଚୟିତା। ନିଜକୁ ମୂର୍ଖ, ଅପଣ୍ଡିତ ବୋଲି ସ୍ୱୀକାର କଲେ। ରାତିରେ ଇଷ୍ଟଦେବୀ ଶାରଳା ଠାକୁରାଣୀ କହନ୍ତି, ସେ ସକାଳୁ ଲେଖନ୍ତି। ଏ ବିଷୟ ମହାଭାରତରେ ଉଲ୍ଲିଖିତ। ପଦ୍ମଶ୍ରୀ କବିଚନ୍ଦ୍ର ଡ. କାଳୀଚରଣ ପଟ୍ଟନାୟକ। ଲେଖିଲେ ଆତ୍ମଲିପି 'କୁମ୍ଭାରଚକ'। ଆପଣାର ଜୀବନ କଥା ନୁହେଁ, ପୁସ୍ତକଟି ଓଡ଼ିଶା କଳା-ସାହିତ୍ୟ-ସଙ୍ଗୀତର ଏକ ରସୋତ୍ତୀର୍ଣ୍ଣ ଇତିହାସ। ୧୮୯୭ରୁ ଆରମ୍ଭ ପ୍ରଲମ୍ବିତ ୧୯୭୫ ଯାଏ। ଦୀର୍ଘ ୭୫ ବର୍ଷର ସାମାଜିକ କଥା-ବ୍ୟଥାର ଚିତ୍ର। ଲେଖକ ରକ୍ତାକ୍ତ ହୋଇଛନ୍ତି, ଝୁଣ୍ଟି ପଡ଼ିଛନ୍ତି, ଦୁର୍ବଳ ମୁହୂର୍ତ୍ତକୁ ପରିହାସ କରିଛନ୍ତି। ନିଜକୁ ନିରାଭରଣ କରି ଦେଇଛନ୍ତି। ତା' ଭିତରେ ପରିସ୍ଫୁଟ ସାର୍ବକାଳିକ ଚେତନାବୋଧଟି। ନୈତିକ ମୂଲ୍ୟବୋଧ ସହ ଏହାର ନିବିଡ଼ ସମ୍ପର୍କ। ଆପଣାର ଦୁର୍ଦ୍ଦିନରେ କୁମ୍ଭାର ପରି ମାଟିକୁ,

ମଣିଷଙ୍କୁ ଭଲ ପାଇଛନ୍ତି। ତାହାହିଁ ତାଙ୍କର ବିଶେଷତ୍ୱ। 'କୁମ୍ଭାର ଚକ'ର ଆଙ୍ଗିକ ଅଳଙ୍କରଣ, ଆତ୍ମିକ ବିଭବ ଅତୀବ ମନଛୁଆଁ। ଏଥିରେ ସ୍ଥାନିତ ଲେଖାମାନ ପ୍ରକାଶ ପାଇଥିଲା କଳିଙ୍ଗ, ଆସନ୍ତାକାଲି, ସହକାର ଆଦି ପତ୍ରିକାରେ। ଶେଷରେ ତାହା ପୁସ୍ତକର ରୂପନେଲା। କେନ୍ଦ୍ର ସାହିତ୍ୟ ଅକାଦମୀ ପୁରସ୍କାର ବିଜେତା ହେଲା। ଆତ୍ମଲିପିଟିକୁ ବହୁ ଦିଗରୁ ବିଚାର କରାଯାଇପାରେ। ଏହାର ସାମାଜିକ ମୂଲ୍ୟବୋଧ ଉଚ୍ଚକୋଟୀର, ଐତିହାସିକ ଗୁରୁତ୍ୱ ବହୁ ଜନସ୍ୱୀକୃତ, ସାଂସ୍କୃତିକ ଅବବୋଧ ଅସାଧାରଣ, ଅନନ୍ୟ ନିଶ୍ଚୟ। ଏଇଟି ଓଡ଼ିଆ ବାଣୀ ଭଣ୍ଡାରର ଏକ ଅମୂଲ୍ୟ ରତ୍ନ, ଗୋଟିଏ କାଳଜୟୀ 'ଆତ୍ମଲିପି'।

କୁମ୍ଭାର ମାଟି ହାଣେ, ଚକଟେ, ଚକ ବୁଲାଏ, କୁମ୍ଭାର ଚକ। ହାଣ୍ଡି ଗଢ଼େ, ଆଟିକା, ସରା, ଫୁଲକୁଣ୍ଡ, ଧୂପଦାନୀ, ନନ୍ଦିଆ, କୁଣ୍ଡ, ମାଠିଆ - ଏମିତି ଅନେକ ଜିନିଷ। ସେତେବେଳକୁ ମାଟିର ରଙ୍ଗ ବଦଳି ଯାଏ। ହଣାବେଳେ, ଚକଟା ବେଳେ ଗୋଟେ ରୂପ; ଆଉ ଗଢ଼ା ସରିଲେ ଅଲଗା ରୂପ ଧରେ। ସେମିତି ଜୀବନ ଚକ ଘୂରୁଛି। ଚକ ଭିତରେ କିଳା ବା ଖିଲ, ଅତି ସାନ, ଆଖିରେ ପଡ଼େନା। ଘୂରିବାଟାକୁ ସମସ୍ତେ ଦେଖନ୍ତି, ଭିତର କିଳାଟି କାହା ଆଖିରେ ପଡ଼େନି। କୁମ୍ଭାର ପରି ଜଞ୍ଜାଳିଆ ଜୀବନ, ୭୫ ବର୍ଷର ଘଟଣା, ଠିକେ ଠିକେ ବାଢ଼ିଛନ୍ତି ଯଶସ୍ୱୀ କାଳୀଚରଣ। ଲେଖିଛନ୍ତି- "ଫଟାକପାଳିଆ' ମୁଁ, ଭବିଷ୍ୟତ ଅନ୍ଧାର, ଜୀବନର ସବୁ କଥା ବଖାଣି ହବନି, ସେ ହେବ ଖଣ୍ଡେ ବିରାଟ ଗ୍ରନ୍ଥ।" ଭଲମନ୍ଦ କେତେକ ଘଟଣା ବାଉଡିଛନ୍ତି। ସେଥିରେ ଅଛି ପିଲାଦିନ କଥା, ଚାକିରି ଜୀବନର ଅନୁଭୂତି, କଳାକାର ଜୀବନ, ଓଡ଼ିଶା ରଙ୍ଗମଞ୍ଚର ଇତିହାସ, ଡାଏରୀରୁ ଯତ୍‌କିଞ୍ଚିତ୍, ପଦ୍ମଶ୍ରୀ, ଡକ୍ଟରେଟ୍, ବିଦାୟ ମାଗୁଣି ଆଦି ହୃଦୟସ୍ପର୍ଶୀ ଘଟଣାମାନ। ଓଡ଼ିଶା କଳା ଜଗତର ମଉଡ଼ମଣି ଡକ୍ଟର କାଳୀଚରଣ ପଟ୍ଟନାୟକ। ସତରେ କ'ଣ ଫଟାକପାଳିଆ? ଏପରି ସ୍ୱୀକାରୋକ୍ତି କଳାକାର ବିନୟୋକ୍ତି - ଏ କଥାଟି ସ୍ୱୀକୃତ।

୧୩୦୫ ସାଲ, ଧନୁ ଦଶ ଦିନ - ବଉଳ ଅମାବାସ୍ୟା। ଇଂରାଜୀ ୧୮୯୭ ମସିହା, ଡିସେମ୍ବର ୨୩ ତାରିଖ। ଏଇଦିନ କାଳୀଚରଣଙ୍କ ପହଲି କୁଆଁ ଡାକ। ଜେଜେବାପା ସ୍ୱର୍ଗୀୟ ନିମାଇଁ ଚରଣ ପଟ୍ଟନାୟକ, ବଡ଼ମ୍ବା ରାଜାଙ୍କ ଅଧୀନରେ ବଡ଼ ଚାକିରି କରିଥିଲେ। ସେଇଠି ରହିଲେ ଘର ଦୁଆର କରି। ସେ ଜଣେ ଭଲ ସଂସ୍କୃତ ପଣ୍ଡିତ। କଟକ ନର୍ମାଲ ସ୍କୁଲରେ ପଢ଼ିଥିଲେ। ତାଙ୍କ ଦୁଇ ପୁଅ, ଦୁର୍ଗାଚରଣ, ମଦନମୋହନ। ଦୁର୍ଗାଚରଣଙ୍କର ପୁଅ କାଳୀଚରଣ। ଉପରେ ଭାଇ, ତଳେ ଭଉଣୀ ଉଭୟ ବାହୁଡ଼ିଥିଲେ। ଉନବିଂଶ ଶତାବ୍ଦୀର କଥା। ଲୋକଙ୍କ ଅଟଳ ବିଶ୍ୱାସ

ଦେବଦେବୀଙ୍କ ଉପରେ। କାଳୀଚରଣଙ୍କ ବାପା ଦୁର୍ଗାଚରଣ, ଜଣେ ନୈଷ୍ଠିକ ଶାକ୍ତ। ସେଦିନ ମହାଷ୍ଟମୀ। ଦୁର୍ଗାଚରଣ ଚଣ୍ଡୀ ପାଠ ଶେଷକଲେ। ଏଥର 'କଉମାଛ ବଳି' ପଡ଼ିବ। ଏ ମାଛର ଢେର୍ ଜୀବନ। କଉ ଚାରିପଟେ ପଣ୍ଡିତ ମନ୍ତୁରା ପାଣି ଛିଞ୍ଚିଦେଲେ। ମାଛ ମଲେ ପୂଜାରେ ସିଦ୍ଧି, ରାତି ଅଧରୁ ଅଧିକ, ବଳି ପ୍ରକ୍ଷେପଣ ବେଳ। କାଳୀଚରଣଙ୍କର ଉପର ଭାଇକୁ ଦେଢ଼ ବରଷ, ଗୁରୁଣ୍ଡି ଗୁରୁଣ୍ଡି ଠାକୁର ଘରେ। ତେଣେ ତାଙ୍କ ମା' ପିଠା ଗଢୁଥିଲେ। ଭାଇ ବଳି ଦେଖି ହସିଦେଲା। ପୂଜା ଶେଷ ହେଲା। ବାପା ତାଙ୍କୁ କାଖେଇ ଘରକୁ ନେଇଗଲେ, ମା'ଙ୍କୁ ସବୁକଥା କହିଲେ - "ପୁଅଟା ବଳି ଦେଖିଦେଲା। ତେଣିକି ଜଗଜ୍ଜନନୀଙ୍କ ଇଚ୍ଛା!" ପାହାନ୍ତା ପହର, କାଳୀଚରଣଙ୍କ ଭାଇ ଝଲକାଏ ରକ୍ତ ବାନ୍ତି କରିଦେଲା, ଘରେ କାନ୍ଦବୋବାଳି, ସେତେବେଳକୁ ସବୁ ଶେଷ। ରାତିରେ ଦୁର୍ଗାଚରଣଙ୍କୁ ସପନ ହେଲା - "ମୁଁ କ'ଣ କରିବି ? ବଳି ବେଳେ ତ ପିଲା ସାମନାରେ ପଡ଼ିଲା, ତୁ ଆଉ କନ୍ଦାକଟା କରନା, ବ୍ୟସ୍ତ ହୁଅନା। ମୁଁ ତୋତେ ଆର ବରଷକୁ ପୁଅଟିଏ ଦେବି।" ସେଇ ପୁଅଟି କାଳୀଚରଣ। ଜନ୍ମନେଲେ ସିନା, କିନ୍ତୁ କପାଳଟାରେ ଫାଟ, ଆଖିରୁ ପୂଜ ବାହାରୁଥାଏ। କେତେକେତେ ଚିକିତ୍ସା ହେଲା, ବଡ଼ମ୍ବାର ଡାକ୍ତର ନାରଣ ଦାସ, ତାଙ୍କ ଔଷଧ କାମ କଲାନି। ପଣ୍ଡିତ, ତାନ୍ତ୍ରିକ - ସମସ୍ତଙ୍କ ମନ୍ତ୍ର ଯନ୍ତ୍ର, ସବୁ ଅକାମୀ। ଏପରିକି ବଡ଼ମ୍ବା ଗଡ଼ର ତାନ୍ତ୍ରିକ ସ୍ୱର୍ଗୀୟ ପଣ୍ଡିତ ନାରାୟଣ ଦାଶେ। ତନ୍ତ୍ରମନ୍ତ୍ର ପ୍ରୟୋଗ କଲେ। କାହିଁରେ କିଛି ଲାଭ ହେଲାନି। ଗୋଟିଏ ବୋଲି ପୁଅ। ମା', ବାପା, ଜେଜେମା', ଜେଜ - ସମସ୍ତେ ମନମରା। ସେଇଦିନ ରାତି, ପାହାନ୍ତିଆ ନିଦ ଲାଗିଛି। ଦୁର୍ଗାଚରଣ ସ୍ୱପ୍ନ ଦେଖିଲେ, ପାଷାଣ ଭେଦୀ ଗଛ, ତା'ରି ପତ୍ର, ଚେର ଲୋଡ଼ା। ଏସବୁକୁ ବାଟି ଉଷୁମ ତେଲରେ ପକାଇ ଲଗାଇ ଦେବାକୁ ନିର୍ଦ୍ଦେଶ ହେଲା। ସେଇ ତେଲକୁ କପାଳ ଫାଟ ଜାଗାରେ ଲଗାଇଲେ କାଳୀ ଭଲ ହେଇଯିବ। ଆହୁରି ହୁକୁମ ହେଲା, ପାତାଳ ଭେଦୀ ଗଛ ଦୁର୍ଗାଚରଣଙ୍କ ଦାନ୍ତଘଷା ପିଣ୍ଡି ଉପରେ ଉଠିଛି। ନିଦରୁ ଉଠି ଦୁର୍ଗାଚରଣ ଦେଖିଲେ, ସତକୁ ସତ, ପାତାଳ ଭେଦୀ ଗଛ ଉଠିଛି। ଆଦେଶ ମୁତାବକ ପୁଅର ଚିକିତ୍ସା କଲେ। କାଳୀଚରଣ ଆାରୋଗ୍ୟ ହେଲେ। ପାଷାଣ ଭେଦୀ ଚେର, ଆଉ ପତ୍ରର କିଛି ଅଂଶ, ବାପା ରଖିଥିଲେ, ଡେଉଁରିଆରେ ଭର୍ତ୍ତିକଲେ। ସେଇଁ ଡେଉଁରିଆଟି ଶେଷ ପର୍ଯ୍ୟନ୍ତ ଝୁଲୁଥିଲା କାଳୀଚରଣଙ୍କ ଗଳାରେ। କାଳୀଚରଣ ସମ୍ପୂର୍ଣ୍ଣ ସୁସ୍ଥ ହେଲେ। ଘର ସାରା ଆନନ୍ଦ ପୂରିଗଲା। ସେଇ ଫଟା କପାଳିଆ ପୁଅର ନାଁ ରଖାହେଲା - 'କାଳୀଚରଣ'। ବିଲେଶ୍ୱର ପରମ ଦୟାଳୁ। ତାଙ୍କରି ଅପାର କରୁଣାରୁ ଆରୋଗ୍ୟ ହେଲେ କାଳୀଚରଣ। ସେଇ ଫଟାକପାଳିଆଙ୍କ ଜୀବନ କାହାଣୀ, ଶୈଶବରୁ ଶେଷଯାଏ ବହୁ ଘଟଣା ଦୁର୍ଘଟଣାପୂର୍ଣ୍ଣ। ତାହା ଅତୀବ

ଚିତ୍ତାକର୍ଷକ।

ଚାଟଘର ପୁଅ ଚାଟ, ଭାଟ ଘର ପୁଅ ଭାଟ। ଓଳି ଘେନି କୋଳି। ଏ କଥା କାଳୀଚରଣଙ୍କ ଜୀବନରେ ବହୁ ପରୀକ୍ଷିତ। ତାଙ୍କ ବାପା, ବୋଉଙ୍କର ସଙ୍ଗୀତ ପ୍ରତି ଢେର୍ ଆଦର। ତାଙ୍କ ଘରେ ଅନେକ ସମୟରେ ଓଡ଼ିଶୀ ଆସର ବସେ। କାଳୀଙ୍କ ଆଉ ଜଣେ ଜେଜବାପା - ଯୋଗୀନାଥ ପଟ୍ଟନାୟକ, ବେଶ୍ ରସିକିଆ ଲୋକ, ବହୁତ ପୁରାଣ ସଙ୍ଗୀତ ଗାଆନ୍ତି, ମର୍ଦ୍ଦଳ ବଜାନ୍ତି। ତାଙ୍କ ନିଜ ଜେଜବାପା ନିମାଇଁ ଚରଣ, ରାଜକାର୍ଯ୍ୟରୁ ଅବ୍ୟାହତି ନେଲେ। ସେ ବି ସଂଗୀତ ପ୍ରିୟ, ଗୁଣୁଗୁଣୁ କରି ଗୀତ ଗାଆନ୍ତି। ପାରିଜା କରନ୍ତି, କାଳୀଚରଣ ଏ ସବୁ ଦେଖି ହସନ୍ତି। କିଛି ବୁଝନ୍ତିନି, ଏ ସମସ୍ତ ୧୯୦୬-୦୭ ସାଲର କଥା।

ବଡ଼ମ୍ବା ରାଜବାଟୀ, ସେଇଠାରେ କାଳୀଚରଣଙ୍କ ବାଲ୍ୟକାଳ କଟିଛି। ରାଜାଙ୍କ ନାଁ ବିଶ୍ୱମ୍ଭର ମଙ୍ଗରାଜ। ସେବେକାର ଅଧିକାଂଶ ରାଜାଙ୍କ ପରି ସେ କଳାସଙ୍ଗୀତ ପ୍ରିୟ। ବଡ଼ମ୍ବାରେ ଚନ୍ଦନଯାତ୍ରା ଗୋଟେ ବଡ଼ ପର୍ବ, ଧୂମଧାମରେ ପାଳିତହୁଏ। ଅବଧି ଏକୋଇଶି ଦିନ। ନିତି ପ୍ରତି ଗୀତ, ନାଚ, ଯାତ୍ରା, ସୁଆଙ୍ଗ। ସବୁଦିନ ରାତିରୁ ଆରମ୍ଭ। ଚାଲେ ଫୁକିଆ ତାରା ଉଇଁଲା ଯାଏ। ତା' ସହିତ ଗୋଟିପୁଅ ନାଚ, ଉପସ୍ଥିତ ଦର୍ଶକ ଭରପୂର ଆନନ୍ଦ ନିଅନ୍ତି। କାଳୀଚରଣଙ୍କ ଜେଜବାପା, ସଙ୍ଗୀତ ଜଗତରେ ତାଙ୍କର ଭାରି ନାଆଁ, ତାଙ୍କ ଠାରୁ ଗୋଟିପୁଅମାନେ ଗୀତ ସହିତ ଅବଲୟ ଶିଖନ୍ତି। ପାଲାବାଲାଏ ବି ଆସନ୍ତି, ଚଉପଦୀ ନିଅନ୍ତି, ଅର୍ଥ ବୁଝନ୍ତି। କାଳୀଚରଣଙ୍କ ବୋଉ, ତାଙ୍କର ମଧ୍ୟ ସଙ୍ଗୀତ ପ୍ରତି ଅନୁରାଗ। ସେ ଛାନ୍ଦ, ଚୌପଦୀ ଗାଆନ୍ତି। ସେ କିଛି କିଛି ସଂସ୍କୃତ ପଢ଼ିଥିଲେ। ଛାନ୍ଦର ଅର୍ଥ ଭଲ କରନ୍ତି। 'ମଥୁରା ମଙ୍ଗଳ', 'ବିଶି ରାମାୟଣ', 'ବିଦଗ୍ଧ ଚିନ୍ତାମଣି', 'ବୈଦେହୀଶ ବିଳାସ'ରୁ ଛାନ୍ଦ ସବୁ ବୋଲନ୍ତି। ପୁଅ କାଳୀଚରଣଙ୍କୁ ଶିଖାନ୍ତି। ନିଜେ ଗୀତ ଗାଆନ୍ତି। କ୍ରମେ ତାଙ୍କର ସଂଗୀତ ପ୍ରତି ଅନୁରାଗ ବଢ଼ିଲା। ପାରିବାରିକ ଆଦର୍ଶରେ ସେ ଅନୁପ୍ରାଣିତ ହେଲେ।

କାଳୀଚରଣଙ୍କର ଆଉ ଏକ ନୂଆ ଅନୁଭୂତି। ଆଜିକାଲି ଆଲବମ୍, ରେଡ଼ିଓ, ଟିଭିରେ ଗୀତ ବାଜେ, ଲୋକେ ନାଚ ଦେଖନ୍ତି। ସେତେବେଳେ ଏ ସବୁ ବ୍ୟବସ୍ଥା ନ ଥିଲା। କଳଗାଉଣା ନୂଆ କରି ବାହାରିଥାଏ। ରାଜା ବିଶ୍ୱମ୍ଭର ଗୋଟିଏ ଗ୍ରାମ୍‌ଫୋନ୍ କିଣିଲେ। ରାଜବାଟିରେ ଖବର ଚହଟିଗଲା। ଶହ ଶହ ଲୋକ ହାଜର, କଳବାଜା ଗୀତ ଗାଉଛି, ନୂଆ କଥାଟିଏ। ରାଜା କଣ୍ଟା ଲଗାଇବେ। ଆଉ କେହି କଣ୍ଟା ଲଗାଇଲେ ଗୀତ ବାହାରିବନି। ଏମିତି ସମସ୍ତେ କୁହାକୁହି ହେଲେ। ଗ୍ରାମ୍‌ଫୋନ୍ ସହ ଖଣ୍ଡି କେତେ ଓଡ଼ିଆ ବଙ୍ଗଳା ରେକର୍ଡ଼, ସଞ୍ଜବେଳ ବେହରଣ ମେଳାରେ କଳଗାଉଣା ହୁଏ। ନିତି

କାଳୀଚରଣ କଳଗାଉଣା ଶୁଣିଲେ । ଓଡ଼ିଆ ଗୀତଟିଏ ଶିଖିଲେ, ଗୀତଟି ଥିଲା- "ଆସୁଛି ବ୍ରଜବାସୀ ଧୀରେଧୀରେ ଚାଲିଚାଲି ।" ଆସ୍ତେ ଆସ୍ତେ ଏଇଟିକୁ ଅଭ୍ୟାସ କରିନେଲେ, ଭଲ ବି ଗାଇଲେ ।

କାଳୀଚରଣଙ୍କ ଆଉ ଗୋଟେ ଅନୁଭୂତି । ତାଙ୍କ ଦୁଆରରେ ପୁରାଣ ହୁଏ । ବୋଉ ବି ପୁରାଣ କଥା କହନ୍ତି । ପିଲାବେଳେ ସେ ଶୁଣିଥିଲେ, ସ୍ୱର୍ଗପୁରରେ ଗନ୍ଧର୍ବମାନେ ଗୀତ ବୋଲନ୍ତି । ବୋଉ କଳଗାଉଣା ନିତି ଶୁଣିଲେ । ଗୀତ ଶୁଣି ଶୁଣି ସେ ଆକଳନ କରିନେଲେ, ଗନ୍ଧର୍ବମାନଙ୍କ ବେଶପୋଷାକ ଠଉରେଇ ନେଲେ । ସବୁ ସେଇ ଗୀତ ଶୁଣାରେ । କଳ୍ପନା ତାଙ୍କ ଆଖି ଆଗରେ ନାଚୁଥିଲା । ଗନ୍ଧର୍ବ ପାଟ ପୀତାମ୍ବରୀ ପିନ୍ଧିଥିବେ, ମୁଣ୍ଡରେ ମୁକୁଟ, ବେକରେ ସୋରା ସୋରା ହୋଇ ମୋତି ମାଣିକ୍ୟର ହାର, ଝଟକୁଥିବ, ଗୋରା ତକତକ ଦିହ - ଏମିତି ଭାବନ୍ତି । ସେମାନଙ୍କୁ ଥରେ ଦେଖିବାକୁ ମନ ବଳାନ୍ତି । ରାଜା ବିଶ୍ୱମ୍ଭର, କାଳୀଚରଣଙ୍କ ଗୀତାଭ୍ୟାସ କଥା ଶୁଣିଥିଲେ । ବରାଦ ଦେଲେ କାଳୀଚରଣ ଗୀତଟି ଗାଇଲେ - "ଆସୁଛି ବ୍ରଜବାସୀ..." । କାଳୀଙ୍କ ମନଜିଣା ସ୍ୱର ଭାରି ମଧୁର, ରାଜା ମୁଗ୍ଧ ହେଇଗଲେ । ପୁରସ୍କାର ବି ଦେଲେ । ଦିନେ ଦୁର୍ଗାଚରଣଙ୍କୁ ଡାକିଲେ, କାଳୀଚରଣର ଗାନ ଶୈଳୀକୁ ପସନ୍ଦ କଲେ, ବାଃ ବା କଲେ । ଆନନ୍ଦରେ କହି ପକାଇଲେ - "ଦୁର୍ଗାଚରଣ ! କାଳୀ ଏକା ବାପାର ପୁଅ । ଶୁଣିଲ କେମିତି ଗାଇଲା ! କି କଣ୍ଠ ! କେମିତି କଳ ଗାଉଣାରୁ ଛଡ଼ାଇ ଆଣିଛି ! ପାଠ ପଢୁ - ହେଲେ ଗୀତ ଟିକିଏ ଟିକିଏ ଶିଖୁ । ଯୋଗୀ ପଟ୍ଟନାୟକ ନଜର ଦେଲେ, ପିଲାଟା ଭଲ ଗାଇବ ।" ରାଜାଙ୍କ କଥା ସତ ହେଲା । ରାଜା କାଳୀଙ୍କୁ ବାରମ୍ବାର ପୁରସ୍କୃତ କଲେ, ଉତ୍ସାହ ବଢ଼ାଇଲେ । ଜେଜେ ନିମାଇଁ ପଟ୍ଟନାୟକ, ପିଲାଦିନେ ତାଙ୍କୁ ଅମରକୋଷ ଘୋଷାଉଥିଲେ । ସହଜରେ ହେତୁ ହେବ । ସେଇଥି ପାଇଁ ପଦ୍ୟକୁ ଛନ୍ଦରେ ତିଆରି କରି ପଢ଼ାଉଥିଲେ । କାଳି ବି ଗୀତ ଗାଇବାରେ ମଜ୍ଜିଗଲେ । କ୍ରମେ ଓସ୍ତାଦ୍ ହେଇଗଲେ ।

ସାନ ଶ୍ରେଣୀର ପିଲାଏ ତାଙ୍କୁ ମାନନ୍ତି । ଉଭୟ ଶ୍ରେଣୀର ପିଲା, ଏକଜୁଟ୍ ହୁଅନ୍ତି । ବଡ଼ମ୍ବା ଗଡ଼ ମୁଣ୍ଡରେ ଟୁବୁରି ମୁଣ୍ଡିଆ । ନାଁ କହ୍ନେଇ ମଣ୍ଡପ । ତାଙ୍କ ସାଙ୍ଗ ମୋହନ ଯେନା, ସୁଦର୍ଶନ ରାଉତ, ନାରାୟଣ ରଥ, ବାମ କର - ସମସ୍ତେ ମିଳିମିଶି ମୁଣ୍ଡିଆକୁ ଯାଆନ୍ତି । ବେଳେବେଳେ ବଣଭୋଜି ହୁଏ । ଉଦ୍ଦେଶ୍ୟ କାଳୀଚରଣ ଗୀତ ଗାଇବ । ସେମାନଙ୍କ ଅନୁରୋଧକୁ ଏଡ଼ି ପାରନ୍ତିନି କାଳୀ । ସୁଲଳିତ କଣ୍ଠରେ ଗାଆନ୍ତି, "ଆସୁଛନ୍ତି ବଜ୍ରବାସୀ ଧୀରେ ଧୀରେ ଚାଲି ଚାଲି ।" ଏଥିସହ ଆହୁରି କେତୋଟି ଗୀତ ବୋଲନ୍ତି । ବୈକୁଣ୍ଠ ପଟ୍ଟନାୟକ, ତାଙ୍କ ଠାରୁ ସାନ, ବେଶି ଭରସି କରି କହି

ପାରନ୍ତିନି, କାଳୀଚରଣଙ୍କ ଗୀତ ଶୁଣିବାକୁ ଭାରି ସୁଖ ପାଆନ୍ତି । ପରବର୍ତ୍ତୀ କାଳରେ ସେ ଓଡ଼ିଶାର ଲବ୍ଧପ୍ରତିଷ୍ଠ କବି ବୈକୁଣ୍ଠ ନାଥ ପଟ୍ଟନାୟକ । କବିତା ରାଜ୍ୟର ଅନ୍ୟତମ ସୁଦକ୍ଷ ବିନ୍ଧାଣି । ଏସବୁ କାଳୀଚରଣଙ୍କର ୭/୮ ବର୍ଷ ବୟସର କଥା । ତାଙ୍କ ବାଲ୍ୟକାଳ କଟିଲା ସାଙ୍ଗମେଳରେ । ପାଠପଢ଼ା ସହ ଛାନ୍ଦ, ଚଉପଦୀ ଗାଇବାରେ ମନ ବଳାଇଲେ । ବୟସ ବଢ଼ିଲା, ଜଞ୍ଜାଳ ବି । ଏଣିକି ଜଞ୍ଜାଳିଆ ଜୀବନ କଥା, ତା' ପୂର୍ବରୁ କାଳୀଚରଣଙ୍କ ଏଇ ଗୌରଚନ୍ଦ୍ରିକା ।

■

ଓଡ଼ିଶାର ଓଡ଼ିଆତ୍ୱ ଏଇ ଗଡ଼ଜାତରେ, ରାଜାଘରେ

ଉତ୍କର୍ଷ କଳାର ଦେଶ ଓଡ଼ିଶା। ଶିଳ୍ପ ଭାସ୍କର୍ଯ୍ୟ, ସାହିତ୍ୟ, ସଂସ୍କୃତି - ପ୍ରତିଟିରେ ଓଡ଼ିଆର ବିଶେଷତ୍ୱ। ସେମାନଙ୍କ ଜୀବନଚର୍ଯ୍ୟା ସରଳ, ନିରାଡ଼ମ୍ବର। ଓଡ଼ିଶୀ ଗୀତ, ନୃତ୍ୟ, ଯାତ୍ରା, ତାମସା, ନାଟକ, ସବୁଥିରେ ନିହିତ ମୌଳିକତା। ସେହିପରି ପର୍ବପର୍ବାଣି, ଯାନିଯାତରା, ମେଳା ମହୋତ୍ସବ - ଏହା ମହାର୍ଘ୍ୟ ସାଂସ୍କୃତିକ ପରମ୍ପରାର ଦ୍ୟୋତକ। ଅତୀତର ରାଜା ରାଜୁଡ଼ା, ଜମିଦାର, ସମ୍ଭ୍ରାନ୍ତ ବଂଶୀୟ - ଗୁଣୀ ଅଧିକେ କଳାସଂସ୍କୃତି ପ୍ରିୟ। ଏହାର ପୃଷ୍ଠପୋଷକତା କରୁଥିଲେ। କେତେକ ରାଜ ଦରବାରରେ ରାଜକବି, ବିଦୂଷକ ଥିଲେ, ଏମାନଙ୍କର ଢେର୍ ଆଦର ସମ୍ମାନ। ରସିକ, ଗ୍ରାହକ କାଳେ କାଳେ କଳାକୁ ମହକିତ କରିଛନ୍ତି। ସାହିତ୍ୟର ଉତ୍ତରୋତ୍ତର ଉନ୍ନତି ସାଧନ କରିଛନ୍ତି। ଏ କ୍ଷେତ୍ରରେ ଓଡ଼ିଶା ରାଜାମାନଙ୍କ ଭୂମିକା ଗୁରୁତ୍ୱପୂର୍ଣ୍ଣ। ବାଘ, ଭାଲୁ ନାଚ, କେଳାକେଳୁଣୀ, ଗୋଟିପୁଅ, ଚଢ଼େଇଆ-ଚଢ଼ଉଣୀ, ଚଇତି ଘୋଡ଼ା ନାଚ, ରାମଲୀଳା, କୃଷ୍ଣଲୀଳା, ଭାରତଲୀଳା, ମୋଗଲ ତାମସା - ଏସବୁ ରାଜାମାନଙ୍କର ଭାରି ମନ ପସନ୍ଦ। ଅବସର ବିନୋଦନ ପାଇଁ ରାତିରାତି ଯାତ୍ରା ନାଟକ ଗଡ଼ରେ, ରାଜା-ପ୍ରଜା ମିଳିମିଶି ଆନନ୍ଦ ନେଉଥିଲେ। ଏ ପରିପ୍ରେକ୍ଷୀରେ ଗଡ଼ଜାତ ରାଜାମାନେ ବହୁ ଆଗରେ। ତାହା ଉଲ୍ଲେଖି କରିଛନ୍ତି କବିଚନ୍ଦ୍ର କାଳୀଚରଣ ପଟ୍ଟନାୟକ। ତାଙ୍କ ଆତ୍ମଲିପି 'କୁମ୍ଭାରଚକ', ଏଥିରେ ବଡ଼ମ୍ବା ରାଜାଙ୍କ ମହାନୁଭବତାକୁ ଆଲୋଚନା କରିଛନ୍ତି। ଦର୍ଶାଇଛନ୍ତି କଳାପ୍ରତି ତାଙ୍କ ଅନୁରାଗକୁ। ଓଡ଼ିଶାର ଓଡ଼ିଆତ୍ୱ ବା ଓଡ଼ିଶୀର ଢଙ୍ଗରଙ୍ଗ ଥିଲା ଏଇ ଗଡ଼ଜାତମାନଙ୍କରେ, ରାଜାରାଜୁଡ଼ାଙ୍କ ଘରେ। ନୋହିଲେ କୋଣାର୍କ ଦେଉଳ ଆସନ୍ତା କେଉଁଠୁ? ଏକଥା ବି ଲେଖକ କହିଛନ୍ତି।

ରାଜତନ୍ତ୍ର କପାଳରେ କଳଙ୍କର ଟୀକା। ପ୍ରଜାପୀଡ଼ନ, ପ୍ରଜାଧନ - ଲୁଟ୍, ଅପଶାସନ, ଶୋଷଣ, ଲୁଣ୍ଠନ - ଏମିତି ନାନା ପ୍ରକାର ଅପବାଦ। ପସରାରେ ପସରାଏ ଅପନିନ୍ଦା, ବୋହି ବୋହି ଚାଲିଲେ ଅତ୍ୟାଚାରୀ ରାଜାଏ। ସେଇଥି ପାଇଁ ଜନେ କହନ୍ତି - 'ରାଜାଖାଏ ତଣ୍ଟି, କେଳାଖାଏ ଭଣ୍ଟି'। ଏ କଥାଟି ବହୁଳ ପ୍ରଚାରିତ। ଏଥିରୁ ବାରି ହୋଇପଡ଼େ ରାଜାରାଜୁଡ଼ାଙ୍କ ମାନସିକତା। ମାତ୍ର କଥାଟି ଶତ ପ୍ରତିଶତ ସତ ନୁହେଁ। ଅନେକ ରାଜା ପ୍ରଜାବତ୍ସଳ, ପ୍ରଜାନୁରଞ୍ଜକ, ଦେଶଭକ୍ତ; ସଂସ୍କୃତିପ୍ରେମୀ, ସାହିତ୍ୟାନୁରାଗୀ ମଧ୍ୟ। ଓଡ଼ିଶୀ ଚଳଣି, ସ୍ୱାଭିମାନ ରକ୍ଷା; ଏ କ୍ଷେତ୍ରରେ ସେମାନଙ୍କ ଦାନ ଅତୁଳନୀୟ। ପାରଳାରାଜା ଗଜପତି କୃଷ୍ଣଚନ୍ଦ୍ର ଗଜପତି, ମୟୂରଭଞ୍ଜ ମହାରାଜା ଶ୍ରୀରାମଚନ୍ଦ୍ର ଭଞ୍ଜ, କନିକା ରାଜା ରାଜେନ୍ଦ୍ର ନାରାୟଣ ଭଞ୍ଜ ଦେବ, ବାମଣ୍ଡାରାଜା ବାସୁଦେବ ସୁଢ଼ଳ ଦେବଙ୍କ ପରି ଆଉ କେତେକଙ୍କ ନାମ ସ୍ମରଣୀୟ। ତନୁ-ମନ-ପ୍ରାଣରେ ଏମାନେ ଭଲ ପାଉଥିଲେ ମା'-ମାଟି-ଭାଷାକୁ। ଓଡ଼ିଆ ଭାଷାଭିତ୍ତିକ ସ୍ୱତନ୍ତ୍ର ଉତ୍କଳ ପ୍ରଦେଶ ଗଠନରେ ଏମାନଙ୍କ ଅବଦାନ ଅନସ୍ୱୀକାର୍ଯ୍ୟ। ଅନୁରୂପ ଭାବେ ବଡ଼ମ୍ବା ରାଜା ବିଶ୍ୱମ୍ଭର ମଙ୍ଗରାଜ ମହାପାତ୍ର, ଓଡ଼ିଶାର କଳା ସଂସ୍କୃତିର ବିକାଶରେ ତାଙ୍କର ଅବଦାନ ଉଲ୍ଲେଖନୀୟ।

ସେ କାଳର ରାଜା, କେହି କେହି ପରମ ଦୟାଳୁ, ମିଷ୍ଟଭାଷୀ, ଭଦ୍ର। ପ୍ରଜାଙ୍କ ଦୁଃଖ କଷ୍ଟ ଶୁଣନ୍ତି, ଠିକ୍ ନ୍ୟାୟ ଦିଅନ୍ତି। ରାଜା ବିଶ୍ୱମ୍ଭର ମଙ୍ଗରାଜ ମହାପାତ୍ର। ବଡ଼ମ୍ବା ଗଡ଼ରେ ତାଙ୍କ ଭାରି ସୁନାମ। ଠିକ୍ ନ୍ୟାୟ ଦିଅନ୍ତି। ଭାଟ ଭିକାରୀ ନିତି ଆସନ୍ତି, କେହି ରିକ୍ତ ହସ୍ତରେ ଫେରିବା ନଜିର ନାହିଁ। ରାଜାଙ୍କ ଦୁଆରକୁ କେହି ଖାଲି ହାତରେ ଆସନ୍ତିନି। ଏଇଟି ଥିଲା ବିଧି। ଦିନକର କଥା। ଭିକ୍ଷାଶୀ ବ୍ରାହ୍ମଣ ଜଣେ ଛାମୁରେ ଉଭା କାନ୍ଧ ଉପରେ ଚାରିଚଉତା ଗାମୁଛାଟା। ତା' ଭିତରେ ଗୋଟେ ଲମ୍ବା ହଳଦିଆ ଆମ୍ବପତ୍ର, ସମସ୍ତେ ତଟସ୍ଥ, ରାଜା କ୍ରୋଧ କରିବେ, ବ୍ରାହ୍ମଣଙ୍କୁ ଧିକ୍କାରିବେ - ଏମିତି କିଏ କେତେ ଭାବୁଥାଆନ୍ତି। ମାତ୍ର ସେମିତି କିଛି ହେଲାନି। ରାଜା ଆଦରରେ ଆମ୍ବପତ୍ରଟି ନେଲେ। ବ୍ରାହ୍ମଣଙ୍କୁ ସୁଖ-ଦୁଃଖ ପଚାରିଲେ। ଯେମିତି କେତେକାଳର ଚିହ୍ନା ଜଣା - କେହି ଭାଇବନ୍ଧୁ କୁଟୁମ୍ବ ! ବ୍ରାହ୍ମଣଙ୍କୁ ଆଦର ଅଭ୍ୟର୍ଥନା କରାଗଲା। ଦିଅଁଙ୍କ ସଞ୍ଜଧୂପ। 'ବିଶ୍ୱମ୍ଭର ବଲ୍ଲଭ' ଖଜା ଭୋଗର ବଡ଼ ଥାଳିଆଟେ। ଏଥି ସହିତ ପଚାଶଟଙ୍କା। ଏସବୁ ବ୍ରାହ୍ମଣଙ୍କୁ ଦେବାକୁ ରାଜା ଆଦେଶ ଦେଲେ। ବ୍ରାହ୍ମଣଙ୍କ ଛୁଆପିଲା ଚାହିଁଥିବେ, ନନା ଗଡ଼ରୁ କ'ଣ ଆଣିଛନ୍ତି ବୋଲି ? ରାଜା ଏକଥା କହି ବୈଠକ ଖାନାରେ ଆମ୍ବପତ୍ରଟି ଥୋଇଦେବାକୁ ଇଙ୍ଗିତ ଦେଲେ। କାଳୀଚରଣଙ୍କ ସମେତ ଅନ୍ୟମାନେ ଦରବାରରେ ଥିଲେ। ସମସ୍ତେ ଆଶ୍ଚର୍ଯ୍ୟ। ରାଜା କହିଲେ - ଛାର ଆମ୍ବପତ୍ରଟାକୁ

ପଚାଶଟଙ୍କା ଦେଲି ବୋଲି ବିଚାର କରନାହିଁ। ଏ ତାଙ୍କ ଶ୍ରଦ୍ଧାର ସାମାନ୍ୟ ମୂଲ୍ୟ। ଅବଶ୍ୟ ଶ୍ରଦ୍ଧାର ମୂଲ୍ୟ ଦେଇ ହୁଏନା, ବିଚରା ବଡ଼ ଗରିବ - କିଛି ଦିଆଗଲା। କାଳୀଚରଣ ପିଲା ଥିଲେ। ପରେ ଏସବୁ କଥା ହେଜିଲେ। ରାଜା କେତେ ଦୟାଳୁ ସତେ ! ବୟସ ଗଡ଼ିଚାଲିଲା, ମନ ପଡ଼ିଯାଉଥିଲା ସେଦିନ କଥାଗୁଡ଼ାକ। ରାଜା କହୁଥିଲେ - 'ତୁ ବଡ଼ ହେଲେ ସବୁ ବୁଝିବୁ।' ଖାଲି ବଡ଼ ନୁହେଁ। କାଳୀଚରଣ ବୁଢ଼ା ହେଲେ, କଳିଷଠା ଷାଠକ ଡେଇଁଲେ। ଫାଉ ବା ଲାଭ ଉପରେ କଳିକାଳ ଭୋଗିଲେ। କୁଆଡ଼େ ଗଲେ ସେ ରାଜା ? କାହିଁଗଲା ସେ ମନ ? ସବୁ ଏବେ ସପନ।

ରାଜା ବିଶ୍ୱମ୍ଭର, ଲୋକଗୀତ, ଲୋକନୃତ୍ୟ ପ୍ରିୟ। ବରଷା ଋତୁରେ ଝୁମ୍ପା ମଉଜ। ଆଉ ସବୁ ମାସରେ ଗଡ଼ରେ ନାଚତାମସା, ହସ, ଖୁସି। ଚଇତିଘୋଡ଼ା, ଦଣ୍ଡନାଚ ଦିନା କେତେ ଚାଲେ। ଚଢ଼େଇଆ - ଚଢ଼ଉଣୀ, ବୀଣାକାର, ଭାଲୁନାଚ - ଏସବୁ ଦଣ୍ଡନାଚର ଗୋଟେ ଗୋଟେ ଅଙ୍ଗ। ଚଢ଼େଇଆ ମୁହଁରେ ଗୋଟାଏ କାଠମୁଖା, ଆଗରେ ଏକ ଲମ୍ବା ବାଉଁଶ। ଏଥିରେ ପକ୍ଷୀପର ବନ୍ଧା ଯାଇଥାଏ। ଢୋଲ, ମହୁରୀର ତାଳେ ତାଳେ ଚଢ଼େଇଆ ନାଚେ। ହାତରେ ସେଇ ପକ୍ଷୀପର ବନ୍ଧା ଲମ୍ବା ବାଉଁଶ ଖଣ୍ଡି। ଚଢ଼େଇଆ ଚଢ଼ଉଣୀ ହାତ ଧରି ଟାଣେ। ଚଢ଼ଉଣୀ ଚଢ଼େଇଆକୁ କହେ - "ହୁଁ ହୁଁ କଳା ହନୁମନ୍ତ କି ଚଢ଼େୟା / ହୁଉଁ କଳା ହନୁମନ୍ତ / ତୋତେ ଘେନି ମୁହିଁ କୁଆଡ଼େ ପଶିବି / ଚଢ଼େୟାରେ ଚାରିଆଡ଼େ ପରବତ।" ଗୀତ ସାଙ୍ଗକୁ ନାଚ, ଯୋଡ଼ି ମହୁରୀ, ମନ କିଣିନିଏ। ତା'ପରେ ସଭାକୁ ଆସେ ବୀଣାକାର। ତା' ହାତରେ ଗୋଟାଏ କାଣ୍ଡ ବାଉଁଶ। ଏଥିରେ ରଙ୍ଗ ସାଲୁକନା ଆଉ ଜରିଗୁଡ଼ା ଯାଇଥାଏ। ଗୁଣ ଦଉଡ଼ିରେ ଝୁଲୁଥାଏ ଗୁଡ଼ିଏ ଘୁଙ୍ଗୁର। ତାକୁ ଗୋଟିଏ ହାତରେ ମୁଣ୍ଡ ଉପରେ ଟେକିଧରି ସେ ନାଚେ। ତାଳରେ କାଣ୍ଡକୁ ହଲାଇ ବୀଣାକାର ଝମ୍‌ଝମ୍ ଶବ୍ଦକରେ। ତା' ଗୋଡ଼ ବଳାଗଣ୍ଠିରେ ଘାଗୁଡ଼ି ବନ୍ଧା, ସେ ତାଳ ପକାଇ ନାଚେ। ବୀଣାକାର ଗୀତରୁ ପଦେ - 'ଚନ୍ଦ୍ରମା ବଦନୀ ନାଗରୀବର / ଘଡ଼ିଏ ମନରୁ ନ ଗଲୁ ପାସୋର।" ବୀଣାକାର ଗୀତରେ ଦେଖଣାହାରୀଏ ହଜି, ମଜ୍ଜି ଯାଆନ୍ତି। ତା' ପରେ ଆସେ ଭାଲୁ ନାଚୁଆ। ଗୋଟାଏ ଦଉଡ଼ିରେ ଭାଲୁକୁ ଧରିଥାଏ। ତା' ହାତରେ ଖଣ୍ଡେ ରିଙ୍ଗ୍ ବାଡ଼ି। ଭାଲୁ ସତ ଭାଲୁ ନୁହେଁ, ଭାଲୁ ମୁହଁ, ଭାଲୁ ଚମଡ଼ାକୁ ଜଣେ ମଣିଷ ପିନ୍ଧିଥାଏ। ସେଇ ମିଛ ଭାଲୁଟା ବେଶ୍ ଆନନ୍ଦ ଦିଏ। ନଇଁପଡ଼ି, ହାତଗୋଡ଼ ଭୂଇଁରେ ଲଗାଇ ଫୁକୁର ଫୁକୁର ନାଚେ। ସମୟେ ସମୟେ ଡିଏଁ, ପିଲେ କରତାଳି ଦିଅନ୍ତି। ଭାଲୁ ନଚାଳି ଗୀତ ଗାଏ - "ମେଘ କଳା ନାଲୁ ନାଲୁ / ପର୍ବତ ଶିଖରୁ ଗଡ଼ି ପଡ଼ିଲା / ଶଙ୍କର ପାଟିଆ ଭାଲୁ।" କାଳୀଚରଣ ପିଲାଦିନେ ଏ ନାଚ ଦେଖିଛନ୍ତି। ଏସବୁ ଦେଖିବାକୁ, ଶୁଣିବାକୁ ତାଙ୍କୁ ସୁଖଲାଗେ।

ବଡ଼ମ୍ବା ରାଜ ନବରରେ ନାନାଦି ଗୀତ, ନୃତ୍ୟ। କାଳୀଚରଣଙ୍କୁ ସବୁ ଦିନେ ଦେଖିବା ସୁଯୋଗ ନଥାଏ। ଅନୁକରଣିଆ ଆଖଡ଼ା ଚାଲେ ପୂରା ଦମ୍‌ରେ। କାଳୀଚରଣଙ୍କ ବାଡ଼ିପଟ ଅଗଣା, ସେଇଠି ଆୟୋଜିତ ହୁଏ। ନଟନଟୀର ବି ଅଭାବ ନାହିଁ। ସାଇ ପଡ଼ିଶା ପିଲା ମେଳ ହୋଇଯାଆନ୍ତି। ସେଥିରେ ଥାଆନ୍ତି ହଟିଆ, ମହନା, ଚଇତା ଆଉ ସାବୀ, ମହନୀ ଇତ୍ୟାଦି ପୁଅଝିଅ, ଏମିତି ଢେର୍। ଡକାଡକିର କାରପଟଦାର କାଳୀଙ୍କ ରଘୁଦାଦା। ତାଙ୍କଠାରୁ ୪/୬ ବର୍ଷ ବଡ଼। ନାଚିବା, ଗାଇବା, ବତାଇବା, ଗୁରୁଗିରି କରନ୍ତି କାଳୀଚରଣ। ଦେଖଣାହାରୀ ବହୁତ, ଖାଲି ମାଇପେ। ମରଦନାମା କମ୍, ସେମାନେ କାଳୀଙ୍କ ପରିବାରର। ଜମିହଳିଆ ଦିନା ଶହର, ବାଉରିଆ ଚାକର ଏମାନେ ସାମିଲ ଥାଆନ୍ତି। କାଳୀ ତ ପିଲା ଲୋକ, ଗୀତ ଗୁଡ଼ାକ ସବୁ ମନେ ନ ଥାଏ, ଏଣେ ଗୁରୁଗିରି। ମନକୁ ମନ ପଦ ଯୋଡ଼ି, ଅକ୍ଷର ମିଶାଇ, ଶେଷ ଅକ୍ଷର ମିଳାଇ ଗୀତ ତିଆରି କରନ୍ତି। ଦାୟରେ ପଡ଼ି ଏସବୁ କରନ୍ତି।

କାଳୀଚରଣଙ୍କର ଆଉ ଗୋଟେ ଅଭୁଲା ସ୍ମୃତି। ଫିସନ ରାମନବମୀ ଆସେ। ବଡ଼ମ୍ବା ଗଡ଼ ଉତ୍ସବମୁଖର। ଯାତ୍ରା ହୁଏ, 'ରାମନବମୀ' ଯାତ୍ରା। ଚାଲେ ନଅଦିନ, ନଅର ଦୁଆର ଆଗରେ ତିଆରି ହୁଏ ଏକ ଡେଙ୍ଗା ଚାଳଘର, ହାତୀଶାଳ ପରି ଖୁବ୍ ଲମ୍ବା ଚଉଡ଼ା। ତା'ରି ତଳେ ଚାଲେ ନବମୀ ଯାତ୍ରା। ଆଖପାଖ ପରିବେଶ ମନମୁଗ୍ଧକର। ସିଂହଦ୍ୱାରର ଟିକିଏ ଆଗକୁ। ଡାହାଣ ପଟେ ଘାଟବନ୍ଧା ବଡ଼ ପୋଖରୀ, କାଚକେନ୍ଦୁ ପାଣି, ଖୁବ୍ ସ୍ୱଚ୍ଛ, ନିର୍ମଳ। ପୋଖରୀରେ ଠା ଠା ନାଲିକଇଁ। ପାଣିରେ ପହଁରୁଥାଆନ୍ତି ପାତି ହଂସ। ଧଳା, କଳା ଚିତ୍ର - ଭଳିକି ଭଳି ରଙ୍ଗର ପାତିହଂସ। ତାଙ୍କ ପାଖେ ପାଖେ ରାଜହଂସ। ପାତି ହଂସଙ୍କ ସଂଖ୍ୟା ଅଧିକ, ପଚାଶ କି ଷାଠିଏ ହେବେ। ବେଳ ବୁଡ଼େ, ଫେରନ୍ତି ଏଇ ହଂସମାନେ। ମନ୍ଦ-ମନ୍ଥର ଗତି, ସେମାନଙ୍କ ସ୍ୱନ ଭାରିମିଠା। ହଂସ ପାଳିବା ରାଜାଙ୍କ ବଡ଼ ସଉକ। ସେଇ ପୋଖରୀ ବାଁ ପଟରେ ରାମନବମୀ ଯାତ୍ରା ଘର। ରାତି ଘଡ଼ିକ ପରେ ଯାତ୍ରା ଆରମ୍ଭ ହୁଏ। ପ୍ରଥମେ ଧୂପ, ଦୀପ, ନୈବେଦ୍ୟ ସହ ପୂଜାପାଠ। ତା' ପରେ ଯାତ୍ରାରେ ଅଂଶଗ୍ରହଣକାରୀଏ ଆସନ୍ତି। ପୋଥି ପାଖରେ ମୁଣ୍ଡିଆ ମାରନ୍ତି। ପଞ୍ଚାଏ ପାଳିଆ ବଡ଼ ପାଟିରେ ଗାଆନ୍ତି - "ଜୟ ରାମ ହେ, ଭଜ ରାମ ହେ / ନବ ଦୁର୍ବାଦଳ ଘନଶ୍ୟାମ ହେ।" ସେଇଠୁ ଯାତ୍ରା ଅନୁକୂଳ। ପୋଥିରୁ ଗୀତ ପଢ଼ାଯାଏ। ପାଳିଆ ପାଳି ଧରନ୍ତି, ନାଟୁଆ ତାଳରେ ନାଚନ୍ତି, ଅଭିନୟ ଦେଖାନ୍ତି। ଦେଖଣାହାରୀଏ ବିଷୟରେ ତଲ୍ଲୀନ ହୋଇଯାଆନ୍ତି। ମର୍ଯ୍ୟାଦାବନ୍ତ ପୁରୁଷ ରାମଚନ୍ଦ୍ରଙ୍କ କଥା, ପ୍ରଭୁଙ୍କ ଲୀଳା। ବିଷୟ ଅନୁସାରେ ଦର୍ଶକ ହସନ୍ତି, କାନ୍ଦନ୍ତି, ଆହା ହା ପଦ କରନ୍ତି। ରାମନବମୀର ଗୀତ, ନାଚ, ଅଭିନୟ। କାଳୀଚରଣଙ୍କୁ ପ୍ରଭାବିତ କରିଥିଲା।

ସେଇ ଜୋର୍‌ରେ ସେ ବଳୀୟାନ। କେହି କେହି ରାମଲୀଳା ଅଭିନୟକୁ ଅସଂସ୍କୃତ ରୀତି କହନ୍ତି; କିନ୍ତୁ ତା'ରି ଭିତରେ ଅଛି ଆମ ସଂସ୍କୃତି, ଆଦିମ ସଂସ୍କୃତି, ଅଛି ଏ ଦେଶର ପାଣିପବନକୁ ମନେଇବାର ପ୍ରବୃତ୍ତି। ଅନ୍ୟ ଦେଶର ଚାଲିଚଳଣିଠାରୁ ଏହା ନିଆରା - ଏହା ବେଶ୍ ବାରି ହୋଇପଡ଼େ। ସେ ଗୀତ କ୍ଲାସିକାଲ୍ ହୋଇ ନପାରେ; କିନ୍ତୁ ଜନ ମନୋହାରୀ। ଏଥିରୁ ଆବାଳବୃଦ୍ଧ ବନିତା ଆନନ୍ଦ ପାଆନ୍ତି। ଏହା ଗଣ ସଙ୍ଗୀତ, ପଲ୍ଲୀ ସଂଗୀତ, ଲୋକଗୀତ, ଯାହା ବି କୁହାଯାଇପାରେ। ଅଧୁନା ରୀତି, ନୀତି ଦ୍ୱାରା ନିୟନ୍ତ୍ରିତ ସଙ୍ଗୀତ ରଚିତ ହେଉଛି। ଏଗୁଡ଼ିକ ଶାସ୍ତ୍ରୀୟ ମାନ୍ୟତା ପ୍ରାପ୍ତ; ମାତ୍ର ଏହାର ମୂଳ ଏହି ପଲ୍ଲୀ ଗୀତରେ। ଓଡ଼ିଶୀ ସଙ୍ଗୀତର ଜଡ଼ ବି ଏଇ ପଲ୍ଲୀଗୀତରେ। ଏ ସବୁ କଥା କହିଛନ୍ତି କାଳୀଚରଣ। ବଡ଼ମ୍ବା ଗଡ଼ ରାମନବମୀ ଯାତ୍ରା। କାଳୀଚରଣଙ୍କ ମନ ମୋହିଛି। କଳାକାର ଜୀବନକୁ ମାର୍ଗ ଦେଖାଇଛି।

■

ବରଷା ମାଇଲା ଝାଇଁ

କଥାରେ ଅଛି, ଯାହାଁ ରାଏ - ତହାଁ କଟକ। ଯେଉଁଠି ରାଜାଙ୍କ ଦରବାର, ସେଇଠି କଟକ। ହେଉପଛେ ନିପଟ ମଫସଲ। କଟକ କହିଲେ ରାଜଧାନୀ, ଦୁର୍ଗ, ନଗରୀ। କଟକ ପାଇଁ ମୋହ, ସେବେ ଥିଲା, ଏବେ ବଢ଼ିଛି। ଓଡ଼ିଆରେ ଢ଼ଗଟିଏ - 'କଟକ ଭଣ୍ଡାରି ଦେଶକୁ ରାଜା'। ସହରର ସାମାନ୍ୟ ମଣିଷ, ମଫସଲରେ ଆଦର ସମ୍ମାନ ପାଏ। ବଡ଼ମ୍ବା ରାଜାଙ୍କ ଗଡ଼, ସେ ଟାଉନ୍ ନୁହେଁ କି, ମଫସଲ ନୁହେଁ। ରାଜା ସେଠି ରାଜଧାନୀ କଲେ, ସେଇଥି ପାଇଁ କଟକ, ନାଁକୁ ମାତ୍ର ଟାଉନ୍। ନଇଲେ ମଫସଲ କହିଲେ ଚଳେ। ପ୍ରକୃତି ଏଠି ହସେ, ଗଡ଼ ପାଖାପାଖି ପାହାଡ଼, ତୋଟା, ନାଳ- ଏମିତି ପ୍ରକୃତିର ସଜଡ଼ା ସାଇତା ସମ୍ପତ୍ତି, ଆନମନା କରିଦିଏ। ବିଭୋର ପଣରେ ହଜିମଜି ଯାଆନ୍ତି ଗଡ଼ବାସିନ୍ଦା। ରାତି ଫସର ନ ଫାଟୁଣୁ କଜଳପାତି ଡାକେ, କୁମ୍ଭାଟୁଆ ଭାଟ ସାଜେ, ପାହାଡ଼ର ନାହଲବେଲି ଗଛରୁ ଚଷାପୁଅ ଗାଏ। ପାହାଡ଼ ଉପରେ ନୃସିଂହନାଥ ମନ୍ଦିର। ପ୍ରଭାତ ଆଳତି ଚାଲେ, ଭାସି ଆସେ ଘଣ୍ଟ, ଘଣ୍ଟି ଧ୍ୱନି। ମନୋରମା ପ୍ରକୃତି ରାଣୀ। କଳା ଶିଖେଇ ଦେବାକୁ ସଜେଇ ହେଇ ରହିଛି। ସଞ୍ଜ ନଇଁ ନଇଁ ଆସେ। ବଡ଼ମ୍ବାଗଡ଼ର ଆଖି ଖୋଲେ। ଚାଲେ କିଣା ବିକା। ଲୋକମାନଙ୍କର ଗତାଗତ, ଗଡ଼ଟା ଚେଇଁ ଉଠେ। ସେଇ ବଡ଼ମ୍ବା ଗଡ଼, କବିଚନ୍ଦ୍ର କାଳୀଚରଣଙ୍କର ବିତିଲା ପିଲାଦିନ। ସୁଖ ଦୁଃଖର ପସରା ଭରା ଅନୁଭୂତି। ବାଣ୍ଟିଛନ୍ତି ଆତ୍ମଲିପି 'କୁମ୍ଭାର ଚକ'ରେ। ବର୍ଣ୍ଣନା ଚାତୁରୀ ଅତୀବ ମନଛୁଆଁ।

ସଞ୍ଜ ଘନେଇ ଆସେ ବଡ଼ମ୍ବା ଗଡ଼ରେ। ଉଠା ଦୋକାନୀଏ ପସରା ମେଲନ୍ତି। ସେବେ ନ ଥିଲା ବିଜୁଳି ଆଲୁଅ। ଚାରି ପାଖରେ କାଚବାଡ଼ିଆ ଲଣ୍ଠନ। ମଝିରେ କିରୋସିନି ଭରା ଡିବିରି ଜଳେ। ଦିକି ଦିକି ଆଲୁଅ, ଯେମିତି ବଳିତାର ଅଣ କି ପଣନାତି। ପସରା ଭରା ଜଳଖିଆ - ଚୁଡ଼ା, ଉଖୁଡ଼ା, ଥୋଲିମୁଆଁ। ଏଇଟି ଭାରି

ଆକର୍ଷଣୀୟ। ଗୁଡ଼ ପାଗର ମୁଢ଼ି ମୁଆଁ ଚାରି କଡ଼ରେ ଚାରୋଟି, ମଝିରେ ଦେଉଳ ଚୂଳପରି ଗୋଟିଏ, ଲଗାଲଗି, ଏଇଟି ଥୋଲିମୁଆଁ। ଲିଆକୁଟା ହେଇ ଗୁଡ଼ପାଗରେ ପଡ଼େ। ଛୋଟ ମୁଆଁ, ଏଣ୍ଡୁରୀ ପରି ପେଟଟା ଫୁଲିଲା ଫୁଲିଲା। କଡ଼ଟାର ଗଢ଼ଣ କ୍ରମେ ସରୁଆ, ଭିତରେ ଛେନାଗୁଡ଼ର ଖରଡ଼ା ପୁର। ଏହାର ନାଁ ମନୋହରି। ଏହା ବାଦ୍ ମଣ୍ଡାପିଠା, ସବୁଠୁ ସରସ ମାଲ। ଗହମ ଚୂନାରେ ତିଆରି, ଗୁଡ଼ ପାଗଦିଆ। ଛେନା, ଗହମ ଚୂନାରେ ଗୁଡ଼ପାଗ ଦିଆ ଖଜା, ଚଟକା ଚଟକା, ଏସବୁ କେଳିଖଜା। ଏମିତି ଜଳଖିଆ ମାନ ହାଟରେ ପଡ଼େ। କାଳୀଚରଣଙ୍କ ସ୍କୁଲ୍ ମାଷ୍ଟ୍ରେ, ଭାରି ଭାବପ୍ରବଣ। କାଳୀଠାରୁ ନିତି ଛାନ୍ଦ ଶୁଣନ୍ତି। ସଞ୍ଜ ହେଲେ ଅଣାକର ଜଳଖିଆ କିଣି ଆଣନ୍ତି। କାଳୀଙ୍କୁ ଦିଅନ୍ତି। ତାଙ୍କ ଇଚ୍ଛା ଶୁଣିବେ 'କଳାକଳେବର କହ୍ନେଇ'। କେତେ ଅବା ଗାଇବେ, ଚିଟା ଲାଗେ; ହେଲେ ମାଷ୍ଟ୍ରେ ! ଚୁପ୍ ରହିବାକୁ ପଡ଼େ। ବାଳକ କାଳୀଚରଣ। ମା'ଙ୍କ ଠାରେ ଓଜର କରନ୍ତି, ସବୁ ନିଷ୍ଫଳ। କ'ଣ ବା କରିବେ ? ଏଣ୍ଡୁଅ ଦଉଡ଼ି ଦଉଡ଼ି ସିଜୁବୁଦା ମୂଳ ଯାଏ। ଉତ୍ତର ଜୀବନରେ କାଳୀଚରଣ ବୁଝିଲେ। କୃପାସିନ୍ଧୁ ମାଷ୍ଟ୍ରେ ତାଙ୍କୁ ଛାନ୍ଦ ବୋଲାଉଥିଲେ। ସେଥିରେ ମାଷ୍ଟ୍ରେଙ୍କ ସ୍ୱାର୍ଥ ନଥିଲା। ତାଙ୍କ ଇଚ୍ଛା କାଳୀ ବଡ଼ ହେଲେ ଭଲ ସଙ୍ଗୀତଜ୍ଞଟିଏ ହେଉ। ତାହା ସତ୍ୟରେ ପରିଣତ ହେଲା। ସେଦିନ ତାଙ୍କୁ ଦିକ୍‌ଦାର ଲାଗୁଥିଲା। ପରେ ବୁଝିଲେ ମାଷ୍ଟ୍ରେ କେଡେ ଭଲ !

ଆଷାଢ଼ ଆସେ, ମେଘ ଗରଜେ, ବିଜୁଳି ନାଚେ, ମୟୂର ଡାକେ ମୁଣ୍ଡିଆ ଆରପଟେ। ବଡ଼ମ୍ବା ଗଡ଼ ସାରା ମେଘ ଚରେ, ବର୍ଷା ଆଗମନ ସମସ୍ତଙ୍କୁ ଚହଲେଇ ଦିଏ। ରାଜା ବିଶ୍ୱମ୍ଭର ମଙ୍ଗରାଜ, କଳା ସଂସ୍କୃତି ପ୍ରିୟ। ଲଗାଣ ବର୍ଷା ଆଗମନ ସମସ୍ତଙ୍କୁ ଆନନ୍ଦ ଦିଏ। କାଳୀଚରଣଙ୍କର ଅଭୁଲା ସ୍ମୃତି, କଅଁଳ ଗଛପତ୍ରର ବିଛଣା ଚାଦର, କିଏ ଯେମିତି ବିଛେଇ ଦେଇଛି। ମୁଣ୍ଡିଆମଥାରେ ମାଳତୀ ଟାହିଆ, ଲତାଗୁଡ଼ିକ ବେଶ ହେଇଛନ୍ତି ନାଗରୀ ପରି। ଭଳି ଭଳି ନାଚୁଛନ୍ତି। ହଳଦୀବସନ୍ତ, ବଣକୁକୁଡ଼ା, ଶୁଆ, ଭଦଭଦଳିଆ - ଆହୁରି କେତେ ଜାତିର ପକ୍ଷୀ। ଗୀତ ଗାଉଛନ୍ତି, ବରଷା ଆଗମନୀ ଗୀତ। ଲୁଚକାଳି ଖେଳୁଛନ୍ତି ମୁଣ୍ଡିଆସାରା। ଚାରି ପାଖରେ ଘେରି ରହିଛି ପାହାଡ଼, ମଝିଟା ଖାଲି, ଚାରି ପାଞ୍ଚ ହଜାର ଲୋକ ଏକାଠି ହେଇ ପାରିବେ। ପାହାଡ଼ ଉପରେ ଠାକୁରାଣୀ, ବାଙ୍କିମୁଣ୍ଡ ଠାକୁରାଣୀ, ପ୍ରତ୍ୟକ୍ଷ ଦେବୀ, ଗଡ଼ ଲୋକେ ତାଙ୍କଠି ଭୋଗ ଲଗାନ୍ତି। ମାନସିକ କରନ୍ତି। ଫଳ ବି ମିଳେ - ଏକଥା ଲୋକେ କହନ୍ତି।

ମୁଣ୍ଡିଆ ଘେରା ଖାଲି ଥଳି। ସେଇଠି ହୁଏ ଢୁମ୍ପା ମଉଜ। ରାଜା ଯାଆନ୍ତି, ସାଙ୍ଗରେ ଅନେକ ଲୋକ। ନର ସର୍ଦ୍ଦାରେ, ନଟବର ପଣ୍ଡିମ ରାଏ, ଏମାନେ ଜବର ବାଣୁଆ। ଶିକାରରେ ନାଁ ଡାକ। ଲକ୍ଷ୍ୟ ସେମାନଙ୍କର ଅବ୍ୟର୍ଥ। ସମସ୍ତେ କହନ୍ତି ତାଙ୍କୁ

ଗୁଣିଗାରେଢ଼ି ଜଣା। ସେମାନେ ମନ୍ତୁରା ଧୂଆଁ ଛାଡ଼ନ୍ତି। ପଶୁପକ୍ଷୀଙ୍କର ଆଉ ନିସ୍ତାର ନାହିଁ। ଆପେ ଆସି ଜାମୁକିନଲୀ ମୁହଁରେ ଢୁକନ୍ତି। ମିରିଗ, ସମ୍ବର, କୋଟରା, ସିଂହାଳ ଏମିତି ଜାତି ଜାତି ଶିକାର। ଏକଥାଟି ଲୋକ ବିଶ୍ୱାସ କରନ୍ତି। ସେତେବେଳେ ଶିକାର ପାଇଁ ନ ଥିଲା କଟକଣା, ଅଭୟାରଣ୍ୟ ପ୍ରଶ୍ନ ବା କାହିଁ? ରାଜା, ଜମିଦାର, ସେମାନଙ୍କ ପାଖଲୋକମାନେ, ଢେର୍ ଶିକାର କରୁଥିଲେ। ମଉଜ ନେଉଥିଲେ,ବିଚରା ବନ୍ୟଜନ୍ତୁଗୁଡ଼ାକ! ନରରାକ୍ଷସଙ୍କ ବିଳାସ ଭୋଜନ ପାଲଟୁଥିଲେ। ଜୀବଜନ୍ତୁ ମାରିବା ନିଷ୍ଠୁରତା, ଏକଥାଟି କଳା ସଙ୍ଗୀତ ପ୍ରିୟ ବଡ଼ମ୍ବା ରାଜା ବୁଝିନଥିଲେ। ଢୁମ୍ପା ମଉଜ ବେଳେ ଶହଶହ ଶିକାର କରାଯାଏ। ଦିନରାତି ଢୋ ଢା। ଲହୁଲୁହାଣ ପଶୁପକ୍ଷୀ। ଏମାନଙ୍କୁ ଦେଖି କାହାରି କାହାରି ମନ ତରଳେ। ଆଉ ଦଳେ ଧର୍ମର ନାଁ ନିଅନ୍ତି। ଭାଗବତରୁ ବାଣୀ ଶୁଣାନ୍ତି - "ଜୀବ ମାରିଣ ମାଂସ ଖାଇ, ସେ ପ୍ରାଣୀ ବୈକୁଣ୍ଠେ ବସଇ।" ଖାସ୍ ମଣିଷର ତୁଣ୍ଡ ସୁଆଦ ପାଇଁ ଲୋକେ ଏକଥା କହନ୍ତି। ନିର୍ଦ୍ଦୋଷ ଜାନୁଆର ଗୁଡ଼ାକ। ସେମାନଙ୍କ ଜନ୍ମ ମଣିଷର ରସନା ତୃପ୍ତି ପାଇଁ!

ବାଙ୍କିମୁଣ୍ଡି ଖୋଲରେ ପଡ଼େ କାଶିଆରି ତମ୍ବୁ, ଖୁବ୍ ବଡ଼। ସାତତାଳ ମେଘକୁ ସମ୍ଭାଳିନିଏ। ଗଣ୍ଡାଏ ଦି'ଗଣ୍ଡା ପାଚକ ପାଚିକା, କେତେକ ପେଟବିକଳିଆ ଖନ୍ଦାଶାଳରେ। ଆଉ ସମସ୍ତେ ରାଜାଙ୍କୁ ବେଢ଼ି ରହନ୍ତି। ଦିନରାତି ରୋଷେଇବାସ, ଧ୍ୱନି ଛପେନା। ଶାଗୁଆତି ପୋଡ଼ା,ପରେ ତରକାରୀ, ବୁଲିବୁଲି କରି ଚାଖଣା ଚାଲେ। କି ରାଜା-କି ପ୍ରଜା ବାଛବିଚାର ନ ଥାଏ। ସମସ୍ତେ ସମାନ। ପଞ୍ଚାଏ ଢୁମ୍ପା ମଉଜୀ ଲାଗିଯାଆନ୍ତି ଢୁମ୍ପାମାଡ଼ରେ। ଢୁମ୍ପା ତିଆରି ଏକ ସ୍ୱତନ୍ତ୍ର କୌଶଳ। ବଣରୁ କଟାଯାଏ ମଇଗଛର ଗଣ୍ଡିଖଣ୍ଡେ, ବେଶ୍ ମୋଟା। ତା' ଭିତରୁ କାଠ ବା ଶସ ଅଂଶ ଛେଚା ହୋଇଯାଏ। ଦୁଇପଟେ ଦୁଇଟି ଖୁଣ୍ଟ ପୋତା ହୋଇଥାଏ। ତା' ଦେହରେ ଝୁଲୁଥାଏ ଏହି ଖୋଲଟି। ଦି'ଜଣ, ଦେହନ୍ଦୀ ଏପଟ ସେପଟ, ମୁହାଁମୁହିଁ ବସନ୍ତି। ଢୁମ୍ପାର ଦି'ପଟ ଦୁହିଁଙ୍କ ପେଟକୁ ଲାଗିଥାଏ। ଏହି ଦୁଇଜଣ ଗୀତ ଗାଆନ୍ତି। ମନମତାଣିଆ ବରଷା ଗୀତ। ଆଉ ପଞ୍ଚାଏ ପାଳି ଧରନ୍ତି। ଗୀତର ତାଳେ ତାଳେ ଚାଲେ ଢୁମ୍ପା। ଗୋଟା ମୁଣ୍ଡରେ ବସିଥିବା ଲୋକଟା ଢୁମ୍ପା ଆରପଟକୁ ଠେଲିଦିଏ। ଆରମୁଣ୍ଡରେ ଆରଜଣକ ପେଟୁଆ, ଟିକିଏ ଘୁଞ୍ଚିଯାଏ। ସେ ବି ଢୁମ୍ପା ଠେଲିଦିଏ। ଏମୁଣ୍ଡ ଲୋକ ଟିକେ ଘୁଞ୍ଚିଯାଏ। ଏମିତି ଘୁଞ୍ଚାଘୁଞ୍ଚି, ଚାଲେ ତାଳରେ। ତାଳ ଅମେଳ ହେଲେ ଦେଖଣାହାରୀଏ ହସି ପକାନ୍ତି। ଢୁମ୍ପାର ଆର ଦି'ପଟ, ସେଠି ବସନ୍ତି ଦି'ଜଣ। ସେମାନେ ତାଳୁଆ। ହାତରେ ତାଙ୍କର ପ୍ରାୟେ ହାତେ ଲମ୍ବର ଖଣ୍ଡେ ଖଣ୍ଡେ ବାଡ଼ି। ବାଡ଼ି ଅଗରେ ଘୁଙ୍ଗୁର। ଗୀତ ତାଳରେ ଢୁମ୍ପା ଉପରେ ମାଡ଼। ବାଜାବାଜେ, ଆରମ୍ଭ ହୁଏ ଢୁମ୍ପା ଗୀତ। ତା'ପୁଣି ଜାତି

ଜାତିର। ଏହି ଢୁମ୍ପା ମଉଜ କଥା ଷାଠିଏ ବର୍ଷ ତଳର। କାଳୀଚରଣଙ୍କ ଆଉ ମନେ ପଡୁନି। ତଥାପି ବେଳେବେଳେ ସ୍ମୃତି ଚହଟିଯାଏ। ଗାଇ ପକାନ୍ତି ଢୁମ୍ପା ଗୀତରୁ ପଦେ। ଭାରି ରସରସିଆ -

"ବରଷା ମାଇଲା ଝାଇଁ ମୋ ଧନରେ
ବିଜୁଳି ମାଇଲା ଝାଇଁ
ଆସିବୁ ବୋଲି ତୁ ଚନ୍ଦ୍ରମାମୁହିଁ ଲୋ ଜାଇଫୁଲ
ବସିଛି ବାଟ ଅନାଇ।"

ଏହି ଗୀତଟି ବୋଲା ହୁଏ। ଢୁମ୍ପା ଦେଖାଳି କୁରୁଳି ଉଠନ୍ତି। ଢେର୍ କରତାଳି ପଡ଼େ। ଆସେ ବରଷା। କରିଦିଏ ମତୁଆଲା। ରାଜା ପ୍ରଜା ସମସ୍ତେ ମଜା ନିଅନ୍ତି। କାଳୀଚରଣଙ୍କର ସେହି ଅଭୁଲା ସ୍ମୃତି। ପରିଣତ ବୟସରେ ଉଖାରିଦିଏ ଚେତନା ଚଉହଦୀକୁ। ପରିବେଶକୁ ରସସରସ କରିଦିଏ। ଢୁମ୍ପା ଗୀତର ଆଉ ଏକ ବିଶେଷତ୍ୱ। ଢୁମ୍ପା ମଉଜୀଏ ବସିଲେ ପୂରାପୂରି ଭୋଳ। ଦିନରାତି ଜ୍ଞାନ ରହେନି। ଢୁମ୍ପାରେ ବାଦ ଲାଗେ, ଚଢ଼ାଉତାର ଗୀତ ବି ବୋଲାଯାଏ। କେହି କେହି ଆଶୁକବି ପାଲଟନ୍ତି। ସେଇଠି ବସି ଗୀତ ଯୋଡ଼ନ୍ତି। ଏଗୁଡ଼ିକ ସ୍ଥିତିକୁ ମନାଇ କରାଯାଏ। ଦି'ପହରଟା ମଟାଳିଆ। ଖିଆପିଆ ଚାଲେ। ଉପର ବେଳା ମଉଜୀଏ ମଜିଯାଆନ୍ତି। ଆସନ ଜମାଇ ବସନ୍ତି। ମଝିରେ ମଝିରେ ଅସରା ଦି' ଅସରା ବରଷା, ଟୋପି ବୁଣିଚାଲିଯାଏ। ସତେ ଯେମିତି ବରଷା ରାଣୀ ଭିଜିଯାଆନ୍ତି ଢୁମ୍ପା ଗୀତ-ରସ-ସଙ୍ଗୀତରେ। ଢୁମ୍ପାଚାଲେ ରାତିଅଧ କି ତିନିପା'ଯାଏ। ଚାରିକଡ଼ରେ ମଶାଲ, କିଛି ଦୂରରେ ଅଗି ହୁତୁହୁତୁ ହୋଇ ଜଳୁଥାଏ। କେଇଜଣ ମଜାଳିଆ ଥାଆନ୍ତି। ମଝିରେ ମଝିରେ କେନ୍ଦୁକାଠ ଖଣ୍ଡେ ଖଣ୍ଡେ ପକାନ୍ତି। ନିଆଁ ଚଡ଼ଚଡ଼ ହୋଇ ଫୁଟେ, କୁମ୍ପିବାଣ ପରି। ଉପସ୍ଥିତ ଜନତା ଭରପୂର ଆନନ୍ଦ ନିଅନ୍ତି।

ଢୁମ୍ପା ମଉଜ ଏବେ ଆଉ ନାହିଁ। ଅଛି ବଡ଼ମ୍ବାଗଡ଼। ନାହିଁ ରାଜତନ୍ତ୍ର। ଶ୍ୟାମଳିମା ଭରା ପ୍ରକୃତି ରାଣୀ ଏବେ ଅର୍ଥରଙ୍କାଙ୍କ ହାତରେ। କିଏ ଗଛ ହାଣିଲାଣି ତ ପାହାଡ଼ ଫଟେଇଲାଣି। ପ୍ରକୃତି ଶ୍ରୀହୀନା। ରେଡ଼ିଓ, ଟିଭିରୁ ଢେର୍ ଗୀତ ଶୁଣାଯାଉଛି। କାହାର ଗରଜ ପଡ଼ିଛି ଯେ, ଯିବ ପାହାଡ଼ ଖୋଲକୁ ? ଗାଇବ ଢୁମ୍ପା ଗୀତ ? ବରଷା ରାଣୀ ବି ଆଡ଼ରୁଷା ଦେଲାଣି। ଆଉ ପାହାଡ଼ ଉପରେ ନାଚୁନି, ଗାଉନି ଚପଳ ଛନ୍ଦା ବର୍ଷା। ତଥାପି କେହି କେହି ଗାଆନ୍ତି ଢୁମ୍ପା ଗୀତ। ଆଧୁନିକ ସୁରତାଳ ଏହା ଭିତରେ ମିଶିଗଲାଣି। ଏଇଟି ଦେଶୀ ଗଞ୍ଜାରେ ବିଲାତି ପରି। କାନକୁ ଖଟା ଲାଗେ। ଭାଷାରେ ବି କିନ୍ତୁ ଅଛି। ଏବେ ବି ଢୁମ୍ପା ଗୀତ ଲେଖାଚାଲିଛି। ଲେଖକ ଗାଇଲା ବାଲା -

ଉଭୟ ମୂଳଗୀତ ଶୁଣିନାହାନ୍ତି। ଶୁଣିଥିଲେ ଅଚ୍ଛା ହୁଡ଼ନ୍ତେ ନାହିଁ। ଢୁମ୍ପା ମଉଜ କାଳୀଚରଣଙ୍କର ପିଲାଦିନର ସ୍ମୃତି। ସେ ପିଲାଦିନୁ ଛାନ୍ଦ ଚଉପଦୀ ଶିଖିଥିଲେ। ଗାଉଥିଲେ। ଢୁମ୍ପା ମଉଜ ଆଉ ବଡ଼ମ୍ବାରେ ହେଲାନି। ବେଳେବେଳେ ମଉଜ ମଜଲିସ ହୁଏ, ଗଡୁଆ କରନ୍ତି। ରାତି ରାତି ଅନିଦ୍ରା।

କାଳୀଚରଣ ଖାନଦାନୀ ପରିବାରର। ଗଡ଼ବାହରକୁ ଯିବାକୁ ତାଙ୍କୁ ନା। ଗଡ଼ରେ ଯାତ୍ରା ତାମସା ହୁଏ ବିଭିନ୍ନ ସ୍ଥାନରେ। ସେଠାକୁ ମଧ୍ୟ ଯିବାକୁ ବାରଣ। ପିଲାଙ୍କ ମନଖୁସି କରନ୍ତି ବାପା, ଜେଜେବାପା। ନିଜ ଦୁଆରେ ଯାତ୍ରା କରାନ୍ତି ଦିନେ ଦି' ଦିନ। କାଳୀଚରଣ କ୍ରମେ ଯାତ୍ରା ନାଟକ ଆଡ଼େ ଆକୃଷ୍ଟ ହେଲେ। ବହୁ ନାଟକ ବି ଲେଖିଲେ। ପାଇଲେ ନାଟ୍ୟାଚାର୍ଯ୍ୟ ଉପାଧି। ପ୍ରତ୍ୟାଖ୍ୟାନ କଲେ ପଦ୍ମଶ୍ରୀ ଉପାଧି (୧୯୭୪); ଅଭିମାନ ଅବା ସ୍ୱାଭିମାନରୁ। ଆଜିକାଲି ତ ପଦ୍ମଶ୍ରୀ ପାଇଁ ଢେର୍ ପ୍ରତିଯୋଗିତା। କାଳୀଚରଣ ଜଣେ ନିରୋଳା ସାଧକ। ତାଙ୍କୁ କବିଚନ୍ଦ୍ର, ନାଟ୍ୟାଚାର୍ଯ୍ୟ ଭାବେ ଓଡ଼ିଶା ଚିହ୍ନିଲା। ଗଡ଼ାଣିଆ ବୟସ, ବେଳେବେଳେ ଢୁମ୍ପା ମଉଜ କଥା ତାଙ୍କର ମନେପଡ଼େ। ଆପଣାଛାଏଁ ଗାଆନ୍ତି – 'ବରଷା ମାଇଲା ଝାଇଁ...', ମେଘୁଆ ଆକାଶଟା ବି ଏ ଗୀତ ଶୁଣି ଶିହରି ଉଠୁଥିବ !

■

ଓଢ଼ଣା ତଳେ ମନ ଘୋଡ଼ିଆ ରୀତି

ବହୁରୂପୀ ସମୟ, ବଦଳେଇ ଚାଲିଛି ଆପଣା ରୂପ, ଭେକ। ତା' ସାଙ୍ଗରେ ବଦଳି ଚାଲିଛି ସମାଜ। ବଦଳୁଛି, ରୀତି, ନୀତି, ଆଚାର, ବିଚାର - ସବୁକିଛି। ଏଥିରୁ ବୁଦ୍ଧିଆ ମଣିଷମାନେ ବି ବାଦ୍ ପଡୁନାହାନ୍ତି। ଠିକ୍ ସେମିତି ସେମାନଙ୍କ ହାବ, ଭାବ, ଚାଲି ଚଳଣି। ନୂଆ ପୁରୁଣା ହଉଚି, ପୁରୁଣା ରହଣିଆ, ଆଜି ସଜ କାଲିକି ବାସି, ଠିକ୍ ସେମିତି ସମାଜ, ସଂସ୍କୃତି। ପୁରୁଣା କଥାକୁ ବାଘ ଖାଇଲାଣି। ସବୁ ନୂଆ ନୂଆ, ନକଲି ନକଲି। ବେଙ୍ଗି ପିତଳ ଉପରେ ସୁନାର କୋଟିଙ୍ଗ୍। ପାଠୁଆମାନଙ୍କ ରୁଚି ପାଶ୍ଚାତ୍ୟ ଜୀବନଧାରା ଆଡ଼େ। ରିକ୍ତ ଅଭିମାନ, ଆତ୍ମବଡ଼ିମା, ଅହଂକାର। କଥା କଥାକେ କଳି ତକରାଳ, ମାଲି ମକଦ୍ଦମା। ସେବେକା ଲୋକ ଆଜିକାଲିକା ପରି ନଥିଲେ। ସ୍ନେହ, ଶ୍ରଦ୍ଧାରେ ପରସ୍ପରକୁ ଆପଣେଇ ନେଉଥିଲେ। ମେଳା ମଉଛବ। ପୁନିଅଁ, ପର୍ବ-ସବୁଠି ସଦ୍‌ଭାବନା, ଏକତାର କଥା। ହସଖୁସି ଆନନ୍ଦ। ଆଜିକାଲି ତ ଆଉ ଲୀଳା, ସୁଆଙ୍ଗ, ଫାର୍ସ ନାହିଁ, ତା' ଜାଗାରେ ଯାତ୍ରା-ନାଟକ। ଏଥିରେ ବି ନାନା ପରୀକ୍ଷା ନିରୀକ୍ଷା। ନାଟ୍ୟକାର ଟିଏ ସଂଳାପ ଯୋଡ଼େ, କେତେ ଭାବ ବିଚାର କରେ। କଥା ପଦକେ ସ୍ଥିତି ବଦଳିଯିବ, ସୃଷ୍ଟି ହେବ ସାମ୍ପ୍ରଦାୟିକତା, ଦଙ୍ଗା, ହଙ୍ଗାମା। ସେବେ ରାଗରୁଷା ଏତେ ନଥିଲା, ଥିଲା ସ୍ୱାଭିମାନ। ଏବେ ଖାଲି 'ଓଢ଼ଣା ତଳେ ମନ ଘୋଡ଼ିଆ ରୀତି।' ଏକଥାଟି ଲେଖିଛନ୍ତି କବିଚନ୍ଦ୍ର କାଳୀଚରଣ ପଟ୍ଟନାୟକ। ତଟସ୍ଥ ଭାବେ ଆଙ୍କି ଦେଇଛନ୍ତି ବଦଳା ସମାଜକୁ।

ସେବେକା କଥା। ସୁଆଙ୍ଗ, ଲୀଳା, ନାଟକ। ନାଁ ଅନୁସାରେ ନାଟକ-ତାମସା। ସେଥିରେ ନ ଥିଲା ଜାତିଆଣ ଅବା ହୀନ ସାମ୍ପ୍ରଦାୟିକତା। ଜାତି, ଧର୍ମ, ବର୍ଣ୍ଣ ନିର୍ବିଶେଷରେ ଲୋକେ ନାଟ ଦେଖୁଥିଲେ। ଭିଡ଼ ଢେର୍ ଜମୁଥିଲା। କେଳା କେଲୁଣୀ ଅବା ଭାଲୁନାଚ, ଆଉ ଆଉ ଯାତ୍ରା ସୁଆଙ୍ଗ, ଲୋକଙ୍କ ମନକୁ ଛୁଉଁଥିଲା। ଆସେ

ପଣା ସଂକ୍ରାନ୍ତି, ଖରାକାଳ, ଦେବୀଙ୍କ ପଣାଯାତ୍ରା। ଏ ଦିନ ଝାମୁଆମାନେ ଏକାଠି ମିଳନ୍ତି, ଠାକୁରାଣୀ ପୀଠରେ ଆରମ୍ଭ ହୁଏ ଝାମୁଯାତ୍ରା। ଝାମୁଆଁଙ୍କ ହାତରେ ନହକା ପାଣି ବେତ। ଦାନ୍ତରେ ତିରଣ, ହଳଦୀ ବୋଳା ଦେହ, ଆଖି କଜଳମଖା। ହଳଦିଆ ଲୁଗା। ସାତଆଠ ହାତଠାରୁ ୧୨୦ ହାତ ପର୍ଯ୍ୟନ୍ତ ଡହକ ନିଆଁ ଗୋହିରୀ। ତା'ରି ଉପରେ ଝାମୁଆଁ ଚାଲନ୍ତି। ହଜାର ହଜାର ଲୋକ। ଦେଖଣାହାରୀଏ ତାଜୁବ। ଡହଡହ ନିଆଁ, ଝାମୁଆଁଙ୍କ ଖାଲିପାଦ। ହରିବୋଲ ହୁଳହୁଳି ଧ୍ୱନି, କମ୍ପିଯାଏ ମା' ଚର୍ଚ୍ଚିକା ପୀଠ। ବହୁତ ଆଗରୁ ଲୋକେ ବେଉସା ପାଇଁ ଆସନ୍ତି। ଭଲ କାରବାର ଚାଲେ। ଯାତ୍ରା ମାସେକାଳ ବସେ। ଏକାଧିକ ଯାତ୍ରାଦଳ ବାଙ୍କି ଆସନ୍ତି; ବିଶେଷ କରି ତଳଘଟି (କଟକର ପୂର୍ବତଟ) ଆଡୁ। ଏକେତ ଖରାଦିନ। ଗରମରେ ରାତି ଦିନ ଉଣା। ସମସ୍ତଙ୍କ କମରରେ କଞ୍ଚା ପଇସା। ଲୋକଙ୍କର ଯାତ୍ରା ଦେଖା ସଉକ ବଢ଼େ। ଯାତ୍ରାଦଳଙ୍କୁ ବହୁ ଆଗରୁ ବଇନା ମିଳେ। ବେଳେବେଳେ କୋଉ ଦଳ ଅଚକାର (ଅଗ୍ରିମ) ଫେରସ୍ତ କରିଦିଅନ୍ତି। ପଣାସଂକ୍ରାନ୍ତି ଓଡ଼ିଆର ନବବର୍ଷ। ସମସ୍ତ ଶକ୍ତିପୀଠ ଭକ୍ତିଭାବରେ ଉଛୁଳି ଉଠେ। ଜାତି ଜାତି ସାଂସ୍କୃତିକ କାର୍ଯ୍ୟକ୍ରମ। ଲୋକେ ଆନନ୍ଦ ଉଠାନ୍ତି। ଏବେ ଅଛି ସେଇ ଶକ୍ତିପୀଠ, ଚାଲିଛି ପଣାଯାତ୍ରା, ନାହିଁ ପୂର୍ବ ସରାଗ ଅନୁରାଗ। କ୍ରମେ ସାଂସ୍କୃତିକ ଜୀବନଚର୍ଯ୍ୟାରେ ଭଟ୍ଟା। ସଂସ୍କୃତ ପ୍ରେମୀଏ ମନମରା।

କାଳୀଚରଣଙ୍କର ଆଉ ଏକ ଅନୁଭୂତି। ଗାଁକୁ ଯାତ୍ରାଦଳଟିଏ ଆସିଲା। ସବୁ ନାଟକ ପୌରାଣିକ। ସେଦିନ ଚାଲିଲା 'ଉଷାହରଣ' ଲୀଳା। ଆ ତା' ଦୁଆରରେ କାଳୀଙ୍କୁ ନାଚଦେଖା ମନା, କାଳୀ ତ ଚତୁର। ବୋଉର ମନ ନେଲେ। ତାଙ୍କୁ ପାକଳା ପାକଳି କଲେ। ତାଙ୍କ ଦୁଆରେ ସେଇ ସମାଜଟି ଅଭିନୟ ପାଇଁ ସ୍ଥିର ହେଲା। ଚାଲିଲା ସାଜସଜ୍ଜା। ଛାମୁଣ୍ଡିଆ ବନ୍ଧା, ଚାନ୍ଦୁଆଟଣା, ଆଲୁଅ ଯୋଗାଡ଼ - ଗୋଡ଼ ତଳେ ଲାଗୁ ନ ଥାଏ। ଥରକୁ ଥର ଘଣ୍ଟା ଦେଖା ଚାଲିଛି। ଅପେକ୍ଷାର ମୁହୂର୍ତ୍ତ ଗୁଡ଼ାକ ଭାରି ଲମ୍ବା। ସମସ୍ତଙ୍କ ନଜର ହାତୀମୁଣ୍ଡିଆ ପାହାଡ଼ ଉପରେ। ସୂର୍ଯ୍ୟ କେତେବେଳେ ଆସନ ପାତିବେ? ଚାହୁଁ ଚାହୁଁ ସଞ୍ଜ ଆସେ। ଯାତ୍ରା ବାଲାଏ ବେଶଘରେ। ସେତେବେଳେ ପୁରଦିଆ କାକରା, ପଟକ ଅଢ଼େଇ ପଇସା। ବାଙ୍କି ବଜାରର ବିନୋଦ ପୃଷ୍ଟି, ସେଇଠୁ ଆସେ କାକରା। ଗାଁରେ ଖଲିଆ ମା'ଘର। ସେଠାରୁ ଅଣାଯାଏ ବଗଡ଼ା ଚୁଡ଼ାର ଦୁଧିଭଜା, ତା' ସାଙ୍ଗକୁ ନଡ଼ିଆ, ଗୁଡ଼ ଇତ୍ୟାଦି ଇତ୍ୟାଦି। ଏଇ ହେଲା ଯାତ୍ରାବାଲାଙ୍କ ଜଳଖିଆ। ପିଲେ ବୋହି ଆଣନ୍ତି। କିଏ ପାନ, କିଏ ପାଣି, କିଏ ବଡ଼ି - ଯାତ୍ରାବାଲାଙ୍କ ବାର ଫରମାସୀ। ତେଣେ ବେଶବନ୍ଧା ଚାଲିଥାଏ। ରାଜା ବେଶ, ବଡ଼ ଚମତ୍କାର। ହାତରେ ଖଡ୍ଗ, ବାହାରେ ବାହୁଟି, ଗଳାରେ ସାତନହରୀ ହାର, କାନକୁ ଗୋଖରା,

ମୁଣ୍ଡରେ ମୁକୁଟ। ରାଜାଙ୍କ ପିନ୍ଧା ନାଲି ପାଟ, କଳା କୁରୁତା, ସେଥିରେ ଜରି, ଚୁମୁକି ଖଞ୍ଜା। ନାଲିଆ ପାଟ ପିନ୍ଧାକୁ କଳା ମଖମଲ କୁରୁତା - ଅହୋରୂପ ମହାଧ୍ୟାନି ପରି ଅପୂର୍ବ ସାଜ ! ପାଟକୁ କାଛିକରି ପିନ୍ଧାଯାଏ। ଦେହରେ କୁରୁତା। ହାତରେ କଳାରଙ୍ଗର ବାଡ଼ି (ବୋଧହୁଏ ଶିଙ୍ଗର)। ଆଖିରେ କଳାଡିମା ପରଚକ୍ଷୁ। କପାଳରେ ଅଧଲାପରି ଗୋଲ ସିନ୍ଦୂରଟୋପା। ଆଖିରେ କଜ୍ଜ୍ୱଳ ଘିନିଲେ ରାଜାଙ୍କ ବେଶ ଶେଷ। ରାଜକୀୟ ଠାଣି। ଏବେ ଷ୍ଟେଜ୍ ଯିବାର ବେଳ। ତା' ଆଗରୁ ରାଜା ଥରେ ଅଧେ ଚାଲନ୍ତି ବେଶଘରେ। ତା' ପରେ ଦର୍ପଣ ଆଗରେ, ନିଜ ବେଶକୁ ଦେଖନ୍ତି। ସଳଖା ସଳଖି କରନ୍ତି। ନାକ ତଳେ ଲମ୍ବା ନିଶ ପିନ୍ଧନ୍ତି। ଏବେକା ନାଟକରେ ଆଉ ରାଜା ବାହରନ୍ତିନି। ତାଙ୍କ ଜାଗାରେ ମନ୍ତ୍ରୀ, ଯନ୍ତ୍ରୀ, ଜମିଦାର, କୋଟିପତି - ଏମାନଙ୍କର ବେଶ ଖୁବ୍ ଦାମୀ, ଦିହରେ ଫରେନ୍ କୋଟ୍, ସୁଟ୍, ଟାଇ। ସବୁ ନାଟକ ପ୍ରାୟ ସାମାଜିକ। ନାୟକ ନାୟିକା, ପ୍ରସାଧନ ନିଅନ୍ତି। ବେଶ ପୋଷାକ, ଏବେକା ଶୈଳୀରେ। ଆଜି ନାହିଁ ରାଜତନ୍ତ୍ର, ନାହାନ୍ତି ରାଜଛତ୍ରଧାରୀଏ। କିନ୍ତୁ କାଳୀଚରଣଙ୍କ ବର୍ଣ୍ଣନା, ମନେ ପକେଇ ଦିଏ। ପୁନଃ ସ୍ମୃତିକି ଆସିଯାଆନ୍ତି ରାଜା ମହାରାଜା।

ରାଜାଙ୍କ ପରେ ରାଣୀ, ଜେମାଦେଈ, ମୁଦୁସୁଲୀଙ୍କ ବେଶ। ହାତରେ ଖଡ୍ଡୁ, ପଇଞ୍ଚ, ଗଜରା ଖଡ୍ଡୁ, ଚୁଡ଼ି, କାଚ, ବାଜୁ। ଗୋଡ଼ରେ ବଳା, ଆଠ ବାଙ୍କୀ, ଅଣ୍ଟାରେ ଚନ୍ଦ୍ରହାର, ବେକରେ ହରଡ଼ା ଫାଳିଆ ମାଳି। ତା' ସାଙ୍ଗକୁ ସୋରିଷିଆ ହାର, ମୁଣ୍ଡରେ ଚନ୍ଦ୍ର ଝୁମ୍ପୀ, ପିହାଣିଆ, କେତକୀରେଖ, ଚିତା, ଝରାକାଠି, ଚଉଁରା ଭୁଣ୍ଡି - ଏ ସବୁ ଓଡ଼ିଆଣୀ ଅଳଙ୍କାର। ରାଣୀ, ଜେମାଙ୍କର ହାତରେ ପାନଡିବା। ପାଟିରେ ଖିଲେ ପାନ। ଜଣେ ଅଧେ ପଣତ ଆଗରେ ଥୋଲାଏ କାଞ୍ଚିକାଠି ବାନ୍ଧି ସଜ ହୋଇ ପଡ଼ନ୍ତି। ତେଣେ ନାରଦ, ଦ୍ୱାରୀ, ମନ୍ତ୍ରୀଙ୍କ ବେଶ ଭିଡ଼ା ଚାଲେ। ଆଜିକାଲିକା କଥା ଭିନ୍ନ। ଆଧୁନିକ ଅଳଙ୍କାର। ଆଗକାଳିଆ ଯାତ୍ରାବାଲାଙ୍କ ବେଶପୋଷାକ ଆକର୍ଷଣୀୟ ଥିଲା। ଏବେ ଏଗୁଡ଼ିକ ଅଚଳ। ସେକାଳର ଏସବୁ ପସନ୍ଦିଆ ଗହଣା। ପୋଷାକ, ଭାରି ବଢ଼ିଆ, ବେଶ ଦେଖଣାହାରୀଙ୍କ ମନ ମୋହିନିଏ।

ପାର୍ଟିଅର ସଜବାଜ, ତେଣେ କନସଟ୍ ବାଜା ବାଜେ। ଯାତ୍ରାରେ ଜମାଣ ଉଠିଆସେ। ନଈ କୂଳରେ ବୁଦିବୁଦିକିଆ ଲଟି। ତା'ରି ତଳେ ବିଲୁ ପଧାନେ ସମୟ ଘଣ୍ଟ ବଜାନ୍ତି - 'ହୁକ୍‌କେ ହୋ'। ଦେଖଣାହାରୀଏ ଉଚ୍ଛନ୍ନ। ସେମାନଙ୍କ ଉତ୍‌କଣ୍ଠା ବଢ଼େ। କେହି କେହି ବେଶଘର ପାଖରେ ପଇଁତରା ମାରନ୍ତି। ଏପଟ ସେପଟ ଡୁଙ୍ଗନ୍ତି। ସଭାରେ ବନ୍ଦନା ଆରମ୍ଭ ହୁଏ - "ଜୟ ଜୟ ରାଧେକୃଷ୍ଣ କୁଞ୍ଜବିହାରୀ / ଶ୍ରୀରାଧା ଯୁଗଳ ମୂର୍ତ୍ତି ହୃଦରେ ଧରି / ବୃନ୍ଦାବନେ ହେ, ବୃନ୍ଦାବନେ / ବିହାର କରିଲେ ହରି

ନାନା ସ୍ଥାନେ...” ଇତ୍ୟାଦି। ବନ୍ଦନା ସରେ, ଗହଳି ଆଡ଼େଇ ଆଡ଼େଇ ଆସନ୍ତି ହାଡ଼ି, ହାଡ଼ିଆଣୀ। ହାତରେ ଝାଡ଼ୁ, ଗୀତ ଗାଇଗାଇ ଝାଡ଼ୁମାରେ ହାଡ଼ି। ହାଡ଼ିଆଣୀର ପ୍ରଶ୍ନ, ହାଡ଼ିର ଉତ୍ତର - “ମୋ ନାଆଁଟି / ବାପା ଦେଇଥିଲେ ଜନମ କାଳେ / ଅନ୍ତୁଡ଼ି ଶାଳେ - ତାରିଣୀ ତରା / ତ୍ରିଲୋକ - ମୋହିନୀ ସୁଶିଳା ସାରା / ମୋ ନାଆଁ ସରଗ ତରା ଲୋ / ସରଗ ତାରା / ଦିଅର ଥେଲା / ମୋ ନାଆଁକୁ ସେ ଗେଲରେ ଦେଲା / ଅଲୋ ମରୁଆ-କୁନ୍ଦ ଫରୁଆ / ରୂପେଇ ଝୁମ୍ପେଇ କେତକୀ, କିଆ/ ମୋ ନାଆଁ ଚନ୍ଦ୍ରଉଦିଆ ଲୋ / ମୋ ନାଁ ଚନ୍ଦ୍ର ଉଦିଆ” - ଏମିତି ହାଡ଼ିଆଣୀ ନିଜ ପରିଚୟ ଦିଏ। ବଡ଼ ରସରସିଆ ନାଆଁ। ପୂରା ଗାଉଁଲୀ। ଗୀତ ଦର୍ଶକଙ୍କ ମନ ମୋହିନିଏ। ହାଡ଼ି, ହାଡ଼ିଆଣୀଙ୍କ ପରେ, ସଭାରେ ହାଜର ଦ୍ୱାରୀ। ଗୀତରେ ନିଜ ପରିଚୟ ଦିଏ - “ବାହାରେ ଦୁଆରୀ ଦୁଷ୍ଟ/ ଛାଡ଼ ଛାଡ଼ ବାଟ / ଯାଇଥିଲି ଘରେ, ଥିଲି ସିଂହ ଦ୍ୱାରେ’... ଏମିତି ଗାଏ। ଆସନ୍ତି ରାଜା, ଚାଲି ସାଙ୍ଗକୁ ବାଜା। ରାଜା ଗାଆନ୍ତି - “ସଭାକୁ ବାହାର ହେଲେ ବାଣାସୁର / ଇନ୍ଦ୍ରାଦି ଦେବତା ଯେତେ / ଥରି ଉଠିଲେ ସମସ୍ତେ / ଭୟରେ ମେଦିନୀ ହେଲା ଥରହର ହୋ”... ଇତ୍ୟାଦି। ରାଜାଙ୍କର ମହାପ୍ରତାପ, ଅହମିକାପୂର୍ଣ୍ଣ ଦମ୍ଭୋକ୍ତି। ବାଣାସୁର ଡାକନ୍ତି ମନ୍ତ୍ରୀକି, ପୁଚ୍ଛା କରନ୍ତି ରାଜ୍ୟ ସୁଖ ଦୁଃଖ କଥା। ତା’ପରେ ନାରଦ ମହାମୁନି ସଭାରେ ହାଜର। ମୁଣ୍ଡରେ ଧଳା ଜଟା ବାଳ, ଧଳା ଦାଢ଼ି, ଗେରୁଆ ଲୁଗା, ବେକରେ ରୁଦ୍ରାକ୍ଷ ଭଳି କୌଣସି ଫଳର ମାଳି; ହାତରେ ଗୋପୀଯନ୍ତ୍ର। ସେ ଆରମ୍ଭ କରନ୍ତି - “ତାକା ତିନି ତିନି ତିନା ଲୋ / ନାରଦ ବଜାଏ ବୀଣା ଲୋ / ନାଉକା ତୁମ୍ବୀର ସୁମଧୁର ବାଜେ / ଖିଟା ତାନା ନାନା ନାନା ଲୋ” - ଏମିତି ଗୀତ ଚାଲେ। ଯାତ୍ରା ଜମି ଉଠେ। ନାରଦଙ୍କ କଥା ବଙ୍କା, କେଉଁଠେ ସଳଖ ସଳଖ କହନ୍ତିନି। ସେ ସ୍ୱର୍ଗପୁରୀର ଋଷି, ତୁମ ଆମ ପରି ତ ନୁହନ୍ତି। ବଙ୍କାବଙ୍କା ଭାଷା, କଥାକୁ ଚୋବେଇ ଚୋବେଇ କହନ୍ତି। ଏବେ ଦେଖଣାହାରୀଙ୍କୁ ସମ୍ଭାଳେ କିଏ ? ସମସ୍ତେ ହଜି ଯାଆନ୍ତି ଯାତ୍ରା ରସରେ। ତାଳି ଉପରେ ତାଳି ପଡ଼େ। ହସିହସି ଲୋକେ ବେଦମ। ତେଣେ ଦୁଆରୀର ମଜା ଦେଖେ କିଏ ? କେବେ ନାରଦଙ୍କ ଠେଙ୍ଗା, କେବେ ଜଟା ଭିଡ଼ି ଦିଏ। କେବେ ସଜନା ଛୁଇଁ, କେବେ ବାଛୁରୀ ବନ୍ଧା ଛନ୍ଦ ଦଉଡ଼ି ସହିତ ଜଟାର ଉପମା ଦିଏ। ଦେଖଣାହାରୀଙ୍କ ହାସ୍ୟକୁ ବହୁଗୁଣିତ କରେ। ସେତେବେଳକା ଲୋକଙ୍କ ରୁଚି ନେଇ ବେଶଭୁଷା। ଯାକୁ ଦେଖିବାକୁ ଲୋକଙ୍କ ଆଟପଟାଳି। ସମୟେ ସମୟେ କେତେକଙ୍କୁ ଠାବ ମିଳେନା, ଗଛ ଡାଳରେ ଚଢ଼ି, ରାତି ଚିଆଇଁ ଯାତ୍ରା ଦେଖନ୍ତି। ଏଇଟି ନାଟକର ଅନନ୍ୟ ସଫଳତା। ଏବେ ବି ଯାତ୍ରା ଚାଲିଛି, ହେଲେ ଢଙ୍ଗ ପୂରା ଅଲଗା। ମାଗଣା ଯାତ୍ରା ନାହିଁ। ସବୁଠି ଟିକେଟ୍ ସେଲ୍। ଅଣ୍ଟାରେ ଧନ ନ ଥିଲେ

ଦେଖିବାର ସୁଯୋଗ ନାହିଁ। ନ ଥିଲା ବାଲାଙ୍କ ମନ ଛଟପଟ। ଧାର ଉଧାର କରନ୍ତି। ମୂଲ ଲାଗି ରାତିଏ ଦି' ରାତି ଦେଖନ୍ତି। ୧୯୦୮-୦୯ କଥା, ସେତେବେଳେ ଲୋକେ ମନଇଚ୍ଛା ନାଟକ ଦେଖୁଥିଲେ। 'ଉଷାହରଣ' ନାଟକ କାଳୀଚରଣ ଦେଖିଲେ, ଢେର୍ ଶିଖିଲେ। ସେ ଅନୁଭୂତିକୁ କାମରେ ବି ଲଗାଇଲେ।

ସେତେବେଳେ ଲୋକେ ନାଟ, ତାମସା ଦେଖୁଥିଲେ, ଆନନ୍ଦ ନେଉଥିଲେ। ସଦ୍‌ଭାବନା ଥିଲା, ନ ଥିଲା ସାମ୍ପ୍ରଦାୟିକତାର ଠାବ। କଥାଗୁଡ଼ାକ କେବଳ ରହସ୍ୟରେ ନେଉଥିଲେ, ରସବୋଧ କରୁଥିଲେ। କଥାଟାକୁ ଗଣ୍ଠିମୁଠିଆ ଧରି ବସୁନଥିଲେ। ବୋହୂ ସୁଆଙ୍ଗ, ପଠାଣ ଗଉଡୁଣୀଙ୍କ ଚଢ଼ାଉତ୍ତାର, ବଚନିକା; ଆଜିକାଲି ତାହା ଲେଖା ହେଉନି। ହେଉଥିଲେ ସଭାସ୍ଥଳରେ ରାମରାବଣ ଲଢ଼େଇ ଲାଗନ୍ତା। ମୁଣ୍ଡଫଟା ଫଟି, ରକ୍ତ ବୁହାବୁହି ଯାଏ ଯାଆନ୍ତା। ସେବେ ଲୋକେ ଖାଉଥିଲେ ଦେଶୀ ଗୁଆଘିଅ। ଏବେ ବାରମିଶା ଡାଲଡା ଘିଅ। କାଳେ କିଏ କହିବ? କ'ଣ ଭାବିବ? ରହସ୍ୟ ଲେଖିଲା ବେଳେ ଏମିତି ନାନାଦି ଚିନ୍ତା। ତେଣୁ 'ସବ୍ ସେ ଚୁପ୍ ଭଲା।' ସେତେବେଳେ ନାଟ ଦେଖିବାକୁ ନାହିଁ ନଥିବା ଭିଡ଼, ଥାଟପଟାଳ। ନାଟ ଶେଷ, ସବୁ କଥାର ସେଇଠି ସମାପ୍ତି। ଆଜି ହଜିଗଲାଣି ଆମ ହୃଦୟର ଆରଖଣ୍ଡକ। ସବୁ ଆଡ଼େ ଖାଲି "ଓଢ଼ଣା ତଳେ ମନ ଘୋଡ଼ିଆ ରୀତି।" ଯାତ୍ରା ଭିତରେ ବି ଅସ୍ତିତ୍ୱ ହରାଇଲାଣି, ଓଡ଼ିଶୀ ଢଙ୍ଗ, ରଙ୍ଗ! ସମୟର ଚକ ଘୂରୁଛି ତ, ଏସବୁ ତା'ରି ଫଳ।

■

ଆଲୋ ମଉସା ଜଡ଼ ପଇସା

ଆଜିକାଲି ଟଙ୍କା ପଇସାର ଢେର୍ କିମିଆ। ଘରୁ ଗୋଡ଼ କାଢ଼ିଲେ ଲୋଡ଼ା ଟଙ୍କା। ଟଙ୍କା ବିନିମୟର ମାଧ୍ୟମ। ଆଗକାଳେ ଟଙ୍କା ନଥିଲା, ସବୁ କାମ କଉଡ଼ି ଦ୍ୱାରା। ଇଂରେଜମାନେ ଓଡ଼ିଶା ଅଧିକାର କଲେ। କମ୍ପାନୀ ସରକାର କଉଡ଼ିକୁ ଅଚଳ କଲେ। ଚଳାଇଲେ ମୁଦ୍ରା। ତାହା ପୁଣି ସହଜ ଲଭ୍ୟ ନ ଥିଲା। ଜମିଦାର, ଗୁମାସ୍ତା, ବଡ଼ବଡ଼ିଆ, ଅମଲା - ଏମାନେ ଚକ୍ରାନ୍ତ କଲେ, ମୁଦ୍ରାକୁ ନିଜ ଅକ୍ତିଆରରେ ରଖିଲେ। ଗରିବ ରଇତଟିଏ, ନାହିଁ ନଥିବା ଦୁର୍ଦ୍ଦଶା ଭୋଗିଲା। ମୁଦ୍ରାଟିଏ ପାଇବାକୁ ଉତ୍କୋଚ ଦେଲା। କ୍ରମେ ମୁଦ୍ରା କାୟା ବିସ୍ତାର କଲା। ଟଙ୍କା ପ୍ରତି ମୋହ ବଢ଼ିଲା, ପ୍ରତିଦ୍ୱନ୍ଦ୍ୱିତା ଚାଲିଲା। ଜୀଇଁବାର ମାନଦଣ୍ଡ ପାଲଟିଲା ଟଙ୍କା। ସମସ୍ତେ ହେଇଗଲେ ଅର୍ଥରଙ୍କା। ଏଇ ଟଙ୍କାକୁ ନେଇ ନାନାଦି ଢଗ ଢମାଳି। କେଉଁ ଲୋକ କବି ଲେଖିଲେ - ଆଲୋ ମଉସା ଜଡ଼ ପଇସା। ବିନା ଅର୍ଥରେ କାର୍ଯ୍ୟସାଧନ ଅସମ୍ଭବ। ଅର୍ଥ ଅନର୍ଥର କାରଣ ହେଲା। ଏଥି ପାଇଁ ହତ୍ୟା, ଲୁଣ୍ଠନ, ସଂଘର୍ଷ, ରାଜ୍ୟଜୟ - ସବୁକିଛି। ସେଇ ଟଙ୍କା, ପର୍ଶୁଆକୁ ପର୍ଶୁରାମ କରିଦିଏ, ତା'ର ଆଦର ବଢ଼ାଏ। ରଙ୍କ ରାଜା କରାଏ, ରାଜା ସମ୍ରାଟ ପାଲଟେ, ସବୁ ସେଇ ଟଙ୍କାର ଖେଳ। ବିଭବ ପାଇଁ ଟଙ୍କା, ପାଠପଢ଼ା, ଝିଅ ବାହାଘର, ବନ୍ଧୁ ଶଙ୍ଖୁଳା, ଏପରିକି କଳା ସାହିତ୍ୟ, ସଂସ୍କୃତି ଜଗତରେ ବି ଟଙ୍କାର ହାକିମାତି। ଟଙ୍କା ନାହିଁ ତ ଦଶ ଦିଗ ଶୂନ୍ୟ। ସଂପ୍ରତି ପ୍ରତିଟି କାର୍ଯ୍ୟ ପାଇଁ ଦରକାର ଟଙ୍କା। କାଳୀଚରଣ ପଟ୍ଟନାୟକ ବୁଝିଥିଲେ ଏକଥାଟି ପିଲାବେଳୁ। ଗାଁ ପିଲେ ମିଶି ନାଟକଟିଏ କଲେ। ଟଙ୍କା ନାହିଁ, ବହୁ କଷ୍ଟରେ ସେ ରଙ୍ଗମଞ୍ଚଟିଏ ତିଆରି କରିଥିଲେ। ଆଜିକାଲି ଲୋକେ କହନ୍ତି - 'ଟଙ୍କା କାଢ଼, ମା' ବାପ ଛାଡ଼ି ସବୁ ମିଳିବ'। ସତେ ଯେମିତି ଟଙ୍କାର ମାନ, ମହତ, ଇଜ୍ଜତ ସବୁକିଛି !

ସେଇ ୧୯୦୭-୧୯୦୮ର ଘଟଣା। କାଳୀଚରଣ ଦେଖିଥିଲେ ପ୍ରଥମ

ନାଟକ, ରାମଶଙ୍କର ରାୟଙ୍କ 'କାଞ୍ଚିକାବେରୀ'। ତାଙ୍କ ମନ ବଳିଲା ନାଟକ ଆଡ଼େ, ରଙ୍ଗମଞ୍ଚଟିଏ ପରିକଳ୍ପନା କଲେ। ସେତେବେଳେ ରାଜା ମହାରାଜା ସଙ୍ଗୀତ ପ୍ରିୟ ଥିଲେ, ନାଟକ ଦେଖିବା, ଲେଖିବାରେ ବି ନିଘା ଦେଉଥିଲେ। ସ୍ୱର୍ଗୀୟ ମହାରାଜା ବିକ୍ରମଦେବ ବର୍ମା। ତାଙ୍କର 'ଉତ୍କଳ ଦୁର୍ଦ୍ଦଶା' ନାମକ ନାଟକଟିଏ। ଡିମାଇ ଆଠପେଜି ସାଇଜ, ପୃଷ୍ଠା ସଂଖ୍ୟା ୩୦-୪୦। କାଳୀ ଏଇଟି ମଞ୍ଚସ୍ଥ କରିବାକୁ ମନସ୍ଥ କଲେ। ରଙ୍ଗମଞ୍ଚଟିଏ ପାଇଁ ପଇସା ଲୋଡ଼ା, ଏଣେ ଗାଁ ଟୋକାଏ, ସବୁ ପିଲା, ସ୍କୁଲରେ ପଢ଼ନ୍ତି। ଟଙ୍କା ବା କାହୁଁ ମିଳିବ ? ମଞ୍ଚରେ ପାଉଡ଼ର ବ୍ୟବହାର ନାହିଁ। ମୁହଁରେ ଦୁଧ ସହ, ହଳଦୀମିଶା ଲେପ। ଦାଢ଼ିନିଶ, ଏସବୁ ଝୋଟରେ। ପ୍ରଥମେ ସାଉଁଳା ହୁଏ। ସେଥିରେ କାଳି, ଚକ୍‌ଖଡ଼ି ବୋଳାଯାଏ। ପିଲେ ବେଶ ହୁଅନ୍ତି। କାଳୀଚରଣ ଓସ୍ତାଦ୍, ନାଟକର ନିର୍ଦ୍ଦେଶକ, ଶିକ୍ଷା ଦେଲାବେଳେ ଭାରି ଗମ୍ଭୀର। କଷ୍ଟେ ମଷ୍ଟେ ନାଟକ ଅଭିନୟ ହେଲା। ଦେଖଣାହାରୀଏ ଜମିଲେ, ବାହାର ଲୋକ ନୁହନ୍ତି। କାଳୀଙ୍କ ସାଇ ପଡ଼ିଶାର ବୋହୂ, ଝିଅ, ବୁଢ଼ୀ। ତାଙ୍କ ସାଙ୍ଗକୁ ତାଙ୍କ ହଳିଆ, ମୂଲିଆ। ନାଟକ ମଞ୍ଚସ୍ଥ ହେଲା ଓପର ଓଳି, ନ ସରିଲେ ପୁଣି ତା' ପରଦିନ, ସ୍କୁଲ ଛୁଟି ପରେ। ବେଳ ବୁଡ଼ିବାଯାଏ ଚାଲେ। ଏଇଟି କାଳୀଚରଣଙ୍କ ମଞ୍ଚାଭିନୟର ପହିଲି ସ୍ମୃତି।

ଆଉ ଦିନକର ଘଟଣା। ମଞ୍ଚ ପାଇଁ ଦରକାର ଫିତା, ପିନ୍, ପେନ୍‌ସିଲ୍। ବାପାଙ୍କ ଆଲମାରି ଘାଣ୍ଟୁଥିଲେ କାଳୀଚରଣ। ହାତରେ ପଡ଼ିଲା ବହିଖଣ୍ଡେ, 'ବାବାଜୀ' ନାଟକ। ରଚୟିତା ଜଗନ୍ମୋହନ ଲାଲା। ଏଇ ନାଟକକୁ ନେଇ ଢେର ଚର୍ଚ୍ଚା। କେତେକ ସମାଲୋଚକ ଏହାକୁ ପ୍ରଥମ ନାଟକ କହିଲେ, କେହି କେହି କହିଲେ 'ବାବାଜୀ'କୁ ଫାର୍ସ। ଏ ତ ବିବାଦମାନ ପ୍ରଶ୍ନ, ଏଯାବତ୍ ଏହାର ସଠିକ୍ ଉତ୍ତର ମିଳିନି। ଲାଲାଙ୍କ ପ୍ରଣୀତ 'ବାବାଜୀ'କୁ ଛପାଇଥିଲା କଟକ ପ୍ରିଣ୍ଟିଂ କମ୍ପାନୀ। କାଳୀ ପରାମର୍ଶ କଲେ ତାଙ୍କ ସୁମନ୍ତ ଜେଜେଙ୍କ ସହ। ନାଟକର ମୁଖ୍ୟ ମୁଖ୍ୟ ଦୃଶ୍ୟ ଉତ୍ତରା ଗଲା। ଏ କାମ କଲେ କାଳୀଙ୍କ ଖଡ଼ି ଜେଜେ, ସେ ବି ବଡ଼ ନାଟକ ପ୍ରେମୀ। ମନ ଖୁସିଥିଲେ ଗୀତ ଗାଆନ୍ତି। ନାକରେ ଗାଆନ୍ତି, ଗେଁ ଗେଁ କରି। ତାଙ୍କ ପ୍ରିୟ ଗୀତ – 'ଯମୁନା କୂଳେ କାଳିଆ କେଡ଼େ ହଟ କଲା ମା'। ସବୁ ଚନ୍ଦ୍ରବିନ୍ଦୁ ବୋଝରେ ଓଜନିଆ। ଶ୍ରୁତିକଟୁ ହୁଏ, ତଥାପି ଗାଆନ୍ତି ଖଡ଼ିଜେଜେ। ପାର୍ଟ ଉତ୍ତାରିବା ହେଲା, 'ଜଳବତ୍' ମୁଖସ୍ଥ କରିବାକୁ ହେଲା। ପୁନଃ ପୁନଃ ଶିକ୍ଷା କଲେ ପିଲେ। କିନ୍ତୁ ସୁମନ୍ତ ଜେଜ ମଙ୍ଗମୋଡ଼ିଲେ। 'ବାବାଜୀ' ନାଟକ ପିଲାଙ୍କ ପାଇଁ ନୁହେଁ, ସେମାନେ ଠିକ୍ ଫୁଟାଇ ପାରିଲେନି – ଏମିତି ମନଭଙ୍ଗା କଥା କହିଲେ। ସୁମନ୍ତ ଜେଜଙ୍କର ଏପରି ମନ୍ତବ୍ୟ ଅମୂଳକ ନ ଥିଲା। ସହଜେ ତ ନାଟୁଆ, ବୁଝିଥିଲେ ଅଭିନୟର ସଫଳତା, ବିଫଳତାକୁ।

ନାଟକଟିର ଶେଷ ଦୃଶ୍ୟ 'ଦୃଶ୍ୟକାବ୍ୟ' ପଦବାଚ୍ୟ ନୁହେଁ, ଖାଲି ଉପଦେଶ – ଗୁରୁଶିଷ୍ୟ ସମ୍ବାଦ। ଗୀତ କେଇଖଣ୍ଡ ବି ଅଛି, ତାହା ପୁଣି ଗଦ୍ୟଭଳି, ଗାଇବା ଭଳି ମଧୁରିଆ ପଦ ଯୋଖାଯାଇ ନାହିଁ। ତାଙ୍କ ମତରେ 'ବାବାଜୀ' କେବଳ ଫାର୍ସଟିଏ। 'ବାବାଜୀ' ନାଟକର ମଞ୍ଚମୂଲ୍ୟକୁ ନେଇ ଢେର୍ ଚର୍ଚ୍ଚା ଚାଲିଥିଲା, ସେବେ ଥିଲା ଏବେ ଚାଲିଛି। ସବୁ ଯୁକ୍ତିର ଉର୍ଦ୍ଧ୍ୱରେ କଥାଟିଏ – 'ବାବାଜୀ' ଓଡ଼ିଆ ନାଟକ ଇତିହାସର ମୂଳଦୁଆ, ଏକଥାଟି ନିଃସନ୍ଦେହ।

ପିଲାଙ୍କ ମନ, ଜଟାଜୁଟ ଦାଢ଼ି ଲଗେଇବେ, ବେଶ ପୋଷାକ ପିନ୍ଧିବେ, ଆଲୁଅ ଜଳିବ, ସିନ୍ ପଡ଼ିବ। ଲୋକେ କରତାଳି ଦେବେ – ଏମିତି କେତେ କେତେ ମନଉଲୁସା ଭାବ। ମନ ଓରିମାନା ମେଣ୍ଟୁ, ତା'ପରେ ଭଲମନ୍ଦ ବିଚାର। ପିଲା ଜିଦ୍ ଧରିଲେ। ଖଡ଼ିଜେଜେ କୁନ୍ଥେଇ କହିଲେ – "ହଉ, ଶିଖିବ ତ ଶିଖ।" ଏଥର ଖଡ଼ିଜେଜ ପିଲାଙ୍କ ପାଲରେ ପଡ଼ିଲେ, ପାର୍ଟ ଲେଖିଲେ, ପିଲାଙ୍କୁ ବାଣ୍ଟିଲେ। ପିଲେ ବଚନିକାକୁ ପାଣିପରି ଘୋଷିଦେଲେ। ଦିନ ଧାର୍ଯ୍ୟ ହେଲା। ବଡ଼ମ୍ବାରେ ଷ୍ଟେଜ୍ ବନ୍ଧା ହେଲା। ନାଟକ ଦେଖିବେ ସମ୍ମାନାସ୍ପଦ ଲୋକେ। ସେମାନଙ୍କ ମଧ୍ୟରେ କାଳୀଙ୍କ ହେଡ଼ମାଷ୍ଟ୍ରେ। ଥାର୍ଡ଼ ପଣ୍ଡିତ ଚିନ୍ତାମଣି ମାଷ୍ଟ୍ରେଙ୍କ ନାଁ ବି ରହିଲା। ବାକି ରହିଲେ ସୁମନ୍ତ ଜେଜ, ସେତ ନିତି କୁଣିଆ ପରି, ଘରଲୋକ, ଗାଁ କନିଆ – ସେ ଆସିଲେ ନାଟକ ଦେଖି। ଷ୍ଟେଜ୍ ବାନ୍ଧିଲେ କାଳୀଙ୍କ ଜେଜ ଅମଳର ବେଠିଆ ସାରଥିଆ। ଖଳାବାଡ଼ି, ଦେବଦାରୁ ଗଛ ମୂଳ, ପାଖରେ ଦିଟା ପାଳଗଦା। ଏ ଦୁଇଟି ମଝିରେ ବାଉଁଶ ଗଳାଇ ଦେଲା ସାରଥିଆ। ବଡ଼ ଦରିଟାଏ ମଝିରେ ଝୁଲାଇ ଦେଲା। ଘରୁ ଅଣାଗଲା କେଇ ଖଣ୍ଡ ଶାଢ଼ୀ, ଖଣ୍ଡୁଆ – ଏଗୁଡ଼ିକ ଉଇଂଗସ୍। ଖଣ୍ଡେ ତକ୍ତପୋଷ ପଡ଼ିଲା। ସେଇଟି ହେଲା ନାଟକ ନିର୍ଦ୍ଦେଶିତ ଠାକୁର ଘର ପିଣ୍ଡା। ଚାରିହାତ ଲମ୍ବର ଖଣ୍ଡିକେତେ ବାଉଁଶ, ତା' ଅଗ ଚାରି ଚିରୁଡ଼ା କରି ଚିରି ଦିଆଗଲା। ତା' ଭିତରେ କାଠି ଗଳାଗଲା। ବାଉଁଶ ଫଡ଼ା ସରା, ଜଡ଼ାତେଲ ଭର୍ତ୍ତି, ତା' ଭିତରେ ପୁଟୁଳାରେ ବନ୍ଧା ହେଲା ସୋରିଷ। ସେଇ ବାଉଁଶ ପୋତା ହେଲା। ଏମିତି ପ୍ରକ୍ରିୟାରେ ଆଲୁଅ କରାହେଲା ଷ୍ଟେଜ୍। ମଞ୍ଚସ୍ଥ ହେଲା 'ବାବାଜୀ' ନାଟକ।

ପିଲେ ପୂରା ଶିଖି ନ ଥିଲେ, ଏପଟ ସେପଟ ବାଦ୍ ଦେଇ ମଝିରୁ କାଣ୍ଡିଏ ଶିଖିଲେ। ନାଟକ ଖେଳା ସରିଲା। 'ବାବାଜୀ' ଭୂମିକାରେ କାଳୀଚରଣ, 'ପୂଜାରୀ' ପାର୍ଟଟା ବି ଭଲ ଉତୁରିଲା। ନାଟକ ତ କାଣ୍ଟଛାଣ୍ଟ, ଶୀଘ୍ର ସରିଲା। କାଳୀଙ୍କ ହେଡ଼ମାଷ୍ଟର ଦେଖୁଥିଲେ। ବରାଦ ଦେଲେ କେତୋଟି ଗୀତ ଗାଇବାକୁ। କାଳୀ ଗାଇଲେ, ସାଙ୍ଗକୁ ତାଙ୍କ ବୈଷ୍ଣବ ଭାଇନା। ତାଙ୍କ ଘର ନଈ ସେପାରିରେ, ଗାଁ ସୁବର୍ଣ୍ଣପୁର। ଗଳାଟି

ତାଙ୍କର ଭାରି ମିଠା। ସେ ଛାନ୍ଦ ଗାଆନ୍ତି। ଗଛ, ପତ୍ର, ପବନ ସବୁ ନିରବ, ଯେମିତି ସମସ୍ତେ କାନପାତି ଶୁଣନ୍ତି। ସେ ଦିନ ବୈଷ୍ଣବ ଗାଇଲେ - 'ଶ୍ୟାମ ହେ କାହିଁକି ଆଜ ଏ ବିରସ, ବିରସ', 'ଦେଖି ନବକାଳିକା ବକାଳିକା' - ବି ଗାଇଲେ। ଶ୍ରୋତୃମଣ୍ଡଳୀ ମୁଗ୍ଧ, ବିହ୍ୱଳ। ନାଟକ ପରେ ଚାଲିଲା ଚର୍ଚ୍ଚା, ଏ ନାଟକଟି ଦେଖଣାହାରୀ, ସାଇ ପଡ଼ିଶା, ଝିଅବୋହୂଙ୍କ ମନକୁ ଛୁଇଁଲାନି। ସଂସ୍କୃତ ନାଟକର ମଞ୍ଚ ନିୟମ 'ବାବାଜୀ'ରେ ନାହିଁ। ନାନ୍ଦୀ, ସୂତ୍ରଧରଙ୍କ ଭୂମିକା କିଛି ନ ଥିଲା। ଗୀତ ଘର ଶୂନ୍। ସାଜପୋଷାକ ନଦାରଦ୍। ବିଷୟଟା ବି ଅଧା ପନ୍ତୁରିଆ, ଆଗ ପଛ ବୁଝା ପଡ଼ିଲାନି। ତୁଣ୍ଡଖୋଲି କେହି କିଛି କହିଲେନି, ହେଲେ ଦର୍ଶକ କେଶୁରା। ସାପ ନ ମରୁ - ବାଡ଼ି ନ ଭାଙ୍ଗୁ - ଏଇ ନ୍ୟାୟରେ କହିଲେ। ବାବାଜୀ ଗୋଟେ ସାମାଜିକ ଶିକ୍ଷା ବିଷୟ, ସହଜ ନୁହେଁ। ବାବାଜୀ, ମାତାଜୀଙ୍କ ପ୍ରେମ, ସେବେକା ସମୟ ପାଇଁ ଏଇଟି ଥିଲା କଟୁ କଥା, ଗ୍ରହଣ କରିବାକୁ ଜନତା ବି ପ୍ରସ୍ତୁତ ନ ଥିଲେ। ଏପରି ମନ୍ତବ୍ୟ ଦେଲେ ମାଷ୍ଟ୍ରେ। ପିଲାଙ୍କୁ ବି ବୋଧ ଦେଲେ। ଭଲ ନାଟକଟିଏ ବାଛିବେ, ବାହାରେ ଅଭିନୟ ହେବ, ଷ୍ଟେଜ୍ ଭଲ ହେବ, ନାଚଗୀତ ରହିବ - ଏମିତି ବୁଝେଇ ଦେଲେ।

'ବାବାଜୀ' ନାଟକଟିରେ କେତୋଟି ଦେଶଜ ଶବ୍ଦ, ଏସବୁକୁ କାଳୀଚରଣ ଉପସ୍ଥାପନ କରିଛନ୍ତି। ଯେମିତି ସାଗୁଆତି (ମାଂସ), ସନ୍ତେଇଲୁ (ଦୁଃଖଦେଲୁ), ଆହରମୁଖା (ଭୋକିଲା), କୋହପଡ଼ିବ (ଅଭିଶାପ ପଡ଼ିବ / ହାଇ ପଡ଼ିବ), ଦରମାହା (ବେତନ), ଦରମା ପାଉଣା ବାଲା (ଯାହାର ଦାକି ଟଙ୍କା ଥିବ) - ଏମିତି ଆଉ କେତେକ ଶବ୍ଦ ବାବାଜୀରେ ବ୍ୟବହୃତ। କଥାରେ ଅଛି - 'ଥରକୁ ଥର ପଡ଼ିତଳେ'। ବାବାଜୀ ନାଟକ ଅଭିନୟ ଫସର ଫାଟିଲା। କାଳୀଚରଣ ବହୁତ କିଛି ଶିଖିଲେ। ସୁମନ୍ତ ଜେଜ, ନାଟକର ମାଷ୍ଟର କହିଲେ ଚର୍ଳେ। ଭଲ ଉପଦେଶଟିଏ ବି ଦେଲେ - "ଯାହା କହିବ, ସେ କଥାଟାକୁ ଯିଏ କହିବ, ସେ ଆଗେ ଭଲକରି ବୁଝିବ ଯେ ସେ କଥା କିଏ କହୁଛି, କାହିଁକି କହୁଛି, କେଉଁଠି କହୁଛି, କେତେବେଳେ ଓ କେଉଁ ସ୍ଥାନରେ କହୁଛି, ଆଉ କାହାକୁ କହୁଛି।" ପ୍ରଥମେ କଥାଟାର ମରମ ବୁଝିବାକୁ ପଡ଼ିବ। ତାହାଲେ ଭାବ-ଅଭିବ୍ୟକ୍ତି ଆଉ ଅଭିନୟରେ ସାମଞ୍ଜସ୍ୟ ରହିବ। ଅଭିନୟ, ସଫଳ ହେବ। ଏକଥାଟି କାଳୀଚରଣ 'ବାବାଜୀ' ନାଟକରୁ ଶିଖିଲେ। ସେ ଦିନ ସିନା ଦର୍ଶକ ପ୍ରଭାବିତ ହେଇ ନ ଥିଲେ, କିନ୍ତୁ ସ୍ୱୟଂ କାଳୀଚରଣ 'ବାବାଜୀ' ନାଟକକୁ ଭୁଲିଲେନି। ଜେଜେବାପାଙ୍କ ବସ୍ତାନିର ସେଇ ଛିଡ଼ା ଧୋକଡ଼ା 'ବାବାଜୀ' ନାଟକ। ସେଇଟିକୁ ୧୯୫୭ରେ ପୁଣି ଛପାଇ ଦେଲେ।

ନାଟକ ଅଭିନୟକାଳୀନ ଆଉ ଏକ ଅନୁଭୂତି। ବାଡ଼ିରେ ନାଟକ ଅଭିନୟ।

ଆଉ ସବୁ ସାଜ ସରଞ୍ଜାମ ଗାଁରୁ ମିଳେ। ଯାହାବି ହେଲେ ସାମାନ୍ୟ ଖର୍ଚ୍ଚ ହୁଏ। କାଳୀଚରଣ ବୋଉ, ଖୁଡ଼ୀ ଉପରେ ଚାନ୍ଦା ଭିଡ଼ି ଦିଅନ୍ତି। ଏଣିକି ଖିଆପିଆ କଥା। ଖେଚେଡ଼ି, ବୁଟଡାଲି ଆଉ ଛଙ୍କା ତରକାରି। ଏ ଦାୟିତ୍ୱ ନିଅନ୍ତି ତାଙ୍କ ବୋଉ। ତାଙ୍କ ଘରେ ଥାଆନ୍ତି ପିଉସୀ, କାଳୀ ତାଙ୍କୁ ଡାକନ୍ତି ଯଶୋଦା ଅପା। ଖିଆଣ ପିଆଣକୁ ସେ ବଡ଼ ଅମୁରଛକ। କଥାରେ କଥାରେ କହନ୍ତି - "ଆ, ସରୁ ନାଇଁ ଯେ, ପରପୋଷା ହେଇଚି।" କାଳୀଙ୍କ ବୋଉ ଭାରି କଳା ପ୍ରିୟ, କହନ୍ତି- "ତୁମେ ଜାଣିଥା ଅପା, ଉଝୁଲା କୂଅର ପାଣିରେ ପୋକ ହୁଅନ୍ତି ନାହିଁ। ବାଳକ ନାରାୟଣ, ତାଙ୍କ ସେବାରେ କିଛି ଲାଗୁ।" ଏସବୁ ଘର କଥା, ଷ୍ଟେଜ୍ ପ୍ରମୋସନ ହେଲେ, ଖରଚ ବଢ଼େ। ବେଶପୋଷାକ - ସେମିଜ୍, ରାଇକା, କମ୍‌ଦାମ୍‌ର କାଞ୍ଚୁଲା, ଦାଢ଼ି, ନିଶ, ପରଚୂଳା, ପନିମାଳି ଇତ୍ୟାଦି ଇତ୍ୟାଦି। ସବୁ ପାଇଁ ଲୋଡ଼ା ଧନ। କଥାରେ ଅଛି, ହାତରେ ନଥାଏ ଧନ, ପୁଅ ବାହା ଘରେ ମନ।" କିନ୍ତୁ କଳାକାର ପାଇଁ କେଉଁ ଧନ ବାଧକ ସାଜିନି। ସବୁବେଳେ ସଂଘର୍ଷ, ଅଭିନୟ ତ ଗୋଟେ ନିଶା, ଉପାସ ଭୋକ, କିଛି ଖାତିର ନାହିଁ। ଦୃଢ଼ପ୍ରତିଜ୍ଞ ମନ, ବହି ଯାଉଥିବା ନଈ - ଏହାକୁ କିଏ ବା ଅଟକାଇବ? କିଏ ବା ବାଟ ଓଗାଳିବ କଳାକାରଟିର? ପ୍ରତିକୂଳ ସ୍ଥିତିରେ ସେ ବଢ଼େ, ସଫଳତାର ପାହାଚ ପରେ ପାହାଚ, ଏମିତି ଆଗେଇ ଚାଲେ, ପହଞ୍ଚେ ଯଶକୀର୍ତ୍ତିର ଶିଖରରେ। ଏହାର ଜ୍ୱଳନ୍ତ ନିଦର୍ଶନ କାଳୀଚରଣ ପଟ୍ଟନାୟକ। ତାଙ୍କ କଳାକାର ଜୀବନ କଥା, ଲେଖି ବସିଲେ ପୋଥି ପୁରାଣ ହେଇଯିବ। ଲେଖକ ଠିକେ ଠିକେ କହିଛନ୍ତି ସ୍ମୃତି ଅନୁଭୂତିକୁ 'କୁମ୍ଭାରଚକ'ରେ। ଏବେକା କଥା ଭିନ୍ନ, କଳାକାରଙ୍କ ଅଣ୍ଟା ଖୁବ୍ ସବଳ, ମଞ୍ଚରେ କୋଟିକୋଟି ଟଙ୍କା ଖର୍ଚ୍ଚ, ଝିଲିମିଲି ଆଲୋକ, ଉନ୍ନତ ବାଦ୍ୟଯନ୍ତ୍ର, ରେକର୍ଡ଼ ଡ୍ୟାନ୍‌ସ - ଏମିତି କେତେ କ'ଣ। କାଳୀଚରଣଙ୍କ ବେଳ, ଏବେକା କଥା କେତେ ଫାଙ୍କ ଫରକ। ସେଦିନ ଲେଖକ ବୁଝିଥିଲେ, ସବୁ ପାଇଁ ପଇସା, ସତରେ! 'ଆଲୋ ମଉସା, ଜଡ଼ ପଇସା'- କଥାଟି କାଳେକାଳେ ସତ୍ୟ।

■

ଅଗା-ବଗା-ଖଗା ତିନିହେଁ ତିନି ଏକା

ଓଲୁ, ବୁଦ୍ଧିହୀନ, ଅକର୍ମଣ୍ୟମାନେ ଖଗା। ମୂର୍ଖମାନେ ବଗା। ଯେକୌଣସି ଇତର ଲୋକ ବଗା-ଖଗା। ଏସବୁ ଅଗା-ବଗା-ଖଗା ଶବ୍ଦର ଆଭିଧାନିକ ଅର୍ଥ। ଏମାନେ ଏକାଠି ମିଳିଲେ ସବୁକାମ ଅଧା। ଜଣେ କଥାଏ କହିଲେ, ଆରଜଣକ ମଙ୍ଗମୋଡ଼େ, ହେଲା କାମ ବିଗିଡ଼ିଯାଏ। ସମନ୍ୱୟ ବିନା ଯେକୌଣସି ଗୋଷ୍ଠି, ସମାଜ ଅବା ଶାସନବ୍ୟବସ୍ଥା ଅବ୍ୟବସ୍ଥାରେ ପହଞ୍ଚେ। ଅତୀତରେ ଥିଲା ରାଜାରାଜୁଡ଼ାଙ୍କ ଶାସନ। ରାଜା ସର୍ବୋଚ୍ଚ ଶାସନକର୍ତ୍ତା, ମନ୍ତ୍ରଣାଦାତା ମନ୍ତ୍ରୀ, କଟୁଆଳ ଗୁପ୍ତବାର୍ତ୍ତା ପ୍ରେରକ। ଏମାନଙ୍କ ମଧ୍ୟରେ ଉତ୍ତମ ବୁଝାମଣା ଥିଲା। ସୁଶାସନର ଏଇଟି ଗୁପ୍ତ ଚାବିକାଠି। ଗଣତନ୍ତ୍ରରେ ମଧ୍ୟ ଅନୁରୂପ ବ୍ୟବସ୍ଥା ଅନିବାର୍ଯ୍ୟ। କାର୍ଯ୍ୟପାଳିକା, ନ୍ୟାୟପାଳିକା, ବିଧାୟିକା - ଏସବୁ ଗଣତନ୍ତ୍ରର ତିନୋଟି ଶକ୍ତ ସ୍ତମ୍ଭ। ଗଣମାଧ୍ୟମ ଏହାର ଚତୁର୍ଥ ସ୍ତମ୍ଭ। ବେଶ୍ ଟାଣୁଆ ବି। ଏମାନଙ୍କ ଭିତରେ ସୁସମ୍ପର୍କ; ଗଣତନ୍ତ୍ରର କାର୍ଯ୍ୟକାରିତା ସଫଳ ହୁଏ। ଏତ ଗଲା ଶାସକ, ଶାସନ କଥା। କଳାକାର, ରଙ୍ଗମଞ୍ଚ, ଅଭିନୟ - ଏସବୁରେ ସୁପରିଚାଳନା ଦରକାର। ଆଗକାଳେ ନ ଥିଲା ଆଜିକାଲିକା ପରି ଖୋଲା ରଙ୍ଗମଞ୍ଚ। ଅଭିନୟ ପାଇଁ ବାଉଁଶପୋତା, ସିନ୍‌ଟଣା, ପ୍ରମ୍ପଟିଂ, ନେପଥ୍ୟ କୋଳାହଳ - ଏମିତି ନାନାଦି କଥା। ସବୁଥିରେ ଆବଶ୍ୟକ ସମନ୍ୱୟ। ଗୋଟିକରେ ଊଣା ପଡ଼ିଲେ ଅଭିନୟ ଫସରଫାଟେ, ଦର୍ଶକ ମନ ଖଟା କରନ୍ତି। ଏକଥାଟି କିଏ ବୁଝୁ ବା ନ ବୁଝୁ, ସଫଳ କଳାକାରଟି ବୁଝିଥାଏ। ବୁଝିଥିଲେ କବିଚନ୍ଦ୍ର କାଳୀଚରଣ ପଟ୍ଟନାୟକ। ତାଙ୍କ ଜୀବନରେ କାହିଁ କେତେ ଅନୁଭବ, ଅନୁଭୂତି। କେବେ ସେ ଗୀତଲେଖକ, ଗାୟକ ଆଉ କେତେବେଳେ ଅଭିନେତା। ଦର୍ଶକ ତାଙ୍କୁ ଦେଖିଛନ୍ତି ବିଭିନ୍ନ ଭୂମିକାରେ। ତାଙ୍କ ସମୟରେ ଅଭିନେତ୍ରୀ ନ ଥିଲେ। ପୁଅପିଲା ଝିଅ ଭୂମିକାରେ। ଏମାନେ ମେକପ୍ ନିଅନ୍ତି। ସେମାନଙ୍କ ମଧ୍ୟରୁ ଅନେକ ଖୁବ୍ ସୁନ୍ଦର ଦେଖା ଯାଆନ୍ତି, ଝିଅଙ୍କୁ ବି ଟପି

ଯାଆନ୍ତି । ଏକଥା ଗୁଡ଼ାକ କାଳୀଚରଣଙ୍କ ଅଙ୍ଗେଲିଭା କଥା । ଥରେ ସେ କେନ୍ଦ୍ରାପଡ଼ାରେ ଅଭିନୟ କରିଥିଲେ । ତାଙ୍କ ଆଶା ଥିଲା ଖୁବ୍ ଉଚ୍ଚା, କିନ୍ତୁ ଫଳନାସ୍ତି । ଆଖଡ଼ାରେ ଭାରି ଅନାସ୍ଥାଭାବ । ସେଇକଥା ଲେଖିଲା ବେଳେ କାଳୀଚରଣ ବ୍ୟବହାର କଲେ ସୁନ୍ଦର ରୂଢ଼ିଟେ - "ଅଗା-ବଗା-ଖଗା-ତିନିହେଁ ତିନି ଏକା" । ଏଇଟି ଅତି ଜନପ୍ରିୟ । ଏଥିରେ ବିଭିନ୍ନ ମତବାଦର ବ୍ୟକ୍ତିଙ୍କୁ ଇଙ୍ଗିତ କରାଯାଇଛି । ଯେଉଁଠି ଏତିନି ମିଳି, ଅବଶ୍ୟ ଉପୁଜଇ କଳି । ସବୁକାମରେ ଖାଲି ବିଭ୍ରାଟ ।

କାଳୀଚରଣଙ୍କ ଜୀବନର ଗିରାମରା ଘଟଣାଟେ । ତାଙ୍କ ପାଠପଢ଼ା ବେଳ କଥା, ରହଣି କଟକରେ । ମାଗ୍ନେଟିକ୍, ବୀଣାପାଣି, ବାସନ୍ତୀ, ଉଷା - ଏସବୁ ସୌଖୀନ ରଙ୍ଗମଞ୍ଚ, କଟକରେ ନାନାଦି ନାଟକ ଦେଖାଉ ଥାଆନ୍ତି । ସେତେବେଳେ ଅଧିକାଂଶ କଟକିଆ ନାଟକପ୍ରିୟ । ପ୍ରାୟ ସବୁ ନାଟକ ବଙ୍ଗଳାରେ ଲେଖା, ଓଡ଼ିଆ ନାଟକ ନଥିଲା । କଟକ ମାରବାଡ଼ି ପଟି, ସେଠି ରହୁଥାଆନ୍ତି ଦି' ଭାଇ - ରଜନୀ ବିଶ୍ୱାସ, ଯାମିନୀ ବିଶ୍ୱାସ । ରଜନୀବାବୁ ଉଷା ଦଳର ମାଲିକ । ତାଙ୍କର ଜଣେ ପାଖଲଗା ଲୋକ, ନାଁ ତା'ର ଶାରଦା । ସିନ୍‌ସିନାରୀ ସାଇତିବା, ଷ୍ଟେଜ୍ ବାନ୍ଧିବା, ଦଳଙ୍କୁ ଜଳଖିଆ ବେଉନ୍ତିବା; ସବୁଥିରେ ଶାରଦା ପକ୍କା ମାମଲତ୍‌କାର । ଥରେ ରଜନୀବାବୁ କଲିକତା ଚାଲିଗଲେ, ତାଙ୍କର ଜଣେ ଆତ୍ମୀୟ ବେମାର ଥିଲେ । ସେଠାରେ ତାଙ୍କୁ ମାସେ ଦି' ମାସ ରହିବାକୁ ପଡ଼ିଲା । ସ୍ୱର୍ଗତ ଜଗନ୍ନାଥ ବୋଷ, କଟକ ଅଦାଲତରେ ସିରସ୍ତାଦାର । ସେ ଜଣେ ବିଶିଷ୍ଟ ନାଟ୍ୟପ୍ରେମୀ । ତାଙ୍କର ଗୋଟେ ସ୍ୱତନ୍ତ୍ର ଇଚ୍ଛା, ଯେମିତି ହେଉ ଓଡ଼ିଆ ନାଟକଟେ ମଞ୍ଚସ୍ଥ ହେବ । ସେ ଲାଗିପଡ଼ିଥାଆନ୍ତି । ସେ ଥିଲେ ରଜନୀବାବୁଙ୍କ ଦଳଭୁକ୍ତ । ରଜନୀବାବୁଙ୍କ ପୂରା ବଙ୍ଗଳା ପ୍ରୀତି, ଯେତେ ନାଟକ ଉଷା ଥିଏଟର ମଞ୍ଚସ୍ଥ ହଏ, ସବୁ ବଙ୍ଗଳା ଭାଷାରେ । ଓଡ଼ିଆରେ ଗୋଟେ ନାଟକ କାହିଁ ? ଏକଥାଟି ରଜନୀବାବୁ କହନ୍ତି । ଏମନ ଭାବୁ ଥାଇ ଯାହା, ତାହା ପ୍ରାପ୍ତ ହେଲା । ରଜନୀବାବୁ କଲିକତାରେ । ଜଗନ୍ନାଥ ବାବୁଙ୍କୁ ମିଳିଗଲା ସୁବର୍ଣ୍ଣ ସୁଯୋଗଟେ । ରଜନୀବାବୁଙ୍କ ଦଳର ସାଧୁବାବୁ (ଶାରଦା ଦଳବହେରା), ସେ ନାଚନ୍ତି, ନାଚ ଶିଖାନ୍ତି । ଏକପ୍ରକାର ନାଚରେ ନିପୁଣ । ତାଙ୍କ ସହ କାଳୀଚରଣ ଘନିଷ୍ଠ ହୋଇଗଲେ, ବଢ଼ିଲା ଅଭିନୟ ନିଶା । ଜଗନ୍ନାଥ ବାବୁଙ୍କ ଅଜସ୍ର ଓଡ଼ିଆ ପ୍ରୀତି । ମଞ୍ଚସ୍ଥ କଲେ ଓଡ଼ିଆ ନାଟକଟିଏ ।

କଟକରେ ଚହଳ ପଡ଼ିଗଲା । ଓଡ଼ିଆ ନାଟକ ଅଭିନୟ - ଲଙ୍କାରେ ହରିଣ୍ଡ । ଜଗନ୍ନାଥବାବୁ ବଡ଼ ଜିଦ୍‌ଖୋର୍ । ଖୋଜା ପଡ଼ିଲା ଓଡ଼ିଆ ନାଟକ । 'ନନ୍ଦିକେଶ୍ୱରୀ' ନାଟକ ଅଭିନୀତ ହେବ । ଲେଖକ ସ୍ୱର୍ଗତ ରାୟବାହାଦୁର ଭିକାରୀ ଚରଣ ପଟ୍ଟନାୟକ । କବିବର ରାଧାନାଥ ରାୟ, ଲେଖିଥିଲେ ରୋମାଣ୍ଟିକ୍ କାବ୍ୟ 'ନନ୍ଦିକେଶ୍ୱରୀ' । ନନ୍ଦିକା

ଉତ୍କଳର ରାଜା ସୁବର୍ଣ୍ଣକେଶରୀଙ୍କ କନ୍ୟା। ସୁବର୍ଣ୍ଣକେଶରୀଙ୍କ ଶତ୍ରୁ ଚୋଡ଼ଗଙ୍ଗଦେବ। ସେ ଉତ୍କଳ ଆକ୍ରମଣ କଲେ। ତାଙ୍କ ଲଳିତ, କାନ୍ତି, ଦ୍ୟୁତିଯୁକ୍ତ ତନୁ। ନନ୍ଦିକା ମୋହରେ ପଡ଼ିଲେ। ଚୋଡ଼ଗଙ୍ଗଙ୍କୁ ପ୍ରେମ ନିବେଦନ କଲେ। ପ୍ରତ୍ୟାଖ୍ୟାନ କଲେ ଚୋଡ଼ବୀର। ଲଜ୍ଜାରେ ଆତ୍ମହତ୍ୟା କଲେ ନନ୍ଦିକେଶ୍ୱରୀ। ଏସବୁ କାବ୍ୟଟିର କଥାବସ୍ତୁ। ଅନୁରୂପ ପ୍ରେମକାହାଣୀ 'ନନ୍ଦିକେଶ୍ୱରୀ' ନାଟକରେ। ସବୁ ପ୍ରସ୍ତୁତି ଶେଷ। ଭାଳେଣି ପଡ଼ିଲା, ନନ୍ଦିକେଶ୍ୱରୀ ପାର୍ଟ ନେବ କିଏ? ସାଧୁବାବୁ ପହଞ୍ଚିଗଲେ କାଳୀଚରଣଙ୍କ ପାଖରେ। କାଳୀଙ୍କ ମନ ସକସକ, ତେଣେ ମଉସାଙ୍କୁ ଡର। ସେ ହେଉଛନ୍ତି ମହାପ୍ରତାପୀ ଗୋପାଳ ପ୍ରହରାଜ। ସାଧୁବାବୁ କାଳୀଙ୍କୁ ଫୁସୁଲା ଫୁସୁଲି କଲେ। ତାଙ୍କ ମନ ବହଲେଇଲେ। କାଳୀଚରଣଙ୍କ ମନ ଜାଗିଛି, ଆଗରୁ ଦି' ଚାରିଥର ସେ ପୁଅ ଅଭିନେତା ହେଇଥିଲେ। ଏବେ ଆଉଗୋଟେ ସୁଯୋଗ। ହାତଛଡ଼ା କଲେନି। ମନଟିକେ ଅମୁରୁଛକ, ଏଣେ ଜଗନ୍ନାଥ ବାବୁ ଭାରି ଟାଣୁଆ, ଲୋକପ୍ରିୟ ଲୋକ। ତାଙ୍କୁ ଅବମାନନା କରି ହେବନି। ଶେଷରେ ନନ୍ଦିକେଶ୍ୱରୀ ଭୂମିକାରେ କାଳୀଚରଣ। ନାଟକଟା ଉତୁରିଗଲା। ଦର୍ଶକଙ୍କ ଭୂରିଭୂରି ପ୍ରଶଂସା। ରାତିପାହିଲା, ପଞ୍ଚାଏ ଲଫଙ୍ଗା ଟୋକା କୁହାଟ ଛାଡୁଥାଆନ୍ତି। କିଏ କେତେ ଅଶ୍ଳୀଳ ଇଙ୍ଗିତ କଲେ। କିଏ କହିଲା - "ସେ ନନ୍ଦିକା ଟୋକୀଟା କିଏ? କେଉଁଠି ଥାଏ?" ଏମିତି ନାନାଦି ଟିପ୍ପଣୀ ଚାଲିଲା। ସାଙ୍ଗେସାଙ୍ଗେ ପ୍ରଚାର ହେଇଗଲା - "ସେ ବାଙ୍କିବାଲୀ ଟୋକୀଟା ଚାଲିଗଲାଣି।" କାଳୀଚରଣ ଏଣେ ସରମରେ ଦରମରା। ଆଉ ଗଲେନି। ଦ୍ୱିତୀୟ ଦିନ, ଉଦ୍ୟୋକ୍ତାଙ୍କ ଭାଳେଣି ପଡ଼ିଲା, ଯଥାତଥା କାମ ଚଳିଗଲା। କାଳୀଚରଣ ମଞ୍ଚର ପାଖ ମାଡ଼ିଲେ ନାହିଁ। ସେତେବେଳେ ଦି'ଟି ଓଡ଼ିଆ ନାଟକ (୧) ନନ୍ଦିକେଶ୍ୱରୀ, (୨) କଟକ ବିଜୟ। ଲେଖକ ଭିକାରୀ ଚରଣ। ଏ ନାଟକ ଦି'ଟା ଢେର୍ ନାଁ କରିଥିଲା। କଟକ ସହର, କଟକ ବାହାରେ ବି। ପୁନଶ୍ଚ ନନ୍ଦିକେଶ୍ୱରୀ ନାଟକର ନାରୀ ଭୂମିକାରେ କାଳୀଚରଣ। କଟକ ନୁହେଁ, ଏଥର କେନ୍ଦ୍ରାପଡ଼ାରେ।

ଶ୍ରୀଧର ସାହୁ, କାଳୀଚରଣଙ୍କ ସହପାଠୀ। ତାଙ୍କ ଘର କେନ୍ଦ୍ରାପଡ଼ା ବଳଦେବଜୀଉଙ୍କ ନିକଟରେ। ତାଙ୍କ ଝୁଙ୍କ, କେନ୍ଦ୍ରାପଡ଼ାରେ 'ନନ୍ଦିକେଶ୍ୱରୀ' ନାଟକ ଅଭିନୟ କରିବେ। କାଳୀଙ୍କୁ ବାଧ୍ୟକଲେ, ପାର୍ଟ ନେବାକୁ ସାକୁଳେଇଲେ। ସହପାଠୀ ତ। ଭାବଲାଭ ଉଭୟଙ୍କ ଭିତରେ। ଶେଷରେ କାଳୀଚରଣ ଚାଲିଲେ କେନ୍ଦ୍ରାପଡ଼ା। ସମସ୍ତଙ୍କର ଏକା ଜିଗର, କାଳୀ ହେବେ 'ନନ୍ଦିକା'। ମଣିଷ ଉପରୋଧରେ ଢିଙ୍କି ଗିଳେ। ଶେଷରେ କାଳୀ ନନ୍ଦିକା ପାର୍ଟ ନେଲେ। ବଳଦେବଜୀଉ ମନ୍ଦିର ଡାହାଣ କଡ଼ରେ ଷ୍ଟେଜ୍ ବନ୍ଧା ସରିଲା। ଶ୍ରୀଧର ସାହୁ ଗାଉଥିଲେ, ତାଙ୍କ ସହ ଆଉ କେତେ

ମିଶିଥିଲେ। ନାଟକ ଶିଖା ମଣା ଚାଲିଲା। ରିହର୍ସାଲ୍ ହେଲା। ଥରୁଟିଏ କାଳୀ ଯୋଗ ଦେଇଥିଲେ। କେନ୍ଦ୍ରାପଡ଼ାର ସେଇଟି ସୌଖୀନ୍ ଦଳ। ମୁରବୀ ବିହୀନ। କାହାରି କାହାରିକି ଖାତିର ନାହିଁ। କିଏ ବା କାହାକୁ ପଚାରେ? ଯେଝା ହାତରେ ଯେଝା ଚଉଦପା। ସମସ୍ତେ ସବ୍ ଜାନ୍ତା। ରିହର୍ସାଲର ଅର୍ଥ ଏମାନେ ବୁଝନ୍ତିନି; ଏମାନଙ୍କ ପାଇଁ ଶାଗରୁ ପଦେ ମୁଗୁରୁ ପଦେ। କିଏ ଢୋଲକଟାକୁ ଦି' ଚାରିଥର ଢାଉଁ ଢାଉଁ କରେ। କିଏ ଗଳା ଲମ୍ବାଇ ହାର୍‌ମୋନିୟମ ଧରି ଗାଏ - 'ହେ ରାଜେଶ୍ୱରୀ - ସୁବର୍ଣ୍ଣ କେଶରୀ'। କିଏ ଖୁସି ଗପ ଯୋଡ଼ିଦିଏ। ଜଣେ ଦି' ଜଣ ବହି ଧରି ପ୍ରମ୍ପଟିଂ କରନ୍ତି। ସେମାନେ ନାଚାର। ଯିବେ ବା କୁଆଡ଼େ? ନଜରବନ୍ଦୀ। ବଡ଼ ବିଚିତ୍ର ସେ ଦୃଶ୍ୟ। କାହାରି ପାର୍ଟ ପଡ଼ିଲେ, ଡାକ ମାରନ୍ତି ଅମୁକ! ହେଇ ତୋ ପାର୍ଟ ପରା ପଡ଼ିଲାଣି! କେଉଁଠି ଥିବ ସେ ଦଉଡ଼ି ଆସେ, ଗଳା ଖଙ୍କାରି ହୁଏ। ଅଭିନୟ କରିବାକୁ ପ୍ରସ୍ତୁତ। କହେ - "ଦେ କହ, କ'ଣ କହିବି କହ।" ପ୍ରମ୍ପଟର ଫିସ୍‌ଫିସ୍ କରି କହେ। ଅଭିନେତା କାନ ପାରିଥାଆନ୍ତି, ସେଇ ସଂଳାପକୁ ଜୋର୍‌ରେ କହନ୍ତି। ପୁଣି ପ୍ରମ୍ପଟିଂ-ପ୍ରସ୍ଥାନ। ଅଂଶଗ୍ରହୀତାର ଶୁଆ ପଢ଼ିବା ପାଠ, ପମ୍ପଟର ଯାହା କହିବେ, ସେ ବି ସେୟା କହେ, ଖାଲି ନକଲ। ଏଥିରେ କି ଅକଲ ଥାଏ? ଅଭିନେତା ବି କହି ପକାନ୍ତି 'ପ୍ରସ୍ଥାନ'। ସେବେକା ନାଟକ ଅଭିନୟକୁ ନେଇ ଏପ୍ରକାର ନାନାଦି କଉତୁକିଆ କଥା, ଏବେ ବି ଲୋକମୁଖରେ ଉଜ୍ଜୀବିତ। ଥରେ ମଞ୍ଚସ୍ଥ ହେଉଥାଏ ଦୁଃଶାସନ ବଧ ନାଟକ। ସଂଳାପ ସବୁ ଅମିତ୍ରାକ୍ଷର ଛନ୍ଦରେ। ଭୀମ ଦୁଃଶା - ଏ ଦି' ଜଣ ବପୁଷ୍ମାନ। ପାଠ ଶାଠ ଟିକେ କମ୍। ପ୍ରମ୍ପଟିଂ ଚାଲିଛି। ଭୀମର ଗର୍ଜନ ତର୍ଜନ। ତା'ପରେ ପଦାଘାତ କରିବ। ବାସ୍। ପ୍ରମ୍ପଟର ପରଦା ପଛରେ। କହିଲା ବ୍ରାକେଟ୍‌ରେ ପଦାଘାତ। ଭୀମ ବି କହିଦେଲା ବ୍ରାକେଟ୍‌ରେ ପଦାଘାତ। ଦର୍ଶକ ହସିହସି ବେଦମ। ଏମିତି ନାନାଦି ହାସ୍ୟକର ଘଟଣା ଘଟେ। ସେଦିନ ରିହର୍ସାଲ ଘର ହାସ୍ୟରୋଳରେ ଉଚ୍ଛୁଳିଲା। ଅଭିନେତା କହିଦେଲେ 'ପ୍ରସ୍ଥାନ'। କାହିଁକି ହସିଲ, କ'ଣ ପାଇଁ ହସିଲ, ତମେ କ'ଣ ସବୁ ଠିକ୍ ଠାକ୍ କରିପକଉଛ - ଇତ୍ୟାଦି, ଅଭିନେତା ଜଣକ କହିଲେ, ସେଥିରେ ପୁଣି ରାଗ, ରୋଷ, ଅଭିମାନ। ଏକାଜିଦ୍, ଆଉ ପାର୍ଟ କରିବେନି। ଦଳେ ବୁଝାସୁଝା କଲେ। ତା'ପରେ ଚାଲିଲା ପ୍ରମ୍ପଟିଂ। ଏଇ ପ୍ରକାର ମାମଲତ। କାଳୀ ତ ଆଗରୁ ନନ୍ଦିକା ଭୂମିକାରେ ଅଭିନୟ କରିଥିଲେ। ତାଙ୍କ ପାଇଁ ବେଶି କିଛି କଷ୍ଟ ନଥିଲା। କିନ୍ତୁ ବ୍ୟବସ୍ଥାଟା ତାଙ୍କୁ ବଡ଼ ଅଡୁଆ ଲାଗିଲା। ତାଙ୍କ ଶିକ୍ଷା ଥିଲା ଅନ୍ୟ ପ୍ରକାର। ଅଭିନୟଟା ଗୋଟେ ବିଦ୍ୟା, ଶିଖିବାକୁ ପଡ଼େ। ଗୁରୁଙ୍କ ଆଶୀର୍ବାଦ ଲୋଡ଼ା, ଠିକ୍ ପାଠପଢ଼ା ପରି। ଏକଥା କାଳୀ ମଣୁଥିଲେ। କେନ୍ଦ୍ରାପଡ଼ାର ଅଭିନୟ, କେବଳ

ଶାଠ, ଗୋଟାଏ ମଉଜ ଯାହା ! ଯେନତେନ ପ୍ରକାରେ ନନ୍ଦକିଶୋରୀ ନାଟକଟି ଅଭିନୀତ ହେଲା ।

ଶ୍ରୀଧରବାବୁ, ଭାରି ସ୍ନେହୀ, ଆଦର ଯତ୍ନ ବି କମ୍ ନୁହେଁ । ରସାବଳି ଖିଆ, ବୁଲାଚଲା - ଏମିତି କେଇଦିନ କାଳୀଙ୍କ ମଉଜରେ କଟିଲା । ଏବେ ବି ପଛକଥା ଗୁଡ଼ାକ ତାଙ୍କର ମନେପଡ଼େ । ଝିଅ ପାର୍ଟ କଥାଟା ସ୍ୱତନ୍ତ୍ର । ପାଉଡ଼ର ବୋଳିହେବା, ନିଶଦାଢ଼ି ଖିଅର ହେବା, ତା' ପରେ ବେଶ । ପରଚୂଳା ତ ଲଗେଇ ହେବାକୁ ହେବ । ସେ ଥର କେନ୍ଦ୍ରାପଡ଼ାରେ ପ୍ଲେ ହେଲା, ଅଗା-ବଗା-ଖଗା-ତିନିହେଁ ତିନି ଏକା । ପ୍ରମ୍ପଟର ବିଚରା ନାକେଦମ୍ । କେତେ ଆଉ ଫୁସ୍‌ଫୁସ୍ କରି କହିବ, ସିନ୍ ପଛରେ ଏପଟ ସେପଟ ଦଉଡ଼ିବ ? କାଳୀଚରଣ ତାଙ୍କ ଅଂଶ କହିଲା, ଆଉ ଅଭିନେତା ଜଣକ ଢିଅ ଡେଇଁଗଲାଣି । ଏମିତି, ଏମିତି ପ୍ଲେ ସରିଲା । ତଥାପି ଭଲ ହେଲା, ଏକଥା ଲୋକେ କୁହାକୁହି ହେଲେ; କିନ୍ତୁ କାଳୀଚରଣଙ୍କର ମନ ବୁଝିନଥିଲା ।

କଳାକାର ଜୀବନ, ଉଠ୍ ପଡ଼ ଲାଗିଥାଏ । ସଫଳତା ପ୍ରାପ୍ତି ପାଇଁ ନିଘା ଦରକାର, ନିଷ୍ଠା ବି । ଶିଖିବା ପାଇଁ ଶିଖିବା କଥାଟା ଟିକେ ଭିନ୍ନ । ନିପୁଣତା ପ୍ରାପ୍ତି ପାଇଁ ବର୍ଷବର୍ଷର ସାଧନା ଆବଶ୍ୟକ । କାଳୀଚରଣଙ୍କ ଦିନ କାଳ ଏବେ ନାହିଁ । ମେଳା ମେଳା ଅଭିନେତ୍ରୀ, ଲେଡ଼ି ଆର୍ଟିଷ୍ଟ । ଆଗେ ଗାଁ ଗାଁକି ଥିଏଟର ଥିଲା । ଏବେ କାଁ ଭାଁ ଦେଖାଯାଏ । ସବୁଠି ମୁକ୍ତ ରଙ୍ଗମଞ୍ଚ । ଗାଁରେ ନାଟକ ହେଉଛି, ଲେଡ଼ିଆର୍ଟିଷ୍ଟଙ୍କୁ ବାହାରୁ ଅଣାଯାଏ । ଏବେ ପୁଅମାନେ ଝିଅପାର୍ଟ କରିବାକୁ ପୂରା ଅମଙ୍ଗ । ସତରେ ! ସମୟଟା କେଡ଼େ ଚାଣ୍ଡେ ଚାଣ୍ଡେ ବଦଳିଯାଉଛି । ଆଜି କଥା କାଲିକି ନାହିଁ । ନାଟକ ଅଭିନୟ, ରଚନା, ମଞ୍ଚସଜା ସବୁଥିରେ ପରୀକ୍ଷା ନିରୀକ୍ଷା, ଏଇଟି ଗୋଟେ ଶୁଭଲକ୍ଷଣ; ମାତ୍ର ମଞ୍ଚମୂଲ୍ୟ ଉତ୍କର୍ଷ, ତାହା ଦଳଗତ ସଫଳତା ଉପରେ ନିର୍ଭର କରେ । ଗୀତ, ନାଚ, ବାଦ୍ୟ, ସଂଳାପ, ଅଭିନୟ - ସବୁ ଭିତରେ ସଂଯୋଗ ଜରୁରୀ । ଏଥିରୁ ଆଡ଼ବାଙ୍କ ହେଲେ କଥା ସରିଲା, କଥାରେ ଅଛି 'ଗଉଡ଼ ହୁଡ଼ିଲେ ଓଳିଏ, ଚଷା ହୁଡ଼ିଲେ ବରଷେ' । ନାଟୁଆ ହୁଡ଼ିଲେ କଥା ସରେ । ଏକଥା ନାଟ୍ୟ ବିଶାରଦ କାଳୀଚରଣ ପଟ୍ଟନାୟକ ସମଝିଥିଲେ । ତାଙ୍କରି କଥାରେ କହିଲେ, "ଅଗା-ବଗା-ଖଗା-ତିନିହେଁ ତିନି ଏକା ।" ସେମିତି ହେଲେ ଅଭିନୟ ବିପର୍ଯ୍ୟସ୍ତ ହୁଏ, ରାତିସରେ । ଦେଖଣାହାରୀଏ ରାତିସାରା ଅନିଦ୍ରା, ହେଲେ ମୁଗୁରାପଛ ମେଳା । ନାଟକର ସଫଳତା ପାଇଁ ଜୋର୍‌ସୋର୍ ଅଭ୍ୟାସ (ରିହର୍ସାଲ) ଦରକାର । ତାଲିମ ରୀତିଟା କଳାକାର ପାଇଁ ରଙ୍ଗମଞ୍ଚ ପଥର ପାଥେୟ ହୁଏ - ଏକଥାଟି ଧ୍ରୁବସତ୍ୟ ।

■

ଯାହା ମନ ଯହିଁକି ରସେ

କଳା ଅମୂଲ ମୂଲ। କଳାକାରଟିଏ ଯୋଗଜନ୍ମା। ଉତ୍କର୍ଷ କଳା ନିପୁଣତା ତା' ପାଇଁ ଆଣେ ଅମାପ ଯଶ-କୀର୍ତ୍ତି-ଖ୍ୟାତି। ନିଖୁଣ ଅଭିନେତା, ନିପୁଣ ଶିଳ୍ପୀ, ସୁସଙ୍ଗୀତଜ୍ଞ, ଲବ୍ଧ ପ୍ରତିଷ୍ଠ ସାହିତ୍ୟିକ - ଏମାନେ ସାଧାରଣରେ ଅସାଧାରଣ। ପ୍ରାତଃ ସ୍ମରଣୀୟ ମଧ୍ୟ। ବାଣୀକଣ୍ଠ ନିମାଇଁ ଚରଣ ଅବା ସଙ୍ଗୀତ ରାଜ୍ୟର ଏକାଙ୍ଗ ଚକ୍ରବର୍ତ୍ତୀ ଗାୟକ ଶେଖର ବାଳକୃଷ୍ଣ ଦାସ, ଲବ୍ଧପ୍ରତିଷ୍ଠ ସଙ୍ଗୀତ ଲେଖକ ଗୋବିନ୍ଦ ଚନ୍ଦ୍ର ଶୂରଦେଓ - ଏମାନେ ଓଡ଼ିଶାର ଘରେ ଘରେ ପରିଚିତ। ଗୋବିନ୍ଦ ଚନ୍ଦ୍ର ଶୂରଦେଓ ଗଜଲ ସୁରରେ ଲେଖିଛନ୍ତି ରାଶି ରାଶି ସଙ୍ଗୀତ। ସେ ସବୁର ଲାଳିତ୍ୟ, ସୁର ମଧୁରିମା ଭାରି ଚିତ୍ତ ଛୁଆଁ। ସମ୍ଭବତଃ ସେ ହେଉଛନ୍ତି ଓଡ଼ିଶାର ସର୍ବପ୍ରଥମ ଗଜଲ ଲେଖକ, ଓଡ଼ିଶୀ ରାସଲୀଳାର ନୂତନ ମାର୍ଗଦର୍ଶକ। ତାଙ୍କ ସଂସ୍ପର୍ଶରେ ଆସିଛନ୍ତି କବିଚନ୍ଦ୍ର କାଳୀଚରଣ ପଟ୍ଟନାୟକ, ବଖାଣିଛନ୍ତି ଶୂରଦେଓଙ୍କ ଗୁଣାବଳୀ। ତାଙ୍କ ଦ୍ୱାରା ସେ ବହୁ ଭାବରେ ପ୍ରଭାବିତ ହେଇଛନ୍ତି।

ଓଡ଼ିଆରେ କଥାଟିଏ - 'ଘର ଗୁଣେ ସନ୍ତାନ'। ବଂଶର ପ୍ରଭାବ ପୁତ୍ର, ପୌତ୍ରାଦିଙ୍କ ଉପରେ ପଡ଼େ। ସେଇଥି ପାଇଁ ଚାଟଘର ପୁଅ ଚାଟ, ଭାଟ ଘର ପୁଅ ଭାଟ। ସେମିତି, ଗୋବିନ୍ଦ ଚନ୍ଦ୍ର ଶୂରଦେଓଙ୍କ କଥା। ତାଙ୍କ ଘର ତରଳାରେ, ଜାତିରେ କ୍ଷତ୍ରିୟ। ସେ ନୂଆଗଡ଼ ରାଜାଙ୍କ ଭଣଜା। ବଡ଼ କୋଠାର ଜ୍ୱାଇଁ। ତାଙ୍କ ଶ୍ୱଶୁର ବୋଧହୁଏ ଶ୍ୟାମସୁନ୍ଦର, ବଡ଼କୋଠାର ମାଲିକ ରାଧାଶ୍ୟାମ ନରେନ୍ଦ୍ରଙ୍କ ବଂଶଜ। ରାଧାଶ୍ୟାମଙ୍କୁ ନେଇ ସୁନ୍ଦର ପ୍ରବାଦଟିଏ - "ସ୍ୱର୍ଗେ ଇନ୍ଦ୍ର, ମର୍ତ୍ତ୍ୟେ ନରେନ୍ଦ୍ର।' କେବଳ ଗୋଟେ ବିତ୍ତଶାଳୀ ଜମିଦାରଙ୍କୁ ନେଇ ଉକ୍ତିଟି ସୀମିତ ନୁହେଁ। ରାଧାଶ୍ୟାମ ଥିଲେ କଳା, ନାଟକ ପ୍ରେମୀ। ଓଡ଼ିଶାର ଖ୍ୟାତନାମା କବି ସମ୍ରାଟ ଉପେନ୍ଦ୍ର ଭଞ୍ଜ, ବିଦଗ୍ଧକବି ଅଭିମନ୍ୟୁ ସାମନ୍ତ ସିଂହାର, କର୍ମବୀର ଗୌରୀଶଙ୍କର, ଉତ୍କଳଗୌରବ ମଧୁସୂଦନ ଦାସ, ସଙ୍ଗୀତଗୁରୁ ମୋହନ ସୁନ୍ଦର ଗୋସ୍ୱାମୀ, ଗାୟକ ଶେଖର ବାଳକୃଷ୍ଣ ଦାସ,

କବିସୂର୍ଯ୍ୟ ସଦାନନ୍ଦ ବ୍ରହ୍ମା, ବ୍ୟାସକବି ଫକୀରମୋହନ ସେନାପତି ଭଳି ଆହୁରି କେତେକ ଯଶସ୍ୱୀ ପୁରୁଷ। ସେମାନେ ବଡ଼କୋଠାରେ କିଛି କିଛି ସମୟ ବିତାଇଥିଲେ। କୋଠାଟି ମହାନ ସ୍ୱାଧୀନତା ସଂଗ୍ରାମୀ ଗୋପବନ୍ଧୁ ଚୌଧୁରୀ, ମାଳତୀ ଚୌଧୁରୀଙ୍କ ଗୁପ୍ତନିବାସ ପାଲଟିଥିଲା। ସେଇ ପରିବାରରେ ଜନ୍ମିତ ପଦ୍ମଶ୍ରୀ ବାଣୀକଣ୍ଠ ନିମାଇଁ ଚରଣ। ତାଙ୍କ ପିତୃବ୍ୟ ଗୋକୁଳଚନ୍ଦ୍ର ମଧ୍ୟ ଜଣେ ମହାନ ସଙ୍ଗୀତଜ୍ଞ। କଳା ସାହିତ୍ୟ, ସଂସ୍କୃତିକୁ ଉଜ୍ଜୀବିତ କରିବାରେ ନରେନ୍ଦ୍ର ପରିବାର ଊଣା କରିନି। ଗୋବିନ୍ଦଚନ୍ଦ୍ର ଶୂରଦେଓ ଥରେ ଥରେ ଆସୁଥାଆନ୍ତି ଶ୍ୱଶୁରଘର, ତାଙ୍କର ଖ୍ୟାତି କାଳୀଚରଣଙ୍କୁ ବହୁଭାବରେ ପ୍ରଭାବିତ କଲା। କାଳୀ ମନବଳେଇଲେ ତାଙ୍କୁ ସାକ୍ଷାତ କରିବାକୁ। ତାଙ୍କ ପିଉସାଘର କେନ୍ଦ୍ରାପଡ଼ା ମିରପାଟଣାରେ। ପିଉସାଙ୍କ ନାଁ ବାଞ୍ଛାନିଧି ଦାସ। ତାଙ୍କ ପୁଅ କାଳୀଙ୍କ ସହପାଠୀ, ବୟସରେ ସାମାନ୍ୟ ବଡ଼। ତେଣୁ କାଳୀଚରଣଙ୍କର ସେ ଗୋପାଳଭାଇ। ତାଙ୍କରି ସାଙ୍ଗରେ କାଳୀଚରଣ ଯାତ୍ରାକଲେ କେନ୍ଦ୍ରାପଡ଼ା।

ସେବେକା କେନ୍ଦ୍ରାପଡ଼ା, ନ ଥିଲା ବସ୍ ମୋଟରଗାଡ଼ି। ଅଗ୍ନି ବୋଟ୍‌ରେ ଯିବା ଆସିବା। କଟକର ଯୋବ୍ରାରୁ ବୋଟ୍ ବାହାରେ। କେନ୍ଦ୍ରାପଡ଼ାରେ ପହଞ୍ଚିବା ଓଳିକରୁ ବେଶି ସମୟ ଲାଗେ। ଯୋବ୍ରାଠରୁ ବାହାରିଛି ଗୋବରୀ କେନାଲ, ବାଟରେ କେତୋଟି ଲକ୍ ପଡ଼େ। କେନାଲରେ ସବୁ ସମୟରେ ପାଣି। ପାଖ ଗାଁ ଲୋକେ କାକୁଡ଼ି ଚାଷ କରନ୍ତି, ଅଧା ପହଁରା ହେଇ ଆସନ୍ତି, ମୁଣ୍ଡରେ କଣ୍ଟିଆଳି କାକୁଡ଼ି ବୋଝ। ବୋଟ୍ ଯାତ୍ରୀଙ୍କୁ ବିକନ୍ତି। ସେଦିନ କାଳୀ ଥାଆନ୍ତି ବୋଟ୍‌ରେ, ପାଖରେ ରଘୁ ଭାଇନା। ବୋଟ୍‌ରେ ଆଉ ଜଣେ ସୁନ୍ଦର ପୁରୁଷ, ମୁଣ୍ଡରେ ଫିରେଇକଟା କୁଞ୍ଚୁକୁଞ୍ଚିଆ କେଶ। କାଳୀଚରଣ ସେତେବେଳକୁ ସଙ୍ଗୀତ ନାଟକ ପ୍ରେମରେ। ବସିଥିବା ବ୍ୟକ୍ତି ଜଣକ ଜଣେ କଳାକାର। ତାଙ୍କ ଭାବ ଭଙ୍ଗୀରୁ ବେଶ୍ ଠଉରେଇ ହେଉଥିଲା। କାଳୀଚରଣ ସହଯାତ୍ରୀଙ୍କ ଠାରୁ ଜାଣିଲେ, ସେଇ ସୁଠାମ ଠାଣି ମାଣିର ବ୍ୟକ୍ତି ଜଣକ ଗୋବିନ୍ଦ ଚନ୍ଦ୍ର ଶୂରଦେଓ। ତାଙ୍କ କଥା ସେ ବହୁ ଆଗରୁ ଶୁଣିଥିଲେ। ସତେ ଯେମିତି ମଣିକାଞ୍ଚନ ସଂଯୋଗ ! କାଳୀଚରଣ ଉତ୍‌ଫୁଲ୍ଲିତ। ଶୂରଦେଓଙ୍କ ସଙ୍ଗେ ଚିହ୍ନାପରିଚୟ ହେଲା। ଆରମ୍ଭ ହେଲା କଥୋପକଥନ। ସେତେବେଳକୁ ଶୂରଦେଓ ଜଣେ ନାଁକରା ଗୀତଲେଖକ। ଶଗଡ଼ିଆ ଠାରୁ ଆରମ୍ଭ କରି ସଙ୍ଗୀତସାଧକଙ୍କ ମୁହଁରେ ତାଙ୍କରି ଗୀତ। ଗଜଲ ଗୁଡ଼ିକର ସୁର ଚମତ୍କାର, ଲାଳିତ୍ୟପୂର୍ଣ୍ଣ ଲେଖା ତାଙ୍କର। କଟକ ସହର ଭିତରେ ଗଡୁଥାଏ ଶଗଡ଼ଟିଏ, ଶୂରଦେଓଙ୍କ ଗୀତ ପଦେ ଗାଉଥିଲା ଶଗଡ଼ିଆ। ଗୀତଟି କାଳୀଙ୍କ ମନରେ ଲାଖି ରହିଥିଲା। ସେଇ ଗୀତରୁ ପଦଟିଏ - "କାହିଁ ମୋ ଆଶା ସାରିକା / ମାନସ କୁଞ୍ଜ ନାୟିକା... / ଆଉ-ପ୍ରେମ ଜାଣେ କି ଦିନରାତି / ଚିର ଅନ୍ଧ ବୋଲି ଯାର ଖ୍ୟାତି...।" ବୋଟ୍ ଚାଲିଥାଏ, ଶୂରଦେଓଙ୍କ ଆଡ଼େ

ତାଙ୍କ ଆଖି। ସେ ବୋଟ୍‌ରେ ବସିଥାଆନ୍ତି। କାଗଜ ଖଣ୍ଡକ ଉପରେ କ'ଣ ଲେଖୁଥାଆନ୍ତି। କେତେବେଳେ ପେନ୍‌ସିଲ୍ - ମୁଣ୍ଡ ତୁଣ୍ଡ ଛୁଉଁଥାଏ। ଭାବ ସାଗରରେ ପୂରା ନିମଜ୍ଜିତ। ଶୁଣାକଥାଟା ଷୋହଳପଣ ସତ, ଏକଥା କାଳୀଚରଣଙ୍କ ହୃଦ୍‌ବୋଧ ହେଲା। ସତରେ ଶୂରଦେଓ ଜଣେ ମହାନ କବି !

ଶୂରଦେଓ କାଳୀଙ୍କଠାରୁ ବୟୋଧିକ। ଲେଖୁଥାନ୍ତି ଗୀତଟେ। କାଳୀଙ୍କର ଉତ୍ସୁକତା ଶତଗୁଣିତ ହେଲା। ସେଇ କାଗଜ ଉପରେ ତାଙ୍କର ନିଘା। ଶୂରଦେଓ ତାଙ୍କ ମନ ପଢ଼ିନେଲେ, କାଗଜ ଖଣ୍ଡକ ବଢ଼େଇ ଦେଲେ ହାତକୁ। ଲେଖା ଯାଇଥିବା ଗୀତଟି ଏହିପରି - "ପାହିଥିଲା ରାତିଟା କେଡ଼େ ଦୁରୁଯୋଗରେ / ଅଗିନୀ ବୋଇତକି ପକ୍ଷୀ ମେଲାଇ / ଚାଲିଛି ଆଗକୁ ଡେଣା ହଲାଇ / ତା' ପଛେ ମୋ ମନ ନାଆ ଚାଲିଛି କି ବେଗରେ...।" କଥାବାର୍ତ୍ତାରେ ବାଟ ଜଣା ପଡ଼ିଲାନି। ସନ୍ଧ୍ୟା ସମୟ। ବଡ଼କୋଠାରେ ଶୂରଦେଓଙ୍କୁ କାଳୀ ସାକ୍ଷାତ୍ କଲେ। କେନ୍ଦ୍ରାପଡ଼ାରେ ରାସ ଦଳଟିଏ ଥାଏ, ନିର୍ମାତା ଶୂରଦେଓ। ସେତେବେଳେ ସାକ୍ଷୀଗୋପାଳ 'ଓଡା' ଘର ରାସଲୀଳା ଖୁବ୍ ପ୍ରସିଦ୍ଧ। ରଣପୁରରେ ବି ରାସଲୀଳା ଚାଲେ। କାଳୀଚରଣ ଏସବୁ ଦେଖିଛନ୍ତି। କେନ୍ଦ୍ରାପଡ଼ା ରାସଲୀଳା ଦଳ ସେଇ ଢାଞ୍ଚାରେ ହେଇଥିବ। କାଳୀଚରଣ ସେୟା ଭାବିଲେ। କିନ୍ତୁ ତାଙ୍କ ଧାରଣା ବଦଳି ଗଲା। ଶୂରଦେଓ ଥିଲେ ଜଣେ ସ୍ୱତନ୍ତ୍ର କଳାକାର। ପ୍ରତିଟିରେ ତାଙ୍କର ନିଜସ୍ୱ ପରିକଳ୍ପନା ଥାଏ। ତାଙ୍କ ରାସଦଳରେ ୧୦/୧୧ ଜଣ ପିଲା, ବୟସ ୧୬ ରୁ ୧୭ ଭିତରେ। ପିଲେ ଗୋଟେ ପାଖରେ ବସିଥାଆନ୍ତି, ଶୂରଦେଓ ସମ୍ମୁଖରେ, ହାତରେ ହାର୍‌ମୋନିୟମ୍। ତବଲା, ଖୋଳ, ଝାଞ୍ଜ ଇତ୍ୟାଦି ବାଦ୍ୟ ଯନ୍ତ୍ର ବଜାଳି, ସମସ୍ତେ ପ୍ରସ୍ତୁତ। ତବଲା ବାଦକ ଆରତ ପାତ୍ର। ରାସ ରିହର୍ସାଲ ଆରମ୍ଭ ହେଲା। ତାହା ଅପୂର୍ବ, ଅଭିନବ ପ୍ରକାର ରାସ। ପିଲାଏ ବଚନିକା କରୁଥାଆନ୍ତି। ଗୀତ ଗାଉ ଥାଆନ୍ତି, ଦୃଶ୍ୟରେ ତାଙ୍କର ବି ମୁଖ୍ୟ ଭୂମିକା, ରୀତିମତ ମଞ୍ଚ ଅଭିନୟ। ସିନ୍‌ସିନାରୀ ସାଜସଜ୍ଜା। ରାଧା, ଲଳିତା, ବିଶାଖା ଆଦି ଅଷ୍ଟସଖୀ, ଭୂମିକାରେ ସମସ୍ତେ ପୁଅ। ତାଙ୍କ ପାଇଁ ପୋଷାକ ପତ୍ର ତିଆରି ସରିଥାଏ। ମୁଣ୍ଡ ପରଚୂଳା, କାଳୀଚରଣ ଆଗରୁ ଦେଖିଥିଲେ କେତେ ଜାଗାରେ, ଏ ପରଚୂଳା ନୂଆ ଢଙ୍ଗରେ ତିଆରି। ସ୍ୱୟଂ ଶୂରଦେଓଙ୍କର ନୂଆ ଭିଆଣ। କେତେଗୁଡ଼ାଏ ଗେଞ୍ଜି, କଟା ଯାଉଛି, ସବୁଥିରେ କଳାରଙ୍ଗ, ତା' ତଳେ ସୋଲ ଇତ୍ୟାଦି ମଥା ମାପରେ। ସିଲାଇ ହେଇଛି, ବେଣୀଥାଇ ଏ ପ୍ରକାର ନୂଆ ପରଚୂଳା। କାଳୀ ଚକିତ ହେଲେ। ଖାଲି ସେତିକି ନୁହେଁ। ବେଣୀଉପରେ କାଚକଣ୍ଠିରେ ରାଗଡ଼ି ଚନ୍ଦ୍ର ତିଆରି ହୋଇ ସିଲେଇ ହୋଇଛି। ଏୟା ବାଦ୍ ଗୀତ, ଅତି ସୁନ୍ଦର ସ୍ୱରରେ ରଚିତ। ପିଲେ ଗାଆନ୍ତି। ଶୂରଦେଓ ଲେଖନ୍ତି, ତାଙ୍କ ଗାଇବା ଘରେ ଖୂନ। ତଥାପି ଗୁଣୁଗୁଣୁ କରି ବତାଇ ଦିଅନ୍ତି। ନାଚ

ଜାଣନ୍ତିନି, କାଠି ଦିଖଣ୍ଡ ଧରି ନାଚ ବତାନ୍ତି - ଏ ସବୁ ନୂଆ କିସମର। ଏବେ ଅସଲ ରାସଲୀଳା ପ୍ରଦର୍ଶନ। ବଡ଼କୋଠାର ଗୋବିନ୍ଦଜୀଉ ମନ୍ଦିର। ଆଗରେ ମଞ୍ଚବନ୍ଧା ହେଲା। କଟକର ସାଙ୍ଗଲି ଥିଏଟର, ପାର୍ଶୀ ଥିଏଟର ହେବାର କାଳୀଚରଣ ଶୁଣିଥିଲେ। ତାଙ୍କ ସିନ୍ ସିନାରୀ ଦର୍ଶକଙ୍କ ମନହାରୀ। କେନ୍ଦ୍ରାପଡ଼ା ରାସଲୀଳା ବି କିଛି କମ୍ ନ ଥିଲା। ସିନ୍‌ସିନାରୀ ଆଙ୍କିବା, ପିଲାଙ୍କୁ ବେଶ, ମୁଖ ସିଂହାର କରିବା, ବଚନିକା, ଗୀତ, ନାଚ ଶିଖାଇବା - ସବୁ ଶ୍ରେୟ ଶୂରଦେଓଙ୍କର। ରାସଲୀଳା ଅଭିନୟ ହେଲା, ପାଇଲା ଅନନ୍ୟ ସଫଳତା। ସମସ୍ତଙ୍କ ମୁହଁରେ ଗୋବିନ୍ଦଚନ୍ଦ୍ର ଶୂରଦେଓଙ୍କ ପ୍ରଶଂସା। ତାଙ୍କ ସହ ଓଡ଼ିଶାରେ ଆଉ କେହି ତୁଳନୀୟ ନୁହନ୍ତି।

କାଳୀଚରଣଙ୍କ ଖଣ୍ଡପଡ଼ାରେ ଚାକିରି। ରାଜାଙ୍କର ସେ ଗେଲବସରିଆ, ଘିଅ ଦୁଧରେ ଭାସୁ ଥାଆନ୍ତି। ସେତେବେଳକୁ ପିଲାଦିନ ନାଚ, ଗୀତ, ଅଭିନୟ, କରଛଡ଼ା ଦେଲାଣି। ଆସିଲା ସୁବର୍ଣ୍ଣ ସୁଯୋଗ। କାଳୀଙ୍କ ଘନିଷ୍ଠ ବନ୍ଧୁ ଗୋବିନ୍ଦ ଚନ୍ଦ୍ର ଶୂରଦେଓ, ଆସିଲେ ଖଣ୍ଡପଡ଼ା। ରାଜା ଭାରି ସଙ୍ଗୀତପ୍ରିୟ। ଶୂରଦେଓ ରାସଲୀଳା ପରିବେଷଣ କଲେ। ଦରଲିଭା ପାଉଁଶ ତଳ ନିଆଁ, ଦିକି ଦିକି ଜଳୁଥିଲା, ସେଇ ରଡ଼ରେ କୁହୁଳା ପକେଇଲେ ଶୂରଦେଓ। ପୁଣି କାଳୀଙ୍କ ମନ ବଳିଲା କଳାଆଡ଼େ। ସବୁ ଠିକ୍ ଠାକ୍, ଉଆସ ମେଲାରେ ବନ୍ଧାହେଲା ରଙ୍ଗମଞ୍ଚ। ରାସଦଳର ସେଇ ପୁରୁଣା ଟୋକା - ଫକିରା, ପାଣୁଆ, ଟୁଷା - ଅପୂର୍ବ ଏମାନଙ୍କର ଅଭିନୟ। ଫକିରା କୃଷ୍ଣ ଭୂମିକାରେ, ତା'ର ମହୁଝରା କଣ୍ଠ, କାଳୀଚରଣ କାହିଁକି ତାଙ୍କ ସମବୟସିଆଙ୍କୁ ଆଚ୍ଛନ୍ନ କଲା ଢେର୍ କାଳ। କାଳୀଚରଣଙ୍କ ପୁରୁଣା ବିସୋରା କଥା, ଚେଇଁ ଉଠିଲା। ଶୂରଦେଓଙ୍କ ସଙ୍ଗେ ଏକାଠି ବସାଉଠା, ଆଠ/ ଦଶ ଦିନ, ଖିଆପିଆ ବି। କଷି ବାଇଗଣ, ଗୁଡ଼ ତେନ୍ତୁଳି ଦିଆ ରାଇତା, ଶୂରଦେଓ ନିଜେ ତିଆରି କରନ୍ତି। ଥରେ ଚାଖିଲେ ପାଟିରୁ ଛାଡ଼ିବନି। କାଳୀ ଏସବୁ ପାସୋରି ନଥିଲେ। ଆସିଲା ଶୂରଦେଓଙ୍କ ମେଲାଣି ବେଳ। ରାଜା ଯଥାବିଧି ସମ୍ମାନ କଲେ। ବିଧିମତ ଦୋଶାଲ, ପାଟ, ଯଥା ବାଟଖର୍ଚ୍ଚ ଇତ୍ୟାଦି, ତା' ସହ ପ୍ରଶଂସା ଉପରେ ପ୍ରଶଂସା, ବଧାଇ ଦେବାରେ ଊଣା ପଡ଼ିଲାନି। ଆସିଲା କେଇଖଣ୍ଡ ଶଗଡ଼ଗାଡ଼ି। ହାତୀ ଅମାରୀ କଷା ହେଇ ଠିଆ ହେଲା। ଶୂରଦେଓଙ୍କୁ ଦିଆଗଲା ଭବ୍ୟ ସମ୍ବର୍ଦ୍ଧନା। ଖଣ୍ଡପଡ଼ା ରାଜାଙ୍କ ଏ ଥିଲା କଳାପ୍ରୀତି - କାଳୀଚରଣ ଢେର୍‌ଦିନ ମନେ ରଖିଲେ ସେ କଥା।

୧୯୧୦ ମସିହା, ସ୍ୱର୍ଗତ କୁଞ୍ଜବିହାରୀ ବୋଷ ବାସନ୍ତୀ ମଞ୍ଚ ତିଆରି କଲେ। ବାସନ୍ତୀରେ ଅଭିନୀତ ଅନେକ ନାଟକ ବଙ୍ଗଳାରେ ଲେଖା। କଟକର ଅନେକ ବଙ୍ଗାଳୀ ଏଥିରେ ଭାଗ ନେଇଥିଲେ। କଲିକତାରୁ ଆସୁଥିଲେ ଜହରଲାଲ ପାନ୍ନାଲାଲ। ସେ

ସିନ୍ ଚିତ୍ର ଆଙ୍କନ୍ତି। ଏତିକି ବେଳେ ଉଷା ଥିଏଟର ଦଳ ଗଢ଼ାହେଲା। ନାଟୁବାବୁ ଏହାର ସ୍ରଷ୍ଟା, ସେତେବେଳେ ଭାରି ନାଁ କରିଥିଲେ। ସିନ୍‌ସିନାରୀ ଜାକଜମକ, ପରିଉଡ଼ିବା, ଚକ୍ର ବୁଲିବା ଆଦି ମନଲୋଭା ଦୃଶ୍ୟ, ଦର୍ଶକ ମନମୋହି ନେଉଥିଲା। ଡେ ଲାଇଟ୍, ପଞ୍ଚଲାଇଟ - ଏସବୁ ଉପରେ ଟିଣ ପରଦା ଦେଇ ମଞ୍ଚ ଅନ୍ଧାର କରାଯାଉଥିଲା। ଷ୍ଟେଜ୍ ସାଜସଜ୍ଜା ଅତୀବ ସୁନ୍ଦର। ସେଇ ମଞ୍ଚରେ ଉଷା ଥିଏଟର ବେଳେବେଳେ ଅଭିନୟ କରେ। ସେଥର କଟକ ଆସିଲେ ଗୋବିନ୍ଦ ଶୂରଦେଓ। ସାଥିରେ କେନ୍ଦ୍ରାପଡ଼ା ରାସଦଳ। ମ୍ୟୁନ୍‌ସିପାଲଟିର ସେଇ ଚାଳଘର, ରାସ ଅଭିନୟ ହେଲା। ଓଡ଼ିଶାରେ ଏହି ରାସ ଏକ ଅଭିନବ ପ୍ରଦର୍ଶନ। ହାର୍‌ମୋନିୟମ୍ ବଜାଉଥିଲେ ଶୂରଦେଓ, ଗୀତ ଗଣତିରେ ୨୦-୫୦ଟି। ଏଗୁଡ଼ିକର ସୁର ପୁରୁଣା ଓଡ଼ିଶୀ ଢଙ୍ଗର, ଛାନ୍ଦ ବୃତ୍ତ ଧାଡ଼ିରେ, ସ୍ଥାନକୁ ମନାଇ ଅନେକ ହିନ୍ଦୁସ୍ତାନୀ ଚୁଟୁକି ଗୀତ। ସବୁ ଗଜଲ ଗୀତ ସ୍ୱରରେ, ଏଥିରେ କର୍ଣ୍ଣାଟକୀ ଢଙ୍ଗର କାହିଁ ହେଲେ ଅନୁକୃତି ନ ଥିଲା। ଦର୍ଶକଙ୍କ ଆନନ୍ଦ କହିଲେ ନ ସରେ। ଶୂରଦେଓଙ୍କ ରାସ ଅଭିନୟ, କେବଳ କଟକ ନୁହେଁ, ସାରା ଓଡ଼ିଶାରେ ଚହଳ ପକାଇଲା।

ଗୁଣ ଚିହ୍ନେ ଗୁଣିଆ। ବହୁ ପ୍ରଥିତଯଶାଙ୍କ ଆଡ଼େ ସାହିତ୍ୟ ପ୍ରାଣ, କଳା ସଂସ୍କୃତିମନସ୍କ ମାନେ ଆକର୍ଷିତ। ସେଇପରି ଜଣେ ସାହିତ୍ୟ ସଙ୍ଗୀତ ରସିକ ସ୍ୱର୍ଗତ ବ୍ରଜସୁନ୍ଦର ଦାସ, ମୁକୁର ପତ୍ରିକାର ସମ୍ପାଦକ। ମୁଗ୍ଧହେଲେ ଶୂରଦେଓଙ୍କ ରାସଲୀଳାଭିନୟରେ। ତାଙ୍କୁ ସମ୍ବର୍ଦ୍ଧିତ କଲେ, ଗୋଟେ ସ୍ୱର୍ଣ୍ଣ ପଦକ ପୁରସ୍କାର ସ୍ୱରୂପ ପ୍ରଦାନ କଲେ। କାଳୀଚରଣ ବି ଶୂରଦେଓଙ୍କର ହେଇଗଲେ ବିହ୍ୱଳ ପ୍ରଶଂସକ। କଟକ ବାସନ୍ତୀ ରଙ୍ଗମଞ୍ଚରେ ଅନେକବାର ଶୂରଦେଓଙ୍କ ରାସଲୀଳା ସେ ଦେଖିଛନ୍ତି। ଆତ୍ମହରା ହୋଇଛନ୍ତି। ଶୂରଦେଓଙ୍କୁ ବନ୍ଧୁପଣରେ ଆଦରିଛନ୍ତି, ମନେ ମନେ ତାଙ୍କୁ ଗୁରୁ କରି ନେଇଛନ୍ତି। କାଳୀଚରଣଙ୍କ ରାସ ନିଶା ବହୁଗୁଣିତ ହୋଇଛି। ଏକଦା ସେ 'ମୁକୁର' ପତ୍ରିକାର ସମ୍ପାଦକ। ଅବୈତନିକ ଭାବେ କାମକଲେ। ଗୋବିନ୍ଦ ଶୂରଦେଓ ରହୁଥାଆନ୍ତି ଜଗନ୍ନାଥ ବଲ୍ଲଭରେ, ସେଇଠି ପରେ ହେଲା ଲକ୍ଷ୍ମୀ ନାରାୟଣ ପ୍ରେସ୍। ମହମ୍ମଦିଆ ବଜାର ଲକ୍ଷ୍ମୀନାରାୟଣ ମନ୍ଦିର, ପାଖରେ କାଳୀଚରଣଙ୍କ ପିଉସାଘର। ସେଇଠି ସେ ରହୁଥାଆନ୍ତି। ପ୍ରାୟ ଦେଖାସାକ୍ଷାତ୍ ହୁଏ ଶୂରଦେଓଙ୍କ ସହ। କାଳୀ ତାଙ୍କରି ବାଟ ଧରିଲେ, ରୀତିମତ ରିହର୍ସାଲ, ସିନ୍‌ସିନାରୀ, ଉଇଙ୍ଗସ୍ ଇତ୍ୟାଦି ଅନେକ କଥା ଶିଖିଲେ। ଗୋବିନ୍ଦଚନ୍ଦ୍ର ଶୂରଦେଓ ତାଙ୍କ ମନରେ ଗାର ହେଇ ରହିଗଲେ। କଥାରେ ଅଛି - "ଯାହା ମନ ଯହିଁକି ରସେ।" ରାସଲୀଳାରେ ରସିଗଲେ କବିଚନ୍ଦ୍ର କାଳୀଚରଣ ପଟ୍ଟନାୟକ।

■

ଗାଆଁ ନାଁ ସୁବର୍ଣ୍ଣପୁର

ପ୍ରତିଟି ସାହିତ୍ୟିକ, କଳାକାର ଅବା ଚିତ୍ରଶିଳ୍ପୀଟେ - ଏମାନେ କାଳେକାଳେ ଭାବୁକ। କଳ୍ପନା ଏମାନଙ୍କର ଚିର ସହଚର। ନଈ ସେମାନଙ୍କୁ ବିମୋହିତ କରେ, ଦୂରିଆ ଗହିରପାଟର ସବୁଜ ଶାଗୁଆ ଧାନ କ୍ଷେତ, ଆର ଗାଁ ମୁଣ୍ଡିଆ ଉହାଡ଼ରେ ବୁଡି ଯାଉଥିବା ସୂର୍ଯ୍ୟ, ଦୂର ଦିଗ୍‌ବଳୟ ଛୁଆଁ ନଡ଼ିଆ ବାହୁଙ୍ଗା ସେପାଖ ନଅମୀ ଚାନ୍ଦ, ଚୋରା ଚଇତିରାତି, ସୁଲୁସୁଲିଆ ବାଆ, ପଳାଶର ଚୂନାଚୂନା ହସ - ଏମାନେ ଚହଲେଇ ଦିଅନ୍ତି କଳାକାର ଚେତନା ଚୌହଦୀକୁ। ଉତୁରି ପଡ଼େ ଭାବ ରସମୟ ସୃଷ୍ଟି ସମ୍ଭାର। ଖାଲି ଶୋଭାମୟୀ, ଆଭାମୟୀ ପ୍ରକୃତିରାଣୀ ନୁହେଁ, ତା'ର ରୁଦ୍ର, କ୍ରୁର, ନିଷ୍ଠୁର ରୂପ, କଳାକାର ମନରେ ରେଖାପାତ କରେ। ଆନମନା କରିଦିଏ କାନ୍ଦୁରା ମଣିଷର ଦୁଃଖ, ଯାତନାଭରା କଥା କାହାଣୀ। ଲେଖକଟିଏ କେବଳ ଭାବ ରାଇଜର ସୌଦାଗର ନୁହେଁ; ବାସ୍ତବ ଦୁନିଆର ରୂପକାର। ଆସେ ଆବେଶ କ୍ଷଣଟି। ସେ ସମୟରେ ସେ କାଳିସୀଲଗା ମଣିଷ, ଭୁଲିଯାଏ ଆପଣା ତେଲଲୁଣର ସଂସାର। ହତାଶା, ଦୈନ୍ୟ ଅଭାବ, ବ୍ୟକ୍ତିଗତ ଯାତନା, ଯନ୍ତ୍ରଣାର କଥା - ସବୁ ପାସୋରି ଯାଏ। ତେଣିକି ତା'ର ଦୃଷ୍ଟି ଭୂ ରୁ ଭୂମାଯାଏ, ଚିହ୍ନାମାଟିରୁ ଅଚିହ୍ନା ଆକାଶ ପର୍ଯ୍ୟନ୍ତ। ସୃଷ୍ଟି ହୁଏ କାଳଜୟୀ କଳା। ଏମିତି ଜଣେ ସ୍ରଷ୍ଟା କବିଚନ୍ଦ୍ର କାଳୀଚରଣ ପଟ୍ଟନାୟକ। ତାଙ୍କ ଜୀବନପଥ କଣ୍ଟକିତ। ଉତ୍‌ଥାନ ପତନ, ଆଶା, ନିରାଶା, ହତାଶା - ସବୁକୁ ସେ ଆଦରି ନେଇଛନ୍ତି। ଜୀବନର ପୁଞ୍ଜୀଭୂତ ଅନୁଭୂତି ବାଣ୍ଟିଛନ୍ତି। ପିଲାବେଳରୁ ତାଙ୍କର ଗାନ୍ଧର୍ବବିଦ୍ୟା ପ୍ରତି ସରାଗ। ଗୀତ, ନାଚ, ଥିଏଟର୍ ଯାତ୍ରା; କେବେ ସେ ଦ୍ରଷ୍ଟା ତ କେବେ ସ୍ରଷ୍ଟା, କେବେ ଅଭିନେତା। ତାଙ୍କ କଳାକାର ଜୀବନର ଅସରା କଥା ଯଥାସମ୍ଭବ ସାଇତିଛନ୍ତି। ପିଲାବେଳୁ ସେ ନଈ, ନାଆ ଦେଖିଛନ୍ତି, ଟେଣ୍ଟେଇ ଗୀତ ଶୁଣିଛନ୍ତି, ନଈ ଆରପାରି ହଳୁଆଗୀତ ତାଙ୍କୁ ବିମୋହିତ କରିଛି। କିନ୍ତୁ ଜୀବନ ବିତିଛି ଏକ ପ୍ରକାର ସହରୀ

ଜାଗାରେ। ପିଲାବେଳ ରାଜବାଟୀରେ। କର୍ମମୟ ଜୀବନ ସହରରେ; ତଥାପି ସେ ଭୁଲିନାହାନ୍ତି ଗାଁ ଭୂଇଁ ସୁଖ ଶରଧାକୁ। ଆତ୍ମଲିପିଟିରେ ଆଙ୍କି ଦେଇଛନ୍ତି ଗାଆଁର ଚିତ୍ର। ସେମିତି ଏକ ନଈକୂଳିଆ ଗାଁ, ସୁବର୍ଣ୍ଣପୁର। ତା'ର ମନଲୋଭା ଚିତ୍ର ପ୍ରକଟିତ 'କୁମ୍ଭାରଚକ'ରେ।

ପାରିପାର୍ଶ୍ୱିକ ଅବସ୍ଥା କୋମଳିତ ଶିଶୁକୁ ପ୍ରଭାବିତ କରେ। ପରିବାରର ନୀତି ଆଦର୍ଶ ତା' ଜୀବନକୁ ଦିଶାଦିଏ। ଠିକ୍ ସେମିତି କାଳୀଚରଣ। ଜନ୍ମ ତାଙ୍କର ଗଡ଼ଜାତ ଜିଲ୍ଲାରେ, ବାଲ୍ୟକାଳ କଟିଲା ବଡ଼ମ୍ବାରେ। କିନ୍ତୁ ଭିଟାମାଟି ତାଙ୍କର ଏକ ମଫସଲି ଗାଁ। ତାଙ୍କ ଜେଜେବାପା, ବାପା, ଏମାନେ ରାଜକର୍ମଚାରୀ। ବଡ଼ମ୍ବାରେ ତାଙ୍କର କୈଶୋର, କେବେ ଢେଙ୍କାନାଳ, ନରସିଂହପୁର, ସୁବର୍ଣ୍ଣପୁରରେ ରହଣି। କଳକଲ୍ଲୋଳିନୀ ମହାନଦୀ ତାଙ୍କର ଦ୍ୱିତୀୟ ମା'। ତାକୁ ଦେଖିଛନ୍ତି ସେ ଖୁବ୍ ପାଖରୁ, ବିହ୍ୱଳ ହୋଇଯାଇଛନ୍ତି। ତା'ରି କୋଳରେ ଠିଆ ହେଇଛନ୍ତି। ଆଖି ଆଗରେ ଶୋଭା-ଶିରୀ-ସୁଷମା। ଏସବୁ ତାଙ୍କୁ କଳାକାରଟିଏ କରିଦେଇଛି। ଦିନେ ବୈଷ୍ଣବ ଡାକିଲେ କାଳୀକୁ। ସୁବର୍ଣ୍ଣପୁର ଗାଁରେ ଥିଏଟର ହେବ। କାଳୀଙ୍କ ପରିବାର ସହ ବୈଷ୍ଣବଙ୍କ ଘନିଷ୍ଠତା, ବାପା ମା'ଙ୍କର ଆପତ୍ତି ନ ଥିଲା। ଏକାଥରେ ଠାକୁର ଦେଖା, କଦଳୀ କିଣା। କାଳୀଙ୍କର ଷୋଳପଣ ଇଚ୍ଛା ଅଂଶୁପା ଦେଖିବେ। ସୁବର୍ଣ୍ଣପୁରର ରାଜେନ୍ଦ୍ର ପଟ୍ଟନାୟକ, ଡାକ ନାଁ ବାୟା। ତାଙ୍କ ବାପା ମଦନମୋହନ ପଟ୍ଟନାୟକ, ବଡ଼ମ୍ବାର ଦିଆନ। ସେ କାଳୀଙ୍କର ବନ୍ଧୁ। ସୁବର୍ଣ୍ଣପୁର ଗାଁ ମଝିରେ, ତାଙ୍କର ଡେଙ୍ଗା କୋଠାଟିଏ। ଅସ୍ତାୟମାନ ସୂର୍ଯ୍ୟ। ଗଗନ ଲୋହିତ ଆଭାବିମଣ୍ଡିତ। କାଦମ୍ବିନୀ ଧନୀ ପଣତ କାନିରେ ବାନ୍ଧୁଛି ଆକାଶ ବିଛଣି ସ୍ୱର୍ଣ୍ଣରେଣୁ। କାଳୀ ବସିଛନ୍ତି କୋଠାଛାତ ଉପରେ। ଅଦୂରରେ ମହାନଦୀ। ନଈ ଶୁଖିଲା। ବହୁଛି ସରୁଧାରଟିଏ। ଆଣ୍ଠୁଏ ପାଣି, ଠାଏ ଠାଏ ଗଣ୍ଡ, ଦିକଡ଼ରେ ବାଲିଶେଯ। ନାଉରିଆ ନାଆ ମେଲନ୍ତି। ଯେଉଁଠି ଲାଗେ ତାକୁ ଖୋଳି ଥାଆନ୍ତି। ସେଇଟି 'ହରଣୀ'। ଅଙ୍କ ଗହିରିଆ। ତା'ରି ଭିତରେ ଖେଳନ୍ତି ଦଳଦଳ ଦଣ୍ଡିକିରୀ ମାଛ। ନଦୀର କଟି ମେଖଳା ପରି ହରଣୀ, ସତେ ଅବା ତାରାବୁଟା କିଏ ଖଞ୍ଜି ଦେଇଛି ! ଜାଗାଜାଗା କାଶତଣ୍ଡି ବଣ, ସନ୍ଧିରେ ଲୁଚିଥାଏ କାଣ୍ଠିବଗ। ଏକ ଧ୍ୟାନରେ, ହଲଚଲ ନାହିଁ, ଟାକିଥାଏ ଦଣ୍ଡିକିରୀକୁ। ସେ କାଶବଣର ରାଜା। ତା' ଦିପଟରେ କାଶତଣ୍ଡି ଚଅଁର ବିଞ୍ଚୁଥାଏ। ସୁବର୍ଣ୍ଣପୁର ଯିବା ବାଟରେ, ଆଖିରେ ପଡ଼େ ଏଇ ମନଜିଣା ଦୃଶ୍ୟ। ଚଇତି ମୁଣ୍ଡିଆତଳୁ ସଳଖବାଟ, ପଡ଼ିଛି ସୁବର୍ଣ୍ଣପୁରକୁ। ବାଁପଟେ ଦିଶେ ରଣଗଡ଼ ମୁଣ୍ଡିଆ, ତା' ଉପରେ ମହାଦେବଙ୍କ ଦେଉଳ, ବାନା ଫରଫର ଉଡୁଥାଏ ମନ୍ଦ ପବନରେ। ପଛପଟରେ ଶାଗୁଆ ବେଶରେ ସରଣ୍ଡା ମୁଣ୍ଡିଆ, ଜଗୁଆଳ ପରି

ଠିଆ ହେଇଛି। ଅପାସୋରା ସେ ଦୃଶ୍ୟ। କାଳୀଙ୍କ ବୈଷ୍ଣବ ଭାଇ, ଗାଇଲେ ବନ୍ଦନାଟେ – "ମହାଦେବ ମହାତ୍ମାନମ୍ / ମହାଧ୍ୟାନ ପରାୟଣମ୍ / ମହାପାପ ହରଂ ଦେବମ୍ / ମହାକାୟ ନମୋନମଃ।" ପଛପଟ, ଆଗପଟ ମୁଣ୍ଡିଆ ପ୍ରତିଧ୍ୱନିତ କଲା। ବୈଷ୍ଣବଙ୍କ ସ୍ୱର ସହ ସ୍ୱର ମିଳାଇ ମହାଦେବଙ୍କ ସ୍ତବ ପାଠକଲା। କାଳୀଚରଣ ଯୋଡ଼ହସ୍ତରେ ପ୍ରଣାମ କଲେ ସ୍ୱପ୍ନେଶ୍ୱରଙ୍କୁ। ଏସବୁ ଭୁଲି ପାରିନାହାନ୍ତି କାଳୀ। ବୟସ ବଢ଼ିଲା, କେବେ କେମିତି ବାଙ୍କି ଯିବାଆସିବା କରନ୍ତି, ସେକଥା ମନେପଡ଼େ, ଚେତା ମନ ଚମକି ଉଠେ, ଅତୀତଟା ଆଖି ଆଗରେ ଉଭା, ପୁରୁଣା ସ୍ୱପ୍ନପରି ମିଳେଇ ଯାଏ। ହୃଦୟରୁ ଉଠେ ଦୀର୍ଘଶ୍ୱାସ। ଆକାଶର ଭସା ବଉଦ ସହ ଭାସିଯାଏ ଅତୀତର ଅନ୍ଧାରୀ ମୂଳକକୁ। ସତରେ ! 'ଯାହା ଯାଏ, ତାହା ଯାଏ', ଆଉ ଫେରେନା – "ନାହିଁ ଦକ୍ଷିଣ ମୋଡ଼।"

ଧ୍ୟାନୀ, ମୌନୀ ରଣଗଡ଼ ପର୍ବତ ଶିଖରବାସୀ, ଜନବସତି ଠାରୁ କମ୍ ଦୂରରେ। ଛୋଟ ଶିବ ମନ୍ଦିରଟି, ସଦା ନିରବ-ନିଶ୍ଚଳ-ନିଥର। ଶ୍ମଶାନବାସୀ ଯେମିତି ସଦା ତପସ୍ୟାରତ ! ପାହାଡ଼ ପାଦଦେଶରେ ମହାନଦୀ, ନିତିପ୍ରତି ଗାଉଛି ଅବୁଝା ଅବୁଝା କୁଳୁକୁଳୁ ଭାଷାରେ, ମଥା କୋଡୁଛି ପାହାଡ଼ ପାଦରେ। ତା' ପ୍ରାଣର ଅବୁଝା କଥା ନିବେଦନ କରୁଛି। ଅବୁଝା କଥା, ଅଶୁଣାଭାଷା। ପୁଣି ମହାଦେବ ପଥର। ସେ ମହାନଦୀକି କି ଉତ୍ତର ଦେଉଥିବେ କେଜାଣି ? ଏକଥା କାଳୀ ବୁଝନ୍ତିନି, କାହାରି ପକ୍ଷେ ବୁଝିବା କାଠିକର ପାଠ। ବୁଝୁଥିଲେ ମଣିଷ ପାଲଟି ଯାଆନ୍ତା ରାତାରାତି ଦେବତା।

୬୦ ବର୍ଷ ତଳର କଥା, ସୁବର୍ଣ୍ଣପୁର ଗାଁ ଦାଣ୍ଡ ଧୂଳି, ଧୂସରିଆ, ଖୁବ୍ ଆବୁଡ଼ା ଖାବୁଡ଼ା। ଗୋହିରୀ ଗାଁ ଗଡ଼ ପରି। ଗାଆଁ ଭିତରେ ଗୋଟି କେତେ ଅଣଓସାରିଆ ରାସ୍ତା, ଗାଁଟା ସୁନ୍ଦର। ବାଙ୍କିରେ କାଳୀଙ୍କ ଭିଟାମାଟି, ବଡ଼ମ୍ବାରେ ଅନ୍ତୁଡ଼ିଶାଳ, ଢେର୍‌ଦିନ କଟାଇଛନ୍ତି ସେଠାରେ। ତା' ସହ ସେ ଏକାତ୍ମ ହୋଇ ଯାଇଥିଲେ। ସୁବର୍ଣ୍ଣପୁର ଗାଁଟା ଟିକେ ପ୍ରଥମରୁ ଅଡୁଆ ଲାଗିଲା। ଧାରଣା ତାଙ୍କର ଦିନେ ଓଳିକରେ ବଦଳିଗଲା। ସମବୟସିଆ, ଊଣା ଅଧିକେ ନାଗପାଟ ବୟସିଆ ଅବା ତା'ଠାରୁ ଟିକେ ଊଣା ଅଧିକ, ଏମାନଙ୍କ ସହ କାଳୀ ମିଶିଲେ, ବସିଲେ, ହସଖୁସି ଗପକଲେ। ସମ୍ପର୍କ କେଉଁଠି ନଥାଏ, ତାହାକୁ ମଣିଷ ଗଢ଼େ, ଠିକ୍ ସେମିତି ଦିନ ଓଳିକରେ ସେ ସମସ୍ତଙ୍କର ଆପଣାର ହେଇଗଲେ। ଭାରି ସ୍ନେହୀ ସୁବର୍ଣ୍ଣପୁରର ଗାଁ ଲୋକେ। ଦି'ଘଡ଼ି, ଚାରି ଘଡ଼ିକରେ କାଳୀଙ୍କୁ ଆପଣେଇ ନେଲେ। ଦାଣ୍ଡ ସିନା ଧୂଳି ଧୂସରିତ ହେଲେ ସୁବର୍ଣ୍ଣପୁର ମଣିଷ ମିଠା, କପଟୀ ନୁହନ୍ତି। ମହାନଦୀ ଯେମିତି ଏଇ କଥାଟି ଶିଖେଇଛି, ସେମାନେ ଶିଖିଛନ୍ତି ବାଲୁତ କାଳୁଁ।

ନିହାତି ଛୋଟିଆ ଗାଁ ନୁହେଁ ସୁବର୍ଣ୍ଣପୁର। ଏହାର ଧୂଳିମାଟି ପବିତ୍ର, ଜଣ କେତେ ଯୋଗ୍ୟ ଲୋକ ବାହାରିଛନ୍ତି, ସେମାନେ ଗାଁର ଟେକ ରଖିଛନ୍ତି। ଏ ସବୁ ମାଟିର ଗୁଣ। କାଳୀଙ୍କ ସହ ସେମାନଙ୍କର ଗତାଗତ। କାଳୀଙ୍କ ଚଳଣି ସହର, ବଜାର, ହାଟରେ; କିନ୍ତୁ ତାଙ୍କର ବାଙ୍କିଘର ଗୋଟେ ଗାଁରେ। ସେଇଟି କଚେରି ତଳିଆ। ହାଟବଜାର, ଇସ୍କୁଲ, ଡାକ ତାର ଅଫିସ୍, ଡାକ୍ତରଖାନା, ବାଳିକା ଇସ୍କୁଲ, ସଂସ୍କୃତ ଟୋଲ୍ ଇତ୍ୟାଦି - ସବୁ ସେଠି। କଥାରେ କହନ୍ତି, "ଦଉଡ଼ି ନୁହେଁ କି ଫଉଡ଼ି ନୁହେଁ / ବଳିବଳକିଆଟିଏ।" ଏଇ ହେଲା ବାଙ୍କି ଗାଁର ସାରାସାରି ଛବି। ସହରୀ ଚଳଣି ଏ ସବୁକୁ ଛୁଇଁ ନ ଥିଲା। ପହିଲୁ କାଳୀ ସୁବର୍ଣ୍ଣପୁରକୁ ଦେଖିଲେ ନେକ୍ ନଜରରେ। ସୁବର୍ଣ୍ଣପୁର ଗାଁ ଲୋକେ ଭଦ୍ର, ଅମାୟିକ, ନିରାଡ଼ମ୍ବର ତାଙ୍କ ଚଳଣି। ଗର୍ବ ଅହମିକା ଶୂନ୍ୟ ମଫସଲି ଜୀବନଧାରା। ଜନଜୀବନ ଚଳଚଞ୍ଚଳ। ସ୍ନେହ, ପ୍ରୀତି, ସୌହାର୍ଦ୍ଦ୍ୟରେ ପରସ୍ପର ବନ୍ଧା। ବିଂଶ ଶତାବ୍ଦୀର ପ୍ରଥମ ଚରଣ, ସେତେବେଳେ ପାଶ୍ଚାତ୍ୟ ଚଳଣିର ଏତେଟା ପ୍ରଭାବ ନ ଥିଲା। ଜନଜୀବନ ଇଂରେଜ ପାଠ ଆଡ଼େ; କିନ୍ତୁ ଗାଁକୁ ଲୋକେ ଭୁଲି ନ ଥିଲେ। ଗାଁରେ ମଣିଷ ପରି ମଣିଷ ଥିଲେ।

ଦିନ ଥିଲା, ସୁବର୍ଣ୍ଣପୁରର ରାଜାଥିଲେ ସୁବର୍ଣ୍ଣକେଶରୀ। ଏକଥାଟି କାଳୀଚରଣ ଶୁଣିଥିଲେ। ସେଇ ଗାଁର ଇଷ୍ଟଦେବତା ସୁବର୍ଣ୍ଣେଶ୍ୱର। ତାଙ୍କ ଦେଉଳଟି ରାଜାଙ୍କ କାଳର ମଉନ ସାକ୍ଷୀ। ସୁବର୍ଣ୍ଣପୁରରେ ଥାଏ ସ୍କୁଲଟିଏ। ରାୟ ସାହେବ (ପରେ ରାୟବାହାଦୁର) ବିଦ୍ୟାଧର ପଣ୍ଡା ସେ ସ୍କୁଲର ପ୍ରଧାନଶିକ୍ଷକ। ନାଚ, ଗୀତ ପାଇଁ ତାଙ୍କ ସରାଗ, ଥିଲା କି ନ ଥିଲା, ସେ କଥା କାଳୀ ଜାଣି ନଥିଲେ। କିନ୍ତୁ ନାଟକେ ରିହର୍ସେଲକୁ କେହି ବାଧା ଦେଇ ନ ଥିଲେ। ନିଜ ଗାଁ କଥା ଅଲଗା, ଏବେ ପରୀକ୍ଷା ଘଡ଼ି। ସୁବର୍ଣ୍ଣପୁରରେ 'ସାବତ୍ରୀ'ନାଟକର ନିର୍ଦ୍ଦେଶନା। ବେକରେ ଢୋଲ ପଡ଼ିଲେ ବଳେ ବଜେଇ ଶିଖନ୍ତି - ଏକଥାଟି କାଳୀ ଅନୁଭବ କଲେ। ଠିକ୍ ବିଷୟ ମୁତାବକ ଭାବ ଫୁଟାଇବାର ଅଙ୍ଗଭଙ୍ଗୀ, ନାଟକର ଆଦର ବଢ଼େଇବା ପାଇଁ ସଂଳାପ ଟିକକ ଏପଟସେପଟ କରିବା, କିଛି ନୂଆଶବ୍ଦ ଯୋଡ଼ିବା - ଇତ୍ୟାଦି। କେତେକ କଳା କାଳୀଚରଣ ଆଗରୁ ଶିଖିଲେ। ସୁବର୍ଣ୍ଣପୁରରେ ଅଭିନୀତ ହେଲା 'ସାବିତ୍ରୀ' ନାଟକ। ସେତେବେଳେ ନାଟକରେ ଅଭିନୟ କରିବାକୁ ପ୍ରତିଯୋଗିତା। ସମାନ ବୟସର ଟୋକା ଗୁଡ଼ାକ, ତାଙ୍କୁ ଓସ୍ତାଦ୍ ମଣିଲେ। ଏଇଟା କେମିତି ହବ? ସେଇଟା କେମିତି କହିବ? କେମିତି ବସିବ? କେମିତି ଠିଆ ହେବେ? - ଏ ପ୍ରଶ୍ନଗୁଡ଼ାକ କାଳୀଙ୍କୁ ଛନ୍ଦି ପକାଉଥାଏ। ତାଙ୍କ ଅକଳ ଗୁଡୁମ୍। ଗେବରା ଗେବରି କରିବାକୁ ଚିତ୍ତ ଡାକେନା, କାଳେ ଧରାପଡ଼ିବେ, ଏ ଆଶଙ୍କା ମନକୁ ଘାରେ। କାଳୀଚରଣ ବାଗ ଶିଖିଗଲେ। ଆଜି ତ ବହୁତ ଗୁରାଏ

ହେଲାଣି, କାଲିକି ଥାଉ - ଏମିତି କଥା କହି କାମ ଚଳାଇ ନିଅନ୍ତି। ମଣିଷ ମୁଣ୍ଡରେ ବୋଝ ଲଦା ହେଲେ, ବୁଦ୍ଧି ଦିଶେ। ସମ୍ଭାଳିବାର ବାଟ ଫିଟେ। ସମ୍ଭାଳିବାକୁ ଚେଷ୍ଟା ଚାଲେ। ପାଠୁଆଙ୍କ କଥା ନିଆରା। ମାତ୍ର ନିଭାଗୁଡ଼ିଆ ହୋଇଥିଲେ, ଧୀମେଇଁ ଚାଲିଲେ, ବଡ଼ ବିପଦ। ବେଳସରିକି ସେ ଥାନମୁଣ୍ଡ ପାଆ ନ ପାଆ ହୋଇ ଯାଇପାରିବ। ପାଞ୍ଚଜଣ, ପାଞ୍ଚକଥା ପଚାରିଲେ। ଉତ୍ତର ଦେବା ଚେଷ୍ଟାରୁ ବିରତ ହେଲେ ମଣିଷ ହାରେ, ଉତ୍ତର ଦେବାକୁ ଚେଷ୍ଟାକଲେ ବୁଦ୍ଧି ମାଜି ହେଇଯାଏ। ବେଳେ ବେଳେ କେତେ କେତେ କଥା ଆଖି ଆଗରେ ନାଚି ଉଠେ। ଏସବୁ କାଳୀଚରଣଙ୍କର ଅଙ୍ଗେ ଲିଭା ଅନୁଭୂତି। ସୁବର୍ଣ୍ଣପୁରରେ ତାଙ୍କ ଗୁରୁପଣିଆର ଆଦର ବଢ଼ିଲା। ଅନେକ ପ୍ରଶଂସା ବି ପାଇଲେ।

ସେବେକା ଗାଁ ଗହଳି କଥା। ଲୋକଙ୍କର ଯାତ୍ରା ନାଟକରେ ଢେର୍ ସଉକ, ଅଭିନୟରେ ବି। ପାଖ ଗାଁ ଲୋକେ ବି ଭାଗ ନିଅନ୍ତି। ଗମନାଗମନ ଅସୁବିଧା, କେଉଁଠି ଜଙ୍ଗଲ, କେଉଁଠି ରାସ୍ତାରେ କଣ୍ଟାଝଟା, କିଏ ନଈ ପାରିହେଇ ଆସେ।ଏମିତି କେଇଜଣ ଉତ୍ସାହୀ ଯୁବକ। ଆସିଲେ ସୁବର୍ଣ୍ଣପୁର, ଉଦ୍ଦେଶ୍ୟ ନାଟକରେ ପାର୍ଟ କରିବେ। ସେଇ ସବୁ ନାଟୁଆଙ୍କ ମଧ୍ୟରେ ଜଗବନ୍ଧୁ, କାଳୀଚରଣ ତାଙ୍କୁ ଭଲ ପାଆନ୍ତି, ସେ ଭଲ ନବଜିଆ ପାର୍ଟ କରନ୍ତି।

ନାଟକ ପ୍ରତି ଝୁଙ୍କ ଥାଏ ଜଗବନ୍ଧୁର। ରାତି ଅନ୍ଧାର, ଗୋହିରୀ ବାଟ, ସେ ଗାଁରୁ ଏ ଗାଁକୁ ଆସନ୍ତି। କେବଳ ଅଭିନେତା ନୁହନ୍ତି, ତବଲା ବାଦକ ପଞ୍ଚାନନ ବି। ସୁବର୍ଣ୍ଣପୁରର କୃଷ୍ଣମୋହନ ପଟ୍ଟନାୟକ, ଅନ୍ତର୍ଯ୍ୟାମୀ ପଟ୍ଟନାୟକ, ପରମାନନ୍ଦ ମିଶ୍ର -ଏମାନେ ଅଭିନୟରେ ଯୋଗଦେଲେ। ଗାଁ ମୁଣ୍ଡ, ଖୋଲାଜାଗା, ଷ୍ଟେଜ୍ ତିଆରି ହେଲା। ନିର୍ଦ୍ଦିଷ୍ଟ ଦିନ ସଞ୍ଜରୁ ପେଣ୍ଟିଂ ଆରମ୍ଭ। ରଙ୍ଗ ବୋଳାବୋଳି, ପଞ୍ଚ ଲାଇଟ୍ ଆଲୁଅ। ଥିଏଟର୍ ଚାଲିଲା, କାଳୀଚରଣ ପାର୍ଟ ନେଇଥିଲେ, ତା' ବାଦ୍ ନାଚିଥିଲେ। ନାଚ ନୁହଁ ତ, ତାଳରେ ଗୋଡ଼ ପକାଇବା, ମନମାଫିକେ ହାତ ହଲେଇବା ଯାହା। କେବଳ ସେତିକି ନୁହେଁ, ଦି' ଚାରିଟା ଗୀତ ବି ଗାଇଲେ। ରାତି ପାହିଲା, ଦର୍ଶକ ଧୀରେଧୀରେ ପଡ଼ିଆ ଛାଡ଼ିଲେ। କିଏ କହିଲା ପିଲାଟା ଏକା! ବଢ଼ିଆ ଅଭିନୟ କଲା। ପ୍ରଶଂସା ମିଳିଲା ନିନ୍ଦା ବି। ନାଟକ ବାସି ଦିନ, ଜଣ କେତେ ବୁଢ଼ାବୁଢ଼ୀ, କାଳୀଙ୍କ ନାଚକୁ ଭଲ ଆଖିରେ ଦେଖିଲେନି। ଗାଁରେ କୁହାକୁହି - 'ଅତି ଅଲାଜୁକ ନ ହେଲେ କ'ଣ କିଏ ନାଚେ?' ଦୁର୍ଗାଚରଣ ବାବୁ, କାଳୀଚରଣଙ୍କ ବାପା, ତାଙ୍କୁ ବି ଲଗେଇ ଲୋକେ କୁହାକୁହି ହେଲେ। ଦୁର୍ଗାଚରଣ ବାବୁ ଏଡେ ଯୋଗାଲୋକ, ହେଲେ ପିଲାଟାକୁ ଛତରା କରିଦେଲେ। କାଳୀଚରଣଙ୍କ ମନ ଫିକା ପଡ଼ିଗଲା।

ସାଙ୍ଗ ଟୋକାମାନେ ତାଙ୍କୁ ବହଲେଇଦେଲେ। ନାନାଦି ଫନ୍ଦି କାଢ଼ିଲେ। ତାଙ୍କ ମନ ନେଲେ।

ସେତେବେଳକା ସମୟ, ନାଁକରା ମଣିଷଟେ କହିଲେ ପାଠଶାଠ ପଢ଼ିଥିବ, ମୋଟା ଅଙ୍କର ଦରମା, ନିତି ପାଞ୍ଚଦଶ ସଲାମ ମାରୁଥିବେ - ଗାଉଁଲି ମାନଙ୍କର ଏଇ ଧାରଣା। କଳା ଯେ ଅମୂଲ ମୂଲ। ଯଶକୀର୍ତ୍ତି ଖ୍ୟାତିର ଶିଖରରେ ପହଞ୍ଚାଇ ଦିଏ। ଏ କଥାଟି ଅନେକ ବୁଝି ନଥିଲେ। ସେଇ ନଈକୂଳିଆ ଗାଁ ସୁବର୍ଣ୍ଣପୁର। କାଳୀଚରଣଙ୍କର ଅଭୁଲା ସ୍ମୃତି। ଜଣେ କଳାକାର ହିଁ ଆଙ୍କିପାରିବ ସେଇ ଅପାସୋରା ରୂପଶ୍ରୀକୁ! ଯେମିତି ଆଙ୍କିଛନ୍ତି କାଳୀଚରଣ।

■

ଗୁରୁଙ୍କୁ ସୁନ୍ଦର ଚାଟ

ଗୁରୁ ବ୍ରହ୍ମା, ଗୁରୁ ବିଷ୍ଣୁ, ଗୁରୁଦେବ ମହେଶ୍ୱର। ଗୁରୁ ସାକ୍ଷାତ୍ ପରଂବ୍ରହ୍ମ। ଗୁରୁ ଦୀକ୍ଷା ଦିଅନ୍ତି, ଜ୍ଞାନ ବିତରଣ କରନ୍ତି, ମନ୍ତ୍ର ବି। ସେଇଥି ପାଇଁ ସେମାନଙ୍କର ତିନି ବିଭାଗୀକରଣ - (୧) ଶିକ୍ଷାଗୁରୁ, (୨) ଦୀକ୍ଷାଗୁରୁ, (୩) ମନ୍ତ୍ରଗୁରୁ। ଭଲ ମଣିଷଟେ ଗଢ଼ିବା, ସିଦ୍ଧ ସାଧକଟିଏ ସୃଷ୍ଟି କରିବା, ଶୁଦ୍ଧପୂତ ଜୀବନ ଯାପନ ଶୈଳୀ ଶିଖାଇବା - ଏଗୁଡ଼ିକ ଗୁରୁ ହିଁ ଶିକ୍ଷା ଦିଅନ୍ତି। ଗୁରୁ ଦିବ୍ୟ ଜ୍ଞାନ ପ୍ରଦାନ କରନ୍ତି। ଅଜ୍ଞାନ ଅନ୍ଧକାର ଭେଦ କରିବାକୁ ଆଲୋକ ରଶ୍ମି ବିତରଣ କରନ୍ତି। ଜୀବନର ପ୍ରତିଟି ସଫଳତା, ପଛରେ ଥାଏ ପ୍ରତ୍ୟକ୍ଷ ଅବା ପରୋକ୍ଷରେ ଗୁରୁଙ୍କ ଆଶୀର୍ବାଦ। ଏ ସବୁକାଳର କଥା। ପୁରାଣ ଯୁଗର ଶ୍ରେଷ୍ଠ ଧନୁର୍ଦ୍ଧର ଅର୍ଜ୍ଜୁନ, ମହାରଥୀ କର୍ଣ୍ଣ, ଅଦ୍ୱିତୀୟ ଯୋଦ୍ଧା ଏକଲବ୍ୟ - ସେମାନଙ୍କ ତ୍ୟାଗ, ନିଷ୍ଠା, ଆଦର୍ଶ ଜଗତ ବିଦିତ। ସବୁଠି ସେଇ ଗୁରୁକୃପା। ଏପରିକି ମହାଭାରତ ଯୁଦ୍ଧର ମହାନାୟକ ଶ୍ରୀକୃଷ୍ଣ, ସେ ବି ଋଷି ସନ୍ଦୀପନିଙ୍କ ଶିଷ୍ୟ। ଏମିତି ଗୁରୁ ଶିଷ୍ୟ ପରମ୍ପରାର ବହୁ ନଜିର। ଶିଷ୍ୟର ଅକପଟ ଭକ୍ତି, ଗୁରୁଙ୍କର ଅନାବିଳ ସ୍ନେହ, ଶ୍ରଦ୍ଧା, ନିରପେକ୍ଷ ବିଚାର- ଏହାକୁ ନେଇ ପୁରାଣ କାହିଁକି ଇତିହାସ ବି ମହିମାନ୍ୱିତ। ବିଶ୍ୱ ବିଜୟୀ ଆଲେକଜାଣ୍ଡର, ପ୍ଲାଟୋ, ଆରିଷ୍ଟଟଲ୍ କିମ୍ବା ବିଶ୍ୱବିଦିତ ବୈଜ୍ଞାନିକ ଆଇନଷ୍ଟାଇନ୍, ଆର୍କମେଡ଼ିସ୍, ସାର୍ ଜଗଦିଶ୍ ବୋଷ ଆହୁରି ଅନେକ - ଏମାନେ ବି ଗୁରୁକୃପାକୁ ସାରା ଜୀବନ ସାଇତିଛନ୍ତି। ସେଇଥି ପାଇଁ କଥାରେ ଅଛି - 'ଗୁରୁ ଜାଣି ଶିଷ୍ୟ'। ସଦ୍‌ଗୁରୁ, ସଂଯମୀ, ଯଶସ୍ୱୀ ଶିଷ୍ୟ; ଗୁରୁଶିଷ୍ୟ ପରମ୍ପରାକୁ ପ୍ରଦୀପ୍ତ କରିଛନ୍ତି। ଯେତେଯେତେ ପ୍ରତିଷ୍ଠା ସମ୍ପନ୍ନ ଅବା ଯଶସ୍ୱୀ; ପ୍ରତ୍ୟେକଙ୍କ ପଛରେ ରହିଛି ଗୁରୁଙ୍କର ଅଭୟ ଆଶୀର୍ବାଦ। ଏକଥାଟିକୁ ବି ମୁକ୍ତ କଣ୍ଠରେ ସ୍ୱୀକାର କରିଛନ୍ତି ମହାନ ସଙ୍ଗୀତଜ୍ଞ, ସ୍ୱନାମଧନ୍ୟ ନାଟ୍ୟଶିଳ୍ପୀ କାଳୀଚରଣ ପଟ୍ଟନାୟକ। ତାଙ୍କ ପାଠପଢ଼ା ବେଳ କଥା। ସେ ଯେଉଁ ଯେଉଁ ଗୁରୁଙ୍କ ସଂସ୍ପର୍ଶରେ ଆସିଛନ୍ତି, ସେମାନେ ଊଣା ଅଧିକେ

ବିଜ୍ଞ, ପଣ୍ଡିତ, ବହୁଶାସ୍ତ୍ର ଦର୍ଶୀ। କଳା, ନାଟକ, ସଂଗୀତପ୍ରିୟ ମଧ୍ୟ। ସେମାନଙ୍କ ସାନ୍ନିଧ୍ୟ, କାଳୀଚରଣଙ୍କୁ ଭଲ ଚାଟଟିଏ କରିଛି। ତାଙ୍କ ଜୀବନର ସର୍ବଶ୍ରେଷ୍ଠ କୃତିତ୍ୱର ଶ୍ରେୟ; ସମର୍ପି ଦେଇଛନ୍ତି ଗୁରୁଙ୍କ ପଦାରବିନ୍ଦରେ। ସତରେ ! ଭଲ ଶିଷ୍ୟଟେ ବିନା ଗୁରୁ ଜୀବନ ଅଧୁରା। ସେଇ କଥାକୁ ନେଇ ପ୍ରବଚନଟେ – "ଗୁରୁଙ୍କୁ ସୁନ୍ଦର ଚାଟ, ନଦୀକୁ ସୁନ୍ଦର ଘାଟ।"

କାଳୀଚରଣଙ୍କ ମାଇନର ପଢ଼ା ଶେଷ, ଛାଡ଼ିଲେ ଚର୍ଚ୍ଚିକା ସ୍କୁଲ୍, ଏଣିକି ନାଁ ଲେଖା ଖୋର୍ଦ୍ଧା ହାଇସ୍କୁଲରେ। ସ୍ନେହ, ଆଦରରେ ଶିକ୍ଷାଦାନ। ଧମକଚମକ, ବେତ୍ରାଘାତ ଦ୍ୱାରା ବିଦ୍ୟାଦାନର ପ୍ରଚେଷ୍ଟା – ଏ ଦୁଇ ମଧ୍ୟରେ ଆକାଶ ପାତାଳ ପ୍ରଭେଦ। ଏହା ବୁଝି ଥିଲେ କାଳୀଚରଣ। ତାଙ୍କ ମାଷ୍ଟ୍ରେ ରଘୁନାଥ ବାବୁ, ଆଖିରୁ ଝରି ପଡୁଥାଏ ଅସରା ଲୁହ, କାଳୀଙ୍କୁ ବିଦାୟ ଦେଉଥାଆନ୍ତି। କାଳୀଙ୍କର ମନେ ପଡ଼ିଯାଇଥାଏ ସ୍କୁଲ୍ ଜୀବନ, ରଘୁନାଥ ସାର୍‌ଙ୍କ ସ୍ନେହ ସରାଗ କଥା। ଶିକ୍ଷା, ଦୀକ୍ଷା ଉଭୟଟିର ମୂର୍ତ୍ତିମନ୍ତ ପ୍ରତୀକ ରଘୁସାର୍। ସମ୍ପ୍ରତି ଏ ଦୁଇଟିର ଏକାଠି ମିଶ୍ରଣ କ୍ୱଚିତ ଶିକ୍ଷକଙ୍କ ଠାରେ ଦେଖିବାକୁ ମିଳେ। ରଘୁବାବୁ କାଳୀଚରଣଙ୍କୁ ଗଢ଼ିଲେ, ଭଲ ମଣିଷଟିଏ ହେବାର ବାଟ ଦେଖାଇଲେ। କାଳେ କାଳେ ତ ପିଲା କଞ୍ଚା ହାଣ୍ଡି, ତାକୁ ବାଗେଇବା, ମଜବୁତ କରିବା, ନିପୁଣ କରିବା କୁମ୍ଭକାରର ଦାୟିତ୍ୱ। ଠିକ୍ ସେମିତି, କାଳୀଚରଣଙ୍କର ଉଚିତ ମାର୍ଗଦର୍ଶକ ରଘୁସାର୍। ତାଙ୍କ ବିନୁ ସେ ସମ୍ଭବତଃ କଳା ସାହିତ୍ୟର ଶିଖରରେ ପହଞ୍ଚି ପାରି ନ ଥାଆନ୍ତେ।

କାଳୀଚରଣଙ୍କ ଖୋର୍ଦ୍ଧା ଯାତ୍ରା, ନ ଥିଲା ମଟର ବସ୍ ଯୋଗାଯୋଗ। ଶଗଡ଼ଗାଡ଼ି ଏକମାତ୍ର ଭରସା। ଶଗଡ଼ ଚାଲିଛି, ଶଗଡ଼ିଆ କାଳୀଙ୍କ ପୁରୁଣା କୋଠିଆ ସାରଥିଆ। କାଳୀଚରଣଙ୍କ ଆଖି ଶୁଖୁନି, ଝର୍‌ଝର୍ ଝରୁଛି ଲୁହ। ନୂଆ ଜାଗା, ନୂଆ ମଣିଷ, ନୂଆ ସ୍କୁଲ – ଏମିତି କେତେ କଥା, ତା' ସହିତ ମନରୁ ଲିଭୁନି ରଘୁସାର୍‌ଙ୍କ ସ୍ମୃତି, ତାଙ୍କ ଖଡ଼ମର ଠକ୍ ଠକ୍ ଶବ୍ଦ, ସ୍ନେହ ଆଦର ବୋଳା କଥା କେଇପଦ। ଏସବୁ କାଳୀଙ୍କର ହୃଦୟରେ ଯେମିତି ହାତୁଡ଼ି ପାହାର ଦେଇ ଚାଲିଛି। ପଛରେ ରହି ଯାଇଛି ପାଟପୁର, ଗୋପାଳପୁର, ଭୋକା ଗହୀର, ତୁଳସୀପୁର, ରଣନଈ, ହଳଦିଆଗଡ଼, ମୁକୁତାପୁର, ଆଉ ସବୁ ଚିହ୍ନାଜଣା ଜାଗା, ଶାଗୁଆପାହାଡ଼, ଲଟାବଣର ଶୋଭାଶିରୀ। ଗାଁ ଗଣ୍ଡା, ତୋଟା ନଟା ସମସ୍ତେ ଆଖିର ପାଣି ଗାଧୁଆ ହୋଇ ଝାପ୍‌ସା ଦିଶୁଥିଲେ। ଖୋର୍ଦ୍ଧାରେ ପହଞ୍ଚିଲା ବେଳକୁ ବେଳ ରତରତ। ଖୋର୍ଦ୍ଧା ବରୁଣେଇ ସାହି, ସେଇଠି ଥାଆନ୍ତି ତାଙ୍କ ଦାଦା। କଚେରିରେ କିରାଣି ଚାକିରି। ତାଙ୍କରି ବସାଘର। ସେଇଠି କାଳୀ ରହିଲେ। ଖୋର୍ଦ୍ଧା ସ୍କୁଲ୍‌ରେ ତାଙ୍କ ନାଁ ଲେଖା ହେଲା। ଫୋର୍ଥ କ୍ଲାସ୍ ଅର୍ଥାତ୍ ମାଟ୍ରିକ୍‌ର ୪ର୍ଥ

ଶ୍ରେଣୀ। ହାଇସ୍କୁଲ୍‌ର ହେଡ଼ପଣ୍ଡିତ ଫକୀର ମିଶ୍ରେ। କାଳୀଚରଣଙ୍କ ପ୍ରଥମ ଅନୁଭୂତି। ମିଶ୍ରେ ପଢ଼ାଉ ଥାଆନ୍ତି ସଂସ୍କୃତ, ବହିଟି ନାଁ 'ଶିକ୍ଷା'। ପଣ୍ଡିତଙ୍କର ପ୍ରଥମ ବାକ୍ୟ- "ଏକଃ ସ୍ୱାଦୁ ନ ଭୁଞ୍ଜିତ।" ଏ ବାକ୍ୟଟିକୁ କାଳୀଚରଣ ଭୁଲି ନ ଥିଲେ ସାରାଜୀବନ। ପଣ୍ଡିତେ ସ୍ୱତନ୍ତ୍ର ସ୍ୱଭାବର। ତାଙ୍କ ଘର ପୁରୀରେ। କ୍ଲାସ୍‌କୁ ଆସନ୍ତି, ବେକ ଖୋଲା, ଢିଲାହାତ କୁରୁତା, ଛାତି ମୁକୁଳା ଥାଏ। ଗଳାରେ ସଜ ମଲ୍ଲିଫୁଲର ଗଜରା ମାଳ। ବେଟା ରସିକ ଲୋକ, ପଢ଼ାନ୍ତି ଶିକ୍ଷା ସହିତ ଉପକ୍ରମଣିକା। ତାଙ୍କର ଟିକେ ଇଂରାଜୀ ଜ୍ଞାନ କମ୍, କେହି ଛାତ୍ର ତାଙ୍କ ଉତ୍ତର ନ ଦେଲେ ପଚାରନ୍ତି ଆରଜଣକୁ। କହନ୍ତି - 'ଇଉ, ଇଉ' ତା ସାଙ୍ଗକୁ ହାତରେ ବେତଟା ବୁଲାଉ ଥାଆନ୍ତି। ତା' ପରେ ଆଦେଶ - "ଷ୍ଟାଣ୍ଡ ଅପ୍ ଇନ୍ ଦି ବେଞ୍ଚ।" ପିଲେ ମୁହଁ ବୁଲାଇ ମୁରୁକି ହସା ଦିଅନ୍ତି। ତା'ପରେ ପଣ୍ଡିତେଙ୍କ ନାସ୍ୟ ସେବନ, ନିଦ୍ରାଦେବୀ ଆରାଧନା, ନାସିକା ଗର୍ଜନ ଇତ୍ୟାଦି। ଘଣ୍ଟା ବାଜେ, ବେତାଣ ଖଣ୍ଡିକ କାନ୍ଧରେ ସଜାଡ଼ୁ ସଜାଡ଼ୁ ଯଥାଶୀଘ୍ର ପ୍ରସ୍ଥାନ। ଭାଗ୍ୟଯୋଗରୁ ପଣ୍ଡିତେ ଯେଉଁଦିନ ପଢ଼ାନ୍ତି, ସେ ପାଠ ଭୁଲି ହୁଏନା। ନାନାଦି ଉଦାହରଣ, ଉପକ୍ରମଣିକା ଦେଇ ବୁଝାନ୍ତି ପ୍ରାଞ୍ଜଳ ଭାବରେ। ଛାତ୍ରଙ୍କ ମନରେ ଲାଖିରହେ। କାଳୀଚରଣ ପିଲାବେଳୁ କିଛିକିଛି ସଂସ୍କୃତ ଜାଣିଥିଲେ, ମା' ତାଙ୍କୁ ପଢ଼ାଉଥିଲେ। ଫକୀର ମିଶ୍ରଙ୍କ ଶିକ୍ଷାଦାନ, ତାଙ୍କ ସଂସ୍କୃତ ଜ୍ଞାନକୁ ମାର୍ଜିତ କରିଦେଲା। ପଣ୍ଡିତ ମିଶ୍ରେ ସତରେ ଜଣେ ପଣ୍ଡିତ ! ତାଙ୍କ କଥା କାଳୀଙ୍କ ପାଇଁ ଅଭୁଲା।

ଖୋର୍ଦ୍ଧା ସ୍କୁଲ୍‌ର ହେଡ଼ମାଷ୍ଟର ମହୀନ୍ଦ୍ରବାବୁ - ଚଳନ୍ତି ମହାଦେବ ପରି, ଅପୂର୍ବ ପୁରୁଷ। ତାଙ୍କର ରୂପକାନ୍ତିରେ ଥାଏ ଅଦ୍ଭୁତ ଆକର୍ଷଣ। ତାଙ୍କ ନମ୍ର ସ୍ୱଭାବ, ନମ୍ର ଗୁଣାବଳୀ; ଏଥିରେ ଯେ କେହି ପ୍ରଭାବିତ ହୁଏ। ସେ ଜ୍ଞାନୀ, ଗମ୍ଭୀର ବି। ପାଠକୁ ସେ ପଢ଼ାନ୍ତି, ସତେ ଯେମିତି ଗୋଳି ପିଆଇ ଦିଅନ୍ତି। ଅଷ୍ଟାଦଶ ପୁରାଣ ହେତୁ ରଖିବାକୁ ସୂତ୍ରଟିଏ ବତାଇଲେ, ତାହା ହେଲା - "ମଦ୍ୱୟ, ଭଦ୍ୱୟ, ୱୈବ, ବତ୍ରୟ, ବ୍ରଚତୁଷ୍ଟୟ - ଅ, ଗ, ନା, ଲି, କୂ, ପ୍ର, ସ୍କନ୍ଦ।" ଏସବୁ ପୁରାଣ ଗୁଡ଼ିକର ଆଦ୍ୟ ଅକ୍ଷର। ଏହାକୁ ଘୋଷିଦେଲେ କାମ ଶେଷ। ପିଲା ରୋକ୍‌ଠୋକ୍ କହିଦିଅନ୍ତି ଅଷ୍ଟାଦଶ ପୁରାଣ ନାଁ। ସ୍କୁଲ୍‌ର ସେକେଣ୍ଡ ଟିଚର୍ ଗୋପାଳ ଚରଣ ପଟ୍ଟନାୟକ - ଜ୍ଞାନୀ, ଗୁଣୀ, ଗମ୍ଭୀର ବ୍ୟକ୍ତି। କାଳୀଚରଣଙ୍କ ପଢ଼ାର ବର୍ଷେ ଦି' ବର୍ଷ ହେବ, ସେ ସ୍କୁଲ୍ ଛାଡ଼ିଲେ। ହାକିମ ହେଲେ। ତାଙ୍କ ପରେ ଆଉ ଜଣେ ଆସିଲେ, ପର୍ଶୁରାମ ବର୍ମା। ଘର ପୁରୀ। ଜଣେ ଯୋଗ୍ୟ ଗୁରୁଙ୍କ ପରେ ସେ ଆଉ ଜଣେ ଯୋଗ୍ୟ ବ୍ୟକ୍ତି। ଖୁବ୍ ସୁନ୍ଦର ପଢ଼ାଉଥିଲେ।

ପଦ୍ମଚରଣ ପଟ୍ଟନାୟକ, କାଳୀଚରଣଙ୍କ ମଉସା। ଖୋର୍ଦ୍ଧା ସ୍କୁଲ୍‌ର ସେ ଆଡ଼ିସ୍‌ନାଲ୍ ଟିଚର। ଭାରି ଛାତ୍ରବତ୍ସଳ। ସେ ଜଣେ ବକ୍ତା, ଲେଖକ, ମଧୁରଭାଷୀ,

ସୁନ୍ଦର ସ୍ୱାସ୍ଥ୍ୟବାନ ଯୁବକ। ଘର ତାଙ୍କର ଜାଆଁଳାରେ। ତାଙ୍କ ପରିବାରଟି ସଙ୍ଗୀତ, ନାଟକ ପ୍ରେମୀ। ପଦ୍ମଚରଣଙ୍କ ଦାଦା ଗୌରକୃଷ୍ଣ ପଟ୍ଟନାୟକ, ସେ ଜଣେ ସଙ୍ଗୀତ ଲେଖକ। ସୁଗାୟକ ମଧ୍ୟ। ନିଜେ ପଦ୍ମଚରଣ ବାବୁ ଖୋର୍ଦ୍ଧା ବୋର୍ଡ଼ିଂ ସ୍କୁଲ୍‌ର ସୁପରିନ୍‌ଟେଣ୍ଡେଣ୍ଟ। ଭଲ ଶିକ୍ଷକ। ଏ ବୃତ୍ତି ଛାଡ଼ିଦେଲେ। ଶିକ୍ଷା ବିଭାଗରେ ଡେପୁଟି ଇନିସ୍‌ପେକ୍ଟର ହୋଇଗଲେ। ଆଉ ଜଣେ ସେକେଣ୍ଡ ଟିଚର୍ ଥାଆନ୍ତି ପଣ୍ଡିତ କୃପାସିନ୍ଧୁ ହୋତା। ଦେବତୁଲ୍ୟ ମଣିଷ। ଦେଖିଲେ ଆପେ ଭକ୍ତି ଆସେ, ମୁଣ୍ଡ ନଇଁଯାଏ। ତାଙ୍କର ଧୀର ଚାଲି, ଗମ୍ଭୀର ମୁଖ, ହସରେ ଥାଏ ମଧୁରତା। ଅଳ୍ପ ହସନ୍ତି, ସତ୍ ଚରିତ୍ର, ସାଧୁପୁରୁଷ, ଦେଶପ୍ରାଣ, ପ୍ରବୀଣ ବ୍ୟକ୍ତି। କ୍ଲାସ୍‌ରେ ଓଡ଼ିଆ ପଢ଼ାନ୍ତି। କବିବର ଚିନ୍ତାମଣି ମହାନ୍ତିଙ୍କ ଲେଖା 'ସପ୍ତରଥୀ', ପଢ଼ାଉ ପଢ଼ାଉ ଭାବ ବିହ୍ୱଳ ହେଇଯାଆନ୍ତି। ତାଙ୍କର ଅମାୟିକ ବ୍ୟକ୍ତିତ୍ୱ। ସିଧାସଳଖ ଲୋକ, ପାଦରେ ଚଟିଜୋତା, ଅନ୍ୟକିଛି ସେ ପିନ୍ଧନ୍ତିନି। ଇଂରେଜୀ ଠାଣିମାଣି ଠାରୁ ଢେର୍ ଦୂରରେ। କାଳୀଚରଣଙ୍କୁ ଲେଖାଲେଖିରେ ପ୍ରୋତ୍ସାହନ ଦିଅନ୍ତି। ଲେଖାର ଭୁଲ ଠିକ୍ ବାଛନ୍ତି, ସଜାଡ଼ିବାରେ ସାହାଯ୍ୟ କରନ୍ତି। ଗୋଟେ କଥାରେ କହିଲେ, ଖୋର୍ଦ୍ଧା ହାଇସ୍କୁଲର ପ୍ରତ୍ୟେକ ଶିକ୍ଷକ ଗୁଣୀ, ଜ୍ଞାନୀ, ମାନୀ, କଳା-ସାହିତ୍ୟ-ପ୍ରେମୀ। ଏସବୁ ଗୁରୁଙ୍କ ଠାରୁ କାଳୀଚରଣ ବହୁତ କିଛି ଶିଖିଲେ। ତାଙ୍କ ଲେଖକୀୟ ଜୀବନ ମୂଳଦୁଆ ସୁଦୃଢ଼ ହେଲା।

ଦିନକର ଘଟଣା। କାଳୀଚରଣ ନିଜର ଲେଖାସବୁ ହୋତା ସାର୍‌ଙ୍କୁ ଦେଖାଇଲେ। ଲେଖା ଗୁଡ଼ିକ ଆଦିରସ ସମ୍ବଳିତ। ଏପରି ରଚନା ଶୈଳୀ ବଦଳାଇବାକୁ ସାର୍ ପରାମର୍ଶ ଦେଲେ। କାଳୀଚରଣଙ୍କ ଲେଖାରେ ପରିବର୍ତ୍ତନ ଆସିଲା। ଆରମ୍ଭ କଲେ ପ୍ରକୃତି ବର୍ଣ୍ଣନା ଧର୍ମୀ ରଚନା। ପରବର୍ତ୍ତୀ କାଳରେ ସେ ବୁଝିଲେ, ଶୃଙ୍ଗାର-ରସ-ଚେତନା ପ୍ରାଣରେ ଉଷ୍ଣତା ଆଣେ; ମାତ୍ର ପ୍ରକୃତି ବର୍ଣ୍ଣନା ପାଠକକୁ ବିହ୍ୱଳ କରେ, ଅନ୍ୟ ଏକ ରାଇଜକୁ ନେଇ ଯାଏ। ହୋତା ସାର୍ ନୂଆ ମାର୍ଗ ଦର୍ଶାଇଲେ। କାଳୀଚରଣଙ୍କ କଳା ସାହିତ୍ୟ ପ୍ରୀତି ବହୁଗୁଣିତ ହେଲା।

୧୯୧୪-୧୫ ମସିହା। ଖୋର୍ଦ୍ଧା ହାଇସ୍କୁଲରୁ ପ୍ରଥମ ପତ୍ରିକାଟେ ପ୍ରକାଶିତ ହେଲା। ପତ୍ରିକାର ନାଁ 'ଉଦୁଉଦୁମା'। କାଳୀଙ୍କ ଜୀବନରେ କବିତା ପ୍ରକାଶନ ଏକ ମସ୍ତବଡ଼ ସୀମାରେଖା। ଯା ପୂର୍ବରୁ ତାଙ୍କର କୌଣସି ଲେଖା ଛାପା ରୂପ ପାଇନଥିଲା। ପହିଲି ପ୍ରକାଶିତ ଲେଖା, କାଳୀଙ୍କର ଆନନ୍ଦ ଦେଖେ କିଏ ? ସାର୍‌ଙ୍କୁ କୃତଜ୍ଞତା ଜଣାଇଲେ, ବୋଉ ପାଖକୁ, ଖବର ପଠାଇଲେ, ସାଙ୍ଗସାଥୀଙ୍କୁ ଜଣାଇଦେଲେ। କେତେଜଣଙ୍କ ପାଖକୁ ବହି ଖଣ୍ଡେ ଖଣ୍ଡେ ପଠାଇଲେ। କେହି କେହି ବଧାଇ ଜଣାଇଲେ। ଗୁରୁ ଆଶୀର୍ବାଦ କାଳୀଙ୍କୁ ମିଳଗଲା। ଏଣିକି ତାଙ୍କର କଳା, ସାହିତ୍ୟ

ପ୍ରତି ଆଦର ବଢ଼ିଲା। ସ୍କୁଲ ଛୁଟି ପରେ ପିଲେ ପଡ଼ିଆରେ ଖେଳନ୍ତି - ଫୁଟ୍‌ବଲ୍, ଭଲି, ବାଗୁଡ଼ି; କିନ୍ତୁ କାଳୀଚରଣ ଚାଲିଯାଆନ୍ତି ନିରୋଳା ଜାଗାକୁ। ଖେଳ ଆଡ଼େ ତାଙ୍କ ମନ ବଳେନା। ସମୟ ପାଇଲେ କେବେ ସାଙ୍ଗସାଥିରେ, କେବେ ଏକା ଏକା ଯାଆନ୍ତି ନବିନାବାଗ। ଏଇ ହେଇଗଲା ତାଙ୍କ ଜୀବନସାଥୀ। ସ୍ଥାନଟି ନିର୍ଜନିଆ। ଭାରି ସୁଖ ଲାଗେ। ହାତୀ ପୋଖରୀର ଅଳପ ଉଚ୍ଚ ପଥର କାନ୍ଥି, ତା'ରି ଉପରେ ବସନ୍ତି। ଯାହା ମନକୁ ଆସେ ଗାଆନ୍ତି, ଲେଖନ୍ତି। ନିକଟରେ ଟେଲର୍‌ସାଇବ ବଙ୍ଗଳା - ଖୁବ୍ ସୁନ୍ଦର। ଆଗରେ ଫୁଲ ବଗିଚା, ରାସ୍ତାରୁ ବଙ୍ଗଳା ଟିକେ ଦୂରେଇ କରି, ଭାରି ନିଛାଟିଆ ଥାନ, ତା'ରି ପାଖରେ ହାତୀ ପୋଖରୀ। ପଥର କଟା ପାଣି, ବେଶ୍ ଗହିରିଆ। ଦର୍ଶକ ମନରେ ନିରାଶିଆ, ଗମ୍ଭୀର ଭାବ ଆଣେ। ମନଟା ଗୋଳେଇ ଘାଣ୍ଟିହୁଏ। ସବୁବେଳେ ତାକୁ କାଗଜ କଲମରେ ଲେଖିବା ସମ୍ଭବ ନୁହେଁ। ଖୁରୁଧା ରାଜାଙ୍କ ହାତୀ ଏଇ ପୋଖରୀରେ ଗାଧାନ୍ତି, ଏକଥା ଲୋକେ କହନ୍ତି। ପୋଖରୀକୁ ଲାଗି ବୁଦୁବୁଦୁକିଆ ଲଟାବଣ। ଜାତି ଜାତି ଚଢ଼େଇଙ୍କ କିଚିରି ମିଚିରି, ଅଦୂରରେ ବରୁଣାଇ ପରବତ, ତହିଁରେ ଧକ୍‌କାଖିଆ ମତୁଆଲା ପବନ ଚୋରେଇ ଆଣେ, ବଣୁଆ ଫୁଲର ମହକ ବାଣ୍ଟେ। ଆଉ ଆଉ ଫୁଲ, ଦୋଳି ଖେଳୁଥାଆନ୍ତି, ସେଇ ପବନ ଝୁଲଣାରେ। ସେଠି କଜଳପାତି, ହଳଦୀବସନ୍ତ, ଚମ୍ପାଘୁଅ, ଘୁଟୁରୁଘୁମା ଆଦି ଚଢ଼େଇଙ୍କ ଅବାଧ ରାଜତ୍ୱ। କିଣିନିଏ କାଳୀଚରଣଙ୍କ ମନ, ତାଙ୍କ ଲେଖନୀ ହୁଏ ଚଳଚଞ୍ଚଳ। ଏଣିକି ଶୃଙ୍ଗାରୀ କବିତା ନୁହେଁ, ପ୍ରକୃତି ବର୍ଣ୍ଣନା। ଏଥିରେ ସେ ଅଭ୍ୟସ୍ତ ହୋଇଗଲେ।

ସେଇ ହାତୀ ପୋଖରୀ ହୁଡ଼ା, କାଳୀ ବସନ୍ତି। ହାତରେ କଲମ, ଖାତାଟିଏ ବି ଥାଏ। ଯାହା ମନକୁ ଆସେ ଲେଖନ୍ତି, ନିଜେ ଗାଆନ୍ତି। ପାଖରେ କେହି ନ ଥାଆନ୍ତି। ଥାଏ ନବିନାବାଗ, ହାତୀ ପୋଖରୀ, ଫୁଲର ମହୁଆ ମହକ, ପବନର ଫାଜିଲାମି। ଏମିତି ଅନେକ ସଞ୍ଜ କଟେ। ଦିନେ ଅନ୍ଧାର ଘନେଇ ଆସିଲାଣି, ସେଥିପ୍ରତି ନିଘାନାହିଁ, କାଳୀଚରଣ ଭାବ ବିହ୍ୱଳ, ଲେଖିଲେ - "ରୁମ ଲୁଚିଲାଣି / ସଞ୍ଜ ସଖୀ ବେଶ ହେଲାଣି / କଳା ବନାରସୀ ପାଟ ପିନ୍ଧିଲାଣି / ପୁଞ୍ଜି ତାରା ବୁ'ଟା ଖଞ୍ଜି ଦେଲାଣି / ନାଇ ନାନା ବନଫୁଲର ଝରା / କେଡ଼େ ସୁନ୍ଦର ଦିଶେ ତୋରା / ଓଢ଼ଣା ଘୋଡ଼ାଇ - ଲାଜେ ଲାଜେ ସତେ / ରବିରେ ଦେଲାଣି ମେଲାଣି।" ଏମିତି ସୁନ୍ଦର କବିତାମାନ ଲେଖିଲେ କାଳୀଚରଣ।

ଏସବୁ ସ୍କୁଲ ବେଳର କଥା, ପଣତକାଳରେ କାଳୀଙ୍କ ମନ ଚହଲେଇ ଦିଏ। ମନେ ପଡ଼ନ୍ତି ପ୍ରାଇମେରୀ ସ୍କୁଲ ସାର୍, ମାଇନର ସ୍କୁଲ ରଘୁମାଷ୍ଟ୍ରେ, ଖୋର୍ଦ୍ଧା ହାଇସ୍କୁଲର ହୋତା ସାର୍‌ଙ୍କ କଥା। ସେମାନେ ତାଙ୍କର ଶିକ୍ଷାଗୁରୁ, ଦୀକ୍ଷାଗୁରୁ, ସାହିତ୍ୟ ଗୁରୁ ବି।

ଗୁରୁ ଆଶୀର୍ବାଦ କରନ୍ତି। ମୂକ ବାଚାଳ ହୁଏ, ଜଡ଼ା ଚଉବେଦ ଗାଏ, ପଙ୍ଗୁ ଗିରି ଲଂଘେ - ଏକଥାଟି ଧ୍ରୁବ ସତ୍ୟ। ଏହାକୁ କେହି ବୁଝୁ ବା ନବୁଝୁ ବୁଝିଥିଲେ କାଳୀଚରଣ। ଏବେ ସମୟ କାହିଁ କେତେ ଆଗରେ, ତାଙ୍କ ଗୁରୁମାନେ ଏବେ ସ୍ୱର୍ଗୀୟ। ହାତୀପୋଖରୀ, ନବିନାବାଗ - ଖାଲି ସ୍ମୃତିର ସ୍ମୃତି। ୧୯୧୩-୧୪ ସାଲ୍‌ର ଏଇ ଚହଲା ପ୍ରସଙ୍ଗ। ଏବେ ବିସ୍ମୃତି ମୁହାଁ। କାଳୀ ଥିଲେ ସୁଯୋଗ୍ୟ ଗୁରୁଙ୍କ ଯୋଗ୍ୟ ଶିଷ୍ୟ। ତାଙ୍କରି ଆତ୍ମଲିପି ପଢ଼ିଲେ ଯେକେହି ସ୍ୱୀକାର କରିବ, 'ଗୁରୁ ଜାଣି ଶିଷ୍ୟ' ଅବା 'ଗୁରୁଙ୍କୁ ସୁନ୍ଦର ଚାଟ !'

■

କଟକ ସହର ବଡ଼ ମନୋହର

ଶେଷରେ ଇଂରେଜମାନେ ଓଡ଼ିଶା ଅଧିକାର କଲେ (୧୮୦୩)। ଏହା ଥିଲା କଟକ, ପୁରୀ, ବାଲେଶ୍ୱର ସମନ୍ୱିତ କେତେକ ଅଞ୍ଚଳ। ସେମାନଙ୍କ ଭାରତ ବିଜୟ ସମାପ୍ତ ହେଲା। ପ୍ରଥମାବସ୍ଥାରେ ଓଡ଼ିଶା ଜନଜୀବନ ଫିରିଙ୍ଗିଙ୍କୁ ସହଜରେ ଗ୍ରହଣ କରିନଥିଲା। ସେମାନଙ୍କ ଭାଷାକୁ ବି। ଏ ପ୍ରକାର ଚିନ୍ତନ ଏକ ଐତିହ୍ୟସମ୍ପନ୍ନ ଜାତିର ଭାଗ୍ୟକୁ ବିଡ଼ମ୍ୱିତ କଲା। ଇଂରେଜମାନଙ୍କ ଅଧୀନରେ ଚାକିରିଟିଏ ପାଇଁ ଇଂରାଜୀ ଶିକ୍ଷା ଲୋଡ଼ା - ଏକଥା ଶେଷରେ ବୁଝିଲେ ଓଡ଼ିଆଏ, କମ୍ପାନୀ ସରକାର ଅଧୀନରେ ଚାକିରିଟିଏ ପାଇଁ ସର୍ବନିମ୍ନ ଯୋଗ୍ୟତା ହାସଲ କଲେ (୧୮୪୩)। ସେତେବେଳକୁ ନେଡ଼ିଗୁଡ଼ କହୁଣୀରେ। ପ୍ରତିବେଶୀ ରାଜ୍ୟ କୋଲକତା। କର୍ମଲୋଭରେ ବହୁ ଇଂରାଜୀ ପଢୁଆ ବଙ୍ଗାଳୀ ଓଡ଼ିଶା ଆସିଲେ, ପଦପଦବୀ ଦଖଲକଲେ। ସେମାନଙ୍କ ମଧ୍ୟରୁ ଅନେକ ଅସାଧୁ। ତାଙ୍କ ଠାରୁ ଓଡ଼ିଶାବାସୀ ଉତ୍କୋଚ ଗ୍ରହଣ, ନିଶାପାନ, ବାରନାରୀ କକ୍ଷ ଗମନ ଆଦି ନାନା ଅକଥା ଶିଖିଲେ। ସୃଷ୍ଟିହେଲା ଘୋର ସାଂସ୍କୃତିକ ସଂକଟ। ଅନେକ ଇଂରାଜୀ ପଢୁଆ ଓଡ଼ିଆ। ସେମାନଙ୍କ ଚାଲିଚଳଣି, ଢଙ୍ଗରଙ୍ଗ ବଦଳିଗଲା। ଏମାନେ ଗାଁକୁ ଉପେକ୍ଷା କଲେ। ଚାକିରି ବାକିରି କରି ସହରରେ ରହିଲେ। ସେତେବେଳେ କଟକ ସହର ନାଁ ଡାକ। ଥାନା, କଚେରି, ସରକାରୀ ସ୍କୁଲ୍, କଲେଜ, ଡାକ୍ତରଖାନା - ସବୁ ସୁବିଧା କଟକରେ। ନାଚ, ଗୀତ, ଥିଏଟର; ପର୍ବପର୍ବାଣିରେ ଯାତ୍ରା, ମଉଜ, ମଜଲିସ; ଏପରିକି ବାଈ ନାଚ - ଏସବୁ କଟକର ନିତିଦିନିଆ ଘଟଣା। କଟକ ସହର ଏକ ପ୍ରକାର ଚାକିରିଆଙ୍କ ମନ କିଣିନେଲା। ସାଧାରଣ ଲୋକେ, ସମୟେ ସମୟେ କଟକ ଆସନ୍ତି, କୋର୍ଟ କଚେରି କାମ ଥାଏ। ଉଚ୍ଚଶିକ୍ଷାର ସୁବିଧା ସେଇ କଟକରେ। ମାଟ୍ରିକ ପରୀକ୍ଷା ସେଣ୍ଟର ବି। ଆମ ମଫସଲି ପିଲା କଟକ ଆସନ୍ତି, କିଏ ବୋର୍ଡ଼ିଂରେ, ଆଉ କେହି କେହି ନିଜ ସୁବିଧାରେ ଭଡ଼ାଘର ନିଅନ୍ତି, ହାତରେ ରାନ୍ଧି

ଖାଆନ୍ତି। ଏସବୁ ଅନୁଭୂତି କବିଚନ୍ଦ୍ର ଡକ୍ଟର କାଳୀଚରଣ ପଟ୍ଟନାୟକଙ୍କର। କେବଳ ପାଠ ନୁହେଁ; ଏକପ୍ରକାର କଟକର ସାଂସ୍କୃତିକ ଜୀବନ ସହ ସେ ଓତପ୍ରୋତ ଜଡ଼ିତ ହୋଇ ଯାଇଥିଲେ। ସେଇ ସବୁ ଅଙ୍ଗେଲିଭା କଥା, ପରସିଛନ୍ତି ତାଙ୍କ ଆତ୍ମଲିପି 'କୁମ୍ଭାରଚକ'ରେ। କଟକରୁ ହିଁ କାଳୀଚରଣଙ୍କ ସଫଳତାର ଅୟମାରମ୍ଭ। ମାଟ୍ରିକ ପରୀକ୍ଷା, ରେଭେନ୍ସାରେ ପାଠପଢ଼ା, ଗୀତଲେଖା, ବହିଛପା, ବଡ଼ବଡ଼ ଲୋକଙ୍କ ସହ ମିଶିବା; ଏପରିକି ଉତ୍କଳ ଗୌରବ ମଧୁସୂଦନ ଦାସଙ୍କ ସହ - ତାହା ସେଇ କଟକରେ। କଟକ ସହର, ତାଙ୍କୁ ଆକର୍ଷିତ କରିଥିଲା, ତାଙ୍କ ପରି ଅନେକଙ୍କୁ ବି। ସତରେ ! କଟକ ସହର; ବଡ଼ ମନୋହର।

କଟକରେ କଲିଜିଏଟ୍ ସ୍କୁଲ୍ ଥାଏ। ଆଜି ସେଠି ସିଟି ହସ୍‌ପିଟାଲ। ଏ ଘରକୁ କେହି କେହି ପୁରୁଣା ଅଦାଲତ କହନ୍ତି। ମାଟ୍ରିକ୍ ପରୀକ୍ଷା ଘଡ଼ି ଉପଗତ। କାଳୀଚରଣ ଟେଷ୍ଟ ପରୀକ୍ଷା ଦେଲେ ଖୋର୍ଦ୍ଧା ସ୍କୁଲ୍‌ରେ। ବାର୍ଷିକ ପରୀକ୍ଷା ସେଣ୍ଟର ହେଲା କଟକ କଲିଜିଏଟ୍ ସ୍କୁଲ୍‌ରେ। ଛାତ୍ରମାନେ ବିଭିନ୍ନ ସ୍କୁଲ୍‌ରୁ ଆସିଲେ। କଟକ ଓଡ଼ିଆ ବଜାର। ଠିକ୍ ଗଙ୍ଗା ମନ୍ଦିର ଯିବାକୁ ପଡ଼ିଥିବା ଗଳି ରାସ୍ତା, ସେଠାକୁ ଛୁଇଁଛି। ତା'ର ବିପରୀତ ପଟ ସଡ଼କ ସେପଟ, ମାଟି କାନ୍ଥରେ ଗୋଟାଏ ଲମ୍ବା ଚାଳଘର, ଖୁଆଡ଼ ପରି। ସେଠାରେ ରହୁଥିଲେ ବାଙ୍କିର କେତେକ ଛାତ୍ର। ତାଙ୍କ ସହ ଗୌରମୋହନ ପାଢ଼ୀ। ପାଢ଼ୀ କଟକ କିଲଟରର ଅମଲା। ଖୋର୍ଦ୍ଧାର ମୁକ୍ତାର ଛୋଟା ନିରଞ୍ଜନ ବାବୁ। ତାଙ୍କରି ଘର, ନାଁ ବାଙ୍କିମେସ୍। ସେଠାରେ ରହିଲେ କାଳୀଚରଣ। ଚାଳ ଛପର ଘର, ଡାହାଣ ପଟେ ଗୋଟେ ଚାଳି। ମେସ୍‌ର ପାଇଖାନା ବାଡ଼ ପଟ ଗଳି। ପ୍ରଥମ ଘର ଝୁମରବାଈର। ତା'ର ଏକ ତାଲା ପକ୍‌କା ଘର। ଜଣେ ଗଜରା ନିଶୁଆ ଦାଢ଼ିଆ ଜବାନ୍ ବାବାଜୀ, ବଇଁଶୀ ଫୁଙ୍କି ପକ୍‌କା ଉପରେ ବୁଲେ। ଗୀତଟିଏ ଗାଏ- "ନେଞ୍ଚୀ ଲୋକ ସଙ୍ଗେ ପୀରତି କରିଲେ/ ସେ କାହୁଁ ହୋଇବ ସଫଳ ଉର୍ଦ୍ଧେକ / କହିବଟି ଗୋପୀ ନାଥଙ୍କୁ।" ବାବାଜୀ ଗୀତ ସଙ୍ଗେ ବଇଁଶୀ ବଜାଏ। ତା' ପାଟି ଟିକେ ଲାଗେ। ବାଙ୍କି ମେସ୍‌ର ପିଲେ ସେଇ ଗୀତର ମଜା ନିଅନ୍ତି।

ଫିରିଙ୍ଗି ରାଜୁତି। ସୁରା ଆଉ ବାର ନାରୀ ନିଶା ଅଧିକାଂଶଙ୍କୁ ଘାରିଲା। କଟକରେ ଠା ଠା ବାଈଘର, ଗ୍ରାହକ ଯାଆନ୍ତି। କାଳୀଚରଣଙ୍କ ଓଡ଼ିଆ ବଜାର ରହଣି। ଘଟିଲା ଘଟଣାଟେ। ଗଙ୍ଗାମନ୍ଦିର ପୋଖରୀକୁ ଗାଧୋଇ ଯାଆନ୍ତି, ସାକ୍ଷାତ୍ ହେଲା ଅନିନ୍ଦ୍ୟ ସୁନ୍ଦରୀଟି ସହିତ, ନାଁ ତା'ର ବିଚକ୍ଷଣା। ଯୌବନ ମାଠିମୁଠି ରସାଣି ଦେଇଛି ତା' ମୁହଁକୁ। ତା' ଢଳଢଳ ଆଖି ଯୋଡ଼ାକ କଥା କହୁଛି ପରା ! ହସ ଲେଖା ହୋଇଛି ଅଧର କୋଣରେ। କାଳୀଙ୍କ ଛାତି ଦମ୍‌ଦମ୍, ନୂଆ ଅନୁଭୂତି। ବିଚକ୍ଷଣା କାଳୀଙ୍କୁ

ଅନୁରୋଧ କଲା। ତାଙ୍କ ଘରକୁ ଡାକିଲା। ମିନତି ଭରା କଣ୍ଠରେ କହିଲା- 'ନିଶ୍ଚେ ଆସିବ'। ବେଶ୍ୟାଘର, କାଳୀଚରଣଙ୍କ ବିବେକ ବାଧା ଦେଲା। ସେ ବିଚକ୍ଷଣାର ଅନୁରୋଧକୁ ଏଡ଼େଇ ଗଲେ। କିନ୍ତୁ ଯୌବନର ତାଡ଼ନା, ସୌନ୍ଦର୍ଯ୍ୟର ଆକର୍ଷଣ, କାଳୀଚରଣ ମୁକୁଳି ନ ଥିଲେ। ତିନି ମାସପରେ ସେ ଯାଇ ହାଜର ହେଲେ ବିଚକ୍ଷଣାର ଦୁଆର ମୁହଁରେ। ସେତେବେଳକୁ ସେ ଆରପାରିରେ। ମା' ଚର୍ଚ୍ଚିକା କାଳୀଚରଣଙ୍କୁ ବଞ୍ଚାଇ ଦେଲେ - ଏଇ ଚିନ୍ତନଟି ତାଙ୍କୁ ସାନ୍ତ୍ୱନା ଦେଲା। ସେତେବେଳେ ବେଶ୍ୟାବୃତ୍ତି ବ୍ୟାପି ଚାଲିଥିଲା। ବହୁ ଯୁବକ, ଏପରିକି ବିବାହିତ ପୁରୁଷମାନେ ବାରନାରୀ ପ୍ରେମରେ ପଡୁଥିଲେ। ତାହା ବହୁ ସାମାଜିକ ବିଭ୍ରାଟ ସୃଷ୍ଟି କରିଥିଲା। ଦେହବ୍ୟବସାୟ କଟକ କାହିଁକି, ଆଉ ସବୁ ସହରମାନଙ୍କରେ ଚାଲୁଥିଲା।

କାଳୀଚରଣ ମାଟ୍ରିକ୍ ପରୀକ୍ଷା ଦେଲେ। ରେଭେନ୍‌ସା କଲିଜିଏଟ୍ ସ୍କୁଲ୍‌ରେ ପ୍ରଧାନଶିକ୍ଷକ ହଷ୍ଟର ସାହବ। ସେ ବର୍ଷ ପ୍ରଶ୍ନ ଲିକ୍ ହେଇଗଲା, ପୁନଃ ପରୀକ୍ଷା ହେଲା ମାସେ ଦି' ମାସ ପରେ। ସେବେକା ମାଟ୍ରିକ୍ ପାସ୍। ତାଙ୍କର ଭାରି ଆଦର। ଦୀପିକା କାଗଜରେ ଫଳ ବାହାରିଲା। କାଳୀଚରଣଙ୍କ ନାଁ ପ୍ରଥମ ଶ୍ରେଣୀରେ। ମା' ଖୁସି ହେଲେ। ଏବେ ତାଙ୍କ ନାଁ ଲେଖାହେଲା ରେଭେନ୍‌ସା କଲେଜରେ। ଫାଷ୍ଟ ଡିଭିଜନ୍‌ରେ ମାଟ୍ରିକ୍ ପାଶ୍, ମିଳିଲା ରୟାଲ ସବ୍‌ଜେକ୍ଟ - ବଟାନି, ଲଜିକ୍, ସଂସ୍କୃତ (ବି.ଏଲ୍.ଏସ୍)। କଟକରେ ତାଙ୍କ ବାପାଙ୍କର ବହୁତ ବଡ଼ବଡ଼ିଆ ସାଙ୍ଗସାଥୀ, ସେମାନଙ୍କ ମଧ୍ୟରେ ଭାଷାକୋଷ ପ୍ରଣେତା ଗୋପାଳ ପ୍ରହରାଜଙ୍କ ସହ ଶଶିଭୂଷଣ ରାୟ, ବିଶ୍ୱନାଥ କର। ଓକିଲ କଳପ ଦାସ, ଓକିଲ ଭିକାରୀ ଚରଣ ପଟ୍ଟନାୟକ, ଚିତ୍ରକର ନାଟୁ ସର୍କାର, ଅରୁଣୋଦୟ ଛାପାଖାନାର ଭାଗୁଆଳି ମାଲିକ ଡାକ୍ତର ନାରାୟଣ ଚନ୍ଦ୍ର ଦାସ, ଶ୍ୟାମସୁନ୍ଦର ଷାଠିଆ ଓଗେର। ଏମାନଙ୍କ ସଂସ୍ପର୍ଶରେ କାଳୀ ଆସିଲେ, ଢେର୍ ଶିଖିଲେ। କାଳୀଚରଣଙ୍କ ଚାଲିଲା ଗୀତଲେଖା, ଗପଲେଖା, କବିତା ଲେଖା। ଗୀତ ବି ଗାଇଲେ। ତାଙ୍କ କଳାକାର ଜୀବନ ମୂଳଦୁଆ ଦୃଢ଼ ହେଲା। କଟକର ଖ୍ୟାତନାମା ଗୀତଶିଖା ଓସ୍ତାଦ୍ ଖାନୁମିଆଁ ବା ଖାନ୍ ମହମଦ୍। ସେ ଜଳ ତରଙ୍ଗବାଜା ବଜାନ୍ତି, ହାର୍‌ମୋନିୟମରେ ଗୀତ ଗାଆନ୍ତି। ଓସ୍ତାଦ୍ ଖାନୁମିଆଁ ସାଧୁଲୋକ, ଗେରୁଆ ଆଲଖାଲ, ଗଙ୍ଗା ଯମୁନା ବାବୁରୀ ବାଳ। ନିଶ ଦାଢ଼ି ନଥାଏ, ମାଖୁନା ପୁରାସାର ମୁହଁ। ବେକରେ ସ୍ଫଟିକ ପଥର ମାଳିଟିଏ। ନିରୋଳା କଳାକାର ଜଣେ। ତାଙ୍କ ସହ କାଳୀଚରଣଙ୍କ ସାକ୍ଷାତ ହେଲା। ତାଙ୍କ ସହ ସମ୍ପର୍କ, କାଳୀଙ୍କ ସଙ୍ଗୀତ ଜଗତକୁ ନୂଆ ଦିଶା ଦେଲା।

କଟକ ସହର, ଆଜିକାଲିକା ପରି ନୁହେଁ। ସେବେକା କଥା ପୂରା ଅଲଗା। ପକ୍‌କା ସଡ଼କ ବୋଲନ୍ତେ ଧୂଳି ବଲବଲ ରାସ୍ତା। ବର୍ଷା ପାଣି ମୁନ୍ଦାଏରେ ବାଟ

କାଦୁଅ ପଚର ପଚର, ନାଳି ଅଟକାଳି ପରି ହେଇଯାଏ। ବିଶେଷ କରି ବାଲୁବଜାର ବାଟ ଖଣ୍ଡକ। ସାବଧାନରେ ଯିବାକୁ ହୁଏ, ନଚେତ୍ ଅଦିନରେ ପୁଣି ହୋଲି ହାବୁଡ଼ି ଯାଏ। ଏବେ ଅଟୋରିକ୍ସା ମାଲମାଲ, ସେବେ ରିକ୍ସାଟିଏ ବି ନ ଥିଲା। ଏକବଳଦିଆ ଗାଡ଼ି, କେତୋଟି ଘୋଡ଼ା ଗାଡ଼ି ଚାଲେ। ସରସ ଘୋଡ଼ା ଗାଡ଼ିଟିଏ ଥାଏ, ସେଇଟି କନିକା ରାଜାଙ୍କର। ବଡ଼ ପସନ୍ଦିଆ ଘୋଡ଼ା ଦି'ଓଟି। ଲୋକଙ୍କ ମନ ଜିଣିଲା। କେହି କେହି କଥାକୁ ଲଛନା ଦିଅନ୍ତି- 'କନିକା ଯୋଡ଼ି' - ଅର୍ଥାତ୍ ସେପରି ସମାନ ମିଳିବ। ଗାଡ଼ିରେ ଘଣ୍ଟିଥାଏ। ପଛପଟେ ଦି'ଜଣ ଖାସ୍ ପୋଷାକିଆ ସୋଫର୍, ତାଙ୍କୁ ଲୋକେ ଏଇ ନାଁରେ ଡାକନ୍ତି। ସେମାନଙ୍କ କାମ ସ୍ୱତନ୍ତ୍ର। ପାଟିରେ ତାଙ୍କର 'ଯା ବଗଲ୍'। ତା'ର ଅର୍ଥ ବାଟ ଆଡ଼େଇ ହେଇଯାଅ। ହାତରେ ଖଣ୍ଡେ ଖଣ୍ଡେ ଝାଡ଼ଣ। ବଗିଉପରେ ଗୋଟେ ଆସନ, ବସିଥାଏ କଚୁଆନ (କୋଚ୍‌ମ୍ୟାନ୍)। ଦିହରେ ତା'ର ଚପକନ୍, ମୁଣ୍ଡରେ ପଗଡ଼ି। କଟକର ବଡ଼ବଡ଼ ଓକିଲ, ସବାରି ଚଢ଼ି କଚିରି ଆସନ୍ତି। ଦିନ ଦଶଟା, ସାଢ଼େ ଦଶଟା ବେଳେ କିଲଟରି ପାଖେ ସବାରୀ ଡାକ ଶୁଭେ। କାହାରି କାହାରି ଘୋଡ଼ାଗାଡ଼ି ଥାଏ, ସେମାନେ କଚେରି ଆସନ୍ତି। ଗାଁରୁ ଆସିଥିବା ଲୋକ, ଯାହା ପାଖରେ ପଇସା, ସେ ଭଡ଼ାଟିଆ ଘୋଡ଼ାଗାଡ଼ିରେ; ଗରିବ ଗୁରୁବା ବଳଦିଆ ଗାଡ଼ିରେ ଯିବା ଆସିବା କରନ୍ତି। ଏ ସବୁ କାଳୀଚରଣଙ୍କ ପ୍ରତ୍ୟକ୍ଷ ଅନୁଭୂତି।

ସେତେବେଳେ କଟକରେ କାଁ ଭାଁ ହୋଟେଲ, ଆଜିକାଲି ଯେଉଁଠି ଗୌରୀଶଙ୍କର ପାର୍କ, ତା'ରି ଛାମୁଆ, ଯେଉଁଠି ପେଟ୍ରୋଲ ଟାଙ୍କି ଇତ୍ୟାଦି, ସେଇଠି ଥାଏ ଖଣ୍ଡିଆ ଚାଳଘର ଖଣ୍ଡେ। ସେ ହୋଟେଲର ମାଲିକଙ୍କ ନାଁ ଭୋଳିନନା କି ଟିମାନନା। ଦିନବେଳେ ହୋଟେଲ ବନ୍ଦ। ସଞ୍ଜ ହେଲେ ବତୀ ଜଳେ। ସେଠି ପଲାଉ, ଗିଲାସ, ମାଂସ ଚପ୍ କାରବାର। ସେବେକା ରକ୍ଷଣଶୀଳ ସମାଜ। ହୋଟେଲରେ ଖାଇବାଟା ଦୋଷ ବୋଲି ଗଣା ଯାଉଥିଲା। ସେମିତି ଚାହାଦୋକାନ। ସାରା ସହରରେ ଗଣ୍ଡାଏ କି ପାଞ୍ଚଟା। ମନୋହରି ଦୋକାନ ଆଙ୍ଗୁଠି ଗଣତା। ମାରୁଆଡ଼ି ପଟି ପଛ ଓସ୍ତଗଛ ସାମ୍ନା। ଜି. ନାଏକ୍, ବକ୍ସିବଜାରରେ ବିଲମୋରିଆ, ବାଲୁବଜାରରେ ଅଲବତ୍ ଖାଁ, ଲେଙ୍ଗଡ଼ା ପିରୁଙ୍କ ଦୋକାନ - ଏଗୁଡ଼ିକର ନାଁ ଡାକ ଥିଲା। ସେତେବେଳେ ରାଜାରାଜୁଡ଼ାମାନେ ଯେବେ କଟକ ଆସନ୍ତି, ମନ ପସନ୍ଦିଆ ଜିନିଷ କିଣନ୍ତି। ରାଜାଙ୍କ ବିଜେ ସ୍ୱତନ୍ତ୍ର ଧରଣର। ତାଙ୍କ ଗହଣରେ ଦିଆନ, ପାଖଲୋକ ମୁକର ଆସନ୍ତି। ପାଲିଙ୍କି ପାଟଛତା, ଆଲଟ ଚାମର ବିଞ୍ଚା, ରାଜା ଥାଟରେ ଆସନ୍ତି। ଥରକର କଥା। ଜଣେ ଛାମୁ କଟକ ଆସିଲେ। ଲାଲ୍‌ବାଗ ଦେଉଡ଼ିର ପୂର୍ବଆଡ଼କୁ, କଲେଜ ଗଳି ମଝାମଝି, ଉତ୍ତରପଟେ ଲେଙ୍ଗଡ଼ା ପିରୁଙ୍କ ଦୋକାନ। ରାଜାଙ୍କ ମନ,

ପ୍ରଚକ୍ଷୁ କିଣିବେ। ଛାମୁଙ୍କ ପାଲିଙ୍କି ଲାଗିଲା କଟକ ରାସ୍ତାରେ। ଦୋକାନରୁ ଚଷମା ଆସିଲା। ରାଜା ଗରାଖ, ଅତିବେଶିରେ ଟଙ୍କା ପାଞ୍ଚୁଟା ଦାମ କୁହାଗଲା। ସେ ଦିନର ରାଜା, ବିଳାସ, ବ୍ୟସନ, ପ୍ରାଚୁର୍ଯ୍ୟ, ଧନ, ଦଉଲତ, ଟଙ୍କା କାହିଁରେ ଅଭାବ ନାହିଁ। ପାଞ୍ଚଟଙ୍କାର ଚଷମା, ପୂରା ନାପସନ୍ଦ। ରାଜାଙ୍କ ମୁହଁ ଆମ୍ବିଲା। ଦିଆନ ଗଲେ ଦୋକାନ ଭିତରକୁ। ଚଷମାଟାଏ ପସନ୍ଦ କଲେ, ଚକଚକିଆ ଖୋଳ, କିମତ୍ ପୂରା ପଚାଶ ରୁପୟା। ରାଜା ଏଥର ପ୍ରସନ୍ନ; ତାଙ୍କ ନାକଛୁଆଣି ଲୋଡ଼ା ପଡ଼ିଲାନି। ଦିଆନଙ୍କୁ ହୁକୁମ ହେଲା, ସେ ଦୋକାନୀକୁ କଉଡ଼ି ଗଣିଦେଲେ। ପ୍ରଚକ୍ଷୁର 'ପରଚକ୍ଷୁ' ନାଁ। ସେଇଠି ସାର୍ଥକ ହେଲା! ଦିଆନଙ୍କ ପସନ୍ଦରେ ରାଜା ଖୁସି ହେଲେ। ରାଜାଙ୍କ ଚଷମା କିଣା। କାଳୀଚରଣଙ୍କ ଆଖି ଦେଖା କଥା।

କଟକରେ ଗାଆଣ ବଜାଣ ଚର୍ଚ୍ଚା, ନିହାତି ମନ୍ଦ ନ ଥିଲା। ଖାନୁମିଆଁ; ମାଧବ ରାଓ - ଏ ଦୁହେଁ ଓସ୍ତାଦ୍। ମାଧବରାଓ ବିଶ୍ୱନାଥ ରାଓଙ୍କ ପିତା। ବିଶ୍ୱନାଥ ରବୀନ୍ଦ୍ର ସଙ୍ଗୀତ ସୁନ୍ଦର ଭାବେ ଗାଆନ୍ତି। କାଳୀଚରଣ ଆଗରୁ ହିନ୍ଦୁସ୍ତାନୀ ଗୀତ ଶିଖିଥିଲେ। ଓସ୍ତାଦ୍ ଖାନୁମିଆଁ ଶିଖେଇଲେ ଓଡ଼ିଶୀ ଗୀତ। କାଳୀଙ୍କ ପ୍ରାଣକୁ ଛୁଇଁଲା। ରାଗ-ରାଗିଣୀ, ବାଦୀ-ବିବାଦୀ, ଆରୋହ-ଅବରୋହ, ସ୍ୱରନିୟମ - ଏମିତି ନାନାଦି ବିଧି। ଶିଖିବାକୁ ବି କଷ୍ଟ। ଆଗେ ଗୀତଟିଏ ଗାଇଦେଲେ, ସାଙ୍ଗସାଥୀଏ ତାଳି ମାରନ୍ତି, ଶସ୍ତା ଆନନ୍ଦ ମିଳେ। ଓଡ଼ିଶୀରେ ଏତେ କଟକଣା? ପ୍ରଥମେ ପ୍ରଥମେ କାଳୀଚରଣଙ୍କୁ ଆଶ୍ଚର୍ଯ୍ୟ ଲାଗିଲା, କ୍ରମେ ସବୁ ଆୟତ୍ତ କଲେ। ପରେ ଓସ୍ତାଦ୍ ମାଧବରାଓଙ୍କ ଗୀତ ତାଙ୍କୁ ପ୍ରଭାବିତ କଲା। ହିନ୍ଦୁସ୍ତାନୀ ସଙ୍ଗୀତ ଆଡ଼େ ମନ ବଳିଲା। ସାଧନା ସିଦ୍ଧି ଆଣିଦିଏ। ତାହାହିଁ ହେଲା, କାଳୀଚରଣ ଉଭୟ ସଙ୍ଗୀତରେ ନିପୁଣତା ହାସଲ କଲେ। ଠିକ୍ ସେମିତି ବାଜଣା। ଆଶୁବାବୁ, କାଳୀଚରଣଙ୍କ ପଡ଼ିଶା, ଛୟ ଆଙ୍ଗୁଲ୍ ପରମାନନ୍ଦ (ସ୍ୱର୍ଗୀୟ ଓକିଲ ହେମନ୍ତ ବାବୁଙ୍କ ବାପା) - ଏଦୁଇ ଜଣ କଟକର ଭଲ ବାଜିଆ। ମସଜିଦ୍ ଗଳିରେ ରହୁଥିଲେ ନୀଳମଣି, କାଳୀଚରଣଙ୍କ ଘନିଷ୍ଠ, ସେ ଦକ୍ଷ ତବଲା ବାଦକ। ଏସବୁ ତାଙ୍କ ଛାତ୍ର ବେଳର କଥା। ସମୟ କ୍ରମେ ସାରଙ୍ଗୀ ନାଁ କଟକରେ ଲୁପ୍ତ ହେଲା। ତେଲେଙ୍ଗା ବଜାର କଣା ଜୟୀ, ସେ ଥିଲେ ଶେଷ ସାରଙ୍ଗ ବାଦକ। କାଳୀଚରଣଙ୍କ ରାସ ଦଳରେ ମିଶିଲେ। ପଞ୍ଚେଟଗଡ଼ ଘରର ଓସ୍ତାଦ୍ ଦ୍ୱିଜେନ୍ଦ୍ର ଅଧିକାରୀ, ପରେ କଟକ ଆସିଲେ। ସଙ୍ଗୀତ ଟିଉସନ୍ ଆରମ୍ଭ କଲେ। ସ୍ୱର୍ଗୀୟ ଲକ୍ଷ୍ମୀନାରାୟଣ ଚୌଧୁରୀଙ୍କ ବଗିଚା (ଧୋବାସାହି ଗଳି) ଘରେ ଚାଲିଲା ସଙ୍ଗୀତ ଶିକ୍ଷା। ଅମଳା ରାୟ ଚୌଧୁରୀ (ପିଣ୍ଟୁବାବୁ), କାଳୀଚରଣଙ୍କ ସହ ସଙ୍ଗୀତ ଶିଖିଲେ। ଆସ୍ତେ ଆସ୍ତେ ସଂଖ୍ୟା ବଢ଼ିଲା। ଅମଳା ବାବୁ ବା ପିଣ୍ଟୁ ଦା' ଚଉକସ ଧିମା ଲୟର ଠେକା ଦିଅନ୍ତି। ଢେର୍

ସାଧନା ଚାଲିଲା। ଏଥି ସହ ସଙ୍ଗୀତ ଶାସ୍ତ୍ର (ଥିଓରୀ) ଅଧ୍ୟୟନ, ନିୟମିତ ଚର୍ଚ୍ଚା। କାଳୀଚରଣ ଟିକିଏ ଜଣାଶୁଣା ହେଇଗଲେ। ସଦା ମନୋହାରୀ କଟକ ସହର ଅନେକଙ୍କ ମନ ଜିଣିଥିଲା। କାଳୀଚରଣଙ୍କର ବି।

ତିଗିରିଆ, ଖୋରଧା, ବଡ଼ମ୍ବା - ଏଇ ସବୁ ସ୍ଥାନରେ କାଳୀଚରଣ ନାଟକ କରିଛନ୍ତି, ଅଭିନୟ ବି। ମାତ୍ର ତାଙ୍କର କଟକ ଅନୁଭୂତି ସ୍ୱତନ୍ତ୍ର। ବଙ୍ଗଳା ନାଟକ ତ ବହୁତ ଦେଖିଲେ। ଆସିଲା ଆଉଗୋଟେ ସୁଯୋଗ। ସେତେବେଳେ ବକ୍ସିବଜାର ଭାରି ଜଣାଶୁଣା। ଥାଏ ସିନେମା ହଲ୍‌ଟିଏ, ଆକାର ଖୁବ୍ ଛୋଟ। ତା'ର ମାଲିକ ଫ୍ରାନ୍‌ସିସ୍। ପାର୍ଶୀ ନାଟକ ଦଳ କଟକ ଆସିଲେ। ସେଇ ସିନେମାହଲରେ, କେତେକ ପାର୍ଶୀ ନାଟକ ଅଭିନୟ ଦେଖାଇଲେ। ଆଗରୁ ଶୂରଦେଓଙ୍କ ରାସ ଚହଳ ସୃଷ୍ଟି କରିଥିଲା। ପାର୍ଶୀ ନାଟକ ବି କଟକବାସୀଙ୍କ ମନ ମୋହିନେଲା। ଥରେ ପାର୍ଶୀ ନାଟକ ଚାଲିବା ସ୍ଥିରୀକୃତ। ଆଠଣିଆ ଟିକେଟ୍ କାଟିଲେ କାଳୀଚରଣ। ସାଜସଜ୍ଜା ବେଶ୍ ମନଛୁଆଁ। ସେଦିନଟି ଥିଲା ଅଲଗା। କଥାରେ ଅଛି - "ଯେଣେ ଇଚ୍ଛା ତେଣେ ଯା - କର୍ମ ଘେନି ବୁଲୁଥା"। ସେ ଦିନ ଥିଏଟର ପାର୍ଟିର କପାଳ ଫାଟିଲା।। ଭଲ ଟିକଟ ବିକ୍ରି ହେଲାନି। ଖାଇ ଖରଚା ଉଠିଲାନି। ପେଟ ନାଗି ତ ନାଟ। ଦଳ ଭିତରେ କଳି ତକରାଳ, ବାଡ଼ିଆପିଟା, ଯୁକ୍ତିତର୍କ; କେତେ କ'ଣ ଚାଲିଲା। ସେକାଳର ପ୍ରଚାର ରୀତି ନିଆରା, ବଳଦିଆ ଗାଡ଼ି। ଦିପାଖରେ ବାଉଁଶ ତାଟି, ସେଥିରେ ହାତଲେଖା ପୋଷ୍ଟର ମରା ଯାଇଥାଏ। ହାଣ୍ଡବିଲ୍ ବଣ୍ଟା ଚାଲିଲା। କଟକରେ ନୁର୍‌ହୋସନ୍‌ଙ୍କ ବ୍ୟାଣ୍ଡ ପାର୍ଟିର ବେଶ୍ ସୁନାମ, ମାଲିକ ନୁର୍ ହୋସେନ୍ ବ୍ୟାଣ୍ଡମୋଷ୍ଟର। ବାଜା ବାଜିଲା, ପ୍ରଚାର ଜମିଲା। ସବୁହେଲା। ସଞ୍ଜ ଆସିଲା, ଫ୍ରାନ୍‌ସିସ୍‌ଙ୍କ ହଲ୍ ପୂରା ଅନ୍ଧାର। କିଏ କୁଆଡ଼େ ଗଲେ ପତ୍ତା ରହିଲା ନାହିଁ। କାଳୀଚରଣ, ବେଶ୍ ଭଦ୍ର, ତାଙ୍କ ପରି ଆଉ କେଇଜଣ ବି, ଏମାନେ ନିରବ, ଅନ୍ୟ ଟିକଟ କଟାଳି ହୋ ହାଲ୍ଲା କଲେ। ସବୁ ନିଷ୍ଫଳ, ପାର୍ଶୀ ନାଟକ ମଞ୍ଚସ୍ଥ ନୋହିଲା। ଏବେ 'କେଉଟ-ଯୋଉ ବାଟେ ଆସିଥିଲ ସେଇ ବାଟେ ନେଉଟ'। ଫଳ ଏଇଆ ହେଲା।

ଶୂରଦେଓଙ୍କ ରାସଦଳ କଟକରୁ ବାହୁଡ଼ି ଥାଆନ୍ତି, ନାଟୁ ସର୍କାରଙ୍କ ଦଳ, ଭାରି ଉତ୍ସାହିତ ହେଲେ। କଥାରେ ଅଛି - 'ତୋର ଦେଖି, ମୋର ଡେଇଁଲା ଡାହାଣ ଆଖି'। କଟକ ମସଜିଦ୍ ଗଳିରେ ଜଣକେତେ ଗଣିକା, ଆଉ କେତେକ ମଙ୍ଗତ ଜନ। ଉଷା ଡ୍ରାମାଟିକ ପାର୍ଟିରେ ଯୋଗଦେଲେ। ଚାଲିଲା ଦିନରାତି ରିହର୍ସାଲ। ଆମଲା ଚାନ୍ଦ ବଜାରର ରାୟଚୌଧୁରୀ ଜମିଦାର, ତାଙ୍କରି ଘର। ଛାମୁଆଁରେ ଗୋଟେ ଚାଳଘର। ସେଇଠି ଚାଲେ ମଡ଼ାଣ। ଲଳିତା ବୋଲି କାଳୀ ହେଇ ଗେଡ଼ୀ ଝିଅଟେ।

ତା'ର ବୀଣାଜିଣା ସ୍ୱର, କୋକିଳ କଣ୍ଠୀ, ମଧୁରିଆ ଗାଏ। ବଡ଼ ଅପାସୋରା ସେ ଗୀତ। ଲଳିତା ଅକାଳେ ବାହୁଡ଼ିଲା, କଟକବାସୀ ତାଙ୍କୁ ପାସୋରି ନଥିଲେ। କାଳୀଚରଣ ଲଳିତାକୁ ଦି' ଚାରୋଟି ଗୀତ ଲେଖି ଦେଇଥିଲେ। ଲଳିତା ଗାଇଥିଲା।

କଟକରେ ଅନେକ ପର୍ବପର୍ବାଣି ଖୁବ୍ ଧୂମଧାମରେ ପାଳିତ ହୁଏ। ଆଖିଦୃଶିଆ ସାଜସଜ୍ଜା। ଏବେ ତ କାହିଁ କେତେ ଆଗରେ। ସେବେକା ସଜବାଜ ବି ମନୋହାରୀ। ଆସେ ଶ୍ରାବଣ, ଝରିବରଷା, ଗହ୍ମାପୂର୍ଣ୍ଣିମା, ମଠ ମନ୍ଦିରରେ ଝୁଲଣ ମଉଜଟା ବଡ଼ ସରସ। ପ୍ରାୟ ସବୁ ବଜାର ଗଳିରେ ଝୁଲଣ ଯାତ୍ରା। କେଉଁଠି କେଉଁଠି ରାସ୍ତା ଉପରେ ଯାତ୍ରା ଅବା ସୁଆଙ୍ଗ। ଦେବସ୍ଥାନ ମାନଙ୍କରେ ଗୋଟିପୁଅ ନାଚ ବା ଓଡ଼ିଶୀ ନାଚ। ଯାତ ପୂର୍ବରୁ ପ୍ରସ୍ତୁତି। କଟକର ବିନୋଦ ବିହାରୀ ଛାମୁମଣ୍ଡପ, ବାୟକ, ବାଦକଙ୍କର ସେଇଠି ବୈଠକ ବସେ। କଟକର ସ୍ୱନାମଧନ୍ୟ ଗାୟକ, ବାଦକ ରୁଣ୍ଡ ହୁଅନ୍ତି। କାଳୀଚରଣ ବି ଯାଆନ୍ତି। କେଇଥର ହିନ୍ଦୀ ଗୀତ ବି ଗାଇଛନ୍ତି। ଚନ୍ଦ୍ରୋଦୟ ଛାପାଖାନାର ମାଲିକ ହରେକୃଷ୍ଣ ଦାସ। ଖୁବ୍ ସଙ୍ଗୀତ ସୁହାଗିଆ, ବୈଠକରେ ନିତିଦିନିଆ ଗରାଖ। ସଙ୍ଗୀତଜ୍ଞ ଶ୍ୟାମସୁନ୍ଦର ଧୀର, ପରମାନନ୍ଦ ବାବୁ, ଓସ୍ତାଦ୍ ମାଧବ ରାଓ, କେବେ କେବେ ସେତାରୀ ଗୋପାଳ ଘୋଷ, ଅମଳା ଚୌଧୁରୀ ପ୍ରଭୃତି; ସେଇ ଝୁଲଣ ବୈଠକରେ ଯୋଗ ଦିଅନ୍ତି। ଆଉ ଜଣେ ଜଣାଶୁଣା ଗାୟକ, ଭଲ ଓଡ଼ିଆ ଗୀତ ବୋଲିଛନ୍ତି। ତାଙ୍କ ନାଁ ଲୋକନାଥ କାନୁନ୍‌ଗୋ। ତାଙ୍କ ଘର ମସଜିଦ୍ ଗଳିରେ। ସେ ବି ଆସନ୍ତି। ଭାରି ମଧୁର କଣ୍ଠ ତାଙ୍କର। କେତେ ଖଣ୍ଡି ଗ୍ରାମଫୋନ୍ ରେକର୍ଡ଼ ତାଙ୍କର ଥାଏ। 'ଅନାନାଁ ଲୋ ମିତ, କାଳିଆକୁ' - ତାଙ୍କର ଏଇ ଗୀତଟି ବାଜେ। ଯେକେହି ପଥିକ ଯାକୁ କାନଡେରି ଶୁଣନ୍ତି। ସାରଙ୍ଗୀ, ତବଲାରେ ସଙ୍ଗୀତ, ତା' ସହ କେବେ କେବେ ବାଇ ନାଚ ଚାଲେ। ଯୋଡ଼ି ହୋଇ ନାଚନ୍ତି। ସେଇ ନାଁକରା ଯୋଡ଼ିଙ୍କ ମଧ୍ୟରେ ଥାଆନ୍ତି - ତୁଟୀ - କୃଷ୍ଣମଣି, ଧଢ଼ି-ସୁନ୍ଦର ଇତ୍ୟାଦି। କାଳୀଚରଣ ନିୟମିତ ସେଇ ବୈଠକକୁ ଯାଆନ୍ତି। ସେଠାରେ କେତୋଟି ଗୀତ ମଧ୍ୟ ଗାଇଲେ, କିଛି କିଛି ଜଣାଶୁଣା ହେଇଗଲେ। ଅଧିକରୁ ଅଧିକ ଲେଖିବାକୁ ତାଙ୍କ ମନ ବଳିଲା। ମନ ଉଲୁସା ସେ ସ୍ମୃତି। ଶ୍ରାବଣ ମାସ, ଭସା ବଉଦ, ତା' ସହ ଜହ୍ନର ଲୁଚକାଳି ଖେଳ। ରାସ ଜ୍ୟୋସ୍ନାର ମାଧୁରୀ, ମନ କିଣିନିଏ। ଝୁଲଣ କେଇଦିନ ବଡ଼ ଖୁସିବାସରେ କଟେ। କଟକ 'ଝୁଲଣ' କାଳୀଚରଣଙ୍କ ସ୍ମୃତିକୁ ଦୋହଲେଇ ଦିଏ। ବୃଦ୍ଧ କାଳରେ ବି।

ଖରାଦିନ, ଚନ୍ଦନ ଯାତ୍ରା, ଅକ୍ଷୟ ତୃତୀୟାରୁ ଆରମ୍ଭ। ଓଡ଼ିଶା ଦେବଦେବୀ ପୀଠ ଚଳଚଞ୍ଚଳ। କଟକରେ ବି ଚାଲେ ଏହିଯାତ୍ରା। ବିନୋଦ ବିହାରୀରୁ ଠାକୁର ବିଜେ କରନ୍ତି। ବାଇନାଚ ଦଳ ସାଙ୍ଗରେ ଯାଆନ୍ତି। ବିଷୟାସମ୍ପନ୍ନ ବଡ଼ବଡ଼ ଲୋକ,

ସେମାନେ ଯୋଗଦିଅନ୍ତି, ବିଜେ ଯାତ୍ରାରେ ବି ଯୋଗ ଦିଅନ୍ତି। ଠାକୁରଙ୍କର ବିଜେ ବିମାନରେ, କଟକରେ ଠା ଠା ଯାତ୍ରା ହୁଏ। କାଳୀଚରଣ ସେଇ ଯାତ୍ରା ଦେଖିଛନ୍ତି, ଭୁଲିନାହାନ୍ତି। ସେତେବେଳକା କହ୍ନେଇଲାଲ ଘୋଷ, କାଳୀଙ୍କ ସାଥୀ, ଉଭୟ ଚନ୍ଦନ ଯାତ୍ରାର ମଜା ନିଅନ୍ତି। ମୋଟ୍ ଉପରେ ବୈଶାଖର ଚନ୍ଦନଯାତ୍ରା, ଶ୍ରାବଣର ଝୁଲଣ - କଟକ ସହରକୁ ବେଶ୍ ମଜଗୁଲ୍ କରିରଖେ।

ଆଉ ଦିନକର କଥା। ବିନୋଦବିହାରୀ ଠାକୁରଙ୍କ ବାଁ ପଟ ହତା ଭିତରେ ପଡ଼ିଆଟେ। ସଞ୍ଜବେଳେ ଗୋଟିଏ ଧର୍ମସଭା ବସିଥାଏ, ଚାଲିଥାଏ କୃଷ୍ଣରସ ଆଲୋଚନା। ବକ୍ତା ଜଣେ ବାବାଜୀ, ସେ ବିଶିଷ୍ଟ ଚୈତନ୍ୟପନ୍ଥୀ, ଗୌଡ଼ୀୟ ବୈଷ୍ଣବ ଧର୍ମ ପ୍ରଚାରକ। ପ୍ରବଚନ ଦେଉଥାଆନ୍ତି, କୃଷ୍ଣଭାବ ରସ ବିଧୌତ। କେବେ ହସ, କେବେ କାନ୍ଦ, ସେଠି ଉପସ୍ଥିତ କାଳୀଚରଣ। ତାଙ୍କ ସାଥୀରେ ଦେଶପ୍ରେମୀ ଯଦୁମଣି ମଙ୍ଗରାଜ। ସେତେବେଳେ ସେ କଲେଜ ପଢୁଆ, ଅବଶ୍ୟ କାଳୀଚରଣଙ୍କ ଉପର କିଲାସରେ। ବାବା ତ ରସରାଜ ମହାଭାବରେ ମଜାଇ ରଖିଥାଆନ୍ତି। କାଳୀଚରଣ ଭାବବିହ୍ୱଳ, ହଠାତ୍ ତାଙ୍କ ପାଟିରୁ ବାହାରି ପଡ଼ିଲା - ତୁମେ ଏକା 'ରସରାଜ'। ସ୍ୱଭାବ ସୁଲଭ ମଧୁର ଢଙ୍ଗରେ ମଙ୍ଗରାଜଙ୍କ ଉତ୍ତର - 'ତୁ ମହାଭାବ'। ଏଣିକି ତାଙ୍କ ସହ ଭାବଲାଭ ଜମିଲା। ଦିହେଁ ଦେଖା ଦେଖି ହେଲେ କୋଳାକୋଳି। ଡକାଡକି 'ରସରାଜ'- 'ମହାଭାବ'। ଏଇଟି କାଳୀଚରଣଙ୍କ ସୁମଧୁର କଟକୀ ସ୍ମୃତି।

କଟକର ଦତ୍ତ ପ୍ରେସ୍। କାଳୀଚରଣ ଛପାଇଲେ ବହିଟେ 'ବରଣଡାଲା'। ପ୍ରେସ୍‌ର ମ୍ୟାନେଜର ବାସୁଦେବ ନାୟକ। ବହିର ଦାମ୍ ମାତ୍ର ଛଅ ପଇସା। ଫୁଲ୍‌ସ୍କେପ୍ ଫର୍ମାଏ ବହି। ବହି ଖଣ୍ଡକ ଧରି କାଳୀଚରଣ ଗଲେ କନିକା କୋଠି। ରାଜାସାହେବଙ୍କ ସହ ସାକ୍ଷାତ୍ ହେଲା। ବହିଟି ଉପହାର ଦେଲେ। ବରାଦ ମୁତାବକ ଦୁଇ ଚାରୋଟି ଗୀତ ବି ଗାଇଲେ। ଆଉ ଖଣ୍ଡିଏ ବହି ପାଇଁ ରାଜା ସାହେବ କହିଲେ। ସେଇଟିକୁ ମଧୁବାବୁଙ୍କୁ ଦେବାକୁ ସ୍ଥିର ହେଲା। ଖଣ୍ଡେ ନୁହେଁ, ଦିଖଣ୍ଡ ବହି, କାଳୀଚରଣ ରାଜାଙ୍କୁ ଦେଲେ। ଚାରିଛଅ ଦିନ ଗଲା, କିଛି ଖବର ନାହିଁ। ସହଜେତ ରାଜାସାହେବ, ଭୋଳାମନ। କାଳୀଚରଣ କୋଉ ଏଡ଼େ ଲେଖକଟାଏ ? କୋଉ ଦାମୀ ବହି ଯେ ? ରାଜା ପାସୋରି ଯିବେଣି - ଏପ୍ରକାର ଧାରଣା କଲେ କାଳୀଚରଣ। କିନ୍ତୁ ତାଙ୍କ ଧାରଣ ଥିଲା ଅମୂଳକ। ସେ ଦିନ ରବିବାର, ହଠାତ୍ ଡାକରା ଆସିଲା। ଦିନ ତିନିଟା, ରାଜକିଶୋର ମହାନ୍ତି, ପଚାରି ପଚାରି କାଳୀଙ୍କ ପାଖରେ ପହଞ୍ଚିଲେ। ମିଷ୍ଟର ଦାସ ଡକାଇଥିବା କଥା ବ୍ୟକ୍ତ କଲେ। ମନରେ ଭୟ ଆଉ ସଙ୍କୋଚ। ମଧୁବାବୁ ଜଣେ ଟାଣୁଆ ଓକିଲ। ବଙ୍ଗାଳୀ ଓକିଲ ତାଙ୍କୁ ଡରନ୍ତି, ବେଶ୍ ଖାତିର ପାଶ୍ ଲୋକ, ସାହସ

ବାନ୍ଧି ମଧୁବାବୁଙ୍କୁ ଦେଖାକଲେ କାଳୀଚରଣ। ହାତରେ 'ବରଣଡାଲା' ବହି ଖଣ୍ଡେ। ମଧୁବାବୁ ଆଖି ପକେଇ ଆଣିଲେ। ଏ ବୟସରେ ବେଶ୍ ଲେଖିଛ କହି ପ୍ରଶଂସା କଲେ। କାଳୀଚରଣ ବହିର ଶେଷ ଗୀତଟି ଗାଇ ଶୁଣାଇଲେ। ମଧୁବାବୁ ଆନନ୍ଦିତ। କଥା ଛଳରେ କେତେକେତେ ଉପଦେଶ ଦେଲେ, ଆଦେଶ ବି। କାଳୀଚରଣ ଚାକିରୀ କରିବେ କି? ଏ ପ୍ରଶ୍ନ ବି ପଚାରିଲେ। କାଳୀଙ୍କ ଅକଲଗୁଡୁମ୍। ସାପ ମରିବନି, ବାଡ଼ି ଭାଙ୍ଗିବନି ସେମିତି ଉତ୍ତରଟିଏ ଦେଲେ - "ବାପା ହେରିକା ତ ସମସ୍ତେ ଚାକିରି କରିଛନ୍ତି।" ମଧୁ ବାରିଷ୍ଟର, ମହାପ୍ରତାପୀ, ବିଶିଷ୍ଟ ବୁଦ୍ଧିଜୀବୀ, ଅନାବିଳ ଓଡ଼ିଆ ପ୍ରୀତି ତାଙ୍କର। କଲିକତାରେ ସେ ପାଠ ପଢ଼ିଥିଲେ, ସେଇଠି ବିବାହ କଲେ, ଓଡ଼ିଶା ଫେରିଲେ, ଉତ୍କଳ ସମ୍ମିଳନୀ ତାଙ୍କରି ମାନସପୁତ୍ର। ବିଚ୍ଛିନ୍ନାଞ୍ଚଳ ଏକତ୍ରୀକରଣ ପାଇଁ ବ୍ରତୀ ହେଲେ। ତଥାପି ବଙ୍ଗଳା କହୁଥାଆନ୍ତି। କାଳୀଚରଣଙ୍କୁ କହିଲେ - "ଆମର ପ୍ରଶ୍ନ ତା ନୟ। ତୁମି କି କରିବେ ବଲ। କେ କି କରିଛେ, ନା କରିଛେ ଓ କଥା କେନ? ବାବା ଚାକିରି କରେଛେନ୍, ଆମି ଜାନି। ବାବା କି ଗାନରେ ବଇ ଲିଖେଛେନ?" ତାଙ୍କ କଥା କୁହା ଠାଣି ଗାମ୍ଭୀର୍ଯ୍ୟମୟ, କଣ୍ଠରେ ଅଦ୍‌ଭୁତ ଭାବ। କାଳୀଚରଣ ଉତ୍ତରଦେଲେ - କହି ପାରିବେନି, ତାଙ୍କ ବାପାଙ୍କର ଇଚ୍ଛା। ମଧୁବାବୁ ଏଥିରେ ସନ୍ତୁଷ୍ଟ ନ ଥିଲେ। ପୁଣି କହିଲେ - "ଦେଖ ବାବା, ତୁମି ଛେଲେ ମାନୁଷ, ଶକ୍ତି ଦିଏଛେନ୍ ଭଗବାନ୍। ତାର, ସେ ଦାନେର ଅପମାନକରା ଉଚିତ୍ ହବେନା!" ତା' ପରେ କଥାର ମୋଡ଼ ବଦଳିଲା। କାଳୀଚରଣ ଏଇ ପ୍ରଚଣ୍ଡ ପ୍ରତିଭାସମ୍ପନ୍ନ ବ୍ୟକ୍ତିଙ୍କୁ ନମ୍ର ପ୍ରଣତି ଜଣାଇଲେ, ବାହୁଡ଼ିଲେ ନିଜ ବସାଘରକୁ। ତା' ପରଦିନ କଥା। କାଳୀଚରଣଙ୍କୁ ମିଳିଲା ପୁରସ୍କାର। କନିକା ରାଜା ସାହେବ ପଠେଇଲେ ପାଟଯୋଡ଼ ସହିତ ପଚିଶିଟି ଟଙ୍କା। ମିଷ୍ଟର ଦାସଙ୍କ ଦାନ ଶହେଟଙ୍କା। ରାଜୁବାବୁ ଏସବୁ ଧରି ଆସିଥିଲେ। ସେକାଳର ଶହେ ଟଙ୍କା। ଖବରଟା ଚରିଗଲା ବିଜୁଳି ବେଗରେ। ବାପା ଖୁସିହେଲେ। ମା'ଙ୍କ ଆଖିରେ ଆନନ୍ଦର ଲୁହ। କାଳୀଚରଣଙ୍କୁ କହିଲେ - "ବାପା ସବୁ ସେଇ ମା' ଚର୍ଚ୍ଚିକାଙ୍କ ଦୟା। ତାଙ୍କୁ ଜୁହାରି ଭୋଗ ଦେ, ପାଦରେ ଫୁଲ ସିନ୍ଦୁର ଦେ। ସେଇ ମା' ସର୍ବମୟୀ କର୍ତ୍ତ୍ରୀ। ମୋ ଠାରୁ ସେ କେତେ ବଡ଼। ସେଇ ଏକା ତୋ ସାହା ଭରସା। ତାଙ୍କୁ ସବୁ କଥାରେ ଭରସା ରଖି ଚଳିବୁ।" କାଳୀଚରଣ ସେୟା କଲେ। ତାଙ୍କ ଛାପା ବହିର ଦାମ୍ ଛ' ପଇସା। ସେଇ ବହି ପାଇଁ ଏତେ ଆଦର, ଶରଧା, ପୁରସ୍କାର। ସତରେ! କଳା ଅମୂଲ ମୂଲ। ମଧୁବାବୁଙ୍କ ସ୍ନେହ, ଆଦର, ପ୍ରୋତ୍ସାହନ - ସବୁ ସେଇ ବହି ଖଣ୍ଡକ ପାଇଁ। କେବଳ କାଳୀଚରଣ ନୁହନ୍ତି, କଟକରେ ବହୁ କଳାକାର, ସଙ୍ଗୀତଜ୍ଞ ମିଷ୍ଟରଦାସଙ୍କ ଦୃଷ୍ଟି ଆକର୍ଷଣ କରିଥିଲେ। ତାଙ୍କ ପରି

ଜଣେ ଦରଦୀ ମଣିଷଙ୍କ ସାନ୍ନିଧ କାଳୀଚରଣଙ୍କ ଲେଖକୀୟ ଉତ୍ସାହକୁ ବହୁଗୁଣିତ କଲା। ସବୁ ସେଇ କଟକ ନଗର ପାଇଁ। କବିଚନ୍ଦ୍ର କାଳୀଚରଣ ପଟ୍ଟନାୟକଙ୍କ ପାଇଁ ସେଇ କଟକ ସହର, ବଡ଼ ମନୋହର। ଅଭୁଲା ହେଇ ରହିଲା ତାଙ୍କ ସାରା ଜୀବନ।

■

ଏ ମନ ଭାବୁଥାଇ ଯାହା

କବି, ଲେଖକ, କଳାକାର କାଳେକାଳେ ଭାବ-ବାଉଳା, ଖିଆଲି ମଣିଷ। କେବେ ପ୍ରକୃତି ରାଣୀ ତ ଆଉ କେତେବେଳେ ଜୀବନର ବିଷାଦ, ଯାତନା, ଯନ୍ତ୍ରଣା; ତାଙ୍କୁ ଆନମନା କରିଦିଏ। ଉତୁରି ଆସେ କଳ୍ପନା ବିଳାସ, ସୃଷ୍ଟି ହୋଇଯାଏ ଭାବମୟ ପରିବେଶ, ରଚିତ ହୁଏ ରାଶିରାଶି ଗଳ୍ପ, କବିତା, ନାଟକ, ଉପନ୍ୟାସ। ଅନନ୍ୟ କଳା ନିପୁଣତା ବିକଶିତ ହୁଏ। କଳାକାରଟିଏ ହୋଇଯାଏ ସାଧାରଣରେ ଅସାଧାରଣ। ଜୀବନର ବ୍ୟଥା, ବେଦନା, ସମାଜ ଚିତ୍ର - ଏସବୁ ରୂପ ପାଏ ତା' ସୃଷ୍ଟି ସମ୍ଭାରରେ। ସେଇଥି ପାଇଁ କଳା ଅମୂଲ ମୂଲ। ଯେଉଁ ଗୀତରେ ଦୁଃଖର ବେଦନା ଗଭୀର, ତାହା ମିଠା। ସେଇ ସବୁ ସୃଷ୍ଟି ସାର୍ବଜନୀନ। ଋଷି ବାଲ୍ମୀକି, ତାଙ୍କ ଆଗରେ ନିଷାଦ ଶରାଘାତ କ୍ରୌଞ୍ଚ ପକ୍ଷୀ। ବିକଳ କାତର ଚିତ୍କାର ପକ୍ଷୀଟିର। ବିଗଳିତ ଋଷି ପ୍ରାଣରୁ ଝରି ଆସିଛି ସାବଲୀଳ କବିତା ପଂକ୍ତି। ବାଲ୍ମୀକି ହେଲେ ମହାନ ସ୍ରଷ୍ଟା। ତାଙ୍କ ଲେଖନୀରୁ ଜନ୍ମନେଲା ମହାକାବ୍ୟ ରାମାୟଣ। କଳା ଗୋଟେ ବିଭୁଦତ୍ତ ପ୍ରତିଭା। ପାରିପାର୍ଶ୍ୱିକ ଅବସ୍ଥା ଏହାକୁ ବହୁଗୁଣିତ କରେ। ଏ କଥାଟି କବିଚନ୍ଦ୍ର କାଳୀଚରଣଙ୍କ ଜୀବନରେ ପରିଲକ୍ଷିତ। ପିଲାଦିନୁ ସଙ୍ଗୀତ, ନୃତ୍ୟ, ନାଟକ ଆଡ଼େ ତାଙ୍କ ମନ। ସମଗ୍ର ପରିବାରଟିରେ କଳା ପାଇଁ ଢେର୍ ଆଦର। ପିଲା ଦିନୁ ସେ ଛାନ୍ଦ ଗାଇଲେ, ମା' ଶିଖାଇଲେ। ତାଙ୍କ ବାପା ରାଜକର୍ମଚାରୀ, ନାଟକରେ ଅଭିନୟ କରନ୍ତି। କାଳୀ ଯାତ୍ରା ଲୀଳା ଦେଖିଲେ। ବଡ଼ମ୍ବା, ଢେଙ୍କାନାଳ, ଖୋର୍ଦ୍ଧା, କଟକ - ଏମିତି ବିଭିନ୍ନ ସ୍ଥାନ ବୁଲିଲେ ବାପାଙ୍କ ସହ। ବହୁ କଳାକାରଙ୍କ ସଂସ୍ପର୍ଶରେ ଆସିଲେ। ତାଙ୍କ ଶିକ୍ଷକମାନେ, ପ୍ରାଇମେରୀରୁ ଆରମ୍ଭ କରି ଉପର ଶ୍ରେଣୀ ଯାଏ; ସେମାନଙ୍କ ମଧ୍ୟରୁ ଅନେକ କଳା ସଂସ୍କୃତି ପ୍ରେମୀ। କାଳୀ ତାଙ୍କ ଠାରୁ ଅନେକ ଶିଖିଲେ। ଭାଗ୍ୟ ଦେବୀ ଅନୁକୂଳ ଅପୂର୍ବ ସୁଯୋଗ ଆସିଲା, ବହୁ ଖ୍ୟାତନାମା କଳାକାରଙ୍କ ସଂସ୍ପର୍ଶରେ ଆସିଲେ। ନିଜକୁ ଧନ୍ୟ ମଣିଲେ, ଲେଖିଲେ

– 'ଏମନ ଭାବୁ ଥାଇ ଯାହା'। ଏହାର ପର ପାଦଟି 'କାଲେ ପ୍ରାପତ ହୁଏ ତାହା'। ତାହା ଅକ୍ଷରେ ଅକ୍ଷରେ ସତ୍ୟ। ଏ କଥା କେହି ବୁଝୁବା ନ ବୁଝୁ, ବୁଝିଲେ କାଳୀଚରଣ।

ବହୁ କାଳଜୟୀ କଳାକାର, ସେମାନଙ୍କ ଉନ୍ମେଷ ଉଭରଣ ଛଇଛବିଲି ଗାଁରୁ। ଠିକ୍ ସେମିତି କାଳୀଚରଣ, ତାଙ୍କ ବାଡ଼ିପଟେ ମହାନଦୀ, ଖରାଦିନେ ଧାରେ ପାଣି। ପିଲା ଦିନ କଥା, ନିତି ସଞ୍ଜରେ ବୁଲାବୁଲି କରନ୍ତି ନଦୀ ବନ୍ଧରେ। ବୟସ ବଢ଼ିଲା, ମନ ବଳିଲା ନଈ ସେପାରିକି। ଖରାଦିନ, ଛୋଟ ହୁଲି କାଠୁଆଟିଏ। ନିଜେ ବୁହାଇ ନିଅନ୍ତି। ନଈ ଆର ପାରି ବାଲିକୁଦ, ସେଇଠି ବସନ୍ତି ମନଲୋଭା ପ୍ରକୃତି, ଆରପାରିରେ ବଡ଼ମ୍ୱାର କୁମୁରଙ୍ଗିଆ ମୁଣ୍ଡିଆ। ଭାରି ସୁନ୍ଦର ତା'ର ଦୃଶ୍ୟ। ଅସ୍ତରବିର ଧୂପଛାୟା ଓଢ଼ଣା, ଆସ୍ତେ ଢାଙ୍କି ଦିଏ ପାହାଡ଼ ଶିଖର ଦେଶକୁ। ଟେଷ୍ଟେଇ ଡାକି ଡାକି ଉଡ଼େ, ଖୋଜୁଥାଏ ତା' ବସାକୁ। ବୈଦ୍ୟେଶ୍ୱର ହାତୀମୁଣ୍ଡିଆ ପାହାଡ଼, ତା'ରି ମଥାରେ ଆସନ ପାତୁ ଥାଆନ୍ତି ରକ୍ତ ପେଣ୍ଡୁପରି ସୂର୍ଯ୍ୟ। ପର୍ବତ ଉପରୁ ଶୁଭେ ସଞ୍ଜ ଘଣ୍ଟ, ଦେବୀ ଚର୍ଚ୍ଚିକାଙ୍କ ସନ୍ଧ୍ୟା ଆଳତି, ଘଣ୍ଟ ସାଙ୍ଗରେ ମଗା ହାଡ଼ି ଦଳର ଯୋଡ଼ି ମହୁରୀ। ଛାନ୍ଦ ରାଗ ଶୁଭୁଥାଏ, ଖଚୁଆ ତାରା ଉଏଁ। ଏ ଦୃଶ୍ୟ ମନ କିଣିନିଏ, ଘରକୁ ଫେରନ୍ତି କାଳୀଚରଣ। ତା'ପରେ ହାତରେ ବହି, ଯାଆନ୍ତି ହେଡ଼ ମାଷ୍ଟରଙ୍କର କତିକି, ପାଠ ସାଙ୍ଗେ ସାଙ୍ଗେ ଛାନ୍ଦ, ଚଉପଦୀର ଚର୍ଚ୍ଚା ଚାଲେ। କାଳୀଙ୍କ ଗାଁର ଭାଗୀରଥୀ ପଣ୍ଡା। ସ୍କୁଲ୍ ହେଡ଼ ପଣ୍ଡିତ। ସଞ୍ଜ ହେଲେ ଗାଆନ୍ତି – "ରେ ଆତ୍ମନ୍ ନିଦ୍ରାପରିହରି – ଫେଡ଼ି ଚିନ୍ତାର ଲୋଚନ, କର କର ନିରୀକ୍ଷଣ, ନିଃଶବ୍ଦେ ଜୀବନ ସ୍ରୋତ ଧାଉଁଛି କିପରି, ଭେଟିବାକୁ ମୃତ୍ୟୁ ସିନ୍ଧୁ କରାଳ ଲହରୀ।" ହେଡ୍ ପଣ୍ଡିତ; ଜଣେ ଭାବୁକ, ମଧୁସୂଦନ ରାଓଙ୍କ ଏଲେଖାଟିକୁ ପ୍ରାଞ୍ଜଳ ଭାବରେ ବୁଝେଇ ଦିଅନ୍ତି, ଆତ୍ମା ପରମାତ୍ମା ସମ୍ପର୍କରେ କେତେ କେତେ ମୂଲ୍ୟବାନ କଥା କହନ୍ତି। ସ୍କୁଲର ଥାର୍ଡ଼ ପଣ୍ଡିତେ ଚିନ୍ତାମଣି ଦାଶେ, ସେ ବି ଜଣେ ସୁସାହିତ୍ୟିକ, ଏମାନେ କାଳୀଚରଣଙ୍କୁ ଖୁବ୍ ପ୍ରୋତ୍ସାହନ ଦିଅନ୍ତି। ତିଆରି ହେଲା ଭିନ୍ନ ଏକ ମୂଳଦୁଆ। କାଳୀଚରଣ ପାଠ ପଢ଼ିଲେ, ସଙ୍ଗୀତ ଶିକ୍ଷା ବି କଲେ।

କାଳୀଚରଣଙ୍କ ବଂଶ ଚର୍ଚ୍ଚିକା ଠାକୁରାଣୀଙ୍କ ଦେଉଳକରଣ। ବାଙ୍କି ରାଜାଙ୍କ ଅମଳ। କାଳୀଚରଣଙ୍କ ଘରେ କେଇଖଣ୍ଡ ପୁରୁଣା କାଳିଆ ପୋଥି, ଏଥିରେ ଲେଖାଥାଏ ସେ କାଳର ଭୋଗରାଗ, ଠାକୁରାଣୀଙ୍କ ଯାନିଯାତ୍ରାର ବିବରଣୀ। କାଳୀଙ୍କ ବାପା ଦେବୀଭକ୍ତ, ଘରେ ନିତି କାଳୀଙ୍କ ପୂଜା। ସେ ମା' ଚର୍ଚ୍ଚିକାଙ୍କୁ ଭକ୍ତି କରିବା ପିଲାବେଳୁ ଶିଖିଲେ। ଦିନେ ତାଙ୍କ ବୋଉ କହିଲେ – "ବାପା ମୁଁ ସିନା ଜୀଅନ୍ତା ମା', ସବୁ ଦିନିଆ ନୁହେଁ, ଯା' ସବୁ ଦିନିଆ ମା'ଙ୍କୁ ଗୀତ ଶୁଣେଇ ଆସିବୁ। ସେ ପସନ୍ଦ କଲେ ହେଲା।" କାଳୀ ହାତରେ ଗୋଲାପ କଢ଼ିଟିଏ ଦେଲେ। ସେବକ ଖଡି ମହାପାତ୍ରଙ୍କ ହାତକୁ ଦେବାକୁ

କହିଲେ, ଏକନିଷ୍ଠ ଭାବ, ଚିତ୍ତର ଦୃଢ଼ତା, ମୁଦ୍ରିତ ଚକ୍ଷୁ, ଭକ୍ତି ଗଦ୍‌ଗଦ୍ ଚିତ୍ତରେ ଗୀତଟିଏ ଗାଇଲେ- "ଦେବୀ ଗୋ ପରମାନନ୍ଦ ଦାୟିନୀ, ପଦ୍ମ-ଗନ୍ଧ-ପ୍ରସନ୍ନମାଳିନୀ, ମା' ଶ୍ମଶାନ ବିଳାସିନୀ, କର ଦୟା ଦିନେ ସିଂହ ବାହିନୀ। ହର-ହୃଦୟ-ପରିଚାରିଣୀ।" ସେ କାଳର ସେ ଯୋଗ୍ୟତାର ଏ ଲେଖା, କେହି ପରତେ ଯିବେନି, ତଥାପି କାଳୀ ଲେଖିଥିଲେ। ଏ ଥିଲା ଗୁରୁକୃପା, ସର୍ବୋପରି ମା' ଚର୍ଚ୍ଚିକାଙ୍କର ଅପାର କରୁଣା।

ମନ ଘେନି ଫଳ। କାଳୀଚରଣ ଏକ ପ୍ରକାର ଗୀତରେ ବାଇଆ, ଗାଁରେ ଦି' ତିନିଜଣ ତାଙ୍କ ଗୀତର ଗ୍ରାହକ। ସେ ଗୀତଟିଏ ଲେଖନ୍ତି, ମନ ଖଜେଇ ବଜେଇ ହୁଏ। ଶୁଣାନ୍ତି ସେଇ ମାନଙ୍କୁ, ତାଙ୍କ ତୁଣ୍ଡରୁ ଭଲମନ୍ଦ ଦି' ପଦ ଶୁଣିବାକୁ ମନ। କିଏ ଭଲ ଗୀତ ପଦେ ଗାଇଲେ କାଳୀ ମନ ରଖନ୍ତି। ନିରୋଳାରେ ଗାଆନ୍ତି। ତାଙ୍କ ଗାଁ ଗୋପୀ, ଗଳାଟି ଭାରି ମଧୁର। ସୁନ୍ଦର ଗୀତଟିଏ ଗାଏ - "ବସନ୍ତ ଆସିଲେ ସଖି ! ଲତା କି ନବୁଝଇ।" ସମ୍ଭବତଃ 'ସୀତା ବିବାହ' ନାଟକ, ରଚୟିତା କାମପାଳ ମିଶ୍ର। ସେଥିରୁ ଏ ଧାଡ଼ିଏ। କେବଳ ସଙ୍ଗୀତ ନୁହେଁ ନାଟକ ପ୍ରତି କାଳୀଚରଣଙ୍କ ସରାଗ ବଢ଼ିଲା। ଆସିଲା ସୁବର୍ଣ୍ଣ ସୁଯୋଗ। ଜଣେ ବଳିଷ୍ଠ ବ୍ୟକ୍ତି ତଥା ସୁଲେଖକ, ସ୍ୱର୍ଗୀୟ ନାରାୟଣ ସୁମନ୍ତ ପଟ୍ଟନାୟକ। ବଡ଼ମ୍ବାର ଏକ ବିଶିଷ୍ଟ ପରିବାରରେ ଜନ୍ମିତ। ସେ ଜଣେ ବ୍ୟକ୍ତିତ୍ୱ-ସମ୍ପନ୍ନ, କରିତ୍‌କର୍ମା, ସ୍ୱାଧୀନଚେତା, ସ୍ପଷ୍ଟବାଦୀ ପୁରୁଷ। ସେତେବେଳେ ବଡ଼ମ୍ବାର ଶାସକ ଖୁବ୍ ପ୍ରତାପୀ। ତାଙ୍କ ସ୍ୱାର୍ଥରେ ବାଧା ପଡ଼ିଲା। ଯୋଗାଡ଼ଯନ୍ତ୍ର କଲେ, ପଲିଟିକାଲ ଏଜେଣ୍ଟଙ୍କୁ ଲେଖିଲେ, ନାରାୟଣ ହେଲେ ଦେଶାନ୍ତରୀ। ହେଲେ ତୁଳସୀ, ତୁଳସୀ ! ସେ ସମୟରେ ଦରଦୀ, ଦେଶପ୍ରାଣଙ୍କ ସଂଖ୍ୟା କିଛି କମ୍ ନ ଥିଲା। ପୁଣ୍ୟଶ୍ଳୋକ ଗୋପବନ୍ଧୁ, ତାଙ୍କରି ତତ୍ତ୍ୱାବଧାନରେ। ମୁଣ୍ଡ ଟେକିଥାଏ ସତ୍ୟବାଦୀ ବନବିଦ୍ୟାଳୟ। ଚିର ନମସ୍ୟ ଗୁରୁ ଆଚାର୍ଯ୍ୟ ହରିହର। ସତ୍ୟବାଦୀର ଖ୍ୟାତି ହୁ ହୁ ବଢୁଥାଏ। ସେବା, ତ୍ୟାଗ, ଦେଶପ୍ରେମର ଏଇଟି ଥିଲା ପ୍ରଧାନ ପେଣ୍ଠ। ପବିତ୍ର ବକୁଳକୁଞ୍ଜ, ଶୋଭାମୟୀ ପ୍ରକୃତି, ଜାତୀୟ ବନ ବିଦ୍ୟାଳୟ ଚାଲିଥାଏ। ସେଠାରେ ସୁମନ୍ତ ପଟ୍ଟନାୟକ, ବେଶ୍ କିଛି କାଳ ଚଳିଲେ, ସତ୍ୟବାଦୀର ଋଷିପ୍ରତିମ ଶିକ୍ଷକମାନଙ୍କ ସ୍ନେହ, ଶ୍ରଦ୍ଧା ପାଇଲେ। ସୁମନ୍ତ ପଟ୍ଟନାୟକ ଜଣେ ସଂସ୍କୃତଜ୍ଞ ପଣ୍ଡିତ, ସାହିତ୍ୟରେ ବି ତାଙ୍କର ବେଶ୍ ଦଖଲ। ଛାନ୍ଦଗୁଡ଼ାକର ନାନା ଅର୍ଥ କରିପାରନ୍ତି, ସହଜ ଭାଷାରେ ବୁଝାନ୍ତି। ସମ୍ପର୍କରେ ସେ କାଳୀଙ୍କ ଜେଜେବାପା, ତାଙ୍କ ନିଜ ଜେଜେବାପା ନିମାଇଁ ଚରଣ - ଉଭୟଙ୍କ ମଧ୍ୟରେ କ୍ଷୀର ନୀର ପ୍ରୀତି। ତାଙ୍କ ସାଙ୍ଗକୁ କାଳୀଙ୍କ ବୋଉ ମିଶିଗଲେ। ସେ ଅଳ୍ପ ସଂସ୍କୃତ ପଢ଼ିଥିଲେ। ବିଷୟ ସମ୍ବନ୍ଧରେ ତାଙ୍କର ଅଧିକ ଦଖଲ, ଶୁଦ୍ଧ ଭାବରେ ଅନେକ ଶ୍ଳୋକ ଖଞ୍ଜି ଦିଅନ୍ତି। ସଙ୍ଗୀତକୁ ସେ ସୁଖ ପାଆନ୍ତି। ତାଙ୍କ ଘରକୁ ସିଂହାରୀ ଶ୍ୟାମସୁନ୍ଦର କର ଆସୁଥିଲେ। କାଳୀଙ୍କୁ ସେ ଆଦର

ଯତ୍ନ କରନ୍ତି, ମନ୍ତ୍ର ଶିଖାନ୍ତି, ଛାନ୍ଦ ଶୁଣାନ୍ତି। ଦୈବଯୋଗକୁ ସୁମନ୍ତ ପଟ୍ଟନାୟକ ବର୍ଷେ ଦି' ବର୍ଷ ତାଙ୍କ ଘରେ ରହିଲେ, ଛାନ୍ଦ ସାହିତ୍ୟରେ କାଳୀଙ୍କୁ ଏକପ୍ରକାର ପ୍ରବୀଣ କରିଦେଲେ। ଏଇଟି ଥିଲା କାଳୀଚରଣଙ୍କ ଅଭୁଲା ସ୍ମୃତି।

ସୁଯୋଗ ବାର ବାର ଆସେନାହିଁ, ହାତଛଡ଼ା ହେଲେ, ପଶ୍ଚାତାପ, ଅନୁଶୋଚନା। କାଳୀଚରଣ ବଡ଼ କପାଳିଆ, ତାଙ୍କ ହାତ ମୁଠାକୁ ଆସିଲା ଏକାଧିକ ସୁଯୋଗ। ଏ ସବୁକୁ ବିନିଯୋଗ କଲେ, ଯଶକୀର୍ତ୍ତି ଅର୍ଜିଲେ। ତାଙ୍କ ପାଠପଢ଼ା ଜୀବନର କଥା। ଯାତ୍ରା ନାଟକ ଦେଖିବାକୁ ବାପା, ମା' ସୁଯୋଗ ଦେଲେ। ସେ ବହୁତ ଶିଖିଲେ, ଅଭିନୟ କଲେ, ନାଟକ ଲେଖିଲେ, ଆଜିକାଲିକା କଥା ନିଆରା। ବାପା ମା' ଅଧିକ ସଚେତନ, ପିଲାଙ୍କୁ ବାଧ୍ୟ କରନ୍ତି। କେବଳ ପାଠପଢ଼ା। ପିଲାଟି ସେଇ ଢାଞ୍ଚାରେ ପଢ଼େ, ଶେଷରେ ପୁସ୍ତକକୀଟ ଟାଏ ହେବା ସାର। ଏ କ୍ଷେତ୍ରରେ କାଳୀଚରଣଙ୍କ କଥା ସମ୍ପୂର୍ଣ୍ଣ ଭିନ୍ନ। ସ୍କୁଲ୍‌ରେ ଶିକ୍ଷକ, ବଡ଼ ବଡ଼ ଲୋକ, ସାଙ୍ଗସାଥୀ ତାଙ୍କୁ ଉତ୍ସାହ ଦେଲେ, ପିତାମାତା ମଧ୍ୟ। ସେ ଗାନ୍ଧର୍ବ ବିଦ୍ୟା ଆଡ଼େ ଆକୃଷ୍ଟ ହେଲେ, ଦିନକର କଥା। ଚର୍ଚ୍ଚିକା ସ୍କୁଲ୍‌ର ଛାତ୍ର କାଳୀ। ସମ୍ଭବତଃ ୧୯୦୭-୧୯୦୮ ମସିହା। ବାଙ୍କିର ଆମଲାମାନେ ନାଟକଟିଏ ମଞ୍ଚସ୍ଥ କଲେ। ନାଟକଟିର ରଚୟିତା ରାମଶଙ୍କର ରାୟ, ନାଟକର ନାଁ 'କାଞ୍ଚିକାବେରୀ'। ଏଇଟି ଥିଲା କାଳୀଚରଣଙ୍କ ପହିଲି ନାଟକ ଦେଖା। ନାଟକର ରାଜା ପୁରୁଷୋତ୍ତମ ଦେବ। ଭୂମିକାରେ ସ୍ୱର୍ଗୀୟ ଡା. ରଜନୀକାନ୍ତ ବୋଷ। ସେ ରହୁଥିଲେ ଆମଲାଚାନ୍ଦ ବଜାର, କଟକରେ। କାଳୀଚରଣଙ୍କ ବାପା-ବିଦୂଷକ, ଭଦ୍ରା ଭୂମିକାରେ ଜଣେ ପୁରୁଷ, ସେ ଖାସମାଲ କିରାଣି ବୃନ୍ଦାବନ ବାବୁ। ଝିଅ କଳାକାର ତ ନଥିଲେ, ସୁନ୍ଦରିଆ ପୁଅମାନେ ନାରୀ ଭୂମିକାରେ, ପାଉଡ଼ର ମାଖି, ପ୍ରସାଧାନ ନେଲା ପରେ, ଠିକ୍ ଝିଅ ପରି। ନାଟକର ସବୁ ଅଭିନେତା ନାଟକ ସୁଆଗିଆ, ଭାରି ନିଖୁଣ ଅଭିନୟ କଲେ ସେମାନେ। ଜୀବନସାରା କାଳୀଚରଣ ତାହା ଭୁଲି ନଥିଲେ।

ବୟସ ବଢ଼େ, ସ୍ମୃତି ବିଭ୍ରମ ଘଟେ। ତଥାପି ଅନେକ କଥା। ଅପାସୋରା ହେଇଯାଏ। ଆଉ ଜଣେ ଅଭିନେତା, ତାଙ୍କ ଚେହେରା, ବଚନିକା, ଅଭିନୟ ଏକ ପ୍ରକାର ସ୍ୱତନ୍ତ୍ର। ସେ ବ୍ୟକ୍ତି ଜଣକ ଶଙ୍କର, ଚକଲା କାନଗୋଇ, ଲୋକେ ଡାକନ୍ତି କବି କାନଗୋଇ। ଦେଖିବାକୁ ଗୋରା, ବାଙ୍ଗରା ନହେଲେ ବି ଡେଙ୍ଗା ନୁହନ୍ତି। ମାତ୍ର ଟିକେ ମୋଟା, ଦୋପୁରିଆ ଦେହକୁ କିଛି ବେଶି। ମୋଟାମୋଟି ଅସୁନ୍ଦର ନୁହନ୍ତି। ଭାରି ଯୋଗାଡ଼ି, ଏକ ପ୍ରକାର ଅଭିନୟ-ନିଶାଳି। ଖାଇବା ପିଇବା ପଛ, ଆଗ ଅଭିନୟ। ସେ ଜଣେ ବାଇଆ କଳାକାର, ଭୋଳା ଲୋକ, ମିଜାଜୀ ବି। ମଫସଲରୁ ଟିକଟ କାଟନ୍ତି, ଚାନ୍ଦା ବାବଦ ଟଙ୍କା ଉଠାନ୍ତି। ତାଙ୍କର ଖୁବ୍ ଖାତିର। କିନ୍ତୁ ତାଙ୍କ ପାଟି

ଟିକେ ଲାଗେ, 'ର', 'ଳ' ଅକ୍ଷର ଉଚ୍ଚାରଣ କରିପାରନ୍ତିନି। ଏସବୁ ବର୍ଣ୍ଣକୁ 'ଅ'ରେ କହନ୍ତି। ତାଙ୍କର ଇଚ୍ଛା ମନ୍ତ୍ରୀ ହେବେ, ପୁରୁଷୋତ୍ତମ ଦେବ ନାଟକରେ କାଞ୍ଚିରାଜା, ପୁରୁଷୋତ୍ତମ ଦେବଙ୍କ ଦୁଷ୍ମନ, ତାଙ୍କରି ମନ୍ତ୍ରୀ ହେବେ। ବଡ଼ ଯୋଗାଡ଼ିଆ, ଏଣେ ଟଙ୍କା ଆଦାୟ କରନ୍ତି। ତାଙ୍କ ମନ ରକ୍ଷା କରାଗଲା। ସବୁ ଠିକ୍ ଠାକ୍। ଆଜିକାଲିକା ପରି ଆଧୁନିକ ମଞ୍ଚ ନୁହେଁ, ବାଉଁଶ ବୁହା, ଗାତ ଖୋଳା, ସିନ୍ ତିଆରି, ଷ୍ଟେଜ୍ ବନ୍ଧା - ସବୁ ସରିଲା। ପଞ୍ଚ ଲାଇଟ୍ ଜଳିଲା। ପାର୍ଟିଅରମାନେ ପାଉଡ଼ର ବୋଳିହେଲେ, ସବା ଆଗରେ ବଳି କାନଗୋଇ, ବେଶ ହେଇ, ପୂରା ପ୍ରସ୍ତୁତ। ତାଙ୍କ ସଂଳାପଟି ଥିଲା- "କିନ୍ତୁ କହନ୍ତୁ ତ ଭଲା, କେଉଁ ଗର୍ତ୍ତମୂଳେ ଛପି ବସିଛି ଶୃଗାଳ, ନିଜ ଉଦର ପୂରାଇ।" ଆର କଥାଟି- "ଛାମୁ ରାଜରାଜେଶ୍ୱର ଏହୁ କ୍ଷୁଦ୍ର ଦୂତ..."। କାନଗୋଇତ ଖନା, କହିଲେ - "କିନ୍ତୁ କହନ୍ତୁ ତ ଭଲା, କେଉଁ ଗର୍ତ୍ତ ମୂଏ ଛକି ବସିଛି ଶୃଗାଳ, ନିଜ ଉଦର ପୁଆଇ, ଛାଗୁ ଆଜ ଆଜେ ସୂଅ, ଏହୁ କ୍ଷୁଦ୍ର ଦୂତ।" ବଚନିକା ପରେ ତାଳିମାଡ଼, ତାଳି ଉପରେ ତାଳି, ଦର୍ଶକ ଦର୍ଶିକାଙ୍କ ହର୍ଷରୋଳ, ବହୁ ଲୋକ ମଜା ଉଠାଇଲେ। ବଳି କାନଗୋଇ, ବଡ଼ ଜିଦ୍‌ଖୋର, ଆପଣା ଅଭିନୟ ସମାପ୍ତ କଲେ। ନାଟକ ଅଭିନୟ ସଫଳ ହେଲା। ଏଥିରେ କାଳୀଙ୍କ ହେଡ୍‌ମାଷ୍ଟର ବେହେଲା ବଜାଉଥିଲେ। ସିନ୍‌ଟାଏ ବି ଆଙ୍କିଥିଲେ। ଏମିତି କାଳୀଙ୍କର ବହୁ ଅଲିଭା ସ୍ମୃତି। କାଳୀଚରଣ ସେଇ ନାଟକଟିରେ ଗଭୀର ଭାବେ ପ୍ରଭାବିତ ହେଲେ। ନାଟକ ଆଡ଼େ ତାଙ୍କ ମନ ଧାଇଁଲା। ସେ ବି ରଙ୍ଗମଞ୍ଚଟିଏ ପ୍ରସ୍ତୁତ କରିବା ଯୋଜନାରେ ରହିଲେ। କୋମଳମତି ଶିଶୁ, କଞ୍ଚା ମାଟି ପିଣ୍ଡୁଳା, ହାଣ୍ଡି, ମାଠିଆ ତିଆରି କାମ କୁମ୍ଭାରଙ୍କର। ସେଇ କୁମ୍ଭାର ଭୂମିକାରେ ବାପା, ମା, ଶିକ୍ଷକ, ଗୁରୁଜନ - ସମସ୍ତେ। ଉପରେ ଅଦେଖା କୁମ୍ଭାର। ପାରିପାର୍ଶ୍ୱିକ ଅବସ୍ଥାର ଭୂମିକା ମଧ୍ୟ ଗୁରୁତ୍ୱପୂର୍ଣ୍ଣ। ମଣିଷ ଦେବଶିଶୁ, ସୃଷ୍ଟିରେ ତା ପରି ଆଉ ନାହାନ୍ତି। ତଥାପି ଅନେକ ସାଦୃଶ୍ୟ ରହିବ। ପରିବାରର ଆଦର ଯତ୍ନ, ଶିକ୍ଷକଙ୍କ ସ୍ନେହ, ଶ୍ରଦ୍ଧା, ତାଡ଼ନା, ଗୁରୁଜନଙ୍କ ଆଶୀର୍ବାଦ ପିଲାଙ୍କୁ ମଣିଷ କରେ, ନାଁ ରଖିବାରେ ସହାୟକ ହୁଏ। ଏକଥାଟି କାଳୀଚରଣଙ୍କ ଜୀବନରେ ଶତପ୍ରତିଶତ ସତ। କାଳୀଚରଣ ଚାହୁଁଥିଲେ ସେ ବି ନିରୋଳା କଳାକାରଟିଏ ହେବେ, ଏକଥା ତାଙ୍କ ପିଲାବେଳୁ ବାରି ହୋଇ ପଡୁଥିଲା। ଉପଯୁକ୍ତ ବାତାବରଣଟେ ସୃଷ୍ଟିହେଲା। ସେ ଉତ୍ସାହୀ ହେଲେ, ଯଶକୀର୍ତ୍ତିର ଶିଖରରେ ପହଞ୍ଚିଲେ। ପ୍ରତିକୂଳ ସ୍ଥିତି ଥିଲେ ତାହା ହୁଏତ ସମ୍ଭବ ହୋଇ ନ ଥାଆନ୍ତା। କଳାକାରଟିଏ ତ ହୋଇ ଥାଆନ୍ତେ, କିନ୍ତୁ ଅନନ୍ୟ କଳାକାର ନୁହେଁ। 'ଏ ମନ ଭାବୁ ଥିଲା ଯାହା', କାଳେ ପ୍ରାପ୍ତ ହେଲା ତାହା।

■

ନଈକୂଳିଆ ଗାଆଁ : ଅପାସୋରା ଦୃଶ୍ୟ

ବୟସ ଗଡ଼ିଚାଲେ, ମନେ ପଡ଼େ ପିଲାଦିନ, ଗାଁ କଥା। ଚହଲାଇ ଦିଏ ହଜିଲା ସ୍ମୃତି। ଏକ ପରେ ଆରେକ ଭାସିଚାଲେ ଭସାବଉଦ ପରି, ଭଲି ଭଲି ମନଲୋଭା ଦୃଶ୍ୟ। ଭୁଲି ହୁଏନା, ଗାଁ ଜୀବନ ଟାଣି ଦିଏ ଗାରଟିଏ, ମନ ଗହିରରେ ଅଲିଭା ହେଇ ରହିଯାଏ। ସେମିତି ଗାଁଟିଏ - ଖମାରଗଙ୍ଗ, ବାଙ୍କିରେ; ଖୁବ୍ ସାନ। ଗାଁ ଧାରେ ଧାରେ ମହାନଦୀ, ନଈ ବନ୍ଧ ତଳେ ତଳେ ବୁଦିବୁଦିକିଆ ଲଟୀ, କେତୋଟି ଆମ୍ବ, ବର, ଓସ୍ତଗଛ। ବର୍ଷାଦିନେ ଢେର୍ ପାଣି, ସମୟ ସମୟେ ମହାନଦୀ କୂଳ ଲଂଘେ। ଅନ୍ୟଦିନେ ବି ପାଣିଥାଏ, ଖରା ଦିନେ ପଶା ନଈ, ଉପର ମୁଣ୍ଡରୁ ନାଉରିଆ ନାଆ ଚଳାନ୍ତି। ଅଳପ ପାଣି ଥିବା ଜାଗାକୁ ଟିକେ ଖୋଳି ଦିଅନ୍ତି, ତା'କୁ କହନ୍ତି 'ହରଣୀ'। ଏଇ ରାହା ଧରି ନାଆ ବୁହାଇ ନିଅନ୍ତି ନାଉରିଆ। ନଈ ଆର ପାରି, ଲମ୍ବା ବାଲିଶେଯ, ଠା ଠା ବାଲିବନ୍ତ। ଚକୁଆ ଚକୋଇ, ଟେଣ୍ଟେଇ ଚଢ଼େଇ, ଆଉ ଜାତି ଜାତି ଚଢ଼େଇ ବସନ୍ତି, ଡେଣା ଝାଡ଼ି ଉଡ଼ନ୍ତି। ଜହ୍ନ ପକ୍ଷ ରାତି; ଚାରିଆଡ଼େ ଧବଳ ଚାଦର ବିଛାଡ଼ି ହୋଇଥାଏ। ଟେଣ୍ଟେଇ ତା' ବାଲିଗାତରୁ ବାହାରେ। ଟିଇଁ, ଟିଇଁ, ଟିଇଁ ରାବ କରେ, ଖୋଲା ଆକାଶରେ ଉଡ଼ିବୁଲେ, ଚହଳ ପକାଏ। ସେ ଡାକ ଭାରି ମିଠା, ନିରବ ଆକାଶର ଘୁମଭଙ୍ଗା ଡାକରା, ନଈକୂଳିଆ ଅପାସୋରା ଦୃଶ୍ୟ। ସାରାଜୀବନ ଆଛନ୍ନ କରି ରଖିଛି କାଳୀଚରଣଙ୍କୁ। ସେଇ ଖମାରଗଙ୍ଗ ଗାଁ, କାଳୀଚରଣଙ୍କର ସାତପୁରୁଷର ଭିଟାମାଟି। ମନେ ପଡ଼ିଯାଏ ତାଙ୍କର। କାଳିଜହ୍ନିଆ ରାତି, ଗଛ ଛାଇରେ ବସନ୍ତି କାଳୀଚରଣ। ଅପୂର୍ବ ପ୍ରକୃତି, ଅଫୁରନ୍ତ ଶୋଭା ମାଧୁରୀ। ଶୋକ ପାସୋରା ଅପ୍ସରା ଭୁବନ। କବିଙ୍କ ଭାଷାରେ - "ଅନୁଭବୀ ବିନେ ଦୁଃଖ ସୁଖ କହି ନୋହେ ବଚନେ।" ସେଇ ଅନୁଭବ କଥା ବାଢ଼ିଛନ୍ତି ପ୍ରଥିତଯଶା କାଳୀଚରଣ। ତାଙ୍କ ଆତ୍ମଲିପି 'କୁମ୍ଭାରଚକ'ରୁ ମିଳେ ସେକାଳର ଗ୍ରାମ୍ୟ ଜୀବନ, ସଂସ୍କୃତି କଥା; ଚଳଣିର ନାନାଦି ଚିତ୍ର।

ଛୋଟ ଗାଁଟି ଖମାରଙ୍ଗ। ଭୂଗୋଳ ପୋଥି ପତରେ ତା'ର ନାଁ ବି ନାହିଁ, ତଥାପି କେତେ ପାଠ ନ ଲେଖାଯାଇଛି ସେଠି ? ସେଇ ପାଠକୁ ପଢ଼ିଛନ୍ତି କାଳୀଚରଣ। ତନ୍ନତନ୍ନ କରି ବୁଝିଛନ୍ତି। ପାଠକଙ୍କୁ ବାଣ୍ଟିଛନ୍ତି ସ୍ମୃତି ଅନୁଭୂତି। ଖମାରଙ୍ଗରେ ମାତ୍ର ୪୦/୫୦ ଘର। ବିଭିନ୍ନ ପାଟକର ଲୋକ ସେଇ ଗାଁରେ। ବ୍ରାହ୍ମଣ, ଆଠଗଡ଼ିଆ ବ୍ରାହ୍ମଣ ଘର ପ୍ରାୟ ୨୫/୩୦। ଦି' ତିନି ଘର କେଉଟ। ଘରେ ତନ୍ତୀ, ଘରେ ସାଗରପେଶା, ଆଉ ଘରେ କରଣ। ଗାଁରେ ମଠଟିଏ। ମହନ୍ତ ବାବାଜୀ ରାଧାଚରଣ ଦାସ। ମାଛିକୁ ମ' କହନ୍ତିନି। ତାଙ୍କ ଚେଲା ଦୟାନିଧି ଦାସ, ଟିକେ ଖନା, ତୁଣ୍ଡ ଲାଗେ। କିନ୍ତୁ ଭାଗବତ, ରାମାୟଣ ସୁନ୍ଦର ଭାବେ ଗାଆନ୍ତି, ପାଟି ଲାଗେନି। ଶ୍ଳୋକପାଠ ବି କରନ୍ତି, ତାଙ୍କୁ ଖନା ବୋଲି କେହି ବାରି ପାରନ୍ତିନି। ସେ ସମୟରେ ମଠ, ମନ୍ଦିରର ମହନ୍ତ, ପୂଜକ, ଏମାନେ ସଦାଚାରୀ ଥିଲେ। ଦେବ ଉପାସନା, ଗୀତା, ଭାଗବତରେ ମନ ଦେଉଥିଲେ। ଧର୍ମୀୟ ପୀଠ, ପରିସର ସାତ୍ତ୍ୱିକ ଭାବ ଭାବନାରେ ଭରପୂର ଥିଲା। ଆଜି କାଲିକା ପରି ଅପକର୍ମ, ଅସାମାଜିକ କାର୍ଯ୍ୟ ଚାଲୁନଥିଲା। ଆଠଗଡ଼ିଆ ବ୍ରାହ୍ମଣ ସାହିରେ କୀର୍ତ୍ତନ ଦଳଟିଏ। ସଞ୍ଜ ସକାଳେ ବଟଗୋସାଇଁଙ୍କ ଛାଇରେ କୀର୍ତ୍ତନ ଚାଲେ। କାଶୀ ପଣ୍ଡା ଗାୟକ, ବଙ୍ଗଳାରେ କୀର୍ତ୍ତନ ବୋଲନ୍ତି। ଓଡ଼ିଆ ସେମାନେ, ଘର ଓଡ଼ିଶାରେ, ଓଡ଼ିଆ ଛାଡ଼ି ବଙ୍ଗଳାରେ କୀର୍ତ୍ତନ, ସେଥିରେ ପୁଣି ତ୍ରୁଟି ପୂର୍ଣ୍ଣ ଭାଷା। କାଳୀଚରଣ କିଛି କିଛି ବଙ୍ଗଳା ପଢ଼ିଥିଲେ, ଭଲ ବୁଝୁଥିଲେ। ବଙ୍ଗଳା କୀର୍ତ୍ତନ ଶୁଣି ହସୁଥିଲେ। ସେତେବେଳକା ବଙ୍ଗଳା କୀର୍ତ୍ତନରୁ ପଦେ - 'ମାନବେ ଜନମେ ଆର୍ ପାବିନାରେ / ଭାଙ୍ଗଲେ ମାଥା ପାଷାଣରେ।" ଏହାର ଶୁଦ୍ଧ ବଙ୍ଗଳା - "ମାନବ ଜନ୍ମ ଆର ପାବିନାରେ / ଭାଙ୍ଗ୍‌ଲେ ମାଥା ପାଷାନେରେ।" କେବଳ ସେତିକି ନୁହେଁ, ପଣ୍ଡିତ ଶ୍ରୀଚନ୍ଦନେ 'ବସନ୍ତରାସ' ଲେଖିଲେ। ବହି ଖଣ୍ଡିକ ବଙ୍ଗୋତ୍କଳ ବର୍ଣ୍ଣ-ପରିଚୟ ! କୌଣସି ଭାଷାକୁ ଅଣ ଆଦର ସ୍ପୃହଣୀୟ ନୁହେଁ, ତଥାପି ଶୁଦ୍ଧଭାବେ ଉଚ୍ଚାରଣ କରିବା ତ ଦରକାର - ଏକଥାଟି ମଧ୍ୟ କାଳୀଚରଣ ଉଲ୍ଲେଖ କରିଛନ୍ତି।

ଊନବିଂଶ ଶତାବ୍ଦୀର ଶେଷ ପାଦର କଥା। ସରକାରୀ ଚାକିରିଟିଏ ମିଳିବା ଭାରି ସହଜ। ଆଜିକାଲି କଥା ଅଲଗା। ପ୍ରଶାସନିକ ସେବାମୁହାଁ ଶିକ୍ଷିତ ଗୋଷ୍ଠୀ। ସେ ସମୟରେ ଗାଁ ଗହଳିରେ ପାଠୁଆ ଥିଲେ।। ଶିକ୍ଷକତା ପ୍ରତି ସେମାନଙ୍କର ବଡ଼ ଆଦର। କାଳୀଚରଣଙ୍କ ନିଜ ଗାଁ ଏହାର ଉଦାହରଣ। ବ୍ରାହ୍ମଣ ଘର ଭିତରେ ବାସୁଦେବ ମିଶ୍ରେ, ସ୍କୁଲ ବିଭାଗର ପରିଦର୍ଶକ। ତାଙ୍କ ସାନ ଭାଇ ନାରାୟଣ ମିଶ୍ରେ। ଚର୍ଚ୍ଚିକା ସ୍କୁଲର ଦ୍ୱିତୀୟ ପଣ୍ଡିତ। ଭାଗୀରଥ ପଣ୍ଡା, ଚର୍ଚ୍ଚିକା ମାଇନର ସ୍କୁଲ୍‌ର ହେଡ୍ ପଣ୍ଡିତ। ତାଙ୍କ ସାନଭାଇ ରାମଚନ୍ଦ୍ର ପଣ୍ଡା, ନୂଆ ଗଡ଼ରେ ଶିକ୍ଷକତା ଚାକିରି। ଏମାନେ କୃତୀ ଶିକ୍ଷକ,

ସୁସାହିତ୍ୟିକ ମଧ୍ୟ। ଲେଖାଲେଖିରେ ଖୁବ୍ ନିପୁଣ। ମାଧବ ଚନ୍ଦ୍ର ମିଶ୍ରେ ଜଣେ ଶିଶୁ ସାହିତ୍ୟିକ। ତାଙ୍କ ରଚିତ ପୁସ୍ତକ 'ଧନମାଳି'। ବହିଟି ବଡ଼ ଆଦୃତ ହୋଇଥିଲା। ଶିକ୍ଷକ ରାମଚନ୍ଦ୍ର ପଣ୍ଡା, ସେ ବହି ଖଣ୍ଡିଏ ଲେଖିଥିଲେ 'ଛାନ୍ଦ ରଘୁବଂଶ'। ଏହା ଖୁବ୍ ସୁଖପାଠ୍ୟ। ଖମାରଙ୍ଗ ଗାଁରେ କର୍ମାଣିଆ ବ୍ରାହ୍ମଣ, ଭାରି ନୈଷ୍ଠିକ। ପୂଜାବିଧି କର୍ମ କର୍ମାଣିରେ ପଟୁ, ଏ ଦିଗରେ କେଶବ ଶତପଥୀଙ୍କ ନାଁ ଡାକ। ତାଙ୍କ ଦୁଇ ପୁଅ। ସେମାନେ ବି ଯୋଗ। ହସିଲା ପୂରିଲା ଗାଆଁ। ସୁଖ, ଶାନ୍ତି, ଆନନ୍ଦ ସଦା ବିରାଜମାନ ସେଇ ନଈକୂଳିଆ ଗାଆଁରେ। ଗାଁକୁ ଆସେ ପର୍ବପର୍ବାଣି। ଖିଆପିଆ, ଦିଆନିଆ, ଆନନ୍ଦ ମଉଛବ, ସମସ୍ତେ ବିଭୋର। ଅନ୍ୟ ଦିନମାନଙ୍କରେ ବି ପରସ୍ପର ମଧ୍ୟରେ ନିବିଡ଼ ସମ୍ପର୍କ। ସମସ୍ତଙ୍କ ବାରି ଆଡ଼େ ଡିଆଁ ବାଟ। ନିତି ତୁଉଣ ତରକାରି ଦିଆନିଆ। ଉପର ବେଳାଟା ଖେଳରେ କଟେ। ସାହି ମାଇପେ, ଝିଅମାନେ ଜାଗା ଜାଗା ଏକାଠି ହୁଅନ୍ତି, ଖେଳ ଆରମ୍ଭ ହୁଏ। କାଞ୍ଜିଗାଡ଼ ପଚ୍ଚା (ଗିଲ ଖେଳ), କସିପାଙ୍ଗି, ଦଶ ପଚିଶି କଉଡ଼ି ଖେଳ ବି ହୁଏ। ସାଇ ଝିଅମାନେ ଆସର ଜମାନ୍ତି। କାଳୀଚରଣ ଛୁଟି ଦିନରେ ଗାଁରେ ଥାଆନ୍ତି, ବୋଉ ଖୁଡ଼ୀଙ୍କ ସଙ୍ଗେ ମିଶି ଜୁଆଣ ଦିଅନ୍ତି। କାଳୀ ତ 'ଏକୋଇର ବଳା ବିଶିକେଶନ'। ସହଜେ ଦୁର୍ବଳ, ଆଉ ସବୁ ଖେଳ ତାଙ୍କୁ ମନା। ଏଇ ଘରୁଆ ଖେଳରେ ସେ ପକ୍‌କା। ଆଜିକାଲିକା ପିଲେ, ଏ ଖେଳର ନାଁ ଗନ୍ଧ ବାରି ନାହାନ୍ତି। କାଁ ଭାଁ ଭଳି, ଫୁଟବଲ ଖେଳ। ଜାତୀୟ ଖେଳ ହକି, ଏହା ବି ଅବହେଳିତ। ପ୍ରାୟ ଆଦିବାସୀ ପିଲେ ଖେଳନ୍ତି, ଜାତୀୟ ଆନ୍ତର୍ଜାତୀୟ ସ୍ତରରେ ଖ୍ୟାତି ରଚିଛନ୍ତି। ଖେଳ କହିଲେ ଆମ ପିଲେ ବୁଝନ୍ତି କ୍ରିକେଟ, ବିଦେଶୀ ଖେଳ। ଭାରତରେ ଏହାର ଖୁବ୍ କାଟ୍‌ତି। ପାଠ ପଢ଼ା ଛାଡ଼ି ପିଲା ଏଥିରେ ମାତନ୍ତି, କ୍ରିକେଟ ଉପରେ ରଚନା ପଢ଼େ, ଢେର୍ ଲେଖି ଯାଆନ୍ତି। 'ନଈ ବଢ଼ିର ଦୃଶ୍ୟ', 'ଶୀତଦିନିଆ ପଲ୍ଲୀ ସଞ୍ଜ' ଅବା 'ସୁନ୍ଦରେ ତୃପ୍ତିର ଅବସାଦ ନାହିଁ' - ଏସବୁ ଲେଖାରେ ଦୁର୍ବଳ। ଏମାନଙ୍କ ଠାରୁ ବା କି ସାହିତ୍ୟ ଆଶା କରାଯାଇପାରିବ? କାଳୀଚରଣ, ପିଲାବେଲୁ ନଈ ଦେଖିଲେ, ନାଉରିଆ ଗୀତ ଶୁଣିଲେ, ଝିଙ୍କାରିର ବେସୁରା ରାଗିଣୀରେ ହଜିଗଲେ। ରାଜ ଉଆସରେ ନାଚ, ଗୀତ, ଯାତ୍ରା, ନାଟକ ଦେଖିଲେ। ସେଇ ଆଡ଼େ ମନ ବଳିଲା। ମହାନଦୀର ଛଳଛଳ ଉଚ୍ଛୁଳା ଗୀତ, ଟେଣ୍ଟେଇର ସାମ ସଙ୍ଗୀତ ଆଉ ନଈ ଆରପାରିର ଦୃଶ୍ୟ ତାଙ୍କୁ ଆନମନା କଲା। ସେ ପାଲଟିଗଲେ ପ୍ରଖ୍ୟାତ ନାଟ୍ୟକାର, ବିଶିଷ୍ଟ କଣ୍ଠଶିଳ୍ପୀ, ଲବ୍ଧ ପ୍ରତିଷ୍ଠ କବିଟିଏ। ଗାଁ ଭୂଇଁର ଶୋଭା ସୁରଭି ତାଙ୍କୁ କଳାକାରଟିଏ କରିଦେଲା। ଏକଥା କହିବାରେ ଦ୍ୱିଧା ନାହିଁ।

ସେବେକା ଗାଁ ଗଣ୍ଡାର ଚଳଣି, ଏବେ ସହରୀ ବାବୁଙ୍କ ପାଇଁ କୁସଂସ୍କାର।

ଗାଁରେ ଥିଲା ସଂସ୍କାରବୋଧ, ପୂଜ୍ୟପୂଜାର ନିରବଚ୍ଛିନ୍ନ ଧାରା। ସାନ ସାନମାନେ ବଡ଼ ବଡ଼ିଆଙ୍କୁ ମାନନ୍ତି, ନମ୍ରତା ସହ କଥା ହୁଅନ୍ତି। ବଡ଼ମାନେ ସାନମାନଙ୍କୁ ଆଦର କରନ୍ତି। ପରସ୍ପର ମଧ୍ୟରେ ସ୍ନେହ, ଶ୍ରଦ୍ଧା, ଭକ୍ତି ଅତୁଟ ଥିଲା। ଦେଢ଼ଶୁର, ଶଶୁର, ବଡ଼ଜାଆଙ୍କ ନାଆଁ ସାନ ଜାଆମାନେ ଧରନ୍ତିନି। ଅନ୍ୟ ଅକ୍ଷର ଧରି ଆଉ ଗୋଟେ ନାଆଁ କହନ୍ତି। ଏପରିକି ସ୍ତ୍ରୀମାନେ ସ୍ୱାମୀଙ୍କ ନାଆଁ କହିବାକୁ ଅମଙ୍ଗ। ଏଇଟି ଥିଲା ସାମାଜିକ ବିଧି। କାଳୀଚରଣଙ୍କ ବୋଉ ବୈଦେହୀଶ ବିଳାସ ଗାଆନ୍ତି, ଖୁଡ଼ୀ ବି ଛାନ୍ଦ ଗାଆନ୍ତି ଛାନ୍ଦ 'ବ୍ରଜ ବନ୍ଧୁ ବିରହ' ପିଣ୍ଡାରେ ଖୁଡ଼ୀ ବୋଲନ୍ତି। ସେପଟେ ଢିଙ୍କି କୁଟା ଶବ୍ଦ, କୁଟୁଣୀ ଧାନ କୁଟୁଥାଏ। ଖୁଡ଼ୀଙ୍କର ପରିବାରରେ କେତେକ ମାନ୍ୟଗଣ୍ୟ ଲୋକ। ସେମାନଙ୍କ ନାଆଁ ପୁରୁଷୋତ୍ତମ, ବ୍ରଜବନ୍ଧୁ, ମୋହନ, ରାଧା, କିଶୋର ଇତ୍ୟାଦି। ତେଣୁ 'ବ୍ରଜବନ୍ଧୁ ବିରହ' ନାଆଁ 'ନ୍ରଜବନ୍ଧୁ ବିରହ' - ଏଇଟି ଖୁଡ଼ୀଙ୍କ ଭାଷାରେ। ଦିନେ ସେ ଗାଇଲେ ଛାନ୍ଦଟିଏ ଏହି ବହିରୁ - "ଲେଖି ଅଛନ୍ତି ନ୍ରଜନୁର ମଣ୍ଡନ / ନ୍ରଜ-ନିଶୋରୀ ନାଧାଙ୍କୁ।' - ପ୍ରକୃତ ଲେଖାଟି - 'ଲେଖି ଅଛନ୍ତି ବ୍ରଜପୁର ମଣ୍ଡନ କିଶୋରୀ ରାଧାଙ୍କୁ।' ଖୁଡ଼ୀଙ୍କ ମଧୁର ସ୍ୱର। କୁଟୁଣୀ ବି ବିହ୍ୱଳ, ପ୍ରଶଂସା କରି କହେ - "ବୋହୂ ସାଆନ୍ତାଣୀ, କେଡ଼େ ସୁନ୍ଦର ଗାଉଛନ୍ତି ସତେ !" ନିତି କାଳୀଚରଣଙ୍କ ପରିବାରରେ ଛାନ୍ଦ ସାହିତ୍ୟର ଚର୍ଚ୍ଚା। ତାଙ୍କ ବୋଉ, ବାପା, ଖୁଡ଼ୀ, ଜେଜେ ବାପା - ସମସ୍ତେ ସାହିତ୍ୟ, ଗୀତରେ ବାଇଆ, ଏଥିରୁ କାଳୀଚରଣ ବାଦ୍ ଯାଇ ନାହାନ୍ତି। କାଳୀଚରଣଙ୍କ ସମ୍ଭ୍ରାନ୍ତ ପରିବାରରେ କେବଳ ନୁହେଁ; ଉଣା ଅଧିକେ ସବୁ ଥିଲାବାଲା ଚାକିରିଆଙ୍କ ଘରେ, ରାଜା ରାଜୁଡ଼ାଙ୍କ ଉଆସରେ ସାହିତ୍ୟ ଆସର। କଳା, ସାହିତ୍ୟ, ସଂସ୍କୃତି ପ୍ରତି ଜନଜୀବନରେ ଯଥେଷ୍ଟ ଆଦର ଥିଲା।

କଥାରେ ଅଛି। ପରିବାର ନାଗରିକତାର ପ୍ରଥମ ବିଦ୍ୟାଳୟ। ସେଇଠୁ ପିଲା ସାଣ୍ଟଣା ଶିଖନ୍ତି, ଆରମ୍ଭ ହୁଏ ସଂସ୍କାରିତ ଜୀବନ। ବଡ଼ମାନଙ୍କୁ ସାନମାନେ ଅନୁକରଣ କରନ୍ତି। ମୁରବୀମାନେ ପିଲାଙ୍କୁ ଠିକ୍ ବାଟ ଦେଖାନ୍ତି। କାଳୀଚରଣଙ୍କର ପରିବାରରେ ଏହାର ଅଭାବ ନ ଥିଲା। ସଙ୍ଗୀତ-ସାହିତ୍ୟ ପ୍ରେମୀ ତାଙ୍କ ବାପା। ଗାଁରେ ତାଙ୍କର ଆଟୁଘର, ବାହାରକୁ ଯିବାବାଟ କଡ଼, ସେଇଠି ଚଉପାଢ଼ି; ବାପା ବସିଥିଲେ ଆରାମ ଚଉକିରେ। କାଳୀଚରଣ ବାହାରିଥିଲେ ନଈ ବନ୍ଧ ଆଡ଼େ, ସଞ୍ଜୁଆ ସୁଲୁ ସୁଲିଆ ପବନ ଖାଇବାକୁ। ବାପା ବସିଛନ୍ତି, ବଡ଼ ସନ୍ତର୍ପଣରେ, ଶଙ୍କି ଶଙ୍କି, ବହୁମାନରେ କାଳୀଚରଣ ଯାଉଥିଲେ। ବାପା ପଚାରିଲେ ଏଇ 'ମ୍ୟାନ' ଶବ୍ଦର ଅର୍ଥ। ଏହା ମନୁଷ୍ୟ... ମାନବ। ଉତ୍ତର ଦେଲେ କାଳୀଚରଣ। ବାପା ମୁହଁ ବଙ୍କାଇ ଦେଲେ, ତାଙ୍କ ଟଙ୍କା ପୂରା ପାଣିରେ ପଡ଼ିଲା। ଏହାର ଅର୍ଥ ମନୁଷ୍ୟ - ମାନବ। ପୂରା ଭୁଲ୍ - ଏକଥା

କହିଲେ। ବାସ୍ ସେତିକି ବାପ ପୁଅ ଚାଲିଲେ ନଈ ବନ୍ଧ ଆଡ଼େ। ଶୁଭୁଛି ଖଡ଼ଖଡ଼ ଶବ୍ଦ। ପବନର ଆତାଗନ ନାହିଁ। ସେଥିରେ ପୁଣି ଶବ୍ଦ ବାହାରୁଛି। କାଳୀ ଛାନିଆ। ବାପା ଟିକିଏ ମୁରୁକି ହସିଲେ। ଓସ୍ତପତର ଡେମ୍ଫ ଲମ୍ବା ଲମ୍ବା, ଅଳପ ଟିକିଏ ପବନ ଛୁଆଁ, ଥରି ଉଠୁଛନ୍ତି। ପତର ପତର ଭିତରେ ଲଢ଼େଇ, ଶୁଭୁଛି ଖଡ଼ ଖଡ଼ ଶବ୍ଦ, ଗଛର ଗଣ୍ଡି ଦୋହଲୁଛିକି ? ଏକଥା ବାପା ପଚାରିଲେ। ଏତିକିରେ କଥା ରହିଲା, କାଳୀଚରଣ ଦିନେ ଦି' ଦିନ ଖୁବ୍ ମୁଣ୍ଡ ଖଟେଇଲେ, ଶେଷରେ ବୁଝିଲେ। ସ୍ୱଳ୍ପଭାଷୀ ତାଙ୍କ ବାପା, ସତରେ ! ଛୋଟ ଛୋଟ କଥାରେ ସେ ବିରାଟ ପ୍ରଶ୍ନର ସମାଧାନ କରନ୍ତି।

ମନୁଷ୍ୟ ଜୀବନ, ଗୁଡ଼ାଏ ଭୁଲର ସମଷ୍ଟି। ପତ୍ର ଖଡ଼ ଖଡ଼ ହୁଏ। ଗଣ୍ଡି କିନ୍ତୁ ଅଚଳ, ସାମାନ୍ୟ ଆଘାତରେ ଅବା ଅସୁବିଧା, ଏଥିରେ ଗଣ୍ଡି ବା ଦେହମନ ଦୁର୍ବଳ ହୁଏନି। ଟଳି ପଡ଼େନି। ସୁଲୁସୁଲିଆ ପବନ ଓସ୍ତପତ୍ରକୁ ଚହଲାଇ ଦିଏ, ସେମିତି ମନୁଷ୍ୟ ଜୀବନ। ସାମୟିକ ବିପଦ ଆପଦ ଆସିବ, ଉପରେ ଉପରେ ଚାଲିଯିବ, ଏଥିରେ ଦୁର୍ବଳ ହେବା ଉଚିତ୍ ନୁହେଁ। ଏହା ହିଁ ଜୀବନର ସାରକଥା। ବାପାଙ୍କର ସେଇ ଦୁଇଟି କଥା - (କ) ମନୁଷ୍ୟ ଜୀବନ ଭୁଲର ସମଷ୍ଟି, (ଖ) ସୁଲୁସୁଲିଆ ବାଆରେ ଓସ୍ତପତର ଦୋହଲା - ଏ ଦୁଇଟି ଉପଦେଶ, 'ଏକୁଁ ଆରେକ ବଳିଆର'। ଘଟଣାମୟ କାଳୀଚରଣଙ୍କର ଜୀବନ, କେତେ ଝଡ଼ ଝଞ୍ଜା ସହିଛନ୍ତି, ସାରା ଜୀବନରେ କେତେ ଭୁଲ କରିଛନ୍ତି, ଠିକଣା ନାହିଁ। ଓସ୍ତଗଛର ମୂଳଗଣ୍ଡି ଦୋହଲିଗଲେ, ଗଛଟି ତଳଛୁଆଁ ହେଇଯାଏ। ଏଇଟି ବଡ଼ ମୂଲ୍ୟବାନ କଥା। ପ୍ରତିଟି ମଣିଷ ପଥିକଟିଏ। ଦୁନିଆରେ ଚଲାବାଟୋଇ ସେ ଚାଲିଥାଏ, ଅବିରତ ଯାତ୍ରା। ଉପର ଦୁଇଟି କଥା ତା'ର ସଦା ସହଚର। ଏଭଳି ପରିସ୍ଥିତି, ପରିବେଶ 'କୁମ୍ଭାର ଚକ'ର ମାଟି ନୁହେଁ କି ?

'କୁମ୍ଭାର ଚକ' ଭିତରେ ବେଶ୍ କେତୋଟି କଥା ବାଢ଼ିଛନ୍ତି ଲେଖକ। ସେଇ ନଈକୂଳିଆ ଗାଁ, ବାଲ୍ୟରୁ ସେଇଠି ଗଢ଼ା ହେଇଛନ୍ତି କାଳୀଚରଣ। ଗାଁ ନଈ ସେପାରି କଥା, ବଡ଼ମ୍ବା କୁଶୁରଙ୍ଗିଆ ଶିଖରରେ କଳାହାଣ୍ଡିଆ ମେଘ ଚରି ବୁଲିବା ଦୃଶ୍ୟ। ଦେଖିଲେ କାଳୀ, ଲେଖିଲେ ପହିଲି କବିତା - "କଳା ହାଣ୍ଡିଆ ମେଘ"। ତା' ପରେ ଉତୁରିଲା କବିତା ପରେ କବିତା, ସେଇ ଗାଆଁ ଭୂଇଁର ସ୍ନେହ-ମାୟା-ମମତା-ଭରା ଲୋକଚଳଣି, ଏସବୁ କାଳୀଚରଣଙ୍କ ଜୀବନଗଢ଼ାର ମୂଳଦୁଆ।

ନଈ, ନାଳ, ହ୍ରଦ, ବଣପାହାଡ଼, ପ୍ରକୃତି ରାଣୀର ଅଫୁରନ୍ତ ଶୋଭା-ସୌନ୍ଦର୍ଯ୍ୟ, କବି ଲେଖକ କଳାକାରଙ୍କୁ ଆକର୍ଷଣ କରେ। ଚହଲାଇ ଦିଏ ତନୁ-ମନ-ପ୍ରାଣ। କଲମ ଚଳାଇବାକୁ ଭରପୂର ପ୍ରେରଣା ଦିଏ। ପ୍ରତିଟି ଯଶସ୍ୱୀ ସାରସ୍ୱତ ସାଧକ,

ଭାରତ ଅବା ପୃଥିବୀର, ତାଙ୍କ ଲେଖାରେ ନଈଟିର ଅଭୁଲା ସ୍ମୃତି ବର୍ଣ୍ଣିତ। ଓଡ଼ିଶାରେ ବି ଏଭଳି ଲେଖକଙ୍କର ଅଭାବ ନାହିଁ, କାନ୍ତକବି ଲକ୍ଷ୍ମୀକାନ୍ତ ମହାପାତ୍ର, ଡ. ମହତାବ, ନିତ୍ୟାନନ୍ଦ ମହାପାତ୍ର, ଗୋପୀନାଥ, କାହ୍ନୁଚରଣ, ଗୋଦାବରୀଶ ମିଶ୍ର, ସଚ୍ଚି ରାଉତରାୟ ଅବା ସୁରେନ୍ଦ୍ର ମହାନ୍ତି - କେହି ଭୁଲି ନାହାନ୍ତି ଗାଁ ପାଖ ନଈ, ଦୂରିଆ ପାହାଡ଼, ଚାରୁ ହାସ୍ୟମୟୀ ନଦୀ ସମୁଦ୍ରକୁ। ଠିକ୍ ସେମିତି କବିଚନ୍ଦ୍ର କାଳୀଚରଣ ପଟ୍ଟନାୟକ, ପ୍ରବହମାନ ମହାନଦୀ ତାଙ୍କୁ ସମ୍ମୋହିତ କରିଛି। ଗାଁ ଭୂଇଁର ଅପାସୋରା ଦୃଶ୍ୟ ମନରେ ଲାଖିରହିଛି। ସେ ପାଲଟିଛନ୍ତି ଅନନ୍ୟ କବିଚନ୍ଦ୍ର; ନାଟ୍ୟାଚାର୍ଯ୍ୟ କାଳୀଚରଣ। ଗାଆଁ ଭୂଇଁର ସ୍ନେହ-ମାୟା-ମମତା-ଭରା ଲୋକ-ଚଳଣି ଜୀବନ ଗଢ଼ାର ମୂଳଦୁଆ - ଏ କଥାଟି ବହୁ ଜନ ସ୍ୱୀକୃତ।

■

ଗୁଣ ଚିହ୍ନେ ଗୁଣିଆ

ବିଖ୍ୟାତ କୁଟନୀତିଜ୍ଞ ଚାଣକ୍ୟ, ନୀତି କଥାଟିଏ ଲେଖିଲେ - "ସ୍ୱଦେଶେ ପୂଜ୍ୟତେ ରାଜା।" ବିଦ୍ୱାନର ପୂଜା ଦେଶ ବିଦେଶରେ ଏକଥା ବି କହିବାରେ ଊଣା କଲେନି। ଏହାର ସତ୍ୟତା ପ୍ରତି ଆଙ୍ଗୁଳି ନିର୍ଦ୍ଦେଶ କରାଯାଇ ନ ପାରେ। ମାତ୍ର ଏ ଭଳି ରାଜା ଅଛନ୍ତି, ସେମାନେ ବିଦ୍ୱାନଠାରୁ କିଛି ନ୍ୟୂନ ନୁହନ୍ତି। ସେବେକା ରାଜାଙ୍କ ଅଖଣ୍ଡ କ୍ଷମତା, ବହୁ ପ୍ରତିପତ୍ତି, ବିଳାସ ବ୍ୟସନ ପ୍ରାଚୁର୍ଯ୍ୟରେ ତାଙ୍କ ଜୀବନ କଟେ। କେହି କେହି ଅତୀବ ନିଷ୍ଠୁର, ପରସ୍ୱାପହାରୀ, ନାରୀମାଂସ ଲୋଭୀ। ଏଗୁଡ଼ିକ ଅବିଗୁଣ, ସୁଶାସନର ପରିପନ୍ଥୀ। ଏହା ବିରୁଦ୍ଧରେ ସ୍ୱର ଉଠାଇବା ସମ୍ଭବ ନଥିଲା। ରାଜାମାନେ ନିଜକୁ ଈଶ୍ୱରଙ୍କ ପ୍ରତିନିଧି କହୁଥିଲେ, ରାଷ୍ଟ୍ର ବି। ଏକଛତ୍ରବାଦର ଏହା ଜ୍ୱଳନ୍ତ ଉଦାହରଣ। ସେଇଥିପାଇଁ ତ ରାଜତନ୍ତ୍ର, ପ୍ରଜାପୀଡ଼ନ ଓତପ୍ରୋତ ଭାବେ ସଂଶ୍ଳିଷ୍ଟ। ରାଜାମାନଙ୍କ ମଧ୍ୟରେ ଦେବତୁଲ୍ୟ ବି ଥିଲେ। ସେମାନଙ୍କ ରାଜ୍ୟକୁ ରାମରାଜ୍ୟ କୁହାଯାଏ। ମହାପ୍ରତାପୀ ଲଙ୍କେଶ ରାବଣ, ନିଷ୍ଠୁର କଂସ, ମହୀରାବଣ - ଏମାନେ ପୁରାଣର ନିନ୍ଦିତ ଚରିତ୍ର। ଠିକ୍ ସେମିତି ଚତୁର୍ଦ୍ଦଶ ଲୁଇ, ତାଙ୍କପରି ଆଉ ଆଉ ବିଳାସୀ ନରେଶମାନେ। କାଳ ଏମାନଙ୍କୁ କ୍ଷମା କରିନି। ଇତିହାସର ଏକ ମହାନ ଚରିତ୍ର ଆଲେକ୍‌ଜାଣ୍ଡର, ଦିଗ୍‌ବିଜୟୀ ବୀର। ଯୁଦ୍ଧରେ ପରାସ୍ତ ହେଲେ ରାଜା 'ପୁରୁ', ବନ୍ଦୀ ହେଲେ। ଆଲେକ୍‌ଜାଣ୍ଡର ପ୍ରସ୍ତାବଟେ ରଖିଲେ, ପୁରୁଙ୍କ ଇଚ୍ଛା ପୂରଣ କରିବେ। ସମ୍ଭବତଃ 'ପୁରୁ' କ୍ଷମା ପ୍ରାର୍ଥନା କରିବେ - ଏକଥା ଭାବିଲେ। ସମସ୍ତେ ତଟସ୍ଥ, ପୁରୁ ରୋକ୍‌ଠୋକ୍ କହିଲେ - ସେ ରାଜା, ଚାହାନ୍ତି ରାଜକୀୟ ମର୍ଯ୍ୟାଦା। ଆଲେକଜାଣ୍ଡରେ ତାଙ୍କୁ ତୁରନ୍ତ ମୁକ୍ତି ଦେଲେ, ପୁନଃ ପୁରୁ ରାଜା ହେଲେ। ଏସବୁ ଏକ ଏକ ଉଦାହରଣ ଯୋଗ୍ୟ ପ୍ରସଙ୍ଗ। ଅତୀତ ଓଡ଼ିଶା କଥା, ଗଡ଼ଜାତ ରାଜା, କେତେକ ବିଳାସୀ; ମାତ୍ର କଳା ସଂସ୍କୃତି ପ୍ରିୟ। ନାଚ, ଗୀତରେ ତାଙ୍କର ଭାରି ସୁଆଗ, କଳାକାରଙ୍କୁ ଯଥୋଚିତ

ମାନ ଦିଅନ୍ତି। ସେମାନଙ୍କ ମଧ୍ୟରେ ବଡ଼ମ୍ବା, ତିଗିରିଆ, ଖଣ୍ଡପଡ଼ା ରାଜା ଅନ୍ତର୍ଭୁକ୍ତ। କବିଚନ୍ଦ୍ର ଡ. କାଳୀଚରଣ ପଟ୍ଟନାୟକ, ପିତୃବିୟୋଗ ପରେ ଚାକିରିଟିଏ ଖୋଜିଲେ। ପାଠପଢ଼ା ବେଳୁ ତାଙ୍କର ଗୀତ, ନାଚ, ଅଭିନୟରେ ବେଶ୍ ଦଖଲ। ବଡ଼ମ୍ବା ରାଜ ଦରବାରରେ ତାଙ୍କ ବାପା ଚାକିରି କରିଥିଲେ। ଏବେ ସେ ଆରପାରିରେ। ରାଜା କାଳୀଙ୍କୁ ଭଲ ପାଉଥିଲେ, ଦେଲେ ପଚାଶଟଙ୍କା। ସମ୍ବଲପୁରରେ ରାମ୍‌ସେ ସାହବଙ୍କ କୋଠି, ପାହାଡ଼ ଉପରେ। ତାଙ୍କୁ ଦେଖା କରିବାକୁ କହିଲେ। କାଳୀଚରଣ ସାହେବଙ୍କୁ ସାକ୍ଷାତ୍ କଲେ। ତାଙ୍କଠାରୁ ଆଶୀର୍ବାଦ ପାଇଲେ। ଗଲେ ଖଣ୍ଡପଡ଼ା। ତଦାନୀନ୍ତନ ରାଜା ଶ୍ରୀରାମଚନ୍ଦ୍ର ଭ୍ରମରବର (୧୯୧୯ ସାଲ)। ଭାରି ସଙ୍ଗୀତ ବିଳାସୀ। କାଳୀଚରଣଙ୍କ ଠାରୁ ଗୀତ ଶୁଣିଲେ, ଖୁବ୍ ଆନନ୍ଦିତ ହେଲେ। ଚାକିରିଟିଏ ବି ଦେଲେ। ସଙ୍ଗୀତ ପାଇଁ ଚାକିରି - ଏକଥା ବୁଝିଲେ କାଳୀଚରଣ। ସେଇ ସବୁ ବିଷୟ ଲେଖିଲେ। ଏଥି ସହ କଣ୍ଢିଲୋ 'ନୀଳମାଧବ'ଙ୍କ କଥା ମଧ୍ୟ। ଓଡ଼ିଆରେ ବହୁ ପ୍ରଚଳିତ ପ୍ରବଚନଟେ - "ଗୁଣ ଚିହ୍ନେ ଗୁଣିଆ, ସୁନା ଚିହ୍ନେ ବଣିଆ'। କଥାଟି କାଳୀଚରଣଙ୍କ କ୍ଷେତ୍ରରେ ଶହେରୁ ଶହେ ଠିକ୍। ଖଣ୍ଡପଡ଼ା ରାଜା ଗୁଣୀ, ଚିହ୍ନିଲେ କାଳୀଚରଣଙ୍କୁ ପହିଲି ଦେଖାରୁ।

କାଳୀଚରଣ ଚାଲିଲେ ସମ୍ବଲପୁର। ମହାନଦୀରେ ଉଠାଣି ଡଙ୍ଗା, ବାଟରେ ଠାଏ ଠାଏ ବେପାର। ନାଆ ଥାକି ଥାକି ଯାଏ। ସଡ଼କଯାତ୍ରା ସୁବିଧା ନ ଥିଲା। ବଡ଼ମ୍ବାରୁ ସମ୍ବଲପୁର, ସାତ ଆଠ ଦିନ ଲାଗିଲା। ସଞ୍ଜ ହୋଇ ସାରିଥାଏ, ନୂଆ ଜାଗା, ସମ୍ବଲପୁର ଛୋଟ ଟାଉନ୍‌ଟେ। କାଳୀଚରଣ ରାସ୍ତାରେ ଯାଉଥାଆନ୍ତି। ବେହେଲାର ମଧୁର ରାଗିଣୀ ଶୁଭିଲା। ଦାଣ୍ଡ ଦୁଆର ମେଲା। ଜଣେ ବୟସ୍କ ଭଦ୍ରଲୋକ ବେହେଲା ବଜଉଥିଲେ। ତବଲା ବି ବାଜୁଥାଏ, ବେହେଲା ବାଦକଙ୍କ ଆଖି ପଡ଼ିଲା, କାଳୀଚରଣଙ୍କ ଠିଆ ହୋଇ ଶୁଣୁଥିଲେ। ଯାହାର ଯହିଁକି ମନ, ସେଇ ଆଡ଼େ ତା' ଧ୍ୟାନ। ଭଦ୍ରବ୍ୟକ୍ତି ଜଣଙ୍କ କାଳୀଙ୍କୁ ଭିତରକୁ ଡାକିଲେ। ସେ ଗୀତ ବୋଲନ୍ତି, ଜାଣି ଖୁସି ହେଲେ। ବରାଦ ମୁତାବକ କାଳୀଚରଣ ଗାଇଲେ ତାଙ୍କର ପ୍ରିୟ ଭଜନ - "ରାଧାକାନ୍ତ ରାଧାମୋହନ ହେ ଗୋବିନ୍ଦ ! ଲବେ ଦୟା ନାହିଁ କି ?" ଏକବାର ତନ୍ମୟ ଭାବ, ଆଖିରୁ ଝରୁଥାଏ ଦି'ଧାର ସୁଖ-ଲୁହ। ଭଦ୍ରଲୋକ ଜଣକ କାଳୀଙ୍କ ଗୀତରେ ମଜ୍ଜିଗଲେ, ତାଙ୍କୁ ଅତିଥି କଲେ। ସହଜେ ତ ଓଡ଼ିଆ ଭାତୁଆ ଜାତି, ଭାତ ମୁଠାକରେ ତାଙ୍କ ମନ। ଡଙ୍ଗା ଯାତ୍ରାରେ ଚୁଡ଼ା ଭେଦେଇ, ଗୁଡ଼ ଦେଇ ଖାଇଥିଲେ। କାଳୀଙ୍କ ପେଟରେ ଭାତ ମୁଠାକ ପଡ଼ିଲା। ତାଙ୍କ ହୋସ୍ ଆସିଲା। ସେ ଅନ୍ନ ମୁଠାକ ଥିଲା ଅମୃତପ୍ରାୟ।

କାଳୀଚରଣ ସେଦିନ ରାତିରେ ସବୁ କଥା ଜାଣିଲେ। ବେହେଲା ବାଦକ ଜଣେ ଡାକ୍ତର। ନାଁ ସନାତନ ବେହେରା। ସମ୍ବଲପୁରରେ ଡାକ୍ତର 'ବି ସନାତନ' ଭାବେ ଜଣାଶୁଣା। ଅତି ଲୋକପ୍ରିୟ। ଘର କଟକ ପେଟିନ୍ ସାହିରେ। ସମ୍ବଲପୁରରେ ଡାକ୍ତରି ଦୋକାନ। ଏକ ପ୍ରକାର ସମ୍ବଲପୁରୀ ପାଲଟି ଯାଇଥିଲେ। କଥାବାର୍ତ୍ତା ସବୁ ସମ୍ବଲପୁରୀ ଲବଜରେ। କାଳୀଚରଣ ତାଙ୍କରି ଘରେ ରହିଲେ। ତା' ପରଦିନ ସାକ୍ଷାତ ହେଲା ପଲିଟିକାଲ ଏଜେଣ୍ଟ ରାମ୍‌ସେ ସାହେବଙ୍କ ସହିତ। ସହଜେତ ସାଇବ। କାଳୀଚରଣଙ୍କ ପ୍ରିନ୍‌ସିପାଲ ଥିଲେ ଲମ୍ବଟ ସାଇବ, ତାଙ୍କ ସହ ଥରେ ଅଧେ ଦେଖା ସାକ୍ଷାତ। ଛାତି ଦମ୍‌ଦମ୍, ପାହାଡ଼ ଉପର ବଙ୍ଗଳା, ଭିତରେ ରାମ୍‌ସେ ସାହେବ, ଭାରି କଟକଣା। ଦୁଆର ମୁହଁରେ ଚପରାସୀ। କାଳୀ ତା' ହାତକୁ ବଢ଼େଇଦେଲେ ଚିରକୁଟିଟିଏ, ଲେଖାଥିଲା – "ସନ୍ ଅଫ୍ ଲେଟ୍ ଦୁର୍ଗାଚରଣ ପଟ୍ଟନାୟକ, ବଡ଼ମ୍ବା।" ସାଇବଙ୍କ ସହ ସାକ୍ଷାତ ହେଲା, ଇଂରାଜୀ ଠାଣି, କାଳୀଚରଣ ତାହା ଭୁଲିଗଲେ, ଅଣ୍ଟାନଇଁ ଜୁହାର ହେଲେ। ଖାଲି କାନ୍ଦିଲେ। ସାଇବ ତାଙ୍କ ବାପାଙ୍କୁ ଜାଣିଥିଲେ। ଏବେ ଜାଣିଲେ ସେ ଆରପାରିରେ। ଦୁଃଖ କଲେ, କାଳୀଚରଣଙ୍କ ପିଠି ଥାପୁଡ଼େଇ ଆଶ୍ୱାସନା ଦେଲେ। ଖାଇବାକୁ ବିସ୍କୁଟ୍ ଦେଲେ, ପଚାଶଟଙ୍କା ବାଟ ଖରଚା ବି। କାଳୀଚରଣ ଫେରିଲେ ବଡ଼ମ୍ବା। ସପ୍ତାହଟି ଗଲା। ମଧ୍ୟରାତ୍ରି ଅତିକ୍ରାନ୍ତ, ଦେଖିଲେ ସପନଟାଏ – ନଈକୂଳ ଦେଉଳ, ସେ ଜଗନ୍ନାଥ ଦର୍ଶନ କରୁଛନ୍ତି। ସନ୍ଧ୍ୟା ଆଳତି ବେଳ ଲାଗିଲା। ଭଙ୍ଗାରିକା ସେପଟ ନଈକୂଳ କଣ୍ଟିଲୋ ନୀଳମାଧବଙ୍କ ସେ ଥାନ। କାଳୀଚରଣ ହଠାତ୍ ନିଦରୁ ଉଠିଲେ, ମା'ଙ୍କ ଆଶୀର୍ବାଦକୁ ଜୀବନସାରା ପାଥେୟ କରିଥିଲେ। ତାଙ୍କ ମନେ ହେଲା ସପନଟି ସତ ହେବ, ନୀଳମାଧବଙ୍କ କରୁଣା ସେ ପ୍ରାପ୍ତ ହେବେ। ଦର୍ଶନ ପାଇଁ ମନ ବଳିଲା। ବଡ଼ମ୍ବା ରାଜା ଏକଥା ଜାଣିଲେ। ଯାତ୍ରା ପାଇଁ ହାତୀଟିଏ ବି ଯୋଗାଡ଼ କରିଦେଲେ।

ରାତି ପାହା ପାହା, ଦୁଆର ମୁହଁରେ ହାତୀ ଠିଆ ହୋଇଥାଏ। ଏକା ମହାନଦୀ ସହସ୍ର କୋଶ, ନଈ ପାରିର ଏକମାତ୍ର ସାହାରାହା ନାଆ। ଖରାଦିନେ ହାତୀ ପିଠିରେ ଯାତ୍ରା, କୁମ୍ଭୀର ଭୟ ଥାଏ। ଝିଅମାନେ ଶାଶୁଘର ଯାଆନ୍ତି, ଅଳିଅଳୀ ଝିଅର କାନ୍ଦଣା – "ଏକା ମହାନଦୀ ସହସ୍ର କୋଶ, ଲୋ ବୋଉ।" ଏକଥା କାଳୀଚରଣ ଢେର୍‌ବାର ଶୁଣିଥିଲେ। ସେଦିନ ଅନୁଭବ କଲେ। ହାତୀ ଚାଲିଛି ପାହୁଲ ପକେଇ। ଶ୍ରୀ ନୀଳମାଧବଜୀଉଙ୍କ ବିଜେସ୍ଥଳୀ – ମୁକାମ କଣ୍ଟିଲୋ, କିଲ୍ଲା ଖଣ୍ଡପଡ଼ା। ଗ୍ରାମଟି ନିହାତି ସାନ ନୁହେଁ, ଅବଶ୍ୟ ମଫସଲ ଗାଁ ତୁଳନାରେ। କଂସା, ପିତଳ କାରିଗରି ଲାଗି କଣ୍ଟିଲୋ ନାଁ ଡାକ। ସେଇ ବେଉସା ଚଳାଇ ଅନେକ ଧନୀ। ଲୋକେ ତାଙ୍କୁ ଡାକନ୍ତି

ମହାଜନ। ନଈ ସେପାରି ବଡ଼ମ୍ବା, ଏ ପାରି ଖଣ୍ଡପଡ଼ା। ବଡ଼ମ୍ବାର ଇଷ୍ଟଦେବୀ ପ୍ରସିଦ୍ଧ ମା' ଭଟ୍ଟାରିକା। ତାଙ୍କ ଦେଉଳଟି ପାହାଡ଼ ଉପରେ। ମହାନଦୀ ଆରପାରି। ପାହାଡ଼ ଉପରେ ଦେଉଳ, କଣ୍ଟିଲୋ ନୀଳମାଧବଙ୍କ ବିଜେସ୍ଥଳୀ। ମଝିରେ ମହାନଦୀ। ସେଦିନ କାଳୀଚରଣ ହାତୀପିଠିରେ ବସି ଥାଆନ୍ତି। ଚିତ୍ରତୁଲ୍ୟ ଭାସି ଯାଉଥାଏ ମନଲୋଭା ଛବି। ଦି' ପଟର ଦୁଇ ପ୍ରସିଦ୍ଧ ଦେବଦେବୀ। ମଝିରେ ମହାନଦୀ। ତା' ଗର୍ଭ ଫୁଲି ଉଠିଥାଏ ବାଲିପଠାରେ। ଦି' ପାଖରେ ଜଳଧାରା - ଦୁଇ ପାହାଡ଼ର ପାଦତଳେ ମଥା ପିଟୁଛି ମହାନଦୀ। ଜଣାଉଛି ଆପଣାର ମନ କଥା ଅବା ଦେବଦେବୀଙ୍କର ଚରଣ ପଖାଳୁଛି - ସବୁ ତାକୁ ଜଣା। ମଝି ପଠାରେ ମାୟା ଜଳକୁମାରୀ, ତାତି ବାଲିରେ ସାଥୀ ଖୋଜି ମାତି ରହିଚି ଛନ୍ଦହରା ନାଚରେ। ଏଇଟା ଖରଦିଆ ନଈର ପେଟଚିରା ଦଶା। ସତେ ଯେମିତି ପରିହାସ କରୁଛି, ସଂସାର-ବନ୍ଧନ ଅଳୀକତାକୁ ବାଣ୍ଟିଚାଲିଛି। ସେ ବୁଝିଚି ବରଷାଦିନିଆ ସୁଖକୁ, ଖରାଦିନିଆ ଦୁଃଖକୁ ଅଙ୍ଗେ ଲିଭେଇଛି। କାଳୀଚରଣ ଏକଥାଟି ମର୍ମେ ମର୍ମେ ବୁଝିଲେ ସେଦିନ।

କାଳୀଚରଣ ମହାନଦୀରେ ସ୍ନାନକଲେ, ଆଖି ଆଗରେ ଜଳ ନୁହେଁ ସେ ଛଳ, ମୃଗତୃଷ୍ଣା। ସତେକି ଜୀବନର ମାୟା ମରୀଚିକା। ଶୁଦ୍ଧପୂତ ହେଇ ନୀଳମାଧବଙ୍କୁ ଦର୍ଶନ କଲେ। ଧୂପ ବଢୁଥାଏ। ସେତେବେଳେ ଦର୍ଶନାର୍ଥୀ କୁହାକୁହି ହେଲେ, ଛାମୁ ବିଜେ କରିବେ। ସେଇଥି ପାଇଁ ସଅଳ ସଅଳ ଧୂପ ବଢ଼ିଲା, ଛାମୁଙ୍କ ମଣୋହି ହେବ। ଡାକୁଆ, ସୁଆର, କାହାଳିଆ, ବଡ଼ପଣ୍ଡା - ସଭିଏଁ ଜାଗତିଆର। ଖଣ୍ଡପଡ଼ା ରାଜା, ଆସିଛନ୍ତି କଣ୍ଟିଲୋ। କାଳୀଚରଣ ରାଜା ରାଇଜର ଲୋକ। ମନ ଚାହିଁଲା ଟିକେ ଦର୍ଶନ ପାଇଁ। ହେଲେ ରାଜଦର୍ଶନର ସ୍ୱତନ୍ତ୍ର ବିଧି। ବଡ଼ମ୍ବା ଗଡ଼ର ପରୀକ୍ଷା ପଟ୍ଟନାୟକ, ଦିଆନ ପଟ୍ଟନାୟକ ଇତ୍ୟାଦି ବୁଢ଼ା ବୁଢ଼ାଏ, ରିକ୍ତ ହସ୍ତରେ ରାଜଦର୍ଶନ ଅବିଧି - ଏକଥାଟି କହନ୍ତି। ଖଣ୍ଡପଡ଼ା ରାଜା ଟୋକା ଟାକଳିଆ ନୁହନ୍ତି, ବେଶ୍ ପାଚିଲା। ତିଗିରିଆ ବୁଢ଼ାରାଜାଙ୍କ କଥା ତାଙ୍କ ହେତୁଥିଲା। ଜଣକେତେ ପଣ୍ଡିତ ତାଙ୍କ ପାଖେପାଖେ ଥାଆନ୍ତି। ଏଇ ରାଜାଙ୍କ ପୂର୍ବରାଜା, ନଟବର ଭ୍ରମରବର। ବଡ଼ ଜଗନ୍ନାଥ ଭକ୍ତ, ଦୁର୍ଦ୍ଦାନ୍ତ, ମହାପ୍ରତାପୀ ମଧ୍ୟ। ପଡ଼ୋଶୀ ରାଜ୍ୟ ବଡ଼ମ୍ବା, ଏଠାକା ଲୋକେ ଏହିକଥା କୁହାକୁହି ହୁଅନ୍ତି। ରାଜା ବଦ୍‌ରାଗୀ। ଜଗନ୍ନାଥଙ୍କ ଦର୍ଶନ ସମୟରେ ପୂରା ନିଆରା। କୌଣସି ନୀତି ଖଲର ହେଲେ ସେ ଦିଅଁଙ୍କ ମୁଖରୁ ଜାଣି ପାରନ୍ତି। ତାଙ୍କ ଆଖିରେ ଠାକୁରଙ୍କ ମୁହଁ ମଳିନ ଦିଶେ। ଆମ୍ବତୋଟାରେ ପାଚିଲା ଆମ୍ବ ଝଡ଼େ, ଯିଏ ପାରେ ଯେତେ ଗୋଟେଇ ନିଏ। କଞ୍ଚା ଆମ୍ବ ଯଦି କିଏ ତେଣ୍ଟ ଭାଙ୍ଗି ଛିଡ଼େଇଦିଏ; ତା' କପାଳ ଫାଟେ। ତାଙ୍କୁ ଦଣ୍ଡ ମିଳେ। ଆଙ୍ଗୁଠିର ବଥା ଜୀବନ ସାରା ମନେରହେ।

ଏହାବାଦ୍ ତାଙ୍କର ଆହୁରି ଭଲଗୁଣ ବି ଅଛି। ସେ ପ୍ରବୀଣ ସଙ୍ଗୀତଜ୍ଞ, ସଙ୍ଗୀତ ରସିକ ବି। ତାଙ୍କ ଅମଳରେ ଆର୍ତ୍ତମାର୍ଥା ବୁଢ଼ା; ବେଶ୍ ଯୋଡ଼ତୋଡ଼ରେ ସେତାର ବଜାନ୍ତି। ଗାୟକ ଗୁଣ୍ଡିନନ୍ଦେ; ଦିଲ୍ଲୀ, ବନାରସ ବହୁତ ଆଡ଼େ ବୁଲିଥିଲେ। ଗୀତ ପାଇଁ ଢେର୍ ନାଁ କମେଇଥିଲେ। ଆହୁରି କେତେକ ଗାୟକ ଥିଲେ। ସେ ରାଜାଙ୍କର ଦେହାନ୍ତ ହୋଇଗଲା। କର୍ପୂର ଗଲା ସିନା, କନାରୁ ବାସନା ଯାଇ ନ ଥିଲା। ଖଣ୍ଡପଡ଼ା ଓଡ଼ିଶୀ ଗୀତ ନାଚର ଗୋଟେ ବିଶିଷ୍ଟ ପେଣ୍ଠ। ଏ ମାଟିର ଗୁଣ। ପୃଥିବୀ ବିଖ୍ୟାତ ପଠାଣି ସାମନ୍ତ (ସାମନ୍ତ ଚନ୍ଦ୍ରଶେଖର) ଏଇ ଖଣ୍ଡପଡ଼ାର। ଗୀତ ଲେଖକ ସେଠାରେ କିଛି କମ୍ ନ ଥିଲେ। ଶିଳ, ଶିଳପୁଆ ଗଗନେ ଉଡ଼ିବା ପ୍ରାୟ। ସେଠି କାଳୀଚରଣ ଗଜାବୟସିଆ ଟୋକାଟାଏ, ଶିମୁଳି ତୁଳା ସମ! ତଥାପି ମନରେ ପାଞ୍ଚିଲେ, ମା'ଙ୍କୁ ସୁମରଣା କଲେ, ଲେଖିଲେ ଗୀତଟିଏ। ଏଇଟିକୁ ଛାମୁଙ୍କୁ ଭେଟିଦେବାକୁ ମନସ୍ଥ କଲେ। ଚାକିରି ଖୋଜୁଥିବା ବାପହରା କାଳୀଚରଣ, ଆଉବା କି ଭେଟି ଦେଇପାରିବେ ରାଜାଙ୍କୁ?

ଖଣ୍ଡପଡ଼ା ରାଜା ଶ୍ରୀରାମଚନ୍ଦ୍ର ଭ୍ରମରବର, ନଟବର ଭ୍ରମରବରଙ୍କ ଉତ୍ତରାଧିକାରୀ। ବର୍ଣ୍ଣ ଗୋରାଆଡୁ ଚାରି ପଣ କି ଛ' ପଣ। ବାକି କାଳୀଚରଣଙ୍କ ସାମ୍ୟ-ସାବନା। ଉଚ୍ଚତା ପାଞ୍ଚ ଫୁଟ୍‌ରୁ ସାମାନ୍ୟ କିଛି ବହକିବ। ଶରୀର ଅତି ପୃଥୁଳ ନୁହେଁ, ପତଳା ବୋଲି ଆଦୌ କହିହେବ ନାହିଁ। ବୟସ ନାଗପାଟ ସତୁରି ହେବ। ମୁଣ୍ଡରେ ଗଙ୍ଗାଯମୁନା ବାଳ, ଅଧା ଗଣ୍ଠି ପକା। ମୁହଁରେ ଦାଢ଼ି, ବୀରକେଶ (ନିଶ) ବେଶ୍ ଲମ୍ୱା। କର୍ଣ୍ଣରେ କୁଣ୍ଡଳ। ଗଳାରେ ସାତଲହରୀ ପଦକ ହାର, ତଥିଉପରେ ଧାନୁଆଁ, ହରଡ଼ ଫାଳିଆ ସୋରିଷିଆ ଇତ୍ୟାଦି ହାର ଲମ୍ୱମାନ। ବାହୁରେ ବାହୁଟି ବା କଙ୍କଣ। ବଳାଗଣ୍ଠିରେ ସୁନାପିଟା ଖଡୁ। ଆଙ୍ଗୁଠି ମାନଙ୍କରେ ବିଭିନ୍ନ ପ୍ରକାର ରତ୍ନମୁଦ୍ରିକା ଶୋଭିତ। ଅଣ୍ଟାରେ ସୁବର୍ଣ୍ଣର ଅଣ୍ଟାସୂତା, ପହରଣ ଖଣ୍ଡପଡ଼ା ତନ୍ତବୁଣା କଳାମନ୍ଦାର ଧଡ଼ି (ଘୋର କଳାରଙ୍ଗର ଚଉଡ଼ା ଧଡ଼ି, ଏଇ ନାମରେ ସୁପରିଚିତ) ପିନ୍ଧା। ତା' ସାଙ୍ଗରୁ ଦୋସଡ଼ା ଆଉ ପାଚିଲା ଗାମୁଛା। ଆଖି କଜ୍ଜ୍ୱଳମଖା, କପାଳରେ ପଇସା ଆକାର ଚିନି ସିନ୍ଦୂର ଟୋପା। ତା' ଉପରେ ଗୋରଚନା ଟୋପି। କାଳୀଚରଣ ଛାମୁଙ୍କୁ ଭେଟିବାକୁ ଗଲେ। ରାଜାଙ୍କର ପାଖଲୋକ (ପର୍ସନାଲ ସରଭେଣ୍ଟ) ଙ୍କୁ ସାକ୍ଷାତ୍ କର। ସେମାନଙ୍କୁ ବଡ଼ମ୍ୱା ରାଜ୍ୟର ପରିଚୟ ଦେଲେ। ତାଙ୍କ ଜେଜେ ନିମାଇଁ ଚରଣ ପଟ୍ଟନାୟକ, ଗୀତ ଗାଉଥିଲେ। ରାଜକର୍ମଚାରୀ ମଧ୍ୟ। ତାଙ୍କୁ ଆଖପାଖ ଅଞ୍ଚଳର ଲୋକେ ଜାଣିଥିଲେ। କାଳୀଙ୍କ ବଂଶ ପରିଚୟ କାମ କଲା। ଛାମୁଙ୍କ ପାଖ ଲୋକେ ତାଙ୍କ ବ୍ୟବହାରରେ ପ୍ରୀତ। ରାଜାଙ୍କୁ ତାଙ୍କ ବଂଶ ପରିଚୟ ସହ ଏତଲା କଲେ। ରାଜା ବଡ଼ ନବଜିଆ। କହିଲେ - "ଇସୁ ଏତା ହେଲା ଗଲ ଉନ୍ତାରୁ। 'ଚାଟଘର ପୁଅ ଚାଟ,

ଭାଟଘର ପୁଅ ଭାଟ୍' - ଟୋକା ହେଲେ କ'ଣ ହେଲା ? ଗଲା ଉନ୍ତାରୁ ଜାଇଁଲା ବ୍ରାହ୍ମଣ ଆପଣେ, ସାନ ସାପର ଇଯୁ ଏତା ହେଲା ଗଲା ଉନ୍ତାରୁ - ବିଷ କ'ଣ ନଥାଏ କି ? ଡାକ ତାଙ୍କୁ, ଆସନ୍ତୁ।" ସଙ୍ଗେସଙ୍ଗେ ଲୋକଟି ବାଡିନି ଦେଲା। କାଳୀଚରଣ ସନ୍ତର୍ପଣରେ ଭିତରକୁ ଗଲେ। ଯଥାବିଧି ମାନ୍ୟ କଲେ। କବିତାଟି ଭେଟି ଦେଲେ। ତାଙ୍କ ଜୁହାରିବା ଠାଣି ଥିଲା ନମ୍ରତାପୂର୍ଣ୍ଣ। ଲୁଗାକୁଞ୍ଚ ଖୋଷିବାକୁ ଭୁଲି ନଥିଲେ। ରାଜାଙ୍କୁ ଆଗ ଭେଟି, ପରେ ଜୁହାର - ଏ କାଇଦା ତାଙ୍କର ଦେହର ମଳି। ରାଜଦର୍ଶନ ବିଧି ସନ୍ତୋଷଜନକ ହେଲା। ପହିଲି ଦର୍ଶନରୁ ମିଳିଯାଏ ଷାଠିଏ, ସତୁରି ନମ୍ବର। କାଳୀଚରଣ ସେୟା ପାଇଗଲେ। ପୂର୍ବ ରାଜାଙ୍କ ପରି ଏ ରାଜା ବଡ଼ ସଙ୍ଗୀତ ପ୍ରିୟ। କବିତାଟି ହାତରେ ଧରି କହିଲେ - 'ଇଯୁ ଏତା ହେଲା ଗଲଉନ୍ତାରୁ ସେ କଅଣ ?' କାଳୀ ଉତ୍ତର ଦେଲେ - 'ମଣିମା - ଚଉପଦୀଟିଏ।' ପୁଣି ପ୍ରଶ୍ନ - ଗଲା ଉନ୍ତାରୁ ତୁମର ରଚନା ? ଉତ୍ତର - ମଣିମା। ରାଜା ଠାରରେ କହିଲେ ପଢ଼ିବାକୁ, କାଳୀଚରଣ ଗାଇଲେ - "ସୁଧା ସିନ୍ଧୁରେ ! କାହିଁ ଲୁଚାଇଚୁ ଧନ, ପୂର୍ଣ୍ଣମୁଖ ଇନ୍ଦୁ।" (ଘୋଷା) ଗୀତଟିର ଭଣତି ପଦ ଥିଲା - "ସ୍ୱପ୍ନେ ଜାଗରଣେ ହୋଇ ବଣା / କ୍ଷଣ କ୍ଷଣକେ ଦିଶୁ ବିଚକ୍ଷଣା / କିଣା ଠାରୁ ମୁଁ ଅଧିକ କିଣା / ରାମଚନ୍ଦ୍ର ନୃପ ଭାଷେ ମନେଥିବି ବନ୍ଧୁ।" ସତେକି ମେଘ ଅଜାଡ଼ି ହୋଇ ପଡ଼ିଲା ! ଆନନ୍ଦ, ପ୍ରଶଂସା, ସନ୍ତୋଷର ହସ କୂଳ ଲଂଘିଲା। ଭଣତି ପଦକୁ ଦୋହରାଇ ଦୋହରାଇ ଗାଇବାକୁ ଆଦେଶ ହେଲା। ରାଜା କାଳୀଙ୍କୁ ଆଉ ପାଖ ଛାଡ଼ କଲେନି, ଘର ବାହୁଡ଼ାକୁ ଅନୁମତି ମିଳିଲାନି। ବଡ଼ମ୍ବା ରାଜାଙ୍କ ହାତୀ ଗଡ଼ ବାହୁଡ଼ିଲା। ଏମିତି ଆଉ କେତେକେତେ ଖଣ୍ଡପଡ଼ା ଅନୁଭୂତି। କାଳୀଚରଣ ବର୍ଣ୍ଣନା କରିଛନ୍ତି। ଖଣ୍ଡପଡ଼ା ରାଜାଙ୍କ କଥା କଥାକେ - "ଇଯୁ (ଐ ଯୋଉ) ଏତାହେଲା ଗଲଉନ୍ତାରୁ" - ଜୀବନ ସାରା ଭୁଲିନଥିଲେ କାଳୀଚରଣ।

ଖଣ୍ଡପଡ଼ା ରାଜ-ସଭା ସଦାସର୍ବଦା ରସସରସମୟ। କିସମ କିସମ ସେତାର, ପଖବାଜ, ତୁମ୍ପା, ଖଞ୍ଜଣୀ - ଏସବୁର ବହୁଳ ପ୍ରଚ୍ଚର ସେଠି ଥିଲା। ଏଗୁଡ଼ିକର ଶେଷ ଦଶା ଦେଖିଛନ୍ତି କାଳୀଚରଣ। ତାହାକୁ ଉଲ୍ଲେଖ କରିଛନ୍ତି। ଖଣ୍ଡପଡ଼ାରେ ତାଙ୍କ ଚାକିରି ଆରମ୍ଭ। ତାହା ନାନାଦି ଅନୁଭୂତି ପୂର୍ଣ୍ଣ। ସେ କଥାକୁ ମଧ ପ୍ରକାଶ କରିଛନ୍ତି। କବିଚନ୍ଦ୍ରଙ୍କ ଆଖି ଦେଖା କଥା, ରାଜା ନଟବର ସିଂହଙ୍କ ଅମଳରେ କେତେକ ସଙ୍ଗୀତଜ୍ଞ ଥିଲେ। ଏବେ ସେମାନେ ବୟସର ଶେଷ ପାହାଚରେ। ରାଜାଙ୍କ ସମୟର ଲେପ ଭାଗ, ସେତେବେଳେ ବି ଦୀପ ମିଞ୍ଜିମିଞ୍ଜି କରୁଥିଲେ। ତାଙ୍କ ଭିତରେ ବେହେଲା ବାଦକ ଥିଲେ, ବହୁତ ନାଁକରା ଗାୟକ ବି, ଗାଉଥିଲେ ଖାଣ୍ଟି ଓଡ଼ିଶୀ। କେହି କେହି କହନ୍ତି ଓଡ଼ିଶୀ ସଙ୍ଗୀତ କର୍ଣ୍ଣାଟକୀ ଢାଞ୍ଚାରେ ଢଳା। ମାତ୍ର ସେଇସବୁ ନାଁ ଡାକ ଗାୟକ, ତାଙ୍କ

ଠାରୁ ସେମାନେ ଗାଉଣା ବାଜଣା ଶୁଣି ନାହାନ୍ତି। ଶୁଣିଥିଲେ ତାଙ୍କର ଏ ପ୍ରକାର ଅମୂଳକ ଭ୍ରମ ନ ଥାଆନ୍ତା। ସେଇ ସବୁ କୁହାଳିଆ ମାନେ ପଣ୍ଡିତ ମନ୍ୟ। ଦୁଆ ଦେଇ ଗଳା ଫଟାଇ ଗାଆନ୍ତି। ଠିକ୍ ଓଡ଼ିଶୀ ଶୁଣିଥିଲେ ତାଙ୍କର ଚେତନା ଫେରି ଆସନ୍ତା। ଓଡ଼ିଶୀ ଗୀତର ମୌଳିକତାକୁ ବୁଝିବା କଷ୍ଟ ହୁଅନ୍ତାନି। ଗଡ଼ର ଗୁଣ୍ଡି ନନ୍ଦେ ପ୍ରସିଦ୍ଧ ଓଡ଼ିଶୀ ଗାୟକ। ଭାରତର ନାନାସ୍ଥାନ ବୁଲିଥିଲେ, ବହୁତ ଖ୍ୟାତି ଅର୍ଜନ କରିଥିଲେ। ଖଣ୍ଡପଡ଼ା ସ୍କୁଲ ବିଭାଗର ଇନିସ୍‌ପେକ୍ଟିଙ୍ଗ ପଣ୍ଡିତେ, ସେଇ ଓଡ଼ିଶୀ ଗୋଠର ହଡ଼ା। ତାଙ୍କ ଗଳା ଭାରି ସରୁ। ବେହେଲା ବଜାଇ ଓଡ଼ିଶୀ ଗାଆନ୍ତି। କାଳୀଚରଣଙ୍କ ସହ ହାତୀପିଠିରେ ସ୍କୁଲ୍ ପରିଦର୍ଶନରେ ଯାଆନ୍ତି। ହାତୀ ମାହୁନ୍ତ ସହଦେବ ଜୟସିଂହ। ସେ ଖଞ୍ଜଣୀ ବଜାଇବା ବାଲା। ସଞ୍ଜ ନଇଁ ଆସେ। ଆଗରେ ବାଉଁଶ ହୁଳାଧାରୀ ଜଣେ ଦି' ଜଣ। ଜଙ୍ଗଲିଆ ରାସ୍ତା, ତାଙ୍କ ସାଙ୍ଗରେ ଥାଆନ୍ତି ଚପରାସୀ ଜଣେ। ସେ ବସନ୍ତି ହାତୀ ପିଠିରେ, ସବା ପଛରେ। ଚାଲେ ଗୀତ ସହ ବାଜା। ଚପରାସୀ ହାତରେ ହଳେ ସାନ ଗିନି। ହାତୀର ନାଁ ଚଞ୍ଚଳା।। ଖରାରେ ଚାଲିବାକୁ ନାରାଜ। ମାହୁନ୍ତ ଜୋର୍ କଲେ ଅଙ୍କୁଶ ମାନେନା, ଜଙ୍ଗଲ ମୁହାଁ ହୁଏ। ଥଣ୍ଡା ପଡ଼ିଲେ ଓଜର ଆପତ୍ତି ନାହିଁ, ସୁନା ଝିଅଟେ ପରି ଚାଲେ। ହାତୀପିଠିରେ ଆରୋହୀମାନେ ଗୀତ, ବାଜାରେ ମଜ୍ଜି ଯାଆନ୍ତି। ଜଙ୍ଗଲୀ ପରିବେଶ। ଫୁଲର ମହକ, ଗୀତର ସୁର ଲହରୀ, ଖଞ୍ଜଣୀର ମୃଦୁ ନିନାଦ, ଚହଲିଯାଏ ପରିବେଶ। ଚଞ୍ଚଳା ଗୀତ ଉପଭୋଗ କରେ। ଗୁଡୁରୁ ଗୁଡୁରୁ ହୋଇ ତା' ଚଞ୍ଚଳା ନାଁକୁ ପାସୋରିଦିଏ। ଏବେ ସେ ଚଞ୍ଚଳା ନୁହେଁ 'ମନ୍ଥରା'। ଗୋଟେ କଥାରେ କହିଲେ, କେବଳ ରାଜା ନୁହନ୍ତି ପ୍ରଜା, ପାରିଷଦ ବର୍ଗ, ଏମାନଙ୍କ ଭଣା ଅଧିକେ ସଙ୍ଗୀତରେ ସଉକ। ଖଣ୍ଡପଡ଼ା ରାଜାଙ୍କ କୃପାରୁ କାଳୀଚରଣ ପାଇଗଲେ ଚାକିରି ଖଣ୍ଡେ। ଚାକିରି ଜୀବନର ନାନାଦି ଅନୁଭୂତି। ଏସବୁ ସ୍ଥାନିତ 'କୁମ୍ଭାର ଚକ'ରେ।

ରାଜା ଭ୍ରମରବର, କାଳୀଙ୍କଠାରୁ ଗୀତ ଶୁଣିଲେ। ତାଙ୍କୁ ଆଉ ପାଖଛଡ଼ା କଲେନି। ରାଜାଙ୍କ ସହ କାଳୀଚରଣ ରାତିଏ ରହିଲେ କଣ୍ଟିଲୋରେ। ତା' ପରଦିନ ଖଣ୍ଡପଡ଼ା ଯାତ୍ରାର ସଜବାଜ। ଛାମୁଙ୍କ ଗହଣରେ କାଳୀଚରଣ। ଗଡ଼ରୁ ଖଳିସାହିକି ଯିବା ବାଟ। ଗଡ଼ ଶେଷରେ ପଡ଼େ ଡାକବଙ୍ଗଳା। ଲମ୍ବା ଚଉଡ଼ା ଉଚ୍ଚା ମଉଡ଼ମରା ଚାଳଘର। ବାଆଁ ପାଖରେ, ଚାରି ପାଞ୍ଚ ବଖରା ଝାଟିମାଟି କାନ୍ଥଦିଆ ଛୋଟଛୋଟ ଚାଳଘର। ସେଇଠି ଥାଏ ପଦୁଅଁ ଫୁଟା ପୋଖରୀଟିଏ। କୂଳର ଶେଷଆଡ଼କୁ କାଳୀଚରଣଙ୍କୁ ମିଳିଲା ବଖରାଟିଏ। ସେଇଟି ତାଙ୍କର ଖଣ୍ଡପଡ଼ା ବସାଘର। ରାଜାଙ୍କ ଶ୍ରଦ୍ଧା ଅଜାଡ଼ି ହେଇପଡ଼ିଲା। ରାଜାଘର ସିଧା, ସଞ୍ଜା ପୂଝାରୀ, ଚାକର - ସବୁ ଖଞ୍ଜା ହେଇଗଲା। ଦିନେ ସଞ୍ଜବେଳ କଥା, ସଭାରେ ଚାଲିଥାଏ ଛାନ୍ଦ ଚଉପଦୀ ଚର୍ଚ୍ଚା। ଉପସ୍ଥିତ ଥାଆନ୍ତି ରାଜାଙ୍କ ଦିଆନ।

ରାଜା ତାଙ୍କୁ ଚିହ୍ନେଇ ଦେଲେ। ସେଇ ଗତାନୁଗତିକ ଠାଣି - "ଇୟୁ ଏତା ହେଲା ପନ୍ନାହାକଙ୍କୁ ଆମ ଏଠି ରଖିଲେ ଭଲ ହୁଅନ୍ତା।" ଏବେ କାଳୀଚରଣଙ୍କ ଆନନ୍ଦ ଦେଖେ କିଏ ? ଗୋଟିଏ ଗୀତ ରାଜା ଶୁଣିଥିଲେ। ତାଙ୍କ ଅଭିଳାଷ ପୂରଣ କଲେ। ସତରେ ! ସଙ୍ଗୀତର ମହକ ବଡ଼ ମାଧୁର୍ଯ୍ୟମୟ। ବିଗଳିତ କରିଦିଏ କଠୋର ହିଆକୁ। ଖଣ୍ଡପଡ଼ାରେ ଚାକିରି ଏକପ୍ରକାର ପକ୍କା ହେଇଗଲା। ରାଜାଙ୍କ ଆଶୀର୍ବାଦ କାଳୀଚରଣଙ୍କ ଉପରେ ବର୍ଷିଲା।

ରାଜାଙ୍କ ଦିଆନେ, ନାଁ ଭାଗବତ ବଲ୍ଲଭ ଦାସ। ତାଙ୍କ ବାପା ରଜମଣି ବାବୁ। କାଳୀଚରଣ ବାପାଙ୍କର ତାଙ୍କ ସହିତ ବନ୍ଧୁତା। ଏବେ ଚିହ୍ନା ପରିଚୟ, ସମ୍ପନ୍ଧଟା ବି ପାକଳ ହୋଇଗଲା। କାଳୀଙ୍କ ବସା ଡାହାଣପଟେ ଦିଆନଙ୍କ ବସା। ଦିନେ ଦିଆନେ ପଚାରିଲେ - "ହଇଓ, ତମ ନାଁ କାଳୀଚରଣ ପଟ୍ଟନାୟକ ? ରାଜା ତମକୁ ରସିକରି ଖଣ୍ଡପଡ଼ାରେ କ'ଣ ରହିବାକୁ କହୁଥିଲେ ? ତୁମେ ତ ଗୋଟାଏ ଜନ୍ତୁ ! ପଲିଟିକାଲ ଏଜେଣ୍ଟ ଆମକୁ ପଚାରିଛନ୍ତି, ସୁବିଧା ହେଲେ ତମକୁ ଏଠି ଚାକିରିଟାଏ ଦେବାପାଇଁ। ଚିଠି ଦେଖ, ଏମିତି ଚିଠି ସାଇବ କେତେଜଣଙ୍କୁ ଲେଖିଛନ୍ତି ? ଉପରେ ନମ୍ବର ଦେଖ।" ଦିଆନେ ଚିଠି ଦେଖାଇଲେ, ସାଙ୍ଗେସାଙ୍ଗେ ସ୍କୁଲ୍ ବିଭାଗରେ ସବ୍ ଇନିସ୍‌ପେକ୍ଟର ପୋଷ୍ଟଟିଏ ଦେଲେ। ଭବିଷ୍ୟତକୁ ମନମାନିଆଁ ଚାକିରିଟାଏ ଦେବେ - ଏ ପ୍ରତିଶ୍ରୁତି ବି ଦେଲେ। ସେତେବେଳେ ନୂଆହୋଇ କିଣାଯାଇଥାଏ ଫୋର୍ଡ଼ଗାଡ଼ିଟିଏ ଖଣ୍ଡପଡ଼ାରେ। ସେଇଥିରେ ବସିଲେ ଦିଆନେ। ସାଙ୍ଗରେ କାଳୀଚରଣ। ରାଜାଙ୍କ ସହ ଉଆସରେ ଭେଟହେଲା। ରାଜାଙ୍କ ଆନନ୍ଦ କହିଲେ ନ ସରେ। କାଳୀଚରଣ ନିରବ, ଛାମୁଙ୍କ ଆଗରେ ବା କ'ଣ ଅଧିକ କହିବେ। "ସବ୍‌ସେ ଚୁପ୍ ଭଲା"। ନିରବରେ ବସିରହିଲେ।

ରାଜା ଭ୍ରମରବର ଜଣେ ଦରଦୀ ମଣିଷ। କାଳୀଚରଣଙ୍କ ମନକଥା ଜାଣିଲେ। ତାଙ୍କୁ ଦି' ଦିନ ଛୁଟି ମଞ୍ଜୁର କଲେ। ଏବେ କାଳୀଙ୍କ ଖଣ୍ଡପଡ଼ାରୁ ବାଙ୍କି ଲେଉଟାଣି। ସବୁ ବନ୍ଦୋବସ୍ତ ହେଇଗଲା। କାଳୀଙ୍କ ସାଙ୍ଗରେ ଅଜିଜ୍ ଜମାଦାର, ଆଉ ଦି' ଜଣ ବରକନ୍ଦାଜ। ଖାଲି ହାତରେ ଗଲେ ଛାମୁଙ୍କୁ ଅପମାନ। ଦେଉଳରୁ ଖଜାପିଠା, ତୋଟାରୁ ଆମ୍ବ, ପଣସ ଦି' ଭାର ଅଣାଗଲା। ନଗଦ ପଚାଶ ଟଙ୍କା ହାତଖର୍ଚ୍ଚା। ଚଞ୍ଚଳା ପ୍ୟାରୀ ନାମକ ହାତୀର ମାହୁନ୍ତ ଜୟସିଂହ। ଅମାରୀ କଷି ହାତୀ ଆଣିଲା। ବାଙ୍କି ହାଟ ନାଁ 'ପଦ୍ମାବତୀ', ଗୋଟିଏ ବଡ଼ ମହାଜନ ଥଳି। ସ୍କୁଲ ଘରଟିଏ। ସେଠାରେ କାଳୀଚରଣ, ମାହୁନ୍ତ - ଉଭୟେ ବଧା କଲେ। ଅଲିଭା ସେଇ ସବୁ ସ୍ମୃତି। ପଦ୍ମାବତୀ ବଜାରରୁ କାଳୀଚରଣ ନୂଆ ଲୁଗାପଟା କିଣିଲେ। ବୋଉ, ଖୁଡ଼ୀ, କୋଠିଆ ସାରଥିଆ - ସମସ୍ତଙ୍କ ପାଇଁ। ଗାଁରେ ପହଞ୍ଚିଲେ। ମା' ଚର୍ଚ୍ଚିକାଙ୍କୁ ପ୍ରଣତି ବାଢ଼ିଲେ। ସେଇ ଚିହ୍ନା ମହୁରୀ ସ୍ୱର

ଶୁଭୁଥାଏ, ବିନୋଦ ପୃଷ୍ଟିଙ୍କ ଭୋଗ ଦୋକାନ। କାଳୀଚରଣ କିଣିଲେ ପାଞ୍ଚଟଙ୍କାର ଖିରମୋହନ, ମା'ଙ୍କୁ ନୈବେଦ୍ୟ ସଅଁପିଲେ। ସାଷ୍ଟାଙ୍ଗ ପ୍ରଣିପାତ ଜଣାଇଲେ।

କାଳୀଚରଣଙ୍କ ନୂଆ ଚାକିରି। ସ୍କୁଲ୍ ସବ୍ ଇନିସ୍‌ପେକ୍ଟର। ଗାଁ ଗଣ୍ଡା ବୁଲିବା, ଚାହାଳିଘର ଦେଖିବା, ରିପୋର୍ଟ ଦେବା - ଏଗୁଡ଼ିକ ଚାକିରିର ମୁଖ୍ୟାଂଶ। କିନ୍ତୁ ରାଜା ଅବୁଝା। ତାଙ୍କ ମନ କାଳୀଙ୍କ ଗୀତରେ। ସେ ଚାହିଁଲେ ଅନ୍ୟକଥା। ରୋଜିନା କାଳୀ ତାଙ୍କ ଦରବାରିଆ ହେବେ। ଲେଖିବେ, ଗାଇକରି ତାଙ୍କୁ ଶୁଣାଇବେ - ଏହା ତାଙ୍କ ଇଚ୍ଛା। କାଳୀଚରଣ ଏସବୁ କଲେ। ରାଜା ମନ ନେଲେ। ସୁବିଧା ଉଣ୍ଡି ଚାକିରି ବି ବଞ୍ଚେଇଲେ। ଚଞ୍ଚଳା ପ୍ୟାରୀ ହାତୀ, ପନ୍ନାହଙ୍କ ତାବେ ରହିବ, କାଳୀଚରଣ ଅତିବେଶିରେ ଦି' ଦିନ ଗଡ଼ଛଡ଼ା ହେଇ ରହିପାରିବେ। ଗଡ଼ ବ୍ରାହ୍ମଣ ସାହିର ଚତୁର୍ଭୁଜ ମିଶ୍ରେ, ସେ ଇନିସ୍‌ପେକ୍ଟିଙ୍ଗ୍ ପଣ୍ଡିତେ। ସେ ବି ସାଥିରେ ରହିବେ - ଏ ସବୁ ରାଜାଙ୍କ ଆଦେଶ। ପଣ୍ଡିତେଙ୍କ ବୟସ ବହୁତ ଆଗେଇ ଯାଇଥିଲା। ତଥାପି ମନ ଦୋରସ୍ତ ମରୁଝାଇଁ ପଡ଼ିନଥିଲା। ସେ ବି ଜଣେ ଗାୟକ, ନିଜେ ବେହେଲା ବଜାନ୍ତି। ତାଙ୍କ ସହ କାଳୀଚରଣଙ୍କ ବେଶ୍ ଜମିଲା। ହାତୀପିଠିରେ ଗଲାବେଳେ ବି ଗାଉଣା ବାଜଣା ଚାଲିଲା। ଏକ ପ୍ରକାର ଜୀବନ ମଧୁମୟ ପାଲଟିଲା।

ହାତୀପିଠିରେ ଯିବା ଆସିବା। ଗାଁ ପ୍ରଧାନ (ସର୍ବକାର) ଖବର ପାଇଲେ ହେଲା। ସେ ଡାକୁଆ ପାଳିଆ (ଯାହାଙ୍କର ବେଠି ପାଳି ଥାଏ) ତାଙ୍କୁ ଖବର ଦିଅନ୍ତି। ସେମାନେ କାଳୀଚରଣଙ୍କ ବିଛଣା ପେଡ଼ି ବୋହି ନିଅନ୍ତି। ବଣରୁ ବାଉଁଶ ଆସି ଚୁଲା ବନ୍ଧାହୁଏ। ଠା କୁ ଠାଆ ଏଇ ବନ୍ଦୋବସ୍ତ। ବଣ ବାଟ, କେତେ ଠାଆରେ ବାଘମାମୁ ସଙ୍ଗେ ଭେଟ। ଦିନକର ଘଟଣା, କାଳୀଚରଣ ବନ୍ଧୁଙ୍କ ସହ ଭୋଜିଟାଏ କଲେ। ଗଡ଼ରୁ ଅଳପ ଦୂର। ବୁଦିବୁଦିକିଆ ନଟା। ମଝିରେ ଛୋଟ ଭୂଇଁ, ମୁଣ୍ଡ ଟେକିଛି ମୁଣ୍ଡିଆଟିଏ। ମୁଣ୍ଡିଆ ଉପରେ ଗୋଟେ ବଡ଼ ମୁଗୁନି ପଥର। ତା'ରି ଉପରେ ରୋଷେଇ ସରଞ୍ଜାମ। ଜାମୁକି ନଳୀବାଲା ବାଣୁଆ, ମିରିଗ ଶିକାର କରିଆଣିଲା। ନିକଟରେ ସରୁ ଝରଟିଏ। ସିରିସିରି ହୋଇ ଗଡ଼ିଆସୁଛି ସରୁ ପାଣି ଧାରଟିଏ। ନାଁଟି ତା'ର କର୍ପୂର ଝର। ଢାଳେ ପାଣି ପାଇଁ ଅନେକ ବେଳ ଲାଗେ। ଝରର ପାଣି ସ୍ୱଚ୍ଛ, କର୍ପୂର ଦଳା ହେଲା ପରି ବାସନା। ବରମୂଳେ ଅହିଆ ଖୋଳା ଯାଇଥାଏ, ହଣ୍ଡା ବସିଲା। ଅଧା ଦି' ପାଆ ରନ୍ଧା ସରିଛି। ନିକଟରେ ବଣବୁଦା ମଟମଟ କଲା, କିଏ ଫୁଟୁକି ମାରିଲା ପରି ଶବ୍ଦ କଲା। ମହିଆ ଗନ୍ଧ ବାହାରିଲା। ସଭିଁଙ୍କ ମୁହଁରେ ଗୋଟାଏ କଥା - 'ବାଘ'। ଆଗରୁ କାଳୀଚରଣ ବାଘ ଦେଖି ନ ଥିଲେ। ବାଘ ଚାଲି ସ୍ୱତନ୍ତ୍ର। ଦୂରରୁ ବାରି ହୋଇଯାଏ। ସେ ପାହୁଲ ପକେଇଲେ ଟୁକ୍‌ଟୁକ୍ ହେଇ ଫୁଟେ। ବାଘଟା ଚାରିପଟେ ଘେରା ମାରିଲା।

ସୌଭାଗ୍ୟକୁ କିଛି କରି ନ ଥିଲା। ପାଖକୁ ଆସି ନ ଥିଲା, ହୁଲାଜାଳି ଏକପଦୀ ମାର୍ଗରେ ବଣ ପାରିହେବା ସିଦ୍ଧାନ୍ତ ହେଲା। ପୁରୁଣା କାଳିଆ ଲୋକ କୁହନ୍ତି, ବାଘ ନିଆଁ ହୁଲାକୁ ଡରେ। ଝାଡ଼କୁ ଯାଇଥିବା କାଠୁରିଆମାନେ ସେଇ କଥା ବି କହନ୍ତି। କାଳୀଚରଣଙ୍କ ସାଥୀମାନେ ଅଧାଖିଆ ହୋଇ ଫେରିଲେ। ବାଘ ଡଗର ବାରି ଲୋକେ କହୁଥିଲେ - "ଗଲା ଗଲା - ହେଇଟି ହେଇଟି।" ଖୁବ୍ ପାଟିତୁଣ୍ଡ ବି ଶୁଭୁଥିଲା।

ବାଘ ମାମୁ ବଡ଼ ଚତୁର। ସେମାନଙ୍କ ପାଖ ଛାଡୁନଥିଲା। ଜଙ୍ଗଲ ବାଟ, ଆତୁଡ଼ୀଲଟା କଡ଼ରେ। ବାଘ ଠାଏ ଠାଏ ରାମ୍ପିପକେଇଲା। ଲୋକେ କୁହାକୁହି ହେଲେ, ବାଘ ସେମାନଙ୍କ ଡାହାଣ ପଟରେ। ସେ ବାଆଁରୁ ଝାମ୍ପିପାରିବ ନାହିଁ। ଏଇଟି ବାଘର ଦୁର୍ବଳତା। ସେ କଦାପି ବାଁ ଆଡ଼କୁ କୁଦାମାରି ପାରେନା। ଯୋଗକୁ ବାଘ ରହିଲା ଡାହାଣ କଡ଼ରେ। ଯଦି ବାଁକୁ ଆସିଥାଆନ୍ତା, ଓଲଟା ଫେରିବାକୁ ପଡ଼ିଥାନ୍ତା। ବାଘ ରହିଥାନ୍ତା ଡାହାଣ ପଟେ। ଖୋଲା ଭୂଇଁଯାଏ ବାଘ ରହିଲା ଡାହାଣପଟରେ। ପଦାରେ ପହଞ୍ଚିଲା ବେଳକୁ ମେଘଫଟା ଗର୍ଜନଟାଏ ଛାଡ଼ିଲା, ବଣ ଚମକି ଉଠିଲା ସତେ! ଏମିତି କାଳୀଚରଣଙ୍କ ବହୁ ଅନୁଭୂତି। ଜଙ୍ଗଲ ରାସ୍ତାରେ ଗଲାବେଳେ ମିରିଗ, ଶିଙ୍ଗାଳ, ଖୁରୁଙ୍ଗ, ଖରିଆ ପ୍ରଭୃତିଙ୍କୁ କେତେବାର ଭେଟିଛନ୍ତି, ହେଲେ ବାଘ ଭେଟଣା, ଛାତିଟାକୁ ଦୁଲ୍‌ଦୁଲ୍ କରିଦେଲା ସେଦିନ। ତଥାପି କବିଚନ୍ଦ୍ର ଏଡ଼ିପାରି ନାହାନ୍ତି ବଣର ଆଦର ଡାକରା। ତାଙ୍କ କବିପ୍ରାଣ ଟାଣି ହେଇଯାଏ ସେଇ ଜଙ୍ଗଲ ଆଡ଼େ।

ସେବେକା ସ୍କୁଲ, ପାଠପଢ଼ା ଢଙ୍ଗ ବି ଅଲଗା, କାଳୀଚରଣ ସେଇସବୁ ସ୍କୁଲ୍ ପରିଦର୍ଶନ କରିଛନ୍ତି। ଥରକର କଥା। ଗୋଟିଏ ଗାଁ ସ୍କୁଲ୍। ପିଲାଟି ପଣକିଆ ଖନ୍ଦାକରି ଲେଖିଥାଏ। ପଢୁଥାଏ ଦୁଇକ ପଣକିଆ। ପିଲାଟି କାଳୀଚରଣଙ୍କ କଥାରେ ଖନ୍ଦା ଲିଭାଇ ଦେଲା। କାଳୀଚରଣ ପଚାରିଲେ - "କାହାଣେ ଦୁଇପଣ କୋଉଠି ଅଛି - କହିଲ ?" ପିଲାଟିର ଉତ୍ତର ଥିଲା ବଡ଼ କୌତୁହଳପ୍ରଦ। ସେ ଆଙ୍ଗୁଠିରେ ଠାରିଲା ଖନ୍ଦା ଶେଷମୁଣ୍ଡକୁ। କହିଲା - "ଆଜ୍ଞା ହି ମୁଣ୍ଡେ", ଅର୍ଥାତ୍ ଖନ୍ଦା ଶେଷରେ। କାଳୀଚରଣଙ୍କ ସମେତ ଶିକ୍ଷକମାନେ ହସି ଉଠିଲେ। ଶିଶୁଟି କିଛି ବୁଝିପାରିଲାନି। ବିଚରା ବଲବଲ କରି ଚାହିଁଲା ସବୁରି ମୁହଁକୁ।

କାଳୀଚରଣଙ୍କ ଖଣ୍ଡପଢ଼ା ସ୍ମୃତି ଅପାସୋରା। ସେଇଠି ତାଙ୍କର ଚାକିରି ଜୀବନ ଆରମ୍ଭ। ଗୁଣଗ୍ରାହୀ ରାଜା ଭ୍ରମରବର। କାଳୀଙ୍କୁ ଆଦର ଯତ୍ନରେ ଊଣା କରି ନ ଥିଲେ। ସେ କେବଳ ଗୁଣୀ ନ ଥିଲେ। ତାଙ୍କ ବଂଶଜମାନଙ୍କ ମଧ୍ୟରୁ କେତେକ ବିଦ୍ୱାନ ଥିଲେ। ବିଶେଷ କରି ସେମାନେ ସଙ୍ଗୀତ-ରସିକ। ରାଜାଙ୍କ ବଂଶଧର ସାମନ୍ତ ଶ୍ରୀ ସନାତନ ସିଂହେ। ସେ ସେତାର ଭକ୍ତ ଥିଲେ। ତାଙ୍କ ଆଗ ଛାମୁଆଁ ବଡ଼ଦାଣ୍ଡ। ତା'

ଆରପଟେ ଶ୍ରୀପତି ପଟ୍ଟନାୟକଙ୍କ ଘର। ସେଠି ସଙ୍ଗୀତ ଚର୍ଚ୍ଚା ଚାଲେ। କାଳୀଚରଣଙ୍କ ଅବସର ସମୟ ସେଇଠି କଟେ, ଖୁବ୍ ଶାନ୍ତି ଲାଗେ। ସ୍ୱର୍ଗୀୟ ପଠାଣୀ ସାଆନ୍ତଙ୍କ ଘର। ସେଠି ଜ୍ୟୋତିଷଶାସ୍ତ୍ର ଆଲୋଚିତ ହୁଏ। ପୁରୁଣା ବୁନିଆଦି ଛନ୍ଦ ସାହିତ୍ୟ, ତା' ଉପରେ ବିଶେଷ ବିଶେଷ ମତ ରଖାଯାଏ। ସାମନ୍ତ ଗଦାଧର ସିଂହ ଜଣେ ସୁଲେଖକ। ବହୁତ ଗୀତ ସେ ଲେଖିଛନ୍ତି। ସେଗୁଡ଼ିକ ଛପା ହେଇ ପାରିଲାନି, ଛପି ରହିଲା। ଖଣ୍ଡପଡ଼ାରେ ଦଳ ଦଳ ପାଲାବାଲା। ବେଳେବେଳେ ବାଦୀ ପାଲା ଚାଲେ। ସେମାନେ ସରସିଆ ଗୀତ ପରଶନ୍ତି। ଖଣ୍ଡପଡ଼ାରେ କାଳୀଚରଣଙ୍କ ବହୁ ଛବିଳ ସ୍ମୃତି। ଗୁଣୀରାଜା, ପାଠଶାଠ ବେଶି ପଢ଼ିନଥିଲେ। ଶିକ୍ଷା ସିନା ନଥିଲା, ଦୀକ୍ଷାଥିଲା ତାଙ୍କର। ପ୍ରକୃତରେ ସେ ଥିଲେ ଗୁଣର ପୂଜାରୀ। 'ଗୁଣ ଚିହ୍ନେ ଗୁଣିଆ' - ଏକଥାଟି ତାଙ୍କ ପାଇଁ ପ୍ରଯୁଜ୍ୟ। ତାହା କବିଚନ୍ଦ୍ର ଡକ୍ଟର କାଳୀଚରଣ ପଟ୍ଟନାୟକ ମର୍ମେ ମର୍ମେ ବୁଝିଥିଲେ।

■

ନଈକେ ଫାଙ୍କେ, ଦେଶକେ ବାଙ୍କେ

ଜୀବନଟା ଗୋଟେ ବିଚିତ୍ର ରଙ୍ଗଶାଳା । ଏଠି ସମସ୍ତେ ଜଣେ ଜଣେ ଅଭିନେତା । ରାତି ନଇଁ ଆସେ, ନାଟୁଆ ମନ ଚହଟେ । ମୁହଁରେ ରଙ୍ଗ, ପାଦରେ ଅଳତା; ଘୁଙ୍ଗୁରର ରୁଣୁଝୁଣୁ ନାଦ, ମନଜିଣା ସ୍ୱର । କଥାକୁହା ଢଙ୍ଗ, କେବେ ହସ, କେବେ କାନ୍ଦ, କେବେ ସଫଳତା ଅଥବା ବିଫଳତା - ଏସବୁ ଜୀବନ ଟିପାଖାତାର ଗୋଟେ ଗୋଟେ ଅସ୍ପଷ୍ଟ ଛବି । ଆସେ ସଫଳତା, ମନ ଉଚ୍ଚାଟ, ଆଶାର ଫୁଲାମନ ଚହଲି ଯାଏ, କେବେ ବିଫଳତା ପଥ ଓଗାଳେ; ନିରାଶାର ଭଙ୍ଗାମନ ଦୋହଲାଇ ଦିଏ । ଏଣିକି ପୁଞ୍ଜାପୁଞ୍ଜା ଯନ୍ତ୍ରଣା, ଯାତନା । ଆଖିରେ ଅସରା ଅସରା ଲୁହ, ମନରେ କୋହ, ହୃଦୟରେ ଅକାତକାତ ଦାଉ ଧକ୍‌କା । ତଥାପି ମଣିଷ ଚାଲେ । ରାସ୍ତା ବହୁତ ଲମ୍ବା । ଗୋଟେ ପରେ ଗୋଟେ ମାଇଲ ଖୁଣ୍ଟ, ଆବୁଡ଼ା ଖାବୁଡ଼ା, ଅଙ୍କାବଙ୍କା ରାସ୍ତା । । କେତେ କେତେ ଅନୁଭବ ଅନୁଭୂତି । ସବୁକୁ ପୁଞ୍ଜିକରି ଚାଲିଛି ଆଜିର କାନ୍ଦୁରା ମଣିଷ । ଚାଲିଥିବ, ଯାତ୍ରା ତା'ର ଅବିରତ । ଆଜି ନିଜ ଭିଟାମାଟିରେ ତ କାଲି ପର ରାଇଜରେ । ପରଦେଶୀ ହେଇଗଲେ ମନେପଡ଼େ ଗାଁ ଦାଣ୍ଡ, ନଈକୂଳ, ସାଙ୍ଗସାଥୀ ମେଳ; ହଜିଲା ପିଲାଦିନ । ନୂଆ ଜାଗାକୁ ଗଲେ ମିଳନ୍ତିନି ମନଲାଖି ମଣିଷ । ସେଠିକା ଚଳଣି, ତହିଁରେ କେତେ ଫାଙ୍କ ଫରକ, ସବୁକୁ ଆପଣାର କରିବାକୁ ପଡ଼ିବ । ଲକ୍ଷ୍ୟ ହାସଲ ପାଇଁ ଉପାୟ ବାହାର କରିବାକୁ ହେବ । ଏମିତି ଏକ ପରିସ୍ଥିତିର ମୁହାଁମୁହିଁ ହେଲେ ଡକ୍ଟର କାଳୀଚରଣ ପଟ୍ଟନାୟକ । ରାଜ ଦରବାର, ବଡ଼ମ୍ବା, ଖଣ୍ଡପଡ଼ା, ସୁରଙ୍ଗୀ - ସେଠିକା ଢାଞ୍ଚା ଅଲଗା, ରାଜାଙ୍କ ମତି ଗତି ବିଭିନ୍ନ, କିଏ ସଙ୍ଗୀତ ରସିକ ତ ଆଉ କାହାର ରାସ, ନାଟକରେ ମନ । କିନ୍ତୁ ବାରିପଦା କଥା ଭିନ୍ନ, ରାଜଦରବାର ବି ଅଲଗା, ଏଠାରେ ରାଜା ମହାରାଜା । ତାଙ୍କୁ ଭେଟିବା କାଠିକର ପାଠ । କାଳୀଚରଣ ବାରମ୍ବାର ଚେଷ୍ଟା କରିଛନ୍ତି; କେତେ ଅନୁନୟ କରିଛନ୍ତି ଚପରାସୀକୁ, ନେହୁରା ହେଇଛନ୍ତି, ସବୁ ବିଫଳ । ଶେଷରେ ଏକା

ଅଭିନୟ ହିଁ ସାହା ଭରସା ହେଲା। ଅନ୍ୟ ରାଜ୍ୟ। ମୁଣ୍ଡ ନୁଆଁଇ, ଲୁଗା ସଳଖି ପିନ୍ଧି, କୁଞ୍ଚ ବାଗେଇ ନତଜାନ୍ନୁ ଜୁହାରଟେ ଲୋଡ଼ା। ବାସ୍ ସେତିକିରେ କଥା ସରିଲା। ରାଜକୃପା ବରଷିଯାଏ। କିନ୍ତୁ ବାରିପଦା କଥା ଅଲଗା। କାଳୀଚରଣଙ୍କ ମନ ମଉଳିଗଲା। ନିଦୁଆ ରାତି, ନିଶା ଗରଜୁଛି, ଯନ୍ତ୍ରଣାରେ କାଲୁବାଲୁ ମନ। ବଜାଇଲେ ବଂଶୀ, ହୃଦୟଭରା କୋହ ଉକୁଟି ଉଠିଲା। ବଂଶୀର କରୁଣ ରାଗିଣୀ। ରାଜା ବିମୋହିତ ହେଲେ। କାଳୀଚରଣଙ୍କୁ ସାକ୍ଷାତ ଦେବାକୁ ମନ ବଳାଇଲେ। ଏଇଠି ହେଲା ସଙ୍ଗୀତର ଜିତାପଟ। ନୂଆ ଜାଗାରେ କାଳୀଚରଣ ନିଜକୁ ଖାପ ଖୁଆଇଦେଲେ। ବାରିପଦା ରାଜା, ରାଜ ଦରବାର, ରାଜାଙ୍କ ରୀତିନୀତି - ସବୁ ବଖାଣିଲେ ଆତ୍ମଲିପି 'କୁମ୍ଭାରଚକ'ରେ। ଓଡ଼ିଆରେ ଗୋଟେ ଢଗ - "ନଇକେ ଫାଙ୍କେ, ଦେଶକେ ବାଙ୍କେ" - ଯେଉଁଠି ଯେମିତି ଚଳଣି, ସେଥିରେ ଅଭ୍ୟସ୍ତ ହେବାକୁ ପଡ଼େ। ଚଳଣି ବଦଳେନା। ସ୍ଥାନ ବିଶେଷରେ ଏହା ଭିନ୍ନ। ବଦଳିବାକୁ ପଡ଼େ ମଣିଷର ମତି-ଗତି। ଏକଥାଟି ମର୍ମେ ମର୍ମେ ବୁଝିଥିଲେ କବିଚନ୍ଦ୍ର କାଳୀଚରଣ ପଟ୍ଟନାୟକ। ଅନ୍ତତଃ ପକ୍ଷେ ବାରିପଦାରେ।

ବାରିପଦାର ସ୍ୱନାମଧନ୍ୟ ରାଜା ଶ୍ରୀରାମଚନ୍ଦ୍ର ଭଞ୍ଜଦେବ, ତାଙ୍କ ଗୁଣାବଳୀର ପଟାନ୍ତର ନାହିଁ। ତାଙ୍କରି ରକ୍ତଧାରାର ସନ୍ତକ ପୂର୍ଣ୍ଣଚନ୍ଦ୍ର ଭଞ୍ଜଦେଓ। ସେ ମହାରାଜା। ମୟୂରଭଞ୍ଜ ରାଜବାଟୀ। ଆକାର ପ୍ରକାର ପୂରା ନିଆରା। ବଡ଼ ରାଜ୍ୟ, ବଡ଼କୋଠା, ତାଙ୍କ ମନ ବଡ଼, ରାଜକୀୟ ଆଦବକାଏଦା ସମ୍ପୂର୍ଣ୍ଣ ଭିନ୍ନ। ରାଜାଙ୍କର ଜଣେ ବଙ୍ଗୀୟ ପ୍ରାଇଭେଟ୍ ସେକ୍ରେଟାରୀ, ଭାରି ଗମ୍ଭୀର। ଦପ୍ତରରେ ବସିବା ଠାଣି, ବ୍ୟବହାର, ମିଜାଜ୍ - ସବୁରେ ଅହମିକା ମଖା। ରାଜାଙ୍କୁ ଦେଖା କରିବାକୁ ଚାହିଁଲେ ବାରମ୍ବାର ସେଇ ଏକା ଉତ୍ତର - 'ଏଖନ ମହାରାଜର ସମୟ ନେଇ, ପରେ ଏସ୍।' କାଳୀଚରଣ ଭାଙ୍ଗିପଡ଼ିଲେ। ଆଗଟା ଭାରି ନିଶୁନିଆ, ପୂରା ଅନ୍ଧାର। ହେଲେ ଚନ୍ଦ୍ରପକ୍ଷ ରାତି, ଭାରି ଗରମ ପଡ଼ିଥାଏ, ଆଖିରେ ନିଦ ନାହିଁ। ବାହାରିଲେ ପଦାକୁ, ରାତି ପିନ୍ଧାଲୁଗା, କୁଞ୍ଚନାହିଁ। କମରରେ ଚଉତି ଦେଇ ସାଉଁଳି କରି ଭିଡ଼ିଦେଲେ। ଦେହରେ ସେବେକା ଛାତିକଟା ଗେଞ୍ଜି। ଛାତି ଉପରଟା ଫୁଲପକା, ଛାତି ପଟିରେ ସୁନ୍ଦର ଫୁଲ, ସିପ ବୋତାମ ଦିଆ। ଏବେ ସେ ଗେଞ୍ଜି ଆଉନାହିଁ, ଗେଞ୍ଜିର ରଙ୍ଗ ଗୋଲାପୀ। ପାଦରେ ମଧୁବାବୁ ଉତ୍କଳ ଟ୍ୟାନେରୀର ଫୁଟୁଫୁଟିକିଆ ଜୋତା। ରାତି ଅଧ, ରାଜବାଟୀ ଦିଶୁଛି। ଉପର ମହଲାର ବଡ଼ବଡ଼ ଜଳାକବାଟି ଉଦୁଆଁ ଥାଏ। ଘର ଭିତରେ ହସ, ଜୋର୍ ପାଟିତୁଣ୍ଡ। ବେଳେବେଳେ ଝୁମୁର ଗୀତରୁ ପଦେ ଅଧେ। ରାଜ ଉଆସରେ ଜମିଛି ନାଚଗୀତ - ଏକଥାଟି କାଳୀ ବାରି ପାରିଲେ। ସେ ବଜାଉଥାନ୍ତି ବଂଶୀ।

ବନ ପୋଡ଼ିଗଲେ ସଭିଏଁ ଜାଣନ୍ତି, ମନ ପୋଡ଼ିଗଲେ ଜାଣେ ଏକା ମନ। କାଳୀଚରଣ ଦୁଃଖରେ ଭାଙ୍ଗି ପଡ଼ିଛନ୍ତି। ବଜାଇ ଚାଲିଛନ୍ତି ବଇଁଶୀରେ ବେହାଗ ରାଗିଣୀ। ମନ ମାନିଲାନି। ବଜାଇଲେ ଅତି ପ୍ରିୟ ରାଗତିଳକ କାମୋଦର ଆଳାପ - ପା, ନି, ସା, ରି, ଗା, ସା। ବଡ଼ କରୁଣ ସେ ସ୍ୱର। ରାଜାଘର ପିଆଦା ପଛରେ ହାଜର। ରାଜା ଡାକୁଛନ୍ତି - ଏକଥା କହିଲା। କାଳୀଚରଣ ଥମ୍‌ଥମ୍। ରାଜାଙ୍କ ଆଦେଶ ଶିରୋଧାର୍ଯ୍ୟ। ପିଆଦାର ଆଦେଶ, "ମହାରାଜା ହୁକୁମ୍ କରିଛନ୍ତି - ଚାଲ କୋଠିକି।" କାଳୀଚରଣ ରାଜାଙ୍କ ସମ୍ମୁଖରେ ହାଜର ହେଲେ। ମହାରାଜାଙ୍କ ବୈଠକ ଖାନା। ବେଶ୍ ଲମ୍ବା ଚଉଡ଼ା ବଡ଼ ହଲ୍‌ଟିଏ। ଦାମୀ ଦାମୀ ସୋଫା, କାଉଚ, ଚୌକି, ତଳେ ବିସ୍ତୀର୍ଣ୍ଣ ଖରଡ଼ ବିଛା ଯାଇଛି। ଚୌକିରେ ବସିଛନ୍ତି ଜଣ କେତେ ମହାରାଜାଙ୍କ ପ୍ରିୟପାତ୍ର, ମୋସାହେବ୍ ଇତ୍ୟାଦି, ଇତ୍ୟାଦି - ସମସ୍ତେ ପରିଷ୍କାର ପରିଚ୍ଛନ୍ନ। ସବୁରି ପୋଷାକରେ ପରିପାଟୀ ଅଛି। ରୁଚି ବି କିଛି କମ୍ ନାହିଁ; କିନ୍ତୁ ମହାରାଜା, ପୂର୍ଣ୍ଣଚନ୍ଦ୍ର ଭାରି ସାଧାସିଧା। ତାଙ୍କ ଦିହରେ ଖଣ୍ଡେ ବାଦାମୀ ରଙ୍ଗର ସିଲ୍‌କ ଗେଞ୍ଜି। ସହଜରେ ଅଚିହ୍ନା ମଣିଷ, ଅଜଣା ଜାଗା। ତହିଁରେ କାଳୀଙ୍କ ଛତରା ବେଶ। କିଏ ବା କାହିଁକି ଆଦର କରିବ? ରାଜା ପୂର୍ଣ୍ଣଚନ୍ଦ୍ର ଗୁଣୀ, ସଙ୍ଗୀତ ରସିକ। ବଂଶୀର ସୁମଧୁର ଧ୍ୱନିରେ ବିହ୍ୱଳ। କଳାକାରର ଭେକ ବା କ'ଣ ଲୋଡ଼ା? କିନ୍ତୁ ରାଜା ମନ, ସନ୍ଦେହାଚ୍ଛନ୍ନ। କାଳୀଚରଣଙ୍କୁ 'ତୁମେ' ସମ୍ବୋଧନ କଲେ। ପ୍ରଶ୍ନ ପରେ ପ୍ରଶ୍ନ। ସେ ସତ ମିଛରେ ଉତ୍ତର ଦେଲେ। ରାଜାଙ୍କର ବେପରୁଆ ଭାବ। ଶବ୍ଦଗୁଡ଼ାକ ବି ବଡ଼ କଷ୍ଟଦାୟକ। କାଳୀଚରଣଙ୍କ ସେତେବେଳିକା ପାଗପୁଟୁକାକୁ ଚାହିଁ ଏସବୁ ପ୍ରାପ୍ୟ। ରାଜାଙ୍କ ପ୍ରଶ୍ନର ସହଜ ଉତ୍ତର ଦେଲେ କାଳୀଚରଣ- 'ଖରାଦିନ, ଥାନଟି ଭଲ ଲାଗିଲା, ସୁନ୍ଦର ଜହ୍ନ କିରଣ, ସୁଲୁସୁଲିଆ ପବନ, ମନ ଡାକିଲା। ଟିକେ ବଂଶୀ ବଜାଇ ଦେଲି' - ଏମିତି ମଧୁରିଆ ଉତ୍ତର ଦେଲେ। ବଂଶୀର ରାଗ ଜାଣିବାକୁ ଚାହିଁଲେ ରାଜା। ରାଗ କ'ଣ ସେ ଜାଣନ୍ତିନି, ବଜଉ ବଜଉ ଶିଖିଛନ୍ତି - କଥାଗୁଡ଼ାକ ରାଜାଙ୍କ ପରତେ ଗଲାନି। କାଳୀଚରଣଙ୍କୁ ନିର୍ଦ୍ଦେଶ ଦେଲେ। କାଳୀ ବଜାଇଲେ ବଂଶୀ। ଏ ତ 'ମାଲକୋଷ' ରାଗ - ରାଜା କହି ପକାଇଲେ। ମହାରାଜାଙ୍କ ଢେର୍ ସଙ୍ଗୀତ ଜ୍ଞାନ! ଏ ଗୁଣଟି ମୟୂରଭଞ୍ଜ ରାଜବଂଶର ସହଜାତ - ଏକଥାଟି ସେ ଦିନ କାଳୀଚରଣ ଅନୁଭବ କଲେ।

ସବୁ ବିଧି ନିର୍ବନ୍ଧ - ଏ ବିଶ୍ୱାସଟି କାଳୀଚରଣଙ୍କର ଚିରକାଳ ଥିଲା। 'ଯାହା କରିବେ ସାଇଁ - ତା' କାହାରି ହାତରେ ନାହିଁ'। ରାଜାଙ୍କ ପ୍ରାଇଭେଟ ସେକ୍ରେଟାରୀ, ସେଇ ବଙ୍ଗାଳୀ ବାବୁ ଜଣକ? ତାଙ୍କୁ ନିରାଶ କରିଥିଲେ। ତାଙ୍କୁ ଆଶ୍ରା କରିଥିଲେ ସମ୍ଭବତଃ ରାଜଦର୍ଶନ ହୋଇପାରି ନ ଥା'ନ୍ତା। ବଂଶୀର ସ୍ୱରଟିଏ ରାଜାଙ୍କ ପାଖରେ

ପହଞ୍ଚିବାର ବାଟ ଖୋଲିଦେଲା। ଏଇ ତ କଳାର କିମିଆ! ଗୀତଟିଏ ଗାଇ ପାଇଥିଲେ ଖଣ୍ଡପଡ଼ାରେ ଚାକିରି। ଏବେ ବଂଶୀ ବଜାଇ ବାରିପଦାରେ ରାଜଆଶୀର୍ବାଦ ପାଇଲେ। ରାଜାଙ୍କର ହୁକୁମ୍ ହେଲା। ରାଜାଙ୍କ ନିଜଗି ନିଯୋଗ (ପରସନାଲ ଆଟେଣ୍ଡାଣ୍ଟ) 'ପଣ୍ଡିତ'। ସେ ଜ୍ଞାନୀ ନୁହନ୍ତି। 'ପଣ୍ଡିତ' ଡାକନାମର ଅଧିକାରୀ। ତା' ପରଦିନ ଦିନ ନଅଟାରେ ରାଜାଙ୍କୁ ସାକ୍ଷାତ କରାଇ ଦେବାର ଆଦେଶ ହେଲା। ରାଜଦରବାର ଚାଲିଛି। ପଣ୍ଡିତ କାଳୀଚରଣଙ୍କୁ ରାଜାଙ୍କୁ ସାକ୍ଷାତ୍ କରାଇଲେ। ଏବେ ରାଜାଙ୍କର ଆଉ ତମେ ସମ୍ବୋଧନ ନୁହେଁ - "ହେଇ ଆପଣ! ବସନ୍ତୁ।" ମୁହଁରେ ତାଙ୍କର ଦରଦର ହସ। କେତେ କଥା ହେଲେ, ଏଣିକି ନିତି ଦେଖା, ଗୀତ, ବାଜା - ଚାଲିଲା। ମଝିରେ ମଝିରେ ସାହିତ୍ୟ ଚର୍ଚ୍ଚା। କ୍ରମେ ପରିଚୟ ବଢ଼ିଲା, ନିବିଡ଼ ବି ହେଲା। ରାଜଦରବାରକୁ ଯିବା ପାଇଁ ଆଉ ଅନୁମତି ଲୋଡ଼ା ନାହିଁ।। ଏବେ 'ତେଲ ତେଲି ମିଶିଲେ, ପିଡ଼ିଆ ଅଲଗା।" ପ୍ରାଇଭେଟ୍ ସେକ୍ରେଟାରି ମନ ଊଣା କଲେ। ହେଲେ ନାଚାର। ସ୍ୱୟଂ ମହାରାଜା ଯାହାଙ୍କ ଠାରେ ପ୍ରୀତ, ଆଉ କାହାକୁ ବା ପରବାୟ! ଏଣିକି କାଳୀଚରଣ ନିଦକ।

'ଧୀର ପାଣି ପଥର କାଟେ' - ଏକଥାଟି କାଳୀଚରଣ ବୁଝିଲେ। ଦିନ କେଇଟା ଯାଇଛି। ଛୋଟରାୟ ସାହେବ (ମହାରାଜା ପ୍ରତାପଚନ୍ଦ୍ର)ଙ୍କ ସହ କାଳୀଚରଣଙ୍କର ସାକ୍ଷାତ ହେଲା। ରୂପ ଗୁଣ, ସବୁଥିରେ ସେ ପରିପୂର୍ଣ୍ଣ। ନିଜେ ସଙ୍ଗୀତ ପ୍ରେମୀ, ସେତରା ବାଦକ। ମଝିରେ ମଝିରେ ସଙ୍ଗୀତଜ୍ଞ ନରେନ୍ ପାଲ୍ (ବ୍ୟାଣ୍ଡ ମାଷ୍ଟର) ଯାଆସ କରନ୍ତି। ଚାଲେ ସଙ୍ଗୀତ ଚର୍ଚ୍ଚା। ସବୁ ଛୋଟରାୟ ସାହେବଙ୍କ କୋଠିରେ। ରାଜବିରାଦର ସ୍ୱର୍ଗୀୟ ଦିବାକର ଭଞ୍ଜ। ତାଙ୍କ ପୁଅମାନଙ୍କ ମଧ୍ୟରୁ ଜଣେ ନା ଜଣେ ଆସନ୍ତି। ଦିବାକର, ବାବୁଜୀ। ପ୍ରତି ନିତ୍ୟ ଦି' ଚାରିଘଣ୍ଟା ଆସନ୍ତି। ସେ ବେଶି ସମୟ କାଟନ୍ତି ରାଜବାଟୀରେ। ମହାରାଜାଙ୍କ ପାଖରେ ଯେତେଟା ନୁହେଁ, ଛୋଟରାୟ ସାହେବଙ୍କ ପାଖରେ ତା ଠୁ ଟିକେ ବେଶି ଆତଯାତ। ଆଉ ଜଣେ ଶ୍ୟାମ ପ୍ରହରାଜେ। ହସ ହସ ମୁହଁ, ଢଳାଢଳା ଆଖି, କଳାକାରର ମେଜାଜ, ନିଛଳ, ସରସ ଲୋକ। ନୃତ୍ୟରେ ନିପୁଣ, ଅଭିନୟରେ ବିଶାରଦ। ରାଜବାଟୀ ପାଚେରୀକୁ ଲାଗି ତାଙ୍କ ଘର। ବିଶେଷ ସମୟ ରାଜବାଟୀକୁ ଆସନ୍ତି ନାହିଁ, ଭାରି ସ୍ପଷ୍ଟବାଦୀ। ହଁ କୁ ହଁ କରିବା ଲୋକ ସେ ନୁହନ୍ତି। କ୍ରମେ ତାଙ୍କ ସହ କାଳୀଚରଣଙ୍କ ଭାବ ବଢ଼ିଲା, ସମ୍ପର୍କ ଘନିଷ୍ଠ ହେଲା। ଏଣେ ଛୋଟରାୟ ସାହେବ, କଳା ପାଇଁ ପାଗଳ। କାଳୀଚରଣଙ୍କୁ ସୁଯୋଗ ମିଳିଗଲା। ପୁଣି ମନ ବଳେଇଲେ ଥିଏଟରରେ। ବାରିପଦାଟା ସଙ୍ଗୀତ ସରାଗୀ ଜାଗା। ଥିଏଟର ଗଢ଼ା ହେବା ଏକବାରେ ନୂଆକଥା। ପିଲା ମିଳିଗଲେ, ଚାଲିଲା ନାଟକ ଶିଖା, ରିହର୍ସାଲ। ବାରିପଦାର

ବଡ଼ଦାଣ୍ଡରେ ଅନାଦି ମହାନ୍ତିଙ୍କ ଘର ସାମ୍ନା। ଗୋଟେ ଛୋଟିଆ କୋଠା, ପବନ ପ୍ରବେଶର ସାଧ ନାହିଁ। ସେଇଟି ଚାଲିଲା କବାଟ କିଳା ରିହର୍ସାଲ। ଭଗବାନ ନାମକ ଜଣେ ଛଉ ନାଟଦଳର ନାଟୁଆ। ପିଲାଙ୍କୁ ନାଚ ଶିଖାଇଲେ। ତା'ପରେ ଆଖଡ଼ା ସ୍ଥାନ ବଦଳିଲା। ବାରିପଦା ପୁଲିସ ଷ୍ଟେସନ୍‌ର ଆଗ ଛାମୁଆଁ। ବଡ଼ ଲାଲ ସାହେବଙ୍କ ଦୋତାଲା କୋଠାର ଉପର ମହଲା। ସେଇଠି ଚାଲିଲା ଆଖଡ଼ା। ନାଟକ ଫିଟ୍ ହେଇଗଲା। ବାରିପଦାର ଝୁମୁର ଗୀତ ଖୁବ୍ ଲୋକପ୍ରିୟ। ଯା ପଛରେ ଇତିହାସଟେ। ଗୀତଗୁଡ଼ାକ ପ୍ରାୟ ବଙ୍ଗଳା, ଅଳ୍ପ କେତେକ ଗୀତ ଓଡ଼ିଆ ବଙ୍ଗଳା ଭାଷା ମିଶ୍ରିତ। କାଳୀଙ୍କର ଝୁମୁର ଗୀତ ଖୁବ୍ ପସନ୍ଦ। ଗୀତ ଗୁଡ଼ିକର ଭାବ ସ୍ୱତନ୍ତ୍ର। ଭାଷା ଭାରି ସରଳ। ସେ କିଛି କିଛି ଝୁମୁର ଗୀତ ଗାଇ ଶିଖିଲେ। ଅପାଠୁଆଟିଏ ବି ଏ ଗୀତ ଯୋଡ଼ିପାରେ। ଲୋକଗୀତ ପରି ଅତି ହୃଦୟଛୁଆଁ। କାଳୀଙ୍କର ମନ ପଡ଼ିଯାଏ ସେଇ ଗୀତରୁ ପଦେ - "ଗ୍ରୀଷମ କାଲେ ତେ, ମୋର କପାଲେତେ, ନନ୍ଦ ଗୋପାଲେତେ ପାଇ ଯଦି / ମୁଇଁ ଲବ ଏଇବର / ଘେନ ମର ବର / ହେବେ ନଟବର ଶିରୀ ପ୍ରତି / ଯାବତ ଜୀବନ ଧାକିବେ ଭୁବର୍ଗ୍ୟ ଚୁମିବ ଚରନ ନିତି ନିତି।" କି ରଚନା, କେତେ ସରଳ, କି ଗଭୀର ଭାବ! ମଧୁର ସ୍ୱର, ମା' ସରସ୍ୱତୀଙ୍କ କି ଅଦ୍ଭୁତ କରୁଣା! ମୋଟାମୋଟି ଭାବେ ବାରିପଦା ଗୋଟିଏ ସୁଖର ରାଜ୍ୟ, କଳାର କ୍ଷେତ୍ର। ବିଭିନ୍ନ ଦିଗରୁ କାଳୀଚରଣ ଏଠାରେ ସଫଳତା ପାଇଲେ। ମାତ୍ର ତାଙ୍କର ଗୋଟିଏ ଦୁଃଖ। ପ୍ରଥମ ସାକ୍ଷାତରେ ସେ ମହାରାଜା ପୂର୍ଣ୍ଣଚନ୍ଦ୍ରଙ୍କୁ କହିଥିଲେ - "ଜଣେ କେହି ମୟୂରଭଞ୍ଜର ହେଉ ବା କଟକର ହେଉ, ଓଡ଼ିଶାବାସୀ ଓଡ଼ିଆ ବାରିପଦା ଆସିଛି, ତା'ରି ଦେଶର ବିଖ୍ୟାତ ରାଜାଙ୍କୁ ଭେଟିବାର ସୁଯୋଗ ନ ପାଇବାଟା କି ସୁନ୍ଦର କଥା ମହାରାଜ! ଆମ ଘରେ ତ ଆମର ଏଇ ଅବସ୍ଥା, ଏ ଦୁଃଖ କାହାକୁ କହିବା? ପୁଣ୍ୟ ଶ୍ଳୋକ ମହାରାଜା ଶ୍ରୀରାମଚନ୍ଦ୍ର ଭଞ୍ଜଙ୍କ ନାଁ କୋଉ ଓଡ଼ିଆ ନ ଜାଣେ? ତାଙ୍କରି ରାଜ୍ୟ, ସେଇ ବଂଶ ତ?" ସେଦିନ ମହାରାଜା ପୂର୍ଣ୍ଣଚନ୍ଦ୍ରଙ୍କର ପ୍ରସନ୍ନ ବଦନ ଝାଉଁଳି ଯାଇଥିଲା। ତଥାପି ରୋଷ କରି ନଥିଲେ। ବୁଝିଥିଲେ କାଳୀଚରଣଙ୍କ ହୃଦୟ ବେଦନା। କଳାକାର ରାଜା, ଅନୁଭବ କଲେ ଆଉ ଜଣେ କଳାକାରଙ୍କ ଦରଦୀ ମନକୁ। କାଳୀଚରଣ ଭାବୁଥିବେ - "ନଈକେ ଫାଙ୍କେ, ଦେଶକେ ବାଙ୍କେ।" କାଳୀଚରଣ ପରିବେଶ ସହ ନିଜକୁ ଖାପ ଖୁଆଇ ହେଲେ। ତାଙ୍କର ବାରିପଦାରେ କେଇବର୍ଷ ସୁଖରେ କଟିଲା।

■

ମଣି କାଞ୍ଚନ ସଂଯୋଗ

ମଣି ଗୋଟେ ତେଜସ୍କ୍ରିୟ ବହୁମୂଲ୍ୟ ଧାତୁ ବା ପଥର। କାଞ୍ଚନ ବି ଅତୀବ ମୂଲ୍ୟବାନ ଧାତୁ। ଏ ସବୁର ଢେର୍ ଆଦର। ଧନୀ, ନିର୍ଦ୍ଧନ-ସର୍ଭିଙ୍କ ଏଥିପ୍ରତି ମୋହ। କାଞ୍ଚନ ବା ସୁନା ନିର୍ମିତ ଅଳଙ୍କାର ନାରୀର ସୌନ୍ଦର୍ଯ୍ୟ ପରିବର୍ଦ୍ଧନ କରେ। ମଣି ଧନାଢ୍ୟଙ୍କର ବିଳାସ ସାମଗ୍ରୀ। ତା' ନିକଟକୁ ନିଦରବର ହାତ ପାଏନି। ମଣି, ମୁକ୍ତା ଖଚିତ ଅଳଙ୍କାର ଅତି ଦୁର୍ଲଭ। ଓଡ଼ିଶାର କାଳିଆ ଠାକୁର, ରାଜରାଜେଶ୍ୱର। ତାଙ୍କ ପାଇଁ ଏସବୁ ଖଞ୍ଜା। ମଣି ସହିତ ସୁନାର ଏକତ୍ର ସମାବେଶ, ଯେକୌଣସି ଅଳଙ୍କାରର ମାନକୁ ବହୁଗୁଣିତ କରେ। ମଣିଯୁକ୍ତ ଫଣୀ ସର୍ପଶ୍ରେଷ୍ଠ। ପୁନଶ୍ଚ ମଣି ଶ୍ରେଷ୍ଠତ୍ୱ ଅର୍ଥରେ ବ୍ୟବହୃତ। ବଂଶ ଉଜ୍ଜ୍ୱଳକାରୀ ବ୍ୟକ୍ତି ମଣି ସଦୃଶ। ସେଇଥିପାଇଁ ସୁପୁତ୍ରମାନେ ଧନମଣି, କଣ୍ଠମଣି, ଉତ୍କଳମଣି। ରତ୍ନ ବି ମଣି - ଯେମିତି ସ୍ପର୍ଶମଣି, ଇନ୍ଦ୍ରନୀଳମଣି, ଅୟସକାନ୍ତ ମଣି। ମଣି, ସୁନା - ଏ ଦୁଇର ଏକତ୍ର ସମାବେଶ ମଣିକାଞ୍ଚନ ଯୋଗ। ଏଇଟି ସୁନ୍ଦର ବା ସମର୍ଥ ମିଳନ। ପରସ୍ପର ଅନୁପୂରକ ଦୁଇ ବ୍ୟକ୍ତି ବା ବସ୍ତୁର ମିଳନ ମଣିକାଞ୍ଚନ ସଂଯୋଗ। ଓଡ଼ିଆରେ ଢଗଟିଏ- "ଯିଏ ଯାହାକୁ ଯେମିତି ରସେ, ସେ ତାକୁ କିଆଫୁଲ ପରି ବାସେ।" ଏଇଟି ଭଲପାଇବାର ସ୍ୱତନ୍ତ୍ର କଥା। କଳା, ସାହିତ୍ୟରେ ଶ୍ରେଷ୍ଠତ୍ୱ ପ୍ରତିପାଦନ କରିଥିବା ବ୍ୟକ୍ତି, ସେମାନଙ୍କ ମଧ୍ୟରୁ ଅନେକଙ୍କର ମନ ମିଳେ। ନିଖୁଣ କଳା ନିପୁଣତା ପରସ୍ପରକୁ ଆକର୍ଷଣ କରେ। ଦୁହେଁ ଦୁହିଁଙ୍କ ଠାରୁ ଶିଖନ୍ତି। ଚାଲେ ଭାବର ଆଦାନ ପ୍ରଦାନ। ପରସ୍ପର ହୋଇ ଯାଆନ୍ତି ଏକମନ, ଏକପ୍ରାଣ, ଏପରିକି ଏକ ଆତ୍ମା। ଏମିତି ଘଟଣାଟେ। କବିଚନ୍ଦ୍ର କାଳୀଚରଣ ପଟ୍ଟନାୟକ ଥାଆନ୍ତି ବାରିପଦାରେ। ପହଞ୍ଚିଲେ କାନ୍ତକବି ଲକ୍ଷ୍ମୀକାନ୍ତ ମହାପାତ୍ର। ଭଦ୍ରକ ତାଳପଦା ଜମିଦାର ଚୌଧୁରୀ ଭାଗବତ ପ୍ରସାଦ ସାମନ୍ତରାୟ ମହାପାତ୍ର। ତାଙ୍କ ସୁପୁତ୍ର ଲକ୍ଷ୍ମୀକାନ୍ତ ମହାପାତ୍ର। ସେ ଜଣେ ଅପ୍ରତିଦ୍ୱନ୍ଦ୍ୱୀ ସାହିତ୍ୟିକ। ରୂପ-ଯୌବନ-ବିଭବ କେଉଁଥିରେ ଊଣା ନାହିଁ;

ମାତ୍ର ଉଣା ଗୋଟିକରେ। ସେ ଦୁରାରୋଗ୍ୟ କୁଷ୍ଠବ୍ୟାଧି ପୀଡ଼ିତ। ଜୀବନ ଯନ୍ତ୍ରଣାକୁ ପାନକରି ଲକ୍ଷ୍ମୀକାନ୍ତ ପାଲଟିଛନ୍ତି ନୀଳକଣ୍ଠ। ଯନ୍ତ୍ରଣା କାତର କବିପ୍ରାଣରୁ ଝରିଛି କାଳଜୟୀ କବିତା। ତାଙ୍କ ଦ୍ୱାରା ରଚିତ 'ଜୀବନ ସଂଗୀତ'। ଏଥିରେ ଲଳିତ-ମଧୁର-କମନୀୟ ପଦାବଳୀର ଅପୂର୍ବ ସମାହାର। ଜୀବନ ସଙ୍ଗୀତ ତାଙ୍କର ସର୍ବଶ୍ରେଷ୍ଠ କୀର୍ତ୍ତି, କୃତିତ୍ୱ। କବି ଆଜୀବନ ବୈଷ୍ଣବ, ନାଟ୍ୟାନୁରାଗୀ ମଧ୍ୟ। ତାଙ୍କର ଥିଲା ରାସଦଳଟିଏ। ବାରିପଦା ଆସିଲେ ଲକ୍ଷ୍ମୀକାନ୍ତ। ଭେଟ ହେଲା କାଳୀଚରଣଙ୍କ ସହିତ। ସତେ ଯେମିତି କୋଟିନିଧି ମିଳିଗଲା କାଳୀଚରଣଙ୍କୁ। ସେ ଲକ୍ଷ୍ମୀକାନ୍ତଙ୍କ ଗୁଣାବଳୀ ବଖାଣିଲେ 'କୁମ୍ଭାର ଚକ'ରେ। ବର୍ଣ୍ଣନା ଚାତୁରୀ ଅତୀବ ଉଚ୍ଚକୋଟୀର। ନିଜେ ତ ଜଣେ ନାଁ କରା ସଙ୍ଗୀତଜ୍ଞ, ତାଙ୍କ ସହ ମିଶିଲେ ଲକ୍ଷ୍ମୀକାନ୍ତ। ହେଇଗଲା ମଣିକାଞ୍ଚନ ସଂଯୋଗ। କାଳୀଚରଣଙ୍କ ଲକ୍ଷ୍ମୀକାନ୍ତ ଅଗ୍ରଜ ପ୍ରତିମ। ଏକେକୁ ଆରକେ ବଳୀ। ସଙ୍ଗୀତ, ନାଟକ, ଅଭିନୟରେ ଦୁହେଁ ପଟୁ; ମାତ୍ର ଲକ୍ଷ୍ମୀକାନ୍ତ ଆଉ କେଇ ପାହାଚ ଆଗରେ। ସାହିତ୍ୟ ଜଗତରେ ଲକ୍ଷ୍ମୀକାନ୍ତଙ୍କର ସ୍ୱତନ୍ତ୍ର ସ୍ଥାନ। ତାଙ୍କ କ୍ଷୁଦ୍ରଗଳ୍ପ 'ବୁଢ଼ା ଶଂଖାରି', ଅସମ୍ପୂର୍ଣ୍ଣ ଉପନ୍ୟାସ 'କଣାମାମୁ', ଭାବ-ରାଇଜକୁ ଚହଲେଇ ଦେଇଥିବା 'ଜୀବନ ସଙ୍ଗୀତ'; ଏଥି ସହିତ ରାଶିରାଶି ଗୀତିକବିତା। ବିଶେଷକରି ବ୍ୟଙ୍ଗ ସାହିତ୍ୟର ସେ ଜଣେ ଅନନ୍ୟ ବିନ୍ଧାଣି। ତାଙ୍କୁ ପାଖରେ ପାଇଲେ କାଳୀଚରଣ। ଯଥାବିଧି ମାନ୍ୟ କଲେ। ଏକତ୍ର ରହଣି, ଖାଇବା ପିଇବା, ବସିବା ଉଠିବା। ତା'ଭିତରେ ସାହିତ୍ୟ ଚର୍ଚ୍ଚା। ଏଇ ତ ମଣିକାଞ୍ଚନ ସଂଯୋଗ, କଥାରେ ଅଛି - "ଯାହାକୁ ଯିଏ / ବିରିକି ଚାଉଳ ଭିଜେଇ ଦିଏ।"

୧୯୨୧/୨୨ ସାଲ। ବାରିପଦାକୁ ଆସିଲେ ଲକ୍ଷ୍ମୀକାନ୍ତ। ସାଥିରେ ଛୋଟ ରାସଦଳଟି। ସାଙ୍ଗରେ ଥାଆନ୍ତି ବିଶିଷ୍ଟ ସଙ୍ଗୀତଜ୍ଞ ସ୍ୱର୍ଗୀୟ ମନମୋହନ ସାବତ। ଦଳଟିର ଆକାର କ୍ଷୁଦ୍ର, ହେଲେ ଛୋଟ ସାପର ବିଷ ଉତ୍କଟ। ସାବତ ଜଣେ ପକ୍‌କା ସଙ୍ଗୀତଜ୍ଞ। ସେତାର, ବେହେଲା, ପଖବାଜି, ଏସ୍ରାଜ, ବାୟାଁ ତବଲା ଇତ୍ୟାଦି - ସବୁଥିରେ ସେ ଏକ ପ୍ରକାର ଓସ୍ତାଦ୍। ତା'ଛଡ଼ା ନିଜେ ଗାୟକ। ନାଟକ ଲେଖନ୍ତି ଲକ୍ଷ୍ମୀକାନ୍ତ। ବାରିପଦାରେ ନାଟ୍ୟାଭିନୟ ହେଲା। ସେଠାକା ଜୁବୁଲି ଲାଇବ୍ରେରୀର ବାହାରପଟ ବାରଣ୍ଡାଟି ବାଘମୁହଁ ସଦୃଶ। ତାହା ଷ୍ଟେଜ୍ ରୂପେ ବ୍ୟବହାରରେ ଲାଗିଲା। କି ଚମତ୍କାର ସେ ଅଭିନୟ! ଦର୍ଶକ ଠା ଛାଡ଼ି ନ ଥିଲେ ସାରାରାତି। ନାଟ୍ୟରସ ଆସ୍ୱାଦନରେ ଏକପ୍ରକାର ମଜ୍ଜି ଯାଇଥିଲେ। ସେଇ ଭାବବିହ୍ୱଳ ପରିବେଶ, କାଳୀଚରଣଙ୍କ ଚିର ଅଭୁଲା।

ରାସ ଦଳ ପିଲାଙ୍କ ରହଣି ସ୍ୱତନ୍ତ୍ର ଘରେ; ମାତ୍ର ଲକ୍ଷ୍ମୀକାନ୍ତ ରହିଲେ

କାଳୀଚରଣଙ୍କ ବସାରେ। ସେତେବେଳକୁ ତାଙ୍କ ଦେହର ଅବସ୍ଥା ଭଲ ନ ଥିଲା। ନାହିଁ ନଥିବା ଯନ୍ତ୍ରଣା। ସାଥି ତାଙ୍କର 'ଗୋପୀଯନ୍ତ୍ର'ଟି। ଗୀତ ଲେଖିବାରେ ତାଙ୍କ ସମକକ୍ଷ କେହି ନାହିଁ। ଆପେ ଲେଖନ୍ତି, ଆପେ ଗାଆନ୍ତି, ଗୋପୀଯନ୍ତ୍ରଟିକୁ ଟୁଙ୍ଗୁଟୁଙ୍ଗ କରି ବଜାଉ ଥାଆନ୍ତି। ଆଖିରୁ ଲୁହ ଝରି ପଡୁଥାଏ ବଳେବେଳେ। କାହାରି ଆଖିରୁ ଲୁହ ସମ୍ଭାଳ ପଡ଼େନି। ତାଙ୍କର ବଡ଼ପ୍ରିୟ ଗୀତ ଥିଲା - "ଦେ ମୋତେ ବାୟା କରି / ଆରେ, ମୋର ବାଇଆ ରାଜା / ନାଚିବି ମୁଁ ଲଙ୍ଗଳା ହୋଇ / (ତୁ) ତାଳି ମାରି ଦେଖୁବୁ ମଜା / ଫାଟରେ ଅଟକି ରହି ଗଲିଣି ମୁଁ / ବେଦମ ହୋଇ / ଏକା ଥରକେ ମାରିବି ଡିଆଁ / ଉଡ଼ାଇ ଦେଇ ମୁକ୍ତି-ଧ୍ୱଜା (ଦେମୋତେ ବାୟା କରି)।" ଜୀବନ ସଙ୍ଗୀତର ଏଇ ଗୀତଟି ମରମଭେଦୀ, କରୁଣ ରସସିକ୍ତ; ସର୍ବଶ୍ରେଷ୍ଠ ଆତ୍ମନିବେଦନ। କବି ନିଜକୁ ବାୟା କରିଦେବା ପାଇଁ ନିବେଦନ ରଖିଛନ୍ତି। ତାଙ୍କ ଜୀବନ-ପ୍ରିୟତମକୁ 'ବାୟାରାଜା' ସମ୍ବୋଧନ କରିଛନ୍ତି। ଏ ପ୍ରକାର ଅନୁରକ୍ତି, ବିଶ୍ୱାସ ବୋଧ ଠାରୁ ଆଉ ଅଧିକ କ'ଣ ହେଇପାରେ? ଏଣିକି କବି ତାଳ, ମାନ, ଲୟ - କିଛି ମାନିବେନି। ମନ ଇଚ୍ଛା ନାଚିବେ, ଗାଇବେ, ଆଉ ରାଇଜ ରାଜା ଅଦୃଶ୍ୟରେ ରହି ଡିବିଡିବି ବାଜା ବଜେଇବେ। ଏ ଗୀତଟି ଲକ୍ଷ୍ମୀକାନ୍ତ ଗାଆନ୍ତି, ଗଛପତ୍ର ସବୁ ନିରବ, ପବନ ବି ସ୍ତମ୍ଭୀଭୂତ, ଫୁଲମାନେ ମନମରା। କାଳୀଚରଣଙ୍କ ଆଖିରୁ ଝରିପଡ଼େ ଝର ଝର ଲୁହ।। ଦେଖଣାହାରୀଙ୍କ କଥା କିଏ ପଚାରେ? କାନ୍ତକବିଙ୍କର ଆଉ ଗୋଟେ ଦରଦୀ ସଙ୍ଗୀତ 'ସବୁଥିରୁ ବଞ୍ଚିତ କରି'। ବେଳେବେଳେ ସେ ଗାଆନ୍ତି - "ସବୁଥିରୁ ବଞ୍ଚିତ କରି କେଉଁ ଯଶବାନା ଉଡ଼ାଇବ ହେ?/ ଯାହା ଦେଇଥିଲ ସବୁତ ନେଲଣି / ଆଉ ଏବେ କିସ ଛଡ଼ାଇବ ହେ / ସଂସାରରେ ଯେ କରେ ଆଶ / ଧାଏଁ ସିନା ତୁମରି ପାଶ / ସକଳ ଭରସା ଯାର ତୁଟିଲାଣି / କିସ ବୋଲି ତାକୁ ଡରାଇବ ହେ। (ସବୁଥିରୁ ବଞ୍ଚିତ କରି)"। ଏ ଗୀତଟି ବି ଅନୁରୂପ ଯାଦୁକାରୀ ପ୍ରଭାବ ପକାଏ ଶ୍ରୋତୃମଣ୍ଡଳୀ ଉପରେ। କରୁଣରସାର୍ଦ୍ର ହେଇଯାଏ ପରିବେଶ। କାଳୀଚରଣ ଏସବୁ ଗୀତ ଶୁଣିଲେ। ସଙ୍ଗୀତ ସମ୍ପର୍କରେ ତାଙ୍କର ଧାରଣା ବଦଳିଗଲା। ଏବେ ଦୃଢ଼ ବିଶ୍ୱାସ ହେଲା - ଗୀତ ଭାବାନୁସାରୀ ଭାଷା, ସ୍ୱର ସମ୍ମୋହନ ନେଇ ଫୁଟିଉଠେ। ତାହା ନ ହେଲେ ସେ କି ଗୀତ?

ସଙ୍ଗୀତ ଏକ ମନଛୁଆଁ, ପ୍ରାଣ ସରସା କଳା। ମନୁଷ୍ୟ ମନର ସାରାଭାବ ଉଛୁଳାଇ, ମନକଥାକୁ ମୂର୍ତ୍ତିମନ୍ତ କରି, ଆଖି ଆଗରେ ଠିଆ କରାଇଦିଏ। ଏଇ ସଙ୍ଗୀତ ବା ଗୀତ ଭାବ ପରଶିବା ଏକାନ୍ତ ବିଧେୟ। ନଚେତ୍ ଗାଇବାର କିଛି ମୂଲ୍ୟନାହିଁ। ସେଇଥି ପାଇଁ ରସଜ୍ଞ ଗାୟକ ହିଁ ଧନ୍ୟ! ଏ ପର୍ଯ୍ୟାୟଭୁକ୍ତ ଲକ୍ଷ୍ମୀକାନ୍ତ। ସେ ଏମିତି

ବଡ଼ ଧରଣର ଗାୟକ ନୁହନ୍ତି। ଗଳା ଯେ ଅତି ମଧୁର - ତା’ ବି ନୁହେଁ। ଚଢ଼ା ଗଳା ମଧ ନୁହେଁ, କିନ୍ତୁ ସେ ଗୀତ ଗାଆନ୍ତି ନାହିଁ - ଗାଆନ୍ତି ମନର ଅଫୁଟା ଭାବ ରସ। ନିଜେ ବୁଡ଼ି, ଶ୍ରୋତାଙ୍କୁ ସେହି ଭାବ, ସେଇ ରସରେ ବୁଡ଼ାଇ ରଖନ୍ତି। ଏହି ହିକ୍‌ମତ୍ ଟିକକ ଥିଲା ଲକ୍ଷ୍ମୀକାନ୍ତଙ୍କର। ଗୀତରେ ଭାବାନୁସାରୀ ଭାଷା ରହିବ, ସ୍ୱର ସମ୍ମେଳନ ଘେନି ଫୁଟିବା ବାଞ୍ଛନୀୟ। ଏହା ନହେଲେ, ଆଉ ସେ କି ଗୀତ? କିଏ ଜଣେ ପୁରୁଣା କବି କରିଥିଲେ - “ପାଠ ପଢ଼ିଥିଲେ ଗୀତ ଗାଉଥାଏ - ଶଅର ବାଉରୀ ପୁଅ।” ଲକ୍ଷ୍ମୀକାନ୍ତଙ୍କ ଠାରୁ ଗୀତ ଶୁଣିଲେ, ଏ ଗୀତର ଭାବାର୍ଥ ବଦଳି ଯାଏ। ଏପରି ସ୍ଥଳେ କେହି ଗୀତ ଗାଉଛି ବୋଲି କହିହେବ ନାହିଁ, ଗୀତ ପଢୁଛି - ଏକଥାଟି ପ୍ରତୀୟମାନ ହେବ।

ଲକ୍ଷ୍ମୀକାନ୍ତଙ୍କ ସହଯୋଗୀ ମନମୋହନ ସାବତ। ଦୁହେଁ ଏକତ୍ର ହେଇଗଲେ ସାଙ୍ଗୀତିକ ପରିବେଶ ଚହଲିଯାଏ। ବେଳେବେଳେ କାଳୀଚରଣ ଦୁହିଁଙ୍କ ଭିତରେ ତୁଳନା କରନ୍ତି। ଲକ୍ଷ୍ମୀକାନ୍ତଙ୍କର ଅବଶ୍ୟ କିଛିଟା ସଙ୍ଗୀତ ଜ୍ଞାନ ଥିଲା; କିନ୍ତୁ ସାବତଙ୍କ ବ୍ୟବହାରିକ ଜ୍ଞାନ ଢେର୍। ସଙ୍ଗୀତରେ ତାଙ୍କର କସରତ୍ ନ ଥିଲା। ଲକ୍ଷ୍ମୀକାନ୍ତ ସେଥିରେ ପାରଙ୍ଗମ। ସାବତଙ୍କର ରାଗରାଗିଣୀ ଶୃଙ୍ଖଳିତ। ସ୍ୱରାରୋହ, ଅବରୋହ, ବାଦୀସମ୍ବାଦୀ, ବିବାଦୀ, ସ୍ୱର ସମ୍ପର୍କ ଆଦିର ସୂକ୍ଷ୍ମ ବିଚାର କରନ୍ତି ସାବତ। ଲକ୍ଷ୍ମୀକାନ୍ତଙ୍କର ଭାବର ମଧୁରତା ଉପରେ ଗୁରୁତ୍ୱ। ସୁଯୋଗ ସୁବିଧା ଘେନି ସ୍ଫୀତନ, ଲଘୁତ୍ୱ, ଗୁରୁତ୍ୱ, ସ୍ୱରପ୍ରକାଶର ଅଖଣ୍ଡତା - ଏସବୁରେ ଧ୍ୟାନ ଦିଅନ୍ତି। ଦୁହେଁ କାଳୀଚରଣଙ୍କ ପାଇଁ ଦେବତା। ଜଣେ ରୁଦ୍ର, ଜଣେ କମନୀୟ; ଜଣେ ନଟରାଜ, ଅନ୍ୟଜଣକ ନଟବର। ସାବତ ଶାସ୍ତ୍ରୀୟ ସଙ୍ଗୀତ ବିଶାରଦ। ନିଛକ ଶାସ୍ତ୍ର ଘେନି ତାଙ୍କର ରାଗ ସଂଯୋଗ; ମାତ୍ର ଲକ୍ଷ୍ମୀକାନ୍ତ ପରଶୁଥିଲେ ରସ, ଭାବ - ଯାହା ଶ୍ରୋତାଙ୍କୁ ମୁଗ୍ଧ ବିହ୍ୱଳ କରୁଥିଲା। ଜଗବନ୍ଧୁ ନାମକ ଜଣେ ସଙ୍ଗୀତପ୍ରେମୀ। ସେ ଉଭୟଙ୍କର ଛାତ୍ର। ପରବର୍ତ୍ତୀ ସମୟରେ ଭଦ୍ରକ ସଙ୍ଗୀତ ସ୍କୁଲ୍‌ର ଶିକ୍ଷକ ହେଲେ। ଲକ୍ଷ୍ମୀକାନ୍ତଙ୍କ ନାଟକରେ ସେ ଶ୍ରୀକୃଷ୍ଣ ଭୂମିକାରେ, ନିଖୁଣ ତାଙ୍କ ଅଭିନୟ। ଏହା ବାଦ୍ ଔପପତ୍ତିକ, ବ୍ୟବହାରିକ ସଙ୍ଗୀତ - ଏ ଦୁଇଟିରେ ତାଙ୍କର ବେଶ୍ ଦଖଲ। ସେ ବି ଭଲ ବେହେଲା ବାଦକ। ତାଙ୍କ ଉପସ୍ଥିତି ଲକ୍ଷ୍ମୀକାନ୍ତଙ୍କ ରାସଦଳର ମାନ ବୃଦ୍ଧି କଲା।

ଲକ୍ଷ୍ମୀକାନ୍ତ ରୋଗାକ୍ରାନ୍ତ, କୁଷ୍ଠ ବ୍ୟାଧିଗ୍ରସ୍ତ। ସେତେବେଳେ ଚିକିତ୍ସା ବିଦ୍ୟା ଅଗ୍ରଗତି କରିପାରି ନ ଥିଲା। ତୁଟ୍‌କା ତୁଟ୍‌କି, କବିରାଜି - ସବୁ ଔଷଧ ଚେରମୂଳିକା। ବ୍ୟାଧିର ନିରାକରଣ ହେଲାନି; ବରଂ ବଢ଼ିଚାଲିଲା। ତଥାପି ସେ ସଦା ପ୍ରଫୁଲ୍ଲ। ତାଙ୍କ ପରିହାସ କୌଶଳ ଅତୀବ ରସଜ୍ଞ। କବିଙ୍କ ଅନ୍ତର କାନ୍ଦେ; କିନ୍ତୁ ସେ ହସନ୍ତି, ହସାନ୍ତି।

ଅଦୃଶ୍ୟ, ସେ ବିଚିତ୍ର କର୍ମା ! କିଏ ଜାଣେ କେଉଁ ଇଚ୍ଛାପୂରଣ ପାଇଁ ଏ କୀର୍ତ୍ତି ତାଙ୍କର ? ଲକ୍ଷ୍ମୀକାନ୍ତ ରାଗ ରୋଷ କରି ନାହାନ୍ତି, ଗାଳି ଦେଇ ନାହାନ୍ତି ଦଇବଙ୍କୁ, ତାଙ୍କ ଠାରୁ ଭାବ ଛିଣ୍ଡେଇ ନାହାନ୍ତି। ନିରୋଳା ସଞ୍ଜ, ପାହାନ୍ତି ସକାଳ, ଅବା ଉଦୁଉଦିଆ ଦି' ପହର। ସେ ଗାଆନ୍ତି - "ଯେତିକି ଯେତିକି ଦୁଃଖ ଦେଉଥିବ / ତେତିକି କୁଣ୍ଢାଇ ଧରିବି ହେ / ଯେତିକି ଦୂରକୁ ଘୁଞ୍ଚିଯାଉଥିବ / ପଛେ ପଛେ ଅନୁସରିବି ହେ।" କବି ପୁଣି ଅତି ଦୁଃଖରେ ଗାଆନ୍ତି - "ରଖିଲେ ରଖ ନରଖିଲେ ନାହିଁ / ନାହିଁ ତ ଭାବନା ତିଳେ ତାହା ପାଇଁ / ଛାଡ଼ି ବି କି ସତେ / ଛଡ଼ାଇଲେ ଯେତେ ପାଦ ତଳେ ଲୋଟି ମରିବି ହେ।" ନିରାଶ୍ରୟର ଆଶ୍ରା, ଦୁଃଖୀର ସଙ୍ଗାଳି, ଅନ୍ଧର ଲଉଡ଼ି, ପଥହୁଡ଼ାର ପଥ ପ୍ରଦର୍ଶକ - ସେଇ ପରମେଶ୍ୱରଙ୍କ ନିକଟରେ ତାଙ୍କର ଅପୂର୍ବ ଦୟିନୀ। ତାହା ସମ୍ପୂର୍ଣ୍ଣ ଆତ୍ମସମର୍ପଣ କଥା। ଏସବୁ ଗୀତ ଲକ୍ଷ୍ମୀକାନ୍ତ ଗାଉଥିଲେ, ଭାବବିହ୍ୱଳ ହେଇ ଯାଉଥିଲେ। କାଳୀଚରଣଙ୍କ ଆଖିରୁ ଝରି ପଡୁଥିଲା ଅମାନିଆ ଲୁହ, ଝରଝର; ଝରା ଆଷାଢ଼ର ବାରିଧାରା ସମ।

ଲକ୍ଷ୍ମୀକାନ୍ତ ବାରିପଦାରୁ ବିଦାୟ ନେଲେ। ଦିନ କେଇଟା, ଏକାଠି ଖିଆପିଆ, ଶୁଆ ବସାରେ କଟିଲା। ଜାଣି ହେଲାନି। ଆଖି ପିଛୁଳାକେ କୁଆଡ଼େ ବେଳ ପଳେଇଲା। କାଳୀଚରଣ ମନମରା ହେଲେ। ବଡ଼ କରୁଣ ସେ ବିଦାୟକାଳୀନ ଦୃଶ୍ୟ। ଏ ବିଦାୟ ଥିଲା ଆଖିରୁ ସିନା, ମନରୁ ହେଲା ନାହିଁ। ମଣି କାଞ୍ଚନ ସଂଯୋଗ ଏବେ ବିଯୋଗରେ ପରିଣତ ହେଲା। ତଥାପି ଅଭୁଲା ସେ ସ୍ମୃତି। ଏକାନ୍ତରେ ବସିଲେ କାଳୀଚରଣ ଗୁଣୁଗୁଣୁ ହେଇ ଗାଆନ୍ତି, ତାଙ୍କ ପ୍ରିୟ ଲକ୍ଷ୍ମୀ ଭାଇନାଙ୍କର ଜୀବନ ସଙ୍ଗୀତରୁ ପଦୁଟିଏ "ଦେ ମୋତେ ବାୟା କରି..."। ଆଖି ତାଙ୍କର ଜକେଇ ଆସେ। ବାସ୍ତବିକ ! ଲକ୍ଷ୍ମୀକାନ୍ତ ଅନନ୍ୟ, ଅସାଧାରଣ ମଧ୍ୟ।

■

ଦଇବ ଦଉଡ଼ି ମଣିଷ ଗାଈ

ସର୍ବ ଶକ୍ତିମାନ କାଳ, ମହାକାଳ। ସୃଷ୍ଟିର ବିକାଶ, ବିଳୟ ସଭ୍ୟତାର ଉତ୍ଥାନ ପତନ, ଜୀବନର ସୁଖ, ଦୁଃଖ, ହସକାନ୍ଦ - ସବୁର ସେ ମୂକ ସାକ୍ଷୀ। ଯୋଗୀ, ଭୋଗୀ, ରୋଗୀ, ରାଜା, ରଙ୍କ, ଧନୀ ନିର୍ଦ୍ଧନ - କାଳ ପାଇଁ ନାହିଁ କିଛି ବାଛ ବିଚାର। ସଭିଏଁ ସମାନ। ଆଜି ଯେ ରାଜେନ୍ଦ୍ରାସନେ, କାଲି ସେ ରାଜରାସ୍ତାରେ ଫକିର - ସବୁ ତା'ରି ଇଙ୍ଗିତରେ। କାଳର ଅନ୍ୟ ନାମ ସମୟ, ମୃତ୍ୟୁ, ଅବସର, କୃଷ୍ଣ ବର୍ଣ୍ଣ। ଏହାର ସର୍ବବ୍ୟାପକତାକୁ ନେଇ ନାନା କଥା। ସମୟ ବଡ଼ ବଳବାନ। ତା'ରି ଟିପାଖାତାରେ ମଣିଷର ଗତି, ସ୍ଥିତି, ମୁକ୍ତି। ଜୀବନରେ ସୁଖ ଚହଟିଲେ, ଭାଗ୍ୟ ବଦଳେ - ଏକଥା ଜନେ କହନ୍ତି। ଦୁଃଖ କପାଳ ଲିଖନ ବୋଲି ସାବ୍ୟସ୍ତ ହୁଏ। ଏସବୁ ଭାଗ୍ୟବାଦର କଥା। କର୍ମବାଦୀଏଙ୍କ ମତ ଭିନ୍ନ। କର୍ମ କଲେ ଫଳ ଅବଶ୍ୟ ମିଳେ। କେତେ ଥର ତାହା ଭୁଲ ବୋଲି ପ୍ରମାଣିତ ହୁଏ। ସେତେବେଳେ ଭାଗ୍ୟ ଭବିତବ୍ୟ, ଭଗବାନଙ୍କ ପ୍ରସଙ୍ଗ ଉଠେ। ଅଦେଖା ହାତର ଇଶାରା ବୋଲି କୁହାଯାଏ। ସାହସୀଙ୍କ ପାଖେ ଭାଗ୍ୟଦେବୀ ବଶ - ଏ କଥାଟି କାଳେ କାଳେ ରହିଛି। ଭାଗ୍ୟବାଦୀଏ ବି କର୍ମକୁ ଉପେକ୍ଷା କରିନାହାନ୍ତି। ଜୀବନରେ ନାନାଦି ଘଟଣା, ଅଘଟଣ ଘଟେ। ଏହାକୁ କାର୍ଯ୍ୟକାରଣ ନୀତିରେ ଭାଗ କଲେ, ଭାଗଫଳ ବାହାରେ। ତାହା କର୍ମଫଳ। ରହିଯାଏ ଭାଗଶେଷ ଟିକକ। ସେଇଟି ଭାଗ୍ୟ। ହିନ୍ଦୁମାନଙ୍କର ପବିତ୍ର ଧର୍ମଗ୍ରନ୍ଥ ଶ୍ରୀମଦ୍ ଭଗବଦ୍ ଗୀତା। ଏଥିରେ କର୍ମବାଦ କଥା ବର୍ଣ୍ଣିତ। ଶ୍ରୀକୃଷ୍ଣ ଅର୍ଜ୍ଜୁନଙ୍କୁ କହିଛନ୍ତି, "କର୍ମଣ୍ୟେବାଧିକାରେସ୍ତୁ ମା' ଫଳେଷୁ କଦାଚନ / ମା କର୍ମ ଫଳ ହେତୁ ର୍ଭୂମା ତେ ସଙ୍ଗୋଽସ୍ତ୍ୱକର୍ମଣି।' ଏ ପ୍ରସଙ୍ଗଟି ଗୀତାର ସାଙ୍ଖ୍ୟଯୋଗରେ ବର୍ଣ୍ଣିତ। ପ୍ରତ୍ୟେକଙ୍କ କର୍ମ କରିବାରେ ଅଧିକାର ଅଛି, କିନ୍ତୁ ଫଳ ଉପରେ ଅଧିକାର ନାହିଁ। ଆସକ୍ତି ରହିତ କର୍ମ। ଏହାର ଉପରେ ଗୁରୁତ୍ୱ ଆରୋପ କରାଯାଇଛି। କର୍ମବାଦ, ଭାଗ୍ୟବାଦ - ପରସ୍ପର ଉଣା ଅଧିକେ ସମ୍ବନ୍ଧିତ। ବିଦ୍ୟା, ବୁଦ୍ଧି, ବ୍ୟକ୍ତିତ୍ୱ, ପାରିବା ପଣ

ଅନେକ ବାର ହାର୍ ମାନେ। ବିଚରା ମଣିଷଟି ହତାଶ ହୁଏ। ଆପଣା ଛାଏଁ ମନ ଟାଣି ହେଇଯାଏ, ମାନସପଟରେ ଉଙ୍କିମାରନ୍ତି ଅଦେଖା ପୁରୁଷ। ସବୁ ତା'ରି ଲୀଳାଖେଳା। କେହି କେହି ଏହାକୁ ସମୟର ଚକାଭଉଁରୀ କହନ୍ତି। ଆଜି ଉଠ, କାଲି ପଡ଼। ଜୀବନରେ ଏ ପ୍ରକାର ପରିବର୍ତ୍ତନ ଘନଘନ ଆସେ। ଦୁଃଖର ଭାର ବୁହାଳିଟି କ୍ଲାନ୍ତ ହେଇଯାଏ, ସେଇମାନଙ୍କ ମାନସିକତାକୁ ନେଇ ରୂଢ଼ି ଟିଏ - "ଦଇବ ଦଉଡ଼ି ମଣିଷ ଗାଈ / ଯେଣିକି ଓଟାରି ତେଣିକି ଯାଇ।" ଏକଥାକୁ କବିଚନ୍ଦ୍ର କାଳୀଚରଣ ପଟ୍ଟନାୟକ ବୁଝିଲେ। ଜୀବନ ତାଙ୍କ ପାଇଁ କେତେବେଳେ ଆନନ୍ଦର କଳ କଲ୍ଲୋଳିନୀ ତ କେବେ ଅଶ୍ରୁଳ - ତଟିନୀ। ସେଇ କଥାକୁ ପରଶିଛନ୍ତି ଆତ୍ମଲିପି 'କୁମ୍ଭାରଚକ'ରେ। କହିବା ଢଙ୍ଗ ଖୁବ୍ ମନଛୁଆଁ।

ସମୟର ଚକ ଯାଏ ଘୂରି ଘୂରିକା, ଠିକ୍ କୁମ୍ଭାର ଚକ ପରି। ଜୀବନରେ ସମସ୍ତେ ଏକା, ଏକା - ଏକାନ୍ତ ନିସଙ୍ଗ। ଏଇ କଥାଟି ଖାଲି କହିଯାଏ, ଚୁପ୍ ଚାପ୍ କାନେ କାନେ। ଏସବୁ କାଳୀଚରଣଙ୍କ ଅଙ୍ଗେଲିଭା କଥା। ଖଣ୍ଡପଡ଼ା ରାଜଦରବାରରେ ଚାକିରି, ଗେଲବସରିଆ ଦିନ କଟିଗଲା ଘୋଡ଼ାପିଠିରେ। କଳା, ସାହିତ୍ୟ, ଗୀତ, ନାଟକ, ଅଭିନୟରେ ତାଙ୍କ ପାରଦର୍ଶିତା ବଢ଼ିଲା। ରାଜା ତ ସଙ୍ଗୀତ ସୁହାଗିଆ। କାଳୀଙ୍କୁ ପାଖଛଡ଼ା କରିବାକୁ ନାରାଜ। ତାଙ୍କ ଆଶୀର୍ବାଦ କାଳୀଙ୍କ ପାଇଁ ବରଦାନ ପରି ହେଲା। ବହୁ ବିଶିଷ୍ଟ ବ୍ୟକ୍ତିଙ୍କ ସହ ତାଙ୍କର ଚିହ୍ନା ପରିଚୟ। ସେମାନଙ୍କ ମଧ୍ୟରେ ଥିଲେ ସ୍ୱନାମଧନ୍ୟ ସଙ୍ଗୀତଜ୍ଞ, ସେତାର ବାଦକ, ନାଟ୍ୟକାର। ଖଣ୍ଡପଡ଼ାର ସାଧାରଣ ଜନତାଙ୍କ ମତିଗତି ସଙ୍ଗୀତ ଆଡ଼େ। ଗଡ଼ରେ ଥିଲେ ବହୁ ସଂସ୍କୃତ ପଣ୍ଡିତ। ସେମାନଙ୍କ ମଧ୍ୟରେ ପଣ୍ଡିତ ବିଦ୍ୟାଧର ବାଣୀଭୂଷଣଙ୍କ ନାମ ସ୍ମରଣୀୟ। ସେ ଜଣେ ରସଜ୍ଞ ବ୍ୟକ୍ତି। ତାଙ୍କ ସହ କାଳୀଚରଣଙ୍କ ସାକ୍ଷାତ ହେଲା। କାଳୀଙ୍କ ମନ ବଳିଲା ସଂସ୍କୃତ ଶିକ୍ଷା ଆଡ଼େ। ପଣ୍ଡିତଙ୍କ ପାଖରେ ସଂସ୍କୃତ କାବ୍ୟମାନ ପଢ଼ିଲେ। ତାଙ୍କ ସଂସ୍କୃତ ଜ୍ଞାନ ଢେର୍ ବୃଦ୍ଧି ହେଲା।

ଖଣ୍ଡପଡ଼ା ଗଡ଼ ଭିତରେ ଥାଏ ସଂସ୍କୃତ ଟୋଲ୍‌ଟିଏ। ସେଇଠି 'ପଣ୍ଡିତ' ଚାକିରି ବିଦ୍ୟାଧର ବାଣୀ ଭୂଷଣଙ୍କର। ମାସିକ ଦରମା ମାତ୍ର ଦଶଟଙ୍କା। ସେଥିରେ ସେ ଖୁସି। କେହି ଅସନ୍ତୋଷିଆ, ଅସୁଖୀ ହେବାର ତାଙ୍କୁ ଦେଖି ନାହିଁ। କାଳୀଚରଣ ବେଳେବେଳେ ଟୋଲ୍ ପରିଦର୍ଶନରେ ଯାଆନ୍ତି। ପଣ୍ଡିତେ ମହାଶୟ ତାଙ୍କୁ ହାକିମ ରୂପେ ଦେଖନ୍ତି। କାଳୀଚରଣ ଲାଜେଇ ଯାଆନ୍ତି। ତାଙ୍କ ପରି ଜଣେ ଗୁଣୀ, ଜ୍ଞାନୀ, କାବ୍ୟରସାମୋଦୀ ଖଣ୍ଡପଡ଼ାରେ ବିରଳ। ମନକଥା କହନ୍ତି କାଳୀଚରଣ। ଉତ୍ତର ମିଳେ - "ସେଥିରେ କ'ଣ ଅଛି ? ସ୍ଥଳ ବିଶେଷ ଦିବ୍ୟପୂଜା ପାଇ / ଯେଉଁସ୍ଥାନେ ଯେଉଁ ବିଧି ଯୋଗାଇ।" ପଣ୍ଡିତେଙ୍କ ପାଣ୍ଡିତ୍ୟ, ତାଙ୍କ ରସିକତା, ଯୋଗ୍ୟତା ନିକଟରେ କାଳୀଙ୍କ ମୁଣ୍ଡ ନଇଁଯାଏ। ତାଙ୍କରି ପାଖରୁ କବିଚନ୍ଦ୍ର ସଂସ୍କୃତ କାବ୍ୟ ଶିକ୍ଷା କଲେ।

କାଳୀଚରଣଙ୍କ ଖଣ୍ଡପଡ଼ା ବସାଘର। ପଛପଟକୁ ଲାଗିକରି ପୋଖରୀ ହୁଡ଼ା। ପୋଖରୀଟି ପଦ୍ମବଣରେ ଭରା। ଖରାଦିନ, ଦି'ପହରିଆ ଗରମ। କେବେକେବେ ପଣ୍ଡିତେ ବରାଦ କରନ୍ତି। କାଳୀଚରଣ ପଦ୍ମପତ୍ର ତୋଳି ଆଣନ୍ତି। ତାକୁ ବିଛାଇ ଦିଅନ୍ତି ହୁଡ଼ା ଉପରେ। ଦିହେଁ ବସନ୍ତି। ଟାଣଖରାର ଧାସ, ପତ୍ରଗୁଡ଼ିକ ଶୁଖିଯାଏ। ଆରମ୍ଭ ହୁଏ ପଣ୍ଡିତେଙ୍କ ରସ ଚର୍ଚ୍ଚା। ପଣ୍ଡିତେ ବିରହିଣୀ ପ୍ରେମିକା କଥା କହନ୍ତି। ଅସହ୍ୟ ପ୍ରେମ ଜ୍ୱାଳା ନିବାରଣ ଲୋଡ଼ା। ସଖୀଏ ବିଛେଇ ଦିଅନ୍ତି ପଦ୍ମପତ୍ରର ଶେଯ। କିଏ କହେ ସଖୀକୁ ଆଣି ଦିଅ 'ମୃଣାଳ ନାଡ଼'। ପଦ୍ମପତ୍ର ଶୁଖି ଯାଉଥିବ, ସଖୀମାନେ ଥରକୁ ଥର ବିଛଉ ଥିବେ ସିନା! ଉଠେ ହସ। ସୃଷ୍ଟି ହୁଏ ରସ - ସରସ ପରିବେଶ। ଚାଲେ କାବ୍ୟ ଆଲୋଚନା। ପାଟିରେ ଖିଲେଖିଲେ ଗୁଣ୍ଡିମିଶା ପାନ। କେବଳ ସେତିକି ନୁହେଁ, କାଳୀଚରଣ ସୁଯୋଗ ପାଇଲେ ଯାଇ ହାଜର ପଣ୍ଡିତେଙ୍କ ବସାରେ। ଛାନ୍ଦ, ଗୀତ ଇତ୍ୟାଦି ଆଲୋଚନା ଚାଲେ। ସଂସ୍କୃତ କାବ୍ୟ ବି। ସେତେବେଳକା କଥା। ଖଣ୍ଡପଡ଼ାରେ ସଂସ୍କୃତ ସାହିତ୍ୟର ଭାରି ଆଦର। ବାଣୀଭୂଷଣ ଜଣେ ବିଦଗ୍ଧ କବି, ଧୂରୀଣ ପଣ୍ଡିତେ। କାଳିଦାସଙ୍କ ଶକୁନ୍ତଳା କାବ୍ୟ ପଢ଼ାନ୍ତି। ହଜି ମଜ୍ଜି ଯାଆନ୍ତି କାବ୍ୟରସରେ। ତାଙ୍କ ଆଖି ଛଳଛଳ ହେଇଯାଏ। କେତେବେଳେ ତାଙ୍କ ପାନଖିଆ ହସହସ ମୁହଁରେ ଅପୂର୍ବ ରସିକତା। ଗାଆନ୍ତି ଶ୍ଳୋକଟି। ମହାରାଜା ଦୁଷ୍ମନ୍ତ ନିଜକୁ ବିଶ୍ୱାସ କରି ପାରିଲେନି। ପର୍ଣ୍ଣକୁଟୀରରେ ଶକୁନ୍ତଳା, ବିରହ ଶଯ୍ୟା ଶାୟିତା। ବିଚଳିତ ରାଜା, ପଚାରିଲେ - 'କିଂ ଶିକରୈକ୍ଲମବିମର୍ଦ୍ଦଭିରାର୍ଦ୍ର ବାତମ୍ / ସଞ୍ଚାଳୟାମି ନଳିନୀଦଳ ତାଳବୃନ୍ତମ୍।' ତା' ପରେ ଆଉ ଦି' ଧାଡ଼ି - "ଅଙ୍କେ ନିଧାୟ ଚରଣାବୁପେଦ୍ମତାମ୍ରୌ / ସମ୍ବାହୟାମି କରଭୋରୁ ଯଥା ସୁଖଂ ତେ।" ମହାକବି କାଳିଦାସଙ୍କର ଏଇଟି ଚମତ୍କାର କଳ୍ପନା। ଏକଥା ବୁଝାନ୍ତି ପଣ୍ଡିତେ କାଳୀଚରଣଙ୍କୁ। ବାଣୀଭୂଷଣଙ୍କ ଲୋମ ଟାଙ୍କୁରି ଉଠେ। ପଣ୍ଡିତେ ଜୟଦେବଙ୍କ ଗୀତଗୋବିନ୍ଦ କଥା କହନ୍ତି। କାଳିଦାସଙ୍କ ଭାବ ସହ ଗୀତଗୋବିନ୍ଦର ଚିନ୍ତାଧାରାକୁ ତୁଳନା କରନ୍ତି - "ଦେହି ପଦପଲ୍ଲବମୁଦାରଂ" ଗାନ କରନ୍ତି। କାଳିଦାସଙ୍କ ଭାବନା ସହ ଏହାକୁ ତଉଲନ୍ତି। ଆଗରେ ଶୁଖିଲା କାଠ ଖଣ୍ଡେ। କାଳିଦାସ, ଭବଭୂତି ଏକ ସ୍ଥାନରେ। ସରସ୍ୱତୀଙ୍କ ଅପାର କରୁଣା ଦୁହିଁଙ୍କ ଉପରେ। ସେମାନେ ଆଶୁକବି। ଭବଭୂତି କାଠକୁ ନେଇ ପଦଯୋଡ଼ିଲେ - 'ଶୁଷ୍କଂ କାଷ୍ଠଂ ତିଷ୍ଠତ୍ୟଗ୍ରେ'। ମାତ୍ର କାଳିଦାସଙ୍କ ରଚନା ଅଧିକ ସାବଲୀଳ, ଗଭୀର ରସ ସଞ୍ଚାରୀ। ସେ ଗାଇଲେ - "ନିରସ ତରୁବର ପୁରତୋ ଭାତି।" ଏଇ ତ କବିତାର ଅସଲ ମାଧୁର୍ଯ୍ୟ। ରସିକ ନୋହିଲେ ସେ କି କବି? ଏକଥାଟି ପଣ୍ଡିତେ ଅନୁଭବୀ, ତାଙ୍କର ଏଇ ମତଟି ଧ୍ରୁବାଲୋକ ପରି ସତ୍ୟ।

ପଣ୍ଡିତେ ନୈଷଧ ଚର୍ଚ୍ଚା କରନ୍ତି। ଦମୟନ୍ତୀଙ୍କ ବିରହ - ପୀଡ଼ିତ ମହାରାଜା ନଳ। ସଞ୍ଜ ନଇଁ ଆସିଲାଣି। ଉଦ୍ୟାନରେ ବସି ଥାଆନ୍ତି। ଡାହାଣିଆ ଖରା। ପଡ଼ିଥିଲା ପାଚିଲା ବେଲ ଉପରେ। ତାହା ଦମୟନ୍ତୀଙ୍କ କୁଚ-ଭ୍ରମ ସୃଷ୍ଟି କରିଛି - "ସ, ବାରନାରୀ କୁଚ ସଞ୍ଚିତୋପମ୍ / ଦଦର୍ଶମାଲୁର ଫଳଂ ପ୍ରଚେଳିମ୍।" ପଣ୍ଡିତେ ଏହାର ରସପୂର୍ଣ୍ଣ ଅର୍ଥ ବୁଝାନ୍ତି। ହୋଇଯାଆନ୍ତି ଆତ୍ମହରା। ମେଘଦୂତରେ ବର୍ଣ୍ଣିତ ଗିରି ରାମଗିରି। ଏହାର ବର୍ଣ୍ଣନା ସହ 'ମାଳ' ଶବ୍ଦ ଆଦି ବ୍ୟବହୃତ। ଆମ ଓଡ଼ିଶା ଜୟପୁରର କୋରାପୁଟ ରାମଗିରି। ତା'ରି ଉପରେ କାଳିଦାସ ବସିଛନ୍ତି। ଭାସିଯାଉଛି ଖଣ୍ଡଖଣ୍ଡ କଳାହାଣ୍ଡିଆ ମେଘ। ବର୍ଣ୍ଣିଛନ୍ତି ବିରହୀ ଯକ୍ଷର ଆକୁଳ ବିକଳ କଥା। ପ୍ରିୟା ପାଖକୁ ଯକ୍ଷ ପଠାଇଛି ଉଦନ୍ତ, ମେଘ ହାତରେ। ଏ କଥାଟି କୁଆଡ଼େ କାଳିଦାସ ରାମଗିରି ଉପରେ ବସି ଭାବିଥିଲେ - ଏହା ବାଣୀଭୂଷଣଙ୍କ ଯୁକ୍ତି। ତାଙ୍କ କାବ୍ୟାଲୋଚନା ଶୈଳୀ ଅନନ୍ୟ। ପ୍ରକୃତି ପ୍ରାଣତା ବି ଅସାଧାରଣ। କାଳୀଚରଣ ଏଭଳି ପଣ୍ଡିତ ଦେଖିନାହାନ୍ତି। ପଣ୍ଡିତେ ପଢ଼ାଇଲା ବେଳେ ବହି ଲୋଡ଼ା ନାହିଁ। ମୂଳଟା ଓଁ କାରି ଦେଲେ, ଆଉ ସମ୍ଭାଳେ କିଏ। ସେ ଗଳଗଳ ଗାଇ ଦେଇ ଯାଆନ୍ତି। ଅସାଧାରଣ ତାଙ୍କ ସ୍ମରଣ ଶକ୍ତି ! ଷାଠିଏରୁ ବେଶି ହେଲେ ସିନା ବୁଢ଼ା, ପଣ୍ଡିତଙ୍କ ପାଇଁ ଏ କଥା ପୂରା ଅକାମୀ। ସେ ବୁଢ଼ା ସତ, ମନରେ ସଦା ଯୁବକ। ତାଙ୍କରି ନିକଟରୁ ଯଥେଷ୍ଟ ସଂସ୍କୃତ ଶିକ୍ଷାକଲେ କାଳୀଚରଣ। ଗସ୍ତକୁ ନ ଗଲେ ପଣ୍ଡିତଙ୍କ ବସାରେ। ଅତି କମ୍‌ରେ ଦି' ଘଣ୍ଟା ପଢ଼ା ଚାଲେ। କାଳୀଚରଣ ସଂସ୍କୃତ କାବ୍ୟ ନିପୁଣ ହେଇଗଲେ। ପଣ୍ଡିତଙ୍କ ସାହାଯ୍ୟ ବିନୁ ତାହା ସମ୍ଭବ ହୋଇ ନଥାଆନ୍ତା। ଏକଥାଟି ଲେଖକ ମୁକ୍ତକଣ୍ଠରେ ସ୍ୱୀକାର କରିଛନ୍ତି।

ବଡ଼ ଅବିଶ୍ୱାସୀ ସମୟ। କାହାକୁ ନେଇ କେଉଁ ମୋଡ଼ରେ ଠିଆ କରାଇଦିଏ - ଠିକଣା ନଥାଏ। ସେୟା ହେଲା। କାଳୀଚରଣଙ୍କ ଘିଅ ମହୁର ଦିନ ସରି ଆସିଲା। ଖଣ୍ଡପଡ଼ାକୁ ଆସିଲା ଗୋବିନ୍ଦ ଶୂରଦେଓଙ୍କ ରାସଦଳ। ଗୋଟିପିଲାଙ୍କ ସହ କାଳୀଚରଣଙ୍କ ବହୁ ଆଗରୁ ସମ୍ପର୍କ। ସହଜେତ ସଙ୍ଗୀତ ରସିକ, ସ୍କୁଲ ପରିଦର୍ଶନରେ ତାଙ୍କ ମନ ଆଉ ଲାଗିଲାନି। ଏବେ ନୂଆ ରାସ୍ତା। ରାଜାଙ୍କ ସରାଗ, ଲୋକଙ୍କ ଆଦର, ନିଜର ଜ୍ଞାନ ଅର୍ଜନ, ଧନ ଉପାର୍ଜନ - ଏସବୁ ଏକ ପାଖେ, ଆରପଟେ କଳାକାର ଜୀବନ, ରାସଦଳ, ନାଟକ, ଥିଏଟର୍। ଉଡ଼ାମନ। କେଉଁ ଡାଳ ଧରିବ ? ଭାବନାର ଅନ୍ତନାହିଁ। କେତେ କେତେ ବଉଦ ଉହାଡ଼ିଆ କାଳିଚିହ୍ନ, ଉଦୁଆ ଆଖି ଆଗରେ ମରିଗୀଚିରା ମାରିଛି। ବାଟ ଠିକଣା ଅଜଣା। ଦିନେ ରାସ ଦଳ ପରିଚାଳକ ଗୋପୀ ପହଞ୍ଚିଲେ। ନୂଆଗଡ଼କୁ ପାର୍ଟିଯିବ, ସଙ୍ଗରେ ନେବେ କାଳୀଚରଣଙ୍କୁ - ଏ ପ୍ରସ୍ତାବ ରଖିଲେ। କାଳୀଚରଣ ଦୋ ଦୋ ପାଞ୍ଚ। ଦିଆନ ବାବୁଙ୍କୁ କହିବେ, ଛାମୁଙ୍କୁ ଜଣାଇ ନିଷ୍ପତ୍ତି

ନେବେ। ଋକିରିର ଟାଣ ଠାରୁ ରାସଦଳର ଟାଣଟା ଢେର୍ ବେଶି। ଏକଥା କାଳୀ ଜାଣିଛନ୍ତି, ମାତ୍ର ସେ ନିମିତ୍ତ ମାତ୍ର- "ଦଇବ ଦଉଡ଼ି, ମଣିଷ ଗାଈ"। ଦଉଡ଼ି କୁଆଡ଼କୁ ଟାଣିବ ସେଇଟା ସମୟ ହାତରେ। କାଳୀଚରଣ ଋଲିଲେ ନୂଆଗଡ଼, ରାସଦଳ ସାଥିରେ।

ନୂଆଗଡ଼, ନୂଆ ଅନୁଭୂତି। ମନୋଲୋଭା ପ୍ରକୃତି। 'ରୁଖୀ', 'ବଳରାମ' - ଦୁଇଟି ପାହାଡ଼। ନୂଆଗଡ଼କୁ ଋହିଁ ରହିଛନ୍ତି। ରସିକପଣରେ ଏକେ ଆରକୁ ବଳୀ। ନାଗେଶ୍ୱରୀ, ମାଳତୀ ଲଟାର ଟାହିଆ ଖୋସା ମଥା। ଗଡ଼ଟା ସାରା ମହକୁଛି। ଗଡ଼ର ବୟସକୁ ବଢ଼ିବାକୁ ଦେଉ ନାହାନ୍ତି। ଭଞ୍ଜକବି ଏଇଠି, ଯଦୁମଣି ଏଇଠି। କେତେଦିନରୁ ମନ ବଳୁଥିଲା, ଆଖିପୂରେଇ କାଳୀଚରଣ ଦେଖିଲେ ନୂଆଗଡ଼କୁ। ସେତେବେଳେ ନୂଆଗଡ଼ କୋର୍ଟ ଅଫ୍ ୱାର୍ଡ଼ସ ଅଧୀନରେ। ରାଜା ଗାଦି ପାଇ ନ ଥିଲେ। ସମ୍ବଲପୁରିଆ ପଟେଲବାବୁ ଥାଆନ୍ତି ପଲିଟିକାଲ ଏଜେଣ୍ଟଙ୍କ ନମୁଦୀ ଶାସକ। ଶସ୍ତାକାଳ। ଦେବୋତ୍ତର ବିଭାଗ ଭଲ ଋଲିଥାଏ। ଭୋଗରାଗ ଭାରି ସରସା। ସେଇଠି କାଳୀ କଟେଇଲେ ମାସଟିଏ। 'ମୁଣିକି ମୁଣି' - ଧୂଆଁ ପତ୍ରକୁ ମୁଣି।" ନୂଆଗଡ଼ରେ ଜଣକେତେ ସଙ୍ଗୀତ-ପାଗଳା, ଛାଏଁ ଛାଏଁ ଆସି ଜୁଟିଲେ। ଗାଉଣା, ବାଜଣା, ଭୋଜିଭାତରେ ଦିନ କଟିଲା। ନୂଆଗଡ଼ରେ ଓଡ଼ିଶୀ ଚର୍ଚ୍ଚାର ଭାରି ଆଦର। ଗଡ଼ର ସୋମନାଥ ପଟ୍ଟନାୟକ, ବାଞ୍ଛାନିଧି ପଟ୍ଟନାୟକ, ବ୍ରାହ୍ମଣ ସାହିର କେତେଜଣ - ଏମାନେ ନାଁକରା ଗୀତଗାୟକ। ସୁନ୍ଦର ଓଡ଼ିଶୀ ବୋଲନ୍ତି। ନୂଆଗଡ଼ରେ ମାସେ ରହଣି। ଖୁସିରେ କଟିଲା। ଏବେ କାଳୀଚରଣଙ୍କ ଅସଲ ପରୀକ୍ଷା। ଋକିରି ନା କଳା ସଙ୍ଗୀତ। ଜୀବନର ଦୋଛକି। ଶେଷରେ ସିଦ୍ଧାନ୍ତଟିଏ ନେଲେ।

ଖଣ୍ଡପଡ଼ାରେ ପହଞ୍ଚିଲେ କାଳୀଚରଣ, ଅଭୁଲା ସ୍ମୃତି, ଘିଅମହୁର ଦିନ - ଆଖିଆଗରେ ନାଚି ଯାଉଥାଏ। 'ନାଟୁଆର ମନ ନାଟରେ'। ଋକିରିକି ଆଉ ମନ ବଳିଲାନି। ଧକ୍‌କା ମାରିଲା ପରି ବୋଧହେଲା। କାଳୀଚରଣ ଇସ୍ତଫା ଦେଲେ। ବର୍ଷାଦିନ। ମହାନଦୀ କୂଳ ଖାଇ, ଭଉଁରୀ ଖେଳାଇ ଧାଇଁଛି। ସେଇ ନୀଳମାଧବ, ଏଇବାଟେ ଖଣ୍ଡପଡ଼ା ପ୍ରବେଶ, ପୁଣି ଏଇବାଟେ ପ୍ରସ୍ଥାନ। ସେଇ ଗାଉଁଲୀ ପହଳି - 'କେଉଟ - ଯୋଉବାଟେ ଆସିଥିଲ, ସେଇ ବାଟେ ଲେଉଟ।' ମହାନଦୀ ପାରିହେଲେ କାଳୀଚରଣ। ମା' ଭଟ୍ଟାରିକାଙ୍କୁ ପ୍ରଣତି ବାଢ଼ିଲେ। ପହଞ୍ଚିଲେ ବଡ଼ମ୍ବାରେ। ରାସଦଳ ସହ ସାମିଲ ହେଲେ। ଜୀବନର ଗତି ବଦଳିଗଲା, ସେ ବା କ'ଣ କରିଥାଆନ୍ତେ? ସତରେ 'ଦଇବ ଦଉଡ଼ି ମଣିଷ ଗାଈ' - ଏଣିକି ତା'ରି ହାତରେ ଭାଗ୍ୟ ଡୋରି। ଛାର ମାନବ ତା' ହାତରେ କ୍ରୀଡ଼ନକଟିଏ ଯାହା।

■

କୁଞ୍ଚୁ କୁଞ୍ଚିଆ, ମାଗୁର ନିଶୁଆ...

ଓଡ଼ିଆରେ ବହୁ ପ୍ରବାଦ, ପ୍ରବଚନ। ଢଗ ଢମାଳି ବି କିଛି ଊଣା ନୁହେଁ। ଏଥିରେ ନାହିଁ ଶବ୍ଦାଡ଼ମ୍ବର ଅବା କ୍ଲିଷ୍ଟତା। ସହଜ, ସରଳ, ସାବଲୀଳ ପ୍ରକାଶ ଭଙ୍ଗୀ। ଏଗୁଡ଼ିକର ନିର୍ଦ୍ଦିଷ୍ଟ ଲେଖକ ନାହାନ୍ତି। ତୁଣ୍ଡରୁ ତୁଣ୍ଡକୁ ପ୍ରସରି ଚାଲିଛି କେଉଁ ଆବହମାନ କାଳରୁ। ଏ ସମସ୍ତ ଲୋକ ସାହିତ୍ୟ ପର୍ଯ୍ୟାୟଭୁକ୍ତ। ଲୋକ କବିଟି ଗାଏ, ଢଗ ପକାଏ, ପ୍ରକୃଷ୍ଟ ବଚନ କହେ। ସେମାନେ ଅନୁଭୂତି ସିଦ୍ଧ। ଜନଜୀବନକୁ ପଢ଼ିଛନ୍ତି, ଲୋକଚରିତ୍ରକୁ ବୁଝିଛନ୍ତି। ଯାହା ତାଙ୍କ ପ୍ରାଣକୁ ଛୁଇଁଛି, ତାହା ଗାଇଛନ୍ତି। ଏଥିରେ ନାହିଁ ବୌଦ୍ଧିକତା, ଭରପୂର ଅଛି ସାମାଜିକତା, ସଂସ୍କାର, ଚଳଣି, ନୀତି, ଆଦର୍ଶ କଥା-ଗାଥା। ସେତେବେଳେ ଜ୍ଞାନ ବିଜ୍ଞାନର ପ୍ରସାର ନ ଥିଲା। ପାଣିପାଗ, ପ୍ରାକୃତିକ ବିପଦ, ଜ୍ୟୋତିଷ ଶାସ୍ତ୍ର, ମଣିଷର ଚରିତ୍ର, ବିପଥଗାମୀଙ୍କ ହାବଭାବ, ସ୍ୱଭାବ - ଏସବୁକୁ ଲୋକକବିଟି ଆକଳନ କରିପାରୁଥିଲା। ତା'ର ନିର୍ଯ୍ୟାସକୁ ବାଢୁଥିଲା ସମାଜ ଆଗରେ। ସବୁ ଲୋକଗୀତ ରସରସିଆ, ସାମାଜିକତାକୁ ଅଙ୍ଗୀକାର କରିଛି, ଶ୍ରୋତାର ମନ କିଣିଛି। ଠିକ୍ ସେମିତି ପ୍ରବାଦ ପ୍ରବଚନ। ଏହା ଶତ ପ୍ରତିଶତ ସତ ନୁହେଁ, ତଥାପି ଏହା ପଛରେ ଥିବା ଯୁକ୍ତି କେତେକାଂଶରେ ଅକାଟ୍ୟ। ସେମିତି ଢଗଟେ - "କୁଞ୍ଚୁକୁଞ୍ଚିଆ, ମାଗୁର ନିଶୁଆ, ହିଆରେ ନଥାଏ ବାଳ / ଏ ତିନିଙ୍କି ପରତେ ନ ଯିବ ଜୀଇଁ ଥିବ ଯେତେ କାଳ।" ଏ ତିନି ଲକ୍ଷଣ ଯୁକ୍ତ ବ୍ୟକ୍ତି ବିଶ୍ୱାସଯୋଗ୍ୟ ନୁହଁନ୍ତି - ଏଇଟି ତା'ର ମର୍ମକଥା। ଲୋକକବିଟି ଏକଥା କହିଲା। ଅନେକ ବିଜ୍ଞ, ପ୍ରାଜ୍ଞ, ଗୁଣୀ, ଜ୍ଞାନୀ ମଧ୍ୟ ଏଥିରେ ଏକମତ। ସେମାନଙ୍କ ମଧ୍ୟରେ ଅଛନ୍ତି କବିଚନ୍ଦ୍ର ଡ. କାଳୀଚରଣ ପଟ୍ଟନାୟକ। ଏ ଥିଲା ତାଙ୍କର ଅଙ୍ଗେଲିଭା କଥା। ସୁରଙ୍ଗୀ ରାଜାଙ୍କ ସମ୍ପର୍କୀୟଙ୍କ ପୁଅ, ତାଙ୍କ ନାଁ ଦୁର୍ଗାମାଧବ ସିଂହ। କୁଞ୍ଚୁକୁଞ୍ଚିଆ ବାଳ। ନିଶ ବଡ଼ ବଡ଼। ଛାତି ଚଉଡ଼ା। ତାଙ୍କୁ ଦେଖି କାଳୀଚରଣଙ୍କ ମନେ ପଡ଼ିଛି ଉପରୋକ୍ତ ଗାଉଁଲି ଢଗଟି। ଲେଖୁ ଲେଖୁ ଲେଖିଦେଇଛନ୍ତି

ଆତ୍ମଲିପି 'କୁମ୍ଭାରଚକ'ରେ। ଏଥି ସହ ବଖାଣିଛନ୍ତି ସୁରଙ୍ଗୀ ରାଜଉଆସ, ରାଜାଙ୍କ କଥା। ତାଙ୍କ କଳା ସଙ୍ଗୀତ ସୁହାଗ ପ୍ରସଙ୍ଗଙ୍କୁ ବି ବର୍ଣ୍ଣନା କରିଛନ୍ତି ଆତ୍ମଲିପିରେ।

କାଳୀଚରଣଙ୍କ ସୁଖ ଦିନ ସରିଆସିଲା। ରାଜାଘର ଚାକିରି ଛାଡ଼ିଲେ, କଟକ ପ୍ରିଣ୍ଟିଂ କମ୍ପାନୀର କାମରେ ମନ ବଳିଲାନି। ରାସଦଳ ନେଇ ବୁଲିଲେ, ଖଟାମିଠା ଅନୁଭୂତି ହେଲା। ଦଳ ଭାଙ୍ଗିଲା। ଚାଲିଲେ ପୁରୀ, ସେଠି ସେଇ ନାଚଗୀତରେ ମନ। ସାକ୍ଷାତ ହେଲା ବହୁ ଖ୍ୟାତନାମା କଳାକାରଙ୍କ ସହ। ସରସ ଯନ୍ତ୍ରଶିଳ୍ପୀ ଭିକାରୀ ଦଳାଇ, ସାଧୁଚରଣ ମହାନ୍ତି, ସୋମନାଥ ଚିନରା (ସମନି ଚିନରା) ଇତ୍ୟାଦି କେତେଜଣ ନାଁକରା ଶିଳ୍ପୀ। ଏମାନେ ପୁରୀ ଥିଏଟର ଦଳରେ ଥାଆନ୍ତି। ସେଇ ଥିଏଟରର ମାଲିକ ପୁରୀର ବଳଭଦ୍ର ହଜୁରୀ। ତାଙ୍କର ଧନ ଅଛି, ବଡ଼ଲୋକିଆ ଠାଣି। ପାଖରେ ପଞ୍ଚାଏ ମୋସାହେବ ଥାଆନ୍ତି। ହଜୁରୀଙ୍କର ଟିକେ ଗାଉଣା ବାଜଣାରେ ସଉକ। ମାତ୍ର ତାଙ୍କର ଗୋଟେ ଦୁର୍ଗୁଣ। ଧନ ମଦରେ ଗର୍ବିତ। ଗୋବିନ୍ଦ ଶୂରଦେଓଙ୍କ ରାସଦଳ, ହଜୁରୀଏ ଟଙ୍କା ଖର୍ଚ୍ଚ କରି ଭାଙ୍ଗିଦେଲେ। ଏ ପ୍ରକାର ହାବଭାବ କାଳୀଚରଣଙ୍କୁ ଅସୁଖୀ କଲା। ଦିନ ଆଠ ଦଶଟାରେ ସେ ହଜୁରୀଙ୍କ ଦଳ ଛାଡ଼ିଦେଲେ। ପୁରୀର ସ୍ୱର୍ଗୀୟ ଶ୍ରୀଧର ଖୁଣ୍ଟିଆ। ପୁରୀ ଜଗନ୍ନାଥ ପ୍ରେସ୍‌ର ସେ ତତ୍ତ୍ୱାଧିକାରୀ ବା ଅଂଶୀଦାର। ବଳଭଦ୍ର ହଜୁରୀଙ୍କ ସହ ତାଙ୍କର ସେତେଟା ସୌହାର୍ଦ୍ଦ୍ୟ ନ ଥିଲା। ଖୁଣ୍ଟିଆଙ୍କ ଅନୁରୋଧ କାଳୀଚରଣ ରକ୍ଷାକଲେ। ଜଗନ୍ନାଥ ପ୍ରେସ୍ ଅଡ଼ିଟ୍ ଦାୟିତ୍ୱରେ ରହିଲେ। କିଛିଦିନ ଗଲା, ମନ ଉଡୁ ଉଡୁ ହେଲା, ଛାଡ଼ିଲେ ପୁରୀ। ଆଗ ପଛ ଅନ୍ଧାର। ଗଞ୍ଜାମର ରାଜାମାନେ ସଙ୍ଗୀତ ପ୍ରେମୀ। ଏକଥା କାଳୀଚରଣ ଶୁଣିଥିଲେ। ରାଜ ଦରବାରରେ ଗାୟକମାନଙ୍କର ମଧ୍ୟ ସମାଦର। କାଳୀଚରଣ ଚାଲିଲେ ଗଞ୍ଜାମ।

ସୁରଙ୍ଗୀ ରାଜା ପୂର୍ଣ୍ଣଚନ୍ଦ୍ର ଦେବ। ତାଙ୍କ ପିତା ଚନ୍ଦ୍ର ଚୂଡ଼ାମଣି। ସେ ବଡ଼ ସାହିତ୍ୟ ସଙ୍ଗୀତ ରସିକ। ରାଜବାଟୀର ବାହାର ମେଲା ଥାନ। ସେଇଠି ଥାଏ ତାଙ୍କର ରଙ୍ଗମଞ୍ଚଟିଏ। ରାଜ୍ୟ ବଡ଼ ନୁହେଁ, ରାଜାଙ୍କ ମନ ବଡ଼। ରାଜା ସାହେବ ରହନ୍ତି ଇଚ୍ଛାପୁରରେ। ସ୍ୱର୍ଗୀୟ କବିବର ଚିନ୍ତାମଣି ମହାନ୍ତି, ସେଠାରେ ରାଜକବିର ଆସନ ମଣ୍ଡନ କରିଥିଲେ। ଚିନ୍ତାମଣି ବାବୁଙ୍କ ପାଇଁ ଦୈନିକ ଖଞ୍ଜା ଏକଟଙ୍କା। ରାଜା ସାହେବ ଏଇ ବ୍ୟବସ୍ଥା କରିଥିଲେ। ମାସକୁ ମିଳେ, ମୋଟ୍ ତିରିଶି ଟଙ୍କା। ଏକଥା ଶୁଣିଲେ ହସ ଲାଗେ; ମାତ୍ର ସେବେକା କଥା ପୂରା ଅଲଗା। ଟଙ୍କାରେ ଚାଉଳ ସେ୧୬/ ୧୮ର। ଆଉ ଆଉ ଜିନିଷ ପାତି ଏଇ କ୍ରମରେ। ଭାରି ଶସ୍ତାକାଳ। ମହରଗ ଟଙ୍କା। ମାଲ୍ ମିଳୁଥିଲା ଅଳପ ଦାମ୍‌ରେ। ସହଜ ଲଭ୍ୟ ଥିଲା ମଧ୍ୟ। ହୋଟେଲରେ ବି ସୁବିଧା। ଭାତ, ମାଛ, ଆଉ ଗୋଟେ ଅଧେ ନିରାମହି ତୁଉଣ, ପୂରା ପେଟକ ପାଇଁ ଛ'

ପଇସାରୁ ଦି' ଅଣା। ରାଜା କଳାକାରଙ୍କୁ ଆଦର କରୁଥିଲେ। ଏଥିରେ ଗୌରବ ମଣୁଥିଲେ। ଗଞ୍ଜାମର ପ୍ରତିଟି ରାଜଦରବାରରେ ଏଇ ଭାବ। କାଳୀଚରଣ ଇଚ୍ଛାପୁରରେ ରାଜାଙ୍କୁ ଦର୍ଶନ କଲେ। ସେ ଥିଲେ ଅନୁଭୂତି ସିଦ୍ଧ। ତିଗିରିଆ, ବଡ଼ମ୍ବା, ଖଣ୍ଡପଡ଼ା ରାଜା। ସେମାନଙ୍କୁ ସାକ୍ଷାତ କରିଥିଲେ। ଯଥାବିଧି ସମ୍ମାନ ପାଇଥିଲେ। ଇଚ୍ଛାପୁରରେ ସେୟା ହେଲା। ରାଜା କାଳୀଚରଣଙ୍କୁ ସ୍ୱାଗତ କଲେ।

ସୁରଙ୍ଗୀ ରାଜା ଦେଖିବାକୁ ସୁନ୍ଦର; କିନ୍ତୁ ଅଣ୍ଟା ସଳଖି ଚାଲିବାକୁ ଅସମର୍ଥ। ସାହିତ୍ୟ, ସଙ୍ଗୀତ ସମ୍ବନ୍ଧୀୟ ନାନାଦି କଥା। ଏ ସମ୍ପର୍କରେ ରାଜା ଆଲୋଚନା କଲେ କାଳୀଚରଣଙ୍କ ସହ। ସଙ୍ଗେ ସଙ୍ଗେ ବସା ସଞ୍ଚାର ବ୍ୟବସ୍ଥା ହୋଇଗଲା। ଉତ୍ତର ଓଡ଼ିଶାରେ ଆଗନ୍ତୁକମାନଙ୍କ ପାଇଁ ଏଇ ବ୍ୟବସ୍ଥା। ତାହାକୁ ଗଞ୍ଜାମରେ ବସା, ଭାତିଆ କହନ୍ତି। ଭାତିଆ ଶବ୍ଦଟା କାଳୀଙ୍କ କାନକୁ ଅଖଞ୍ଜିଆ ଶୁଭିଲା। କାଳୀ ପାଇଲେ ଦିନକୁ ଟଙ୍କାଏ, ରାଜାଙ୍କର ଜଣେ ଭାଇ କାଳିଆ ସାଆନ୍ତ। ତାଙ୍କ ଘର ଷ୍ଟେସନ୍ ପାଖରେ। ତାଙ୍କରି ଘର ସାମ୍ନାରେ ରହୁଥାଆନ୍ତି କବି ଚିନ୍ତାମଣି ବାବୁ। ସେଇ ସାଆନ୍ତଙ୍କ ଦାଣ୍ଡପଟ ଘରେ ରହିଲେ କାଳୀଚରଣ। ସାଆନ୍ତଙ୍କ ପୁଅଙ୍କର ହାବ, ଭାବ, ମତି ଗତି। କାଳୀଚରଣଙ୍କୁ ସ୍ମରଣ କରାଇ ଦେଲା ସେଇ ଚିରାଚରିତ ଗାଉଁଲି ଢଗ - "କୁଞ୍ଚୁକୁଞ୍ଚିଆ, ମାଗୁର ନିଶୁଆ / ହିଆରେ ନଥାଏ ବାଳ / ଏ ତିନିଙ୍କି ପରତେ ନଯିବ / ଜୀଇଁଥିବ ଯେତେ କାଳ।

ସୁରଙ୍ଗୀ ଯୁବରାଜ ପୂର୍ଣ୍ଣଚନ୍ଦ୍ର ଦେଓ। ତାଙ୍କ ସହ କାଳୀଚରଣଙ୍କ ଭାବଲାଭ ବଢ଼ିଲା। ସେ ଜଣେ ସରସିଆ ଲୋକ, ଭାରି ମେଳାପୀ। ରାଗ ଅହଙ୍କାର ଶୂନ୍ୟ। କଳାପ୍ରେମୀ, କଳାକାର ବି। ଭାରି ମିଶାଣ ଲୋକ, ତାଙ୍କ ସହ କାଳୀଚରଣଙ୍କ କେଇ ଦିନ ସୁଖରେ କଟିଲା। ଦିନେ ଥିଏଟର ହେବାର ସ୍ଥିର ହେଲା। କାଳୀଚରଣ କେତୋଟି ଗୀତ ଲେଖିଲେ। ଯୁବରାଜଙ୍କ ପୂରା ପସନ୍ଦ ହୋଇଗଲା। କବି ଚିନ୍ତାମଣି ବାବୁ ମଧ୍ୟ ପସନ୍ଦ କଲେ। କାଳୀଙ୍କ ଲେଖନୀରେ ଫୁଲଚନ୍ଦନ ପଡୁ - ଏମିତି ଆଶୀର୍ବାଦ କଲେ। ଥିଏଟର ବଢ଼ିଲା। ଖାଲି ଯୁବରାଜ ନୁହନ୍ତି, ରାଜାଙ୍କର ମନଖୁସି, ଚାକିରିଟିଏ କାଳୀଚରଣଙ୍କୁ ମିଳିଲା। ମାସକୁ ବେତନ ୪୦ ଟଙ୍କା। ରାଜା, ଯୁବରାଜ - ଉଭୟଙ୍କର ପାଖଲୋକ ହୋଇଗଲେ କାଳୀଚରଣ। ଓଡ଼ିଆରେ କଥାଟିଏ - "ଶାଗଖିଆ ପେଜଖିଆକୁ ଦେଖିପାରେନା।" ସେୟା ହେଲା। ଆରମ୍ଭ ହେଲା ଗଡ଼ଜାତିଆ ଚୁଗୁଲି। ସାତ କଥାରେ ଭୁଲେ ସତୀ ମତି। ଏକଥାଟି କବି ବ୍ରଜନାଥ ବଡ଼ଜେନା, ଲେଖିଲେ ତାଙ୍କ 'ସମର ତରଙ୍ଗ' କାବ୍ୟରେ। ବାଙ୍କିର କଥାଟିଏ। ଏବେ ବି ଜନଶ୍ରୁତିରେ ସତେଜ। କଥାଟି ଭାଗିରାୟ ଆଉ ଗୁରୁଙ୍କ ସମ୍ପର୍କରେ - 'ଯସ୍ୟ ଚକ୍ର ପ୍ରସାଦେନ ଭଗବାନ୍ ଭୂତତାଂ ଗତଃ।' ପଣ୍ଡିତ ଲୋକ, ରାଜ ଅନୁଗ୍ରହ ପାଇଥିଲେ। ରାଣୀଙ୍କୁ ଭାଗବତ

ଶୁଣାନ୍ତି। ଝରକା ବାହାରପଟେ ବସି ଭାଗବତ ପଢ଼ନ୍ତି। ପାଖଲୋକ ଚୁଗୁଲି କଲେ। ଗୁରୁଙ୍କୁ ଏବେ ରାଜ ଦ୍ୱାର ମନା। ଆହୁରି ଭୟଙ୍କର କଥାଟା ରଟିଗଲା। ସଭାସଦ୍‌ମାନେ ପ୍ରଚାର କରି ଦେଲେ, ରାୟଗୁରୁ ଆଉ ସଂସାରରେ ନାହାନ୍ତି - ଏବେ ଭୂତ ହେଇଗଲେଣି। ଲୋକଙ୍କୁ ଡରାଉଛନ୍ତି। ଏକଥା ରାଜା ଶୁଣିଲେ। ରାଜା ଏକ ନିର୍ଦ୍ଦିଷ୍ଟ ପୋଖରୀରେ ଗାଧାନ୍ତି। ଏକଥା ରାୟଗୁରୁ ଜାଣନ୍ତି। ସେଦିନ ରାଜା ଗାଧୋଉ ଥାଆନ୍ତି। ପୋଖରୀ ହୁଡ଼ାରେ କଇଥ ଗଛଟିଏ। ତା'ରି ଉପରେ ବସିଥାନ୍ତି ରାୟଗୁରୁ। ରାଜା ଗାଧୋଇ ସାରିଲେ ସାକ୍ଷାତ କରିବେ। ରାଜାଙ୍କ ପାଖଲୋକ ତାଙ୍କୁ ଦେଖିଲେ। 'ହେଇଟି ଭଗିଆଭୂତ' କହି ଟେକା ଫିଙ୍ଗିଲେ। ରାୟଗୁରୁ ପାଟିକରି ଚିହ୍ନା ଦେଲେ। ସେ ଭୂତ ନୁହନ୍ତି, ଜୀବିତ ଥିବା କହିଲେ। ଏଇ କଥାଟି ବାଙ୍କିରେ ବେଶି ଚଳଣି। କଥା କଥାକେ ଲୋକେ କହନ୍ତି, ପୁରାଣରୁ ଉଦ୍ଧାର କରନ୍ତି - "ନୃପଂ ସେବ୍ୟଂ, ଚକ୍ରଂ ସେବ୍ୟଂ ନ ସେବ୍ୟଂ ନୃପ କେବଳଂ / ଯସ୍ୟ ଚକ୍ର ପ୍ରସାଦେନ ଭଗବାନ ଭୂତତାଂ ଗତଃ।" ବାଙ୍କିଲୋକ କାଳୀଚରଣ। ରାୟଗୁରୁଙ୍କ ପରି ତାଙ୍କ ଦଶା ହେଲା। ରାଜା ରାଜୁଡ଼ା କଥା। ଯାହା ବୁଝିଥିବେ ଫାଳେ। କ୍ରମେ ତାଙ୍କ ବ୍ୟବହାର କାଳୀଚରଣଙ୍କୁ କଷ୍ଟ ଦେଲା। ସୁରଙ୍ଗୀ ରାଜଗଡ଼ରୁ ଛୁଟି ମିଳିଗଲା ୧୫ ଦିନ। ଏହା ଥିଲା ତାଙ୍କ ପାଇଁ ଇଚ୍ଛାପୁରରୁ ସବୁଦିନିଆ ଛୁଟି। ମାତ୍ର ଯୁବରାଜ ପୂର୍ଣ୍ଣଚନ୍ଦ୍ରଙ୍କ ସହ ସମ୍ପର୍କ ନିବିଡ଼ ରହିଲା। ସେ ରାଜା ହେଲେ, ଇହଲୀଳା ସମ୍ବରଣ କଲେ। ଶେଷ ପର୍ଯ୍ୟନ୍ତ ଭୁଲି ନ ଥିଲେ କାଳୀଚରଣଙ୍କୁ। ଧନ ନୁହେଁ, ତାଙ୍କ କଳାକାର ମନ ବାନ୍ଧି ରଖିଥିଲା ଦୁହିଁଙ୍କୁ। ଯୁବରାଜ ଥିଲେ ଉଚ୍ଚମନା, ସରଳ, ନିରାଡ଼ମ୍ବର। ତାଙ୍କ ପରି ଅକପଟ ବନ୍ଧୁଟିଏ ମିଳିବା କାଠିକର ପାଠ। ଏ କଥାଟି କାଳୀଚରଣ ମର୍ମେ ମର୍ମେ ହେଜୁଥିଲେ ତମାମ ଜୀବନ।

ଇଚ୍ଛାପୁରରେ ଚାକିରି ଗଲା; କିନ୍ତୁ କାଳୀଚରଣଙ୍କର ବିଶେଷ ଲାଭଟିଏ ହେଲା। ତାଙ୍କୁ ଗୋଟେ ସୁବିଧା ମିଳିଲା। କର୍ଣ୍ଣାଟକୀ ସଙ୍ଗୀତ - ବିଧି ଶିଖିଲେ। ଇଚ୍ଛାପୁରରୁ ବାହୁଡ଼ିଲେ। ଯୁବରାଜଙ୍କ ସହ ବିଚ୍ଛେଦ - ଏଇଟି ଥିଲା ଦୁଃଖର କାରଣ। ପହଞ୍ଚିଲେ ବାଙ୍କିରେ। ଗାଁରେ ମା'। କୋଳଛଡ଼ା ହୋଇ ରହି ଯାଇଥିଲେ। କେଇଦିନ ମା'ଙ୍କ ସ୍ନେହ ଆଦରରେ ସବୁ ଭୁଲିଗଲେ। ଘରପଶା ହେଲେ, ବାହାରକୁ ଯିବାକୁ ବେଗେ ମନ ବଳିଲାନି। ମଣିଷର ଦିଶାଟିଏ ଥାଏ, ଦିଶାହୀନ ଜୀବନ ଅଲଣା, ଅଖୋଜା, ଅଲୋଡ଼ା। କାଳୀଚରଣ ଶୁଣିଥିଲେ ମୟୂରଭଞ୍ଜ ଗୋଟାଏ ବଡ଼ ରାଜ୍ୟ। ଖ୍ୟାତିସମ୍ପନ୍ନ ମହାରାଜା ଶ୍ରୀରାମଚନ୍ଦ୍ର ଭଞ୍ଜ। ବର୍ତ୍ତମାନର ମହାରାଜା ସେଇ ରକ୍ତଧାରା। ନିଶ୍ଚୟ ଗୁଣଜ୍ଞ ହେଇଥିବେ! ଏଇ ଆଶାଟି ପୋଷଣ କଲେ। କାଳୀଚରଣଙ୍କ ମନ ବଳିଲା ବାରିପଦା ଆଡ଼େ।

ବିଚିତ୍ର ଏ ଦୁନିଆ, ଏଠି ମଣିଷମାନେ ବଡ଼ ଚତୁର, ପାଣି ନ ଥିବା କୁମ୍ଭୀର, ଜଙ୍ଗଲ ନ ଥିବା ବାଘ, କୂଟ କପଟରେ ସିଦ୍ଧହସ୍ତ। କାହାରି ଶିରି ଦେଖନ୍ତିନି। ସବୁ ମଣିଷ ତ ଗୋଟେ ଗୋଟେ ଜହ୍ନ। ତାଙ୍କ ଆଲୋକ ପାଖଟି ଆମେ ଦେଖୁ। ଅନ୍ଧକାର ପଟ ପୂରା ଅଦେଖା। ଠିକ୍ ଅମାବାସ୍ୟାର ଚନ୍ଦ୍ରମା ପରି। ସେ ଦିନର ଲୋକକବିଏ। ଏ କୁଚକ୍ରୀ, ଅର୍ଥରଙ୍କାଙ୍କୁ ସମ୍ଭବତଃ ଦେଖି ନ ଥିଲେ। ଦେଖିଥିଲେ ହୁଏତ ସିଦ୍ଧାନ୍ତ ବଦଳେଇ ଥାଆନ୍ତେ। ଧୋବଧାଉଳିଆ, ଗନ୍ତା ଯୋଡ଼ିଆଙ୍କ ମନ ବୁଝି ଥାଆନ୍ତେ। ଏମାନଙ୍କ ରୂପଭେକ ଅଲଗା, ଭିତରଟା ମହାକାଳ ଫଳ। ଖାଲି କୁଞ୍ଚୁକୁଞ୍ଚିଆ, ମାଗୁର ନିଶୁଆ ଗୁଣ ବଖାଣି ନ ଥାଆନ୍ତେ ସେମାନେ। ଏବେ ସିଷ୍ଟମ୍ ପୂରା ଅଲଗା, ଚୁଟି ମନଲାଖି କଟା, ଚନ୍ଦକ ମୁଣ୍ଡରେ କେଶ ବପନ। ନିଶ ଦାଢ଼ି, ରଖିଲେ ସିନା ଜନେ କହିବେ। ସଫା ମୁହଁ, ଆଉ ଛାତିଟା କାମିଜ ତଳେ - ଏଇଠି ଲୋକ କବିଟିର ଅକଲ ଗୁଡୁମ୍। ସେଦିନ କାଳୀଚରଣ ସାଆନ୍ତ ଦୁର୍ଗାମାଧବ ସିଂହଙ୍କ ମୁଣ୍ଡ, ମୁହଁ, ଛାତି ଦେଖିଥିଲେ। ସେଇ ପୁରୁଣା ଢଗ କଥା ଲେଖିଲେ। ଓଜନିଆ ମନ ନେଇ ଫେରିଥିଲେ ଇଚ୍ଛାପୁରରୁ। ମନେ ମନେ ହେଜିଥିବେ - ଚୁଗୁଲିଆ, ଖଚୁଆ, ମିଛୁଆ, ଲମ୍ପଟ - ଏଗୁଡ଼ାଙ୍କୁ ବା କିଏ ପରତେ ଯିବ ?

■

ଇଚ୍ଛାମୟଙ୍କ ଇଚ୍ଛା

କୋଟି ବ୍ରହ୍ମାଣ୍ଡ ପ୍ରଭୁ ଜଗନ୍ନାଥ, କରନ୍ତି ପୂର୍ଣ୍ଣ ପ୍ରାଣୀ ମନୋରଥ। ସେଇ ହିଁ ଇଚ୍ଛାମୟ, ତାଙ୍କରି ଇଙ୍ଗିତରେ ଚାଲିଛି ତ୍ରିଭୁବନ। ଭକ୍ତର ମନୋବାଞ୍ଛା ପୂରଣ କରୁଥିବାରୁ ସେ ଭକ୍ତ ବଲ୍ଲଭ। ଅନ୍ତର କଥା ଜାଣନ୍ତି, ତେଣୁ ଅନ୍ତର୍ଯ୍ୟାମୀ। ସେ ଭାବ ବିନୋଦିଆ, ଦୀନବାନ୍ଧବ, ଦଇତାରି। ସବୁ ତାଙ୍କରି ଲୀଳାଖେଳା। ମଣିଷ ନିମିତ୍ତ ମାତ୍ର। ଯିଏ ଯେମିତି ଦେଖେ, ସେ ତାଙ୍କୁ ସେମିତି ଦେଖନ୍ତି, ଦୁଃଖ ହରଣ କରନ୍ତି। ମଣିଷର ବିଦ୍ୟା, ବୁଦ୍ଧି, ପ୍ରତିଷ୍ଠା, ବ୍ୟକ୍ତିତ୍ୱ - ସବୁ ତାଙ୍କରି ଆଶୀର୍ବାଦ। ସମୟେ ସମୟେ ଏସବୁ ଫଳଦତୀ ହୁଏନି। ସେଇଟି କପାଳ ଲିଖନ। କବିଚନ୍ଦ୍ର ଡ. କାଳୀଚରଣ ପଟ୍ଟନାୟକ, ମୂଳରୁ ସେ ଫଟା କପାଳିଆ। ମାତ୍ର ସଙ୍ଗୀତ, ନାଟକରେ ତାଙ୍କର ଅପାର ପାରଦର୍ଶିତା। ସେଇଥିପାଇଁ ରାଜ ଦରବାରରେ ତାଙ୍କର ଢେର୍ ଆଦର, ସମ୍ମାନ। କଥାରେ ଅଛି - 'ଅତି ଦାନେ ବଳି ହତ, ଅତି ମାନେ ଦୁର୍ଯ୍ୟୋଧନ, ଅତି ଦର୍ପେ ଲଙ୍କେଶ, ଅତି ବଡ଼ିମାରେ କଂସ ହତ'। ଏଇଥି ପାଇଁ ଅତି ସର୍ବତ୍ର ଗର୍ହିତ। ଏଇ କଥାଟି ଦୁର୍ଗୁଣର ଆଧିକ୍ୟକୁ ଲକ୍ଷ୍ୟକରି କୁହାଯାଏ। ଏହାର ସକରାତ୍ମକ ପ୍ରୟୋଗ ବି ରହିଛି। ଅଧିକ ସୌନ୍ଦର୍ଯ୍ୟ, ପର୍ଯ୍ୟାପ୍ତ ମାନସମ୍ମାନ- ଏସବୁ ଅନ୍ୟ ନିକଟରେ ଚକ୍ଷୁଶୀଳ କରାଏ। ଈର୍ଷା ବଢ଼ାଏ। କ୍ରମେ ବିପଦ ଘନେଇ ଆସେ। ତାକୁ ମୁକାବିଲା କରିବାର ଉପାୟ ନଥାଏ। ଏଇ ଅନୁଭବ ଟିକକ କାଳୀଚରଣଙ୍କର। ସବୁ ରାଜ ଦରବାରରେ ତାଙ୍କର ସମାଦର, ବାରିପଦାରେ ଆହୁରି ଅଧିକ। ହେଲେ ରାଜାଙ୍କ ପାଖଲୋକ ତାଙ୍କର କାଳ ହେଲେ, ଛଳରେ ରାଜାଙ୍କୁ ବଶୀଭୂତ କରିଦେଲେ। କାଳୀଚରଣ ବାଧହୋଇ ବାରିପଦା ଛାଡ଼ିଲେ। ଯାହାର କେହି ନାହିଁ ତା'ର କାଳିଆ ଅଛି। ସେଇ ଏକା ସାହା ଭରସା। ମନ ଭାଙ୍ଗି ଯାଇଛି, ଆଖି ଲୁହ ଛଳଛଳ। କାଳୀଚରଣ ନିଜ ଗାଁ (ବାଙ୍କି)କୁ ଫେରୁଥାନ୍ତି। କେଜାଣି କାଳିଆର ଡୋରି ଲାଗିଲା। ପହଞ୍ଚିଲେ ଶ୍ରୀକ୍ଷେତ୍ରରେ, ମହାପ୍ରଭୁଙ୍କୁ ଜୁହାରିଲେ।

କାଳୀଚରଣ ସଦା ବିଭୁ ପଦାଶ୍ରୟୀ । ପୁରୀରେ ମିଳିଗଲା ସାହା ରାହା । ରାଜାଙ୍କ ଆଶୀର୍ବାଦ ବର୍ଷିଲା । କିଛି ବର୍ଷ ପାଇଁ ଜୀବନ ହୋଇଗଲା ମଧୁମୟ । ଏକଥାଟି ସେ ସ୍ୱପ୍ନରେ ସୁଦ୍ଧା ଭାବି ନ ଥିଲେ । ପୁରୀ ରହଣି ଭିତରେ ଅନେକ ଅନୁଭୂତି - କେବେ ଖଟା, କେବେ ମିଠା । ସବୁ ସେଇ ଇଚ୍ଛାମୟଙ୍କ ଇଚ୍ଛା । ଏଇସବୁ କଥା ବର୍ଣ୍ଣିତ କାଳୀଚରଣଙ୍କର ଆତ୍ମଲିପି 'କୁମ୍ଭାର ଚକରେ' ।

ଶ୍ରୀନଅର - ପୁରୀ । ସେତେବେଳେ ରାଜା ଥାଆନ୍ତି ଗଜପତି ରାମଚନ୍ଦ୍ର ଦେବ । ରାଣୀ ଶ୍ରୀମତୀ ରହସ୍ୟ ମଞ୍ଜରୀ, ବାରିପଦା ରାଜକନ୍ୟା । ତାଙ୍କ ଡାକ ନାଁ 'ମଣି' । ରହସ୍ୟ ମଞ୍ଜରୀଙ୍କ ବିବାହ ସମ୍ପନ୍ନ ହେଇଥିଲା । ଯୋଗସୂତ୍ର କାରକ ଥିଲେ କାଳୀଚରଣ । ରାଜା ରାମଚନ୍ଦ୍ର ଦେବ, ବାମଣ୍ଡା ରାଜବଂଶୀ । ପୋଷ୍ୟପୁତ୍ର ହେଇ ଆସିଲେ, ବସିଲେ ପୁରୀ ରାଜଗାଦିରେ । ବାମଣ୍ଡାରେ ତାଙ୍କର ନାଁ 'ମୋହିନୀ ମୋହନ' । ସେ ଗଜପତି ମୁକୁନ୍ଦଦେବଙ୍କର ହେଲେ ପୋଷ୍ୟପୁତ୍ର, ନାମ ରହିଲା 'ରାମଚନ୍ଦ୍ର ଦେବ' । ଏ ବାବଦରେ ଢେର୍ ଗୋଳମାଳ ଲାଗିଲା । ମୁକୁନ୍ଦ ଦେବଙ୍କର 'ଖଣ୍ଡୀ' ବୁଦ୍ଧି । ସେଇଥିରେ ସେ 'ବସଉଠ' । ଏଥିପାଇଁ ଲୋକେ ନାକ ଟେକନ୍ତି । ରାମଚନ୍ଦ୍ରଦେବ ଖୁବ୍ ସଙ୍ଗୀତ ପ୍ରିୟ । ସେତାରର ଗୁଣ ବୁଝନ୍ତି । ପୁରୁଣାଗୀତ, ପୁରୁଣା କବି, ଓଡ଼ିଶୀ ସ୍ୱର ବା ଗାୟନ ଢଙ୍ଗକୁ ସୁଖ ପାଆନ୍ତି । ରାମଚନ୍ଦ୍ର ଦେବ ଗୁଣ ଚିହ୍ନିଲେ । ନିରାଶ୍ରୟ ମଣୁଥିବା କାଳୀଚରଣଙ୍କୁ ଆଶ୍ରା ମିଳିଲା । ପୁଣି ସେଇ ଅଦୃଶ୍ୟ, ଅଦେଖା ହାତର ଇଙ୍ଗିତ । କାଳୀଚରଣଙ୍କର ରାଜ ଦରବାରରେ ନିଯୁକ୍ତି । ଏଣିକି ସେ ଦରବାରର ସଭାକବି, ସଙ୍ଗୀତଜ୍ଞ । ସେତେବେଳକା ରାଜାଙ୍କ ଦେୱାନ ରାୟ ବାହାଦୂର ରାଜକିଶୋର ଦାସ । କାଳୀଚରଣଙ୍କୁ କାର୍ଯ୍ୟଭାର ବାଣ୍ଟିଲେ । ଦିଅଁଙ୍କ ପିଣ୍ଡିକା ଦେଖା, ନଅରକଚେରି ନଥିପତ୍ର - ଏସବୁ ରାଜାଙ୍କ ଆଗରେ ପେଶ୍ କରିବା, ଚିଠିପତ୍ର ବେଳେବେଳେ ଟାଇପ୍ କରିବା; ଏହା ବାଦ୍ ସଞ୍ଜବେଳେ ସଙ୍ଗୀତ ଚର୍ଚ୍ଚା - ଏଇଟା ତାଙ୍କର ନିତିଦିନିଆ କାମ । ସେ ନଅର କଚେରିଭାର ବି ବହନ କଲେ । ସବୁ କାମ ସୁଚାରୁ ରୂପେ ଚଳାଇଲେ ।

ନିତି ସଞ୍ଜ ଆସେ । ନଅରକୁ ଯାଆନ୍ତି କାଳୀଚରଣ । ମଝେ ମଝେ ଚାଲେ ସଙ୍ଗୀତ ଚର୍ଚ୍ଚା । ବସାରେ ବି ରୀତିମତ ଆଖଡ଼ା ଚାଲେ । ଧୀରେ ଧୀରେ ସାଙ୍ଗସାଥୀ ଜୁଟିଗଲେ । ବସିଲା ଗୀତର ଆସର । ରାତି ୧୦/୧୧ ବାଜେ । ଗାୟକ ବାୟକ ଆସି ଜୁଟନ୍ତି । ପୁରୀର ବାଳ ମୁକୁନ୍ଦ ପଟ୍ଟନାୟକ, କାଳୀଚରଣଙ୍କ ବନ୍ଧୁ ହେବେ । ବାୟାଁ ତବଲା, ପଖଉଜ, ଖୋଳ, ସେ ସୁନ୍ଦର ବଜାନ୍ତି । ପାନଦୋକାନୀ ମୋହନ ମହାପାତ୍ର ତବଲା ବଜାନ୍ତି । ନାଚ ଜ୍ଞାନ ବି ତାଙ୍କର ଥିଲା । ତବଲା ବାଦକ ଶ୍ରୀକ୍ଷେତ୍ରମୋହନ କର । ସେ ବି ଯୋଗଦେଲେ କାଳୀଚରଣଙ୍କ ଦଳରେ । ଓସ୍ତାଦ୍ ବନୱାରୀ ମିଶ୍ର,

ବାରିପଦାରେ କାଳୀଚରଣଙ୍କ ସହ ଦେଖା ହେଇଥିଲା। ସେ ମଧ୍ୟ ପୁରୀ ଆସିଲେ। ଏମାନଙ୍କର ଏକତ୍ର ସମାବେଶ, ସଙ୍ଗୀତ ଜୀବନକୁ ରସମୟ କରିଦେଲା। ନିତି ସଞ୍ଜ, ସକାଳେ କାଳିଆ ଦର୍ଶନ। ରାତିରେ ଆଖଡ଼ା ଭାଙ୍ଗେ। ଓସ୍ତାଦ୍ ବନଓ୍ୱାରୀ ମିଶ୍ର, ନୈଷ୍ଠିକ ବ୍ରାହ୍ମଣ। ଦୁହେଁ ମିଶି ବଡ଼ସିଂହାର ବେଶ ଦେଖନ୍ତି। ବଡ଼ସିଂହାର ପିଠା ଖାଆନ୍ତି। ରାତି ରୋଷେଇ ବନ୍ଦ। ରାଜାଙ୍କ ଆଦର ପଣ, ସଙ୍ଗୀତ ଦଳଙ୍କ ସହ ହେଲମେଳ, ନୀଳାଚଳ ଧାମର କିମିଆ। କାଳୀଚରଣ ଏକପ୍ରକାର ବାନ୍ଧି ହୋଇଗଲେ ପୁରୀରେ। ଥିଲେ କେଉଁଠି ? ଆଜି କେଉଁଠି ପହଞ୍ଚିଛନ୍ତି ? ସବୁ ସେଇ ମନୁଆ ରାଜାର ଇଚ୍ଛା। କେବଳ ରାଜ ଅନୁକମ୍ପା ନୁହେଁ, ଜାତିର ପିତା ମହାତ୍ମା ଗାନ୍ଧୀଙ୍କୁ ସାକ୍ଷାତ କରିବାର ଅପୂର୍ବ ସୁଯୋଗ ମିଳିଲା ପୁରୀ ବଡ଼ଦାଣ୍ଡରେ। ଏଇଟି ତାଙ୍କର ଗୋଟେ ନିଆରା ଅନୁଭୂତି।

୧୯୨୫ ମସିହା ଘଟଣା। ପୁରୀରୁ କିଛି ଦିନ ଛୁଟି ନେଇ କାଳୀଚରଣ ଗାଁକୁ ଆସିଲେ। ହଠାତ୍ ତାଙ୍କ ଘରେ ପହଞ୍ଚିଲେ ବୈଦ୍ୟନାଥ ତ୍ରିପାଠୀ, ତାଙ୍କ ଗାଁ ବୈଦେଶ୍ୱର। ତାଙ୍କ ସହ ଆସିଥିଲେ ଜାତୀୟ କବି ବୀରକିଶୋରଙ୍କ ସାନଭାଇ ବାନାମ୍ବର। ଅସହଯୋଗ ଆନ୍ଦୋଳନକୁ ଗାନ୍ଧିଜୀ ସ୍ଥଗିତ କରି ଦେଇଥାଆନ୍ତି। ନିଘା ତାଙ୍କର ରଚନାତ୍ମକ କାର୍ଯ୍ୟରେ। ଚରଖାରେ ସୂତାକଟା, ପାଇଖାନା ସଫେଇ, ଛୁଆଁ ଅଛୁଆଁ ଭେଦଭାବ ଦୂରୀକରଣ, ସ୍ୱରାଜ ଆଶ୍ରମ ପ୍ରତିଷ୍ଠା, ଜାତୀୟ ଶିକ୍ଷାର ପ୍ରଗତି - ଏସବୁ କାର୍ଯ୍ୟ ତ୍ୱରାନ୍ୱିତ କରୁଥାଆନ୍ତି। ଗାନ୍ଧିଜୀ ପୁରୀ ଆସିବା ସ୍ଥିରୀକୃତ। ଓଡ଼ିଶାରେ ତାଙ୍କର ଡାହାଣ ହାତ ଉତ୍କଳମଣି ଗୋପବନ୍ଧୁ ଦାସ। ତାଙ୍କୁ ଜନେ ଶ୍ରଦ୍ଧାରେ ଡାକନ୍ତି 'ଦାସେ ଆପଣେ'। ଆଗନ୍ତୁକ ଦି'ଜଣ କାଳୀଚରଣଙ୍କୁ ବାର୍ତ୍ତା ଦେଲେ - କଟକରେ "ଦାସେ ଆପଣେ", ତାଙ୍କୁ ଡକାଇଛନ୍ତି। କାଳୀଚରଣ ସେମାନଙ୍କ ସହ କଟକ ଗଲେ। ରସରାଜ ଆଶ୍ରମରେ ରହୁଥାଆନ୍ତି ମୁକ୍ତିସଂଗ୍ରାମୀ ଯଦୁମଣି ମଙ୍ଗରାଜ। ଦୁହିଁଙ୍କ ମଧ୍ୟରେ ବେଶ୍ ଭାବଲାଭ, ଘନିଷ୍ଠତା। ପରସ୍ପରରେ ରସରାଜ, ମହାଭାବ ଡକାଡକି ହୁଅନ୍ତି। ତାଙ୍କରି ବସାରେ ରାତି କଟିଲା। ସକାଳୁ ସକାଳୁ ଦାସେ ଆପଣେ ଡକାଇ ପଠେଇଲେ। କାଳୀଚରଣ ପହଞ୍ଚିଲେ। ଦାସେ କହିଲେ - "କାଳୀଚରଣ ବାବୁ, ଆପଣଙ୍କୁ ଟିକେ ପୁରୀ ଯିବାକୁ ପଡ଼ିବ। ରାଜାଙ୍କ ପାଖେ କାମ ଅଛି। ମହାତ୍ମା ଗାନ୍ଧୀଙ୍କ ବଡ଼ ଦେଉଳରେ 'ମନ୍ଦିର ପ୍ରବେଶ' ଆନ୍ଦୋଳନ କଥା ଶୁଣିଥିବେ। ଗାନ୍ଧିଜୀ ପୁରୀ ଆସୁଛନ୍ତି। ସିଂହଦ୍ୱାର ଆଗରେ ସଭାହେବ, 'ମନ୍ଦିର ପ୍ରବେଶ' ସମ୍ବନ୍ଧେ। ଅଛବମାନେ ଏ ସୁବିଧା ପାଇବେ। ଶୁଣିଲି ଆପଣଙ୍କର ରାଜାଙ୍କ ସଙ୍ଗରେ ଖୁବ୍ ଭାବ ଆଳାପ ଅଛି। ଛତିଶା ନିଯୋଗକୁ ରାଜବାଟୀକୁ ଡକାଇ, ଗୋଟାଏ ଆଲୋଚନା କରି, ଏ କଥା କରାଇବାକୁ ଯତ୍ନ ନେବେ।" କାଳୀଚରଣଙ୍କ ସମ୍ମତି ଭରିଲେ। ତା' ପରଦିନ ସମସ୍ତେ ପୁରୀଗଲେ।

ରାଜା କାଳୀଚରଣଙ୍କୁ ଶ୍ରଦ୍ଧା କରୁଥିଲେ, ଆଦର ବି କିଛି କମ୍ ନ ଥିଲା। କାଳୀଚରଣ ପ୍ରସ୍ତାବରେ ରାଜି ହେଲେ। ଛତିଶା ନିଯୋଗଙ୍କ ସହ ଆଲୋଚନା ଚାଲିଲା। ସେତେବେଳେ ଛୁଆଁ ଅଛୁଆଁ ବିଭେଦ ଉତ୍କଟ ରୂପ ନେଇଥିଲା। ଶୂଦ୍ରମାନେ ମନ୍ଦିରରେ ପ୍ରବେଶ କରିବେ ? ସମସ୍ତେ ସ୍ତବ୍ଧ ! ଦଳେ ମଙ୍ଗିଲେ, ଆଉ କିଛିଙ୍କର 'ହଁ' କି 'ନାହିଁ' ନ ଥିଲା। ଆଉ କେତେକ କୁନ୍ଥୁ କୁନ୍ଥୁ, ସବୁ ସବୁ ମିଶି ଅଧାଅଧି ରାଜି ହେଲେ। ଏ ଖବର ପାଇ ଗୋପବନ୍ଧୁ ଖୁବ୍ ଖୁସି ହେଲେ।

ତହିଁ ପରଦିନ। ଗାନ୍ଧିଜୀ ପୁରୀ ଆସିଲେ। ଦିନ ଚାରିଟା ବେଳେ ସିଂହଦ୍ୱାରରେ ସଭା ଡାକରା। ଗାନ୍ଧିଜୀ ଉପସ୍ଥିତ। ଲୋକଗହଳି ବଢ଼ି ଚାଲିଛି। ଦାସେ ଆପଣେ ନାହାନ୍ତି। ଚାରି ବାଜିଲା। ଗାନ୍ଧିଜୀ ଅଣ୍ଟାରୁ ଘଡ଼ି କାଢ଼ି ଦେଖୁଥାଆନ୍ତି। ଅନେକ ସମୟ ପ୍ରତୀକ୍ଷା କଲେ। ଗୋପବନ୍ଧୁ ଆସିଲେନି। ଗାନ୍ଧିଜୀ ଇତସ୍ତତ ହେଲେ। ତଥାପି ତାଙ୍କ ଭରସା ତୁଟି ନଥିଲା। ସେ ଜାଣିଥିଲେ ଆଦର୍ଶବାଦୀ ଗୋପବନ୍ଧୁ। ତାଙ୍କ ନିଷ୍ଠା, ସେବାପରାୟଣତା, ଦୟାର୍ଦ୍ର ଭାବ ଗାନ୍ଧିଜୀଙ୍କୁ ବିମୋହିତ କରିଥିଲା। ଶେଷ ପର୍ଯ୍ୟନ୍ତ ସେ ଆଶାବାଦୀ ଥିଲେ- ଗୋପବନ୍ଧୁ ଆସିବେ ନିଶ୍ଚୟ !

ଗୋପବନ୍ଧୁ ଥାଆନ୍ତି ମରିଚକୋଟରେ। ହାତରେ ତାଙ୍କର 'ୟଙ୍ଗ୍ ଇଣ୍ଡିଆ' ପତ୍ରିକା ଖଣ୍ଡେ। ସେତେବେଳେ ବହୁ ଉପାଦେୟ ଲେଖାମାନ ବାହାରୁ ଥାଏ। ସେଥରକ ରାଜାଙ୍କୁ ପ୍ରଶଂସା କରି ଲେଖାଟିଏ ଛାପା ହେଇଥିଲା। ଗୋପବନ୍ଧୁ ରାଗରେ ଜରଜର, କାଳୀଚରଣଙ୍କୁ ରୋକ୍‌ଠୋକ୍ କହିଲେ - "ଯୋଉ ଲୋକ ରାଜାଗୁଡ଼ାଙ୍କ ପଟ ହୋଇ ପ୍ରଶଂସା ଗାଏ, ଗୋପବନ୍ଧୁ ଦାସ ତା' ପାଖକୁ ଯାଏ ନାହିଁ।" ଏତକ କହିଲେ, କାଗଜ ଖଣ୍ଡକ ବଢ଼ାଇଦେଲେ। ସେଥିରେ ମହିଶୂର ରାଜାଙ୍କୁ ଟିକେ ପ୍ରଶଂସା କରି ଲେଖାଯାଇଥାଏ। ଏ ଖବର ଗାନ୍ଧିଜୀଙ୍କ କାନରେ ପଡ଼ିଲା। ଗାନ୍ଧୀ ସଦା ନିର୍ଲିପ୍ତ, ନିରହଂକାର। ହଠାତ୍ ସମବେତ ଜନତା ମରିଚକୋଟ ଆଡ଼େ ମୁହାଁଇଲେ। ଆଗରେ ଚାଲିଛନ୍ତି ଗାନ୍ଧିଜୀ। ପଛରେ ଜନତାର ସୁଅ। ଗୋପବନ୍ଧୁଙ୍କ ସହ ଭେଟ ହେଲା ମରିଚକୋଟ ଛକରେ। ରାଗ ରୋଷ ଉଭେଇଗଲା। ଦୁହେଁ କୁଣ୍ଢାକୁଣ୍ଢି ହେଲେ। ସଭା ସେଇଠି - ସେଇ ବଡ଼ ଦାଣ୍ଡରେ ଚାଲିଲା। ଲୋକ ଜମା ହୋଇଗଲେ। ଉଚ୍ଛ୍ୱସିତ ଆନନ୍ଦ, ଉଲ୍ଲାସ। ଏକ ଅଭୂତପୂର୍ବ ଭାବବିହ୍ୱଳ ପରିବେଶ। ଅସାଧାରଣ ଜନଜାଗରଣ। ରକ୍ଷଣଶୀଳମାନେ ନିରବ। ଗୋପବନ୍ଧୁ କାଳୀଚରଣଙ୍କ ଦକ୍ଷତାକୁ ଢେର୍ ପ୍ରଶଂସା କଲେ। ଏଇଟି କାଳୀଚରଣଙ୍କ ଅଭୁଲା ସ୍ମୃତି। ଗାନ୍ଧି ମହାତ୍ମାଙ୍କୁ ସେ ଅତି ନିକଟରୁ ଦେଖିଲେ। ତାଙ୍କ ମୁହଁରୁ ଅମୃତବାଣୀ ଦି' ପଦ ଶୁଣିଲେ। ଘଟଣାଟି ତାଙ୍କ ଛାତିରେ ଗାର ହେଇ ରହିଗଲା।

ଜଗନ୍ନାଥଙ୍କ ଅପାର ମହିମା। ତାଙ୍କରି କରୁଣାରୁ ପଙ୍ଗୁ ଗିରି ଲଂଘେ, ମୂକ ବାଚାଳ ହୁଏ। କଳା, ସାହିତ୍ୟ, ସଙ୍ଗୀତ ଉତୁରି ଆସେ, ମିଳେ ଅମାପ ଯଶ କୀର୍ତ୍ତି, ଖ୍ୟାତି। ୧୯୨୬ ସାଲର କଥା। ସୁନିଆଁ ଆସିଲା। ଏଇ ଦିନ ରାଜାଙ୍କ ଅଙ୍କକଟା ପରମ୍ପରା। ପୁରୀ ଗଜପତିଙ୍କ ଘର ସିନ୍ଧି, ପ୍ରଜାଏ ଭେଟି ଆଣି ଆସିଲେ ମଫସଲରୁ। କଖାରୁ, କଦଳୀ, କାହିଁ କେତେ ପନିପରିବା। ସେଇଦିନ କାଳୀଚରଣ ନୂଆ ଉପାଧିଟେ ପାଇଲେ। ରାମଚନ୍ଦ୍ରଦେବ ତାଙ୍କୁ 'କବିଚନ୍ଦ୍ର' ଉପାଧିରେ ଭୂଷିତ କଲେ। ମୁଣ୍ଡରେ ଶାଢ଼ି ବାନ୍ଧି ଦେଲେ। ଘରେ ବାହାରେ ସମସ୍ତେ କାଳୀଚରଣଙ୍କୁ ସମାଦର ସମ୍ବର୍ଦ୍ଧନା ଦେଲେ। ସେଇ ଦିନୁ କାଳୀଚରଣ ହେଲେ କବିଚନ୍ଦ୍ର କାଳୀଚରଣ। କଥାରେ ଅଛି - "ଯାହାକୁ ରଖିବେ ଅନନ୍ତ, କି କରିପାରେ ବଳବନ୍ତ"। ବାରିପଦା ଛାଡ଼ିବାର କରୁଣ ଦୃଶ୍ୟ, ମାନସପଟରେ ଉଙ୍କି ମାରୁଥାଏ। ଏକ ପରେ ଆରେକ, ଆଖିପତା ମୁଦି ହୋଇ ପଡୁଥାଏ। ବାଧୁଣିଆଁ ଦେହ। ତାକୁ ଆଡ଼ ପେଲାକରି - କ'ଣ ହେଲା, କାହିଁକି ହେଲା - ଏ ଦୁହେଁ ଲଢ଼େଇ କରୁଥାଆନ୍ତି। ଗୋଟେ ପଟେ ନିଦର ଡାକରା, ତେଣେ ଡାକୁଛି ଭାଗ୍ୟ। କାଳୀଚରଣ କିଂକର୍ତ୍ତବ୍ୟବିମୂଢ଼। ଶେଷରେ ମନ ଢଳିଲା ନୀଳାଚଳକୁ। ତାହା ଥିଲା ଅଦୃଷ୍ଟଙ୍କ ଇଚ୍ଛା।

ବୈଚିତ୍ର୍ୟମୟ ଏ ସୃଷ୍ଟି। ଏହାର ସ୍ରଷ୍ଟା ଆହୁରି ରହସ୍ୟମୟ। ତାଙ୍କରି ହାତରେ ମଣିଷର ଭାଗ୍ୟଡୋରି। ନ ଚାହୁଁଥିବା ଚିଜ ଆପେ ଧରାଦିଏ, ମଣିଷ ନିଜକୁ ଭାଗ୍ୟବାନ ମଣେ। କାଳୀଚରଣ ଏ କଥା ଅନୁଭବ କଲେ ପୁରୀରେ। ଚକାନୟନଙ୍କୁ ଚାହିଁ ପାସୋରିଲେ ନିଜର ଦୁଃଖ, ଯାତନାକୁ। ଦିନେ ଦି' ଦିନରେ ଥରେ; ଯାଆନ୍ତି ବଡ଼ ଦେଉଳକୁ। ଲୋତକାପ୍ଲୁତ ଚକ୍ଷୁ। କୃତାଞ୍ଜଳି ପୁଟେ ଆଶୀର୍ବାଦ ଭିକ୍ଷା କରନ୍ତି। ବଡ଼ ସିଂହାର ବେଶ ଚାଲିଥାଏ। ଜଗାକୁ ଶୁଣାନ୍ତି ଲଳିତ, ମଧୁର ପଦାବଳୀ। କାତରକଣ୍ଠରେ ଗାଆନ୍ତି 'ଜୟଦେବଙ୍କ ଗୀତଗୋବିନ୍ଦ'। ସାଥିରେ ତାଙ୍କ ଓସ୍ତାଦ୍‌ଜୀ ବନଓ୍ୱାରୀ ମିଶ୍ର। ସେ ବି ଭଜନ ଜଣାଣ ଗାଆନ୍ତି। କାଳୀଚରଣ ବଜାନ୍ତି ତାନପୁରା। ଭକ୍ତିକ ପରିବେଶ ମଧ୍ୟରେ ଦିହେଁ ଗାଆନ୍ତି। କାଳିଆର ସଜବାଜ ସରେ। ଏଣିକି ପହୁଡ଼ ବିଜେ। କାଳୀଚରଣ ମନ୍ଦିରରୁ ବାହୁଡ଼ନ୍ତି। ସ୍ନାନବେଦୀ ଉପରେ ପାରିଜାତକ ସହିତ ଝାଇଁ ମହାପାତ୍ର ଡାଲି ଖାଆନ୍ତି। ଭକ୍ତ ଚାତକ-ପ୍ରାଣ-ତୃଷ୍ଣା ମେଣ୍ଟେ। ସବୁ ସେଇ ଇଚ୍ଛାମୟଙ୍କ ଇଚ୍ଛା। ସେ ଅଦୃଷ୍ଟ; ପ୍ରାଣୀର ହର୍ତ୍ତା, କର୍ତ୍ତା, ଭର୍ତ୍ତା, ଦୈବ ବିଧାତା।

■

ଚାକିରି ଝକ୍‌ମାରି, ଏ ଜନମେ ନାଇଁ କରି

ଚାଖଣ୍ଡେ ବୋଲି ପେଟ, ତା'ରି ପାଇଁ ଯେତେକ ନାଟ, ଫନ୍ଦି ଫିକର, କାମଧନ୍ଦା - ସବୁକିଛି। ଏକଦା ଥିଲା ଗ୍ରାମୀଣ ଜୀବନ। ଓଡ଼ିଶାବାସୀ ଚାକିରି କ'ଣ ଠିକ୍ ବୁଝି ନ ଥିଲେ। କୃଷି ଥିଲା ସେମାନଙ୍କର ମୁଖ୍ୟ ଜୀବିକା। ଖିଆପିଆ, ପିନ୍ଧା, ରହିବାକୁ ଠା, ସାହୁକାରଙ୍କ ଦେଣା ସୁଝା - ସବୁ ସେଇ ଚାଷରୁ। କେତେକ ଅବସ୍ଥା ସମ୍ପନ୍ନ କରଣ। ରାଜଦରବାରରେ ତାଙ୍କର ଚାକିରି। କଳା, ନୃତ୍ୟ, ସାହିତ୍ୟ ପ୍ରେମୀ ରାଜାଏ, ରାଜକବିଙ୍କୁ ଦରବାରରେ ରଖୁଥିଲେ। ତାଙ୍କୁ ଢେର୍ ଆଦର ଶରଧା କରୁଥିଲେ। ସମାଜରେ ସେମାନଙ୍କର ସ୍ୱତନ୍ତ୍ର ସମ୍ମାନ ଥିଲା। କ୍ରମେ ଓଡ଼ିଶାବାସୀ ଇଂରାଜୀ ପଢ଼ିଲେ। ଇଷ୍ଟ ଇଣ୍ଡିଆ କମ୍ପାନୀ ଅଧୀନରେ ଚାକିରି କଲେ, ମୋଟା ପଇସା ପାଇଲେ। ଆଉ କେତେକ ପାଠୁଆ ବାପା ଅଜାଙ୍କ ପନ୍ଥା ଧରିଲେ, ରାଜକାର୍ଯ୍ୟ କରିବାକୁ ଉଚିତ ମଣିଲେ। ସେମାନଙ୍କ ମଧ୍ୟରୁ କବିଚନ୍ଦ୍ର ଡକ୍ଟର କାଳୀଚରଣ ପଟ୍ଟନାୟକ ଅନ୍ୟତମ। ବିଭିନ୍ନ ରାଜଦରବାରରେ ତାଙ୍କର ଚାକିରି, ଶେଷରେ ପୁରୀରେ। ଗଜପତି ରାଜା ରାମଚନ୍ଦ୍ର ଦେବ, ସଙ୍ଗୀତରେ ତାଙ୍କ ଢେର୍ ନିଘା। କାଳୀଚରଣଙ୍କୁ ତାଙ୍କ ଦରବାରରେ ଚାକିରି ଦେଲେ। ରାଜା ହସିଲେ ଖୁସି ବରଷେ, ସବୁ ପ୍ରାଚୁର୍ଯ୍ୟ ହାତ ମୁଠାରେ; ରୁଷିଲେ ପ୍ରଳୟ, କୋପ କଲେ ଦଣ୍ଡରୁ ନିସ୍ତାର ନାହିଁ। ସହଜେ ତ ରାଜା ଅବୁଝା। ଯାହା ବୁଝିଥିବେ ଫାଲେ। ଏ ପ୍ରକାର ମାନସିକତାର ଶିକାର ହୁଅନ୍ତି ଅଧସ୍ତନ କର୍ମଚାରୀଏ। ଏମିତି ତିକ୍ତ ଅନୁଭୂତିଟି କାଳୀଚରଣଙ୍କର। ଅନ୍ୟ ରାଜାଙ୍କ ନିକଟରେ ଚାକିରି; ମାତ୍ର ପୁରୀ ଗଜପତିଙ୍କ ରାଜଦରବାର ମଣ୍ଡନ - ଏଇଟି ଭାଗ୍ୟରେ ଥିଲେ ମିଳେ। ନିତି କାଳିଆ ଦର୍ଶନ, ଜୀବନ ଏକ ପ୍ରକାର ମଧୁମୟ ହେଇ ଯାଇଥିଲା; ମାତ୍ର ସୁଖ ପରଦେଶୀ, ଦୁଖ ଆପଣାର, ଛାଇ ପରି ଜଡ଼ିତ ହୋଇ ରହେ। ଆଉ ଜଗନ୍ନାଥଙ୍କ କୃପା ନୋହିଲା। ଗୋଟେ ଛୋଟ ଘଟଣା, ରାତି ଗଡ଼ି ଚାଲିଛି, କାଳୀଚରଣ ରାଜାଙ୍କୁ ସାକ୍ଷାତ କଲେ,

ହାତରେ ରାଜକାର୍ଯ୍ୟ ସମ୍ପର୍କିତ କାଗଜାତ। ରାଜା ଖୁସି ମିଜାସରେ, କୁକୁର ସାଙ୍ଗେ ଖେଳୁଥିଲେ। କାଳୀଚରଣଙ୍କୁ ଦେଖି ନିଆଁବାଣ। ଖୁବ୍ ଭର୍ତ୍ସନା କଲେ। ସବୁ ଯାଉ ମହତ ଟିକକ ଥାଉ। କାଳୀଚରଣ ସେଦିନ ଜାଣିଲେ, ରାଜାଘର ଖାନା ଭାରି ବଢ଼ିଆ, ହେଲେ ସବୁବେଳେ ଭାଗ୍ୟରେ ଯୁଟେନା। ଆତ୍ମସମ୍ମାନ ଦେଇ ଚାକିରି - ଗୋଡି, ଦାସତ୍ୱ। ସେଇ ମୁହୂର୍ତ୍ତରୁ ସିଦ୍ଧାନ୍ତ ନେଲେ - "ଚାକିରି ଝକ୍‌ମାରି - ଏ ଜନମେ ନାଇଁ କରି।"

କାଳୀଚରଣଙ୍କର ନିତି କାମ ଶ୍ରୀମନ୍ଦିର ଅଫିସରେ। ଏଥି ସହିତ ସେ କୋର୍ଟ ପୋଏଟ୍, ମ୍ୟୁଜିସିଆନ ବି। ତା ୦୫.୧୦.୧୯୨୭ ରିଖ, ଏଦିନ ଶ୍ରୀଜୀଉଙ୍କ ଛାମୁରେ ସେତାର ବାଦନ, ଚାମର ସେବାର ନିଯୋଗ ପାଇଲେ। ସେତେବେଳକୁ ସେ 'କବିଚନ୍ଦ୍ର' ଉପାଧି ପାଇ ସାରିଥିଲେ। ସ୍ୱର୍ଗୀୟ ରାୟବାହାଦୂର ରାଜକିଶୋର ଦାସ, ରାଜାଙ୍କ ଦେଓ୍ୱାନ। ତାଙ୍କ ପାଖରେ ପେସ୍କାର ମୁକୁନ୍ଦ ପଟ୍ଟନାୟକ। ମହାରାଜା ରାମଚନ୍ଦ୍ର ଦେବ ଟେମ୍ପୁଲ ସୁପରିନ୍‌ଟେଣ୍ଡେଣ୍ଟ। ନଅରରେ ନିତି ରାତିରେ ଖେଳ ହୁଏ, ଗୀତ ବି ଚାଲେ। ରାଜାସାହେବ ଦିନେ ଦିନେ ଯୋଗଦିଅନ୍ତି। ଦିନକର ଘଟଣା। ଅପରାହ୍ଣ ପାଞ୍ଚଟା। କାଳୀଚରଣ ନଅର କଚେରିରେ କାର୍ଯ୍ୟରତ। ରାଜୁବାବୁ ଜଣେ ରାଜ କର୍ମଚାରୀ। ଚିଠି ଖଣ୍ଡେ ବଢ଼େଇ ଦେଲେ କାଳୀଚରଣଙ୍କ ହାତକୁ। ଚିଠିଟା ଅତି ଜରୁରୀ। ଡାକରେ ଯିବ। ଡାକ ଯାଏ ସଞ୍ଜ ଛଅଟାରେ। ଛାମୁଙ୍କ ଦସ୍ତଖତ ଅତ୍ୟନ୍ତ ଜରୁରୀ। କାଳୀଚରଣ କେବଳ ଏ କାମ କରିପାରିବେ - ଏ କଥା କହିଲେ ରାଜୁବାବୁ। କାଳୀଚରଣ ସମ୍ମତି ଜଣାଇଲେ।

ରାଜ ନଅର। ଆଜିକାଲି ଧରଣର ରୂପ ସେବେ ନ ଥିଲା। ବଡ଼ଦାଣ୍ଡ ପଟକୁ ଦି' ମହଲା କୋଠା କେଇ ବଖରା। ସେଇଥିରୁ ବଖରାଏ। ସେଇଟି ଗଜପତିଙ୍କ ବୈଠକୀ ଘର। ସୋଫାଟିଏ ପଡ଼ିଛି। ଅଧାଶୁଆ ହୋଇଛନ୍ତି ଛାମୁ। ଗୁଡ଼ାଖୁ ଟାଣୁ ଥାଆନ୍ତି। ହାତରେ ଦି'ଟା ଛୋଟଛୋଟ ରବର ପେଣ୍ଡୁ। ୪/୬ଟା ବିଲାତି କୁକୁର। ତାଙ୍କ ସହ ରାଜା ପେଣ୍ଡୁ ଖେଳୁଥିଲେ। କାଳୀଚରଣ ଯଥାବିଧି ଜୁହାରିଲେ, ଆସିବାର ଅଭିପ୍ରାୟ ବ୍ୟକ୍ତ କଲେ। ପ୍ରାୟ ପନ୍ଦର, କୋଡ଼ିଏ ମିନିଟ ଗଲା। ରାମ କି ଶ୍ୟାମ - ପଦେ କଥା ହବା ଦୂରର କଥା, ଆଡ଼ ଆଖିରେ ଚାହିଁଲେନି ରାଜା। କାଳୀଚରଣ ବିଚଳିତ, ପୁଣିଥରେ ଅନୁରୋଧ କଲେ, କାଗଜରେ ଦସ୍ତଖତ ପାଇଁ ନିବେଦନ ରଖିଲେ। ମୁହଁକୁ ତଳକୁ ପୋତି ଖେଳୁଆଆନ୍ତି ରାଜା। ଜାଣ ଯାଙ୍କ ଦାମ୍ କେତେ? କାଳୀଚରଣ ସମ୍ମତି ଭରିଲେ, କୁକୁର କଲିକତାରୁ କିଣା ହେଉଥିଲା, ସେ ନିଜେ ଥିଲେ, ଦାମ୍ ବି ଜାଣନ୍ତି। ରାଜାଙ୍କ କ୍ରୋଧ ଶହେଗୁଣ ବଢ଼ିଲା, ଚିତ୍କାର କରି କହିଲେ

– "ଯାଙ୍କ ଦାମ ତୁମଠୁ ବେଶି।" କାଳୀଚରଣଙ୍କ ପାଦତଳୁ ସତେ ଯେମିତି ମାଟି ଖସି ଯାଉଥିଲା, ଆଖିରୁ ବାହାରି ଯାଉଥିଲେ ଜୁଳୁଜୁଳିଆ ପୋକ। ମୁଣ୍ଡକୁ ରକ୍ତ ଚଢ଼ିଯାଇଚି, ଭାବିଲେ ରାଜା ସଜ୍ଞାନରେ ଅଛନ୍ତି ତ! ପୁନଶ୍ଚ କଟାଘା'ରେ ଚୂନ। ମୁଁ ଭୁଲ କହିଲି? ରାଜାଙ୍କର ଏଇ ଦୋହରା କଥା। କାଳୀଚରଣଙ୍କ ଦେହ ଜଳିଗଲା। ଉତ୍ତର ଦେଲେ – "ନାଇଁ ଆଜ୍ଞା! ମିଛ ନୁହେଁ। ଛାମୁଙ୍କ କଥା ବିଲକୁଲ ସତ। ଛାମୁଙ୍କୁ ଆମେ (ହିନ୍ଦୁମାନେ) ଚଳନ୍ତି ବିଷ୍ଣୁ ବୋଲି ଜୁହାରୁଛୁଁ। ମୋ ବାପ, ଗୋସେଇଁ ବାପ ଯେଉଁ ଗୋଡ଼ ତଳେ ମୁଣ୍ଡିଆ ମାରନ୍ତି, ତାଙ୍କ ଉପରେ ସେ ଚଢୁଛନ୍ତି, ତାଙ୍କ ଦାମ୍ ନିଶ୍ଚୟ ମୋ ଠୁ ବେଶି।" ଚିଠିରେ ରାଜା ଦସ୍ତଖତ କରିଦେଲେ। ପୁଣି ବୋଲିଲେ – "ବଡ଼ ପ୍ରଗଲ୍‌ଭ ତୁମେ।" କାଳୀଚରଣ ଏକମୁହାଁ ହୋଇ ଫେରିଲେ। ମନେମନେ ହେଜିଲେ – ରାଜାଘର ସୁଆଦିଆ ଖାଦ୍ୟ, ଏଡ଼ିକି ପ୍ରମାଦ ପୂର୍ଣ୍ଣ? ଯେଉଁଠି ମାନ ମହତ ନାହିଁ, ଆତ୍ମ ସମ୍ମାନ କ୍ଷୁଣ୍ଣ ହୁଏ – ସେଠି ପୁଣି କି ଚାକିରି? ପୂର୍ବସ୍ମୃତି ଗୋଟିକ ପରେ ଗୋଟିଏ ଉଙ୍କି ମାରୁଥାଏ। ବଂଶ ମର୍ଯ୍ୟାଦା ଆଗ, ପରେ ଚାକିରି, ଆଦର ସମ୍ମାନ। ଆଜି କ'ଣ ପାଇଁ ମାନମହତ ଗଲା? ସବୁ ସେଇ କାଳିଆର ଇଚ୍ଛା! କାଳୀଚରଣ ଜଗା ସିଂହଦ୍ୱାରରେ ମୁଣ୍ଡିଆଟାଏ ମାରିଲେ। ଏକମୁହାଁ ହୋଇ ବସାରେ ପହଞ୍ଚିଲେ। ଜଗାର ଅଦ୍ଭୁତ ଭିଆଣ। ତା' ଦୁଆରରୁ କେହି ରିକ୍ତ ହସ୍ତରେ ଫେରେନା। ରାଜା ଗାଳି ଦେଲେ, କୁକୁରଠାରୁ ମଣିଷକୁ ହୀନ ମଣିଲେ। ତାଙ୍କ ଚଳନ୍ତି ପ୍ରତିମାଙ୍କର ଏ ପ୍ରକାର ବ୍ୟବହାର। ଜଗା ପରମ କାରୁଣିକ, ଦୁଃଖହାରୀ। କାଳୀଚରଣଙ୍କ ମନ ଭାରାକ୍ରାନ୍ତ। ବସାରେ ପହଞ୍ଚିଲେ। ଅପେକ୍ଷାରେ ଥିଲେ ତାଙ୍କ ବନ୍ଧୁ ମସ୍ତାନ ବା ମସ୍ତାନ ବାବୁ। ତାଙ୍କର ଗ୍ରାମଫୋନ ବିକା ବ୍ୟବସାୟ ଥାଏ। ସେତେବେଳେ କଲିକତା ହିଜ୍‌ମାଷ୍ଟରସ୍ ନାଁ ଡାକ 'ଭଏସ୍ କମ୍ପାନୀ'। ମସ୍ତାନବାବୁ କମ୍ପାନୀର ମନୋନୀତ ବିକ୍ରେତା। ଓଡ଼ିଶାର ଗାୟକ, ଗାୟିକା ଠିକଣା କରିବା ଦାୟିତ୍ୱ ତାଙ୍କ ଉପରେ। ନାମ ଅନୁସାରେ ଦୀର୍ଘକାୟ ଲୋକଟି ମଧ୍ୟ 'ମସ୍ତାନ'। 'ପ୍ରତି'ରେ ଅବଶ୍ୟ 'ଦୀର୍ଘ'କୁ ଚାହିଁଲେ, ଟିକେ ଊଣା ବୋଲା ଯାଇପାରେ। କାଳୀଚରଣ ଚାରୋଟି ଗୀତ ଲେଖିବେ, ସାଥିରେ ଯିବେ ମୋହନ ଗୋସ୍ୱାମୀ। ଉଭୟଙ୍କ ଗୀତଗୁଡ଼ିକୁ ରେକର୍ଡ଼ିଂ କରାଯିବ କଲିକତାରେ। ସପ୍ତାହେ ବିତିଲା, ଗୀତ ଲେଖା ସରିଲା। କାଳୀଚରଣ, ମୋହନ ଗୋସ୍ୱାମୀ, ମସ୍ତାନ ବାବୁ – ତିନିହେଁ କଲିକତା ଟିକଟ କାଟିଲେ। ଠାକୁର ଦେଖା, କଦଳୀ କିଣା –ଦୁଇଟି କାମ ହେଲା। ପ୍ରଥମେ ଗଙ୍ଗାସ୍ନାନ, କାଳୀଚରଣ ଆଣ୍ଠୁଏ ପାଣିରେ ଛିଞ୍ଚି ହୋଇଗଲେ। କିନ୍ତୁ ଗୋସେଇଁ ଢ଼େର୍ ବୁଡ଼ିଲେ, ଉଠିଲା ବେଳକୁ ଦେହସାରା ମଇଳା ସାଲୁବାଲୁ। ଥରେ 'ଇହି ଛି ଛି' ରାମରାମ କହିଲେ, ପୁନଶ୍ଚ ବୁଡ଼ ମାରିଲେ। ତାଙ୍କ ତୁଣ୍ଡରୁ 'ଗଙ୍ଗେ ତ୍ରିପଥଗେ ପୁଣ୍ୟେ' ପାଠ ବନ୍ଦ ହେଇଗଲା।

କାଳୀଚରଣ ମୀରା ଭଜନରୁ ଧାଡ଼ିଏ ଆବୃତ୍ତି କଲେ - "ନିତ୍ ନାହାନ୍‌ସେ ହରି ମିଲେତୋ ଜଳଜନ୍ତୁ ହୋଇ" ଗଂଗାରେ ବୁଡ଼ ମାରିଲେ ଯେବେ ପାପ ଧୋଇ ଯାଇଥାଆନ୍ତା, ତେବେ ଅଭିଧାନରୁ ପାପୀ ଶବ୍ଦ ଉଠି ଯାଇଥାଆନ୍ତା - ଏଇ ଧାରଣାଟି କାଳୀଚରଣଙ୍କର ଦୃଢ଼ ହେଲା।

ଆସିଲା ପ୍ରତୀକ୍ଷିତ ମୁହୂର୍ତ୍ତଟି। ଦମ୍‌ଦମ୍‌ର ହିଜ୍ ମାଷ୍ଟରସ୍ କମ୍ପାନୀରେ ରେକର୍ଡ଼ିଂ ହୋଇଗଲା। ଚାରିଟି ଏକା (ଶୋଲୋ) ଗାଇଲେ କାଳୀଚରଣ, ଆଉଟି 'ଡୁଏଟ୍'। ଗୋସେଇଁ, କାଳୀଚରଣ ମିଶି ଗାଇଲେ। ଗୀତ ଗୁଡ଼ିକର ଲେଖକ କାଳୀଚରଣ। ଗୀତରେ ଥାଏ ଲେଖକ ମନକଥାର ଛାୟା, ତାହା ଆତ୍ମପ୍ରକାଶ କରେ। କାଳୀଚରଣଙ୍କ ଗୀତରେ ସେୟା ଥିଲା। ଦୁଇଟିରେ ହାସ୍ୟ ରସ ଭରପୂର। ତାହା ଥିଲା ହାସ୍ୟରସ ପୂର୍ଣ୍ଣ ପ୍ରଥମ ଓଡ଼ିଆ ସଙ୍ଗୀତ-ରେକର୍ଡ଼। ସେଇଟି ହେଲା - "ଚାକିରି ଝକ୍‌ମାରି / ଏ ଜନମେ ନାଇଁ କରି / ଖାମିଦ ହସିଲେ ହସି - ଖୁସିରେ ହସି - ଖୁସିରେ ହସି / ଗଧକୁ କହିଲେ ଘୋଡ଼ା - ଦିନ ଯାଏ ହାଁ ଜି ମାରି" - ଇତ୍ୟାଦି। ଆର ଗୀତଟି - "ସୁନ୍ଦର ରୋଳ, ସୁଗୋଲ କଳେବର - / ଝିକିମିକି ତନୁ ଜୟ ଟଙ୍କା।" ଇତ୍ୟାଦି। ଡୁଏଟ୍ ଗୀତଟି ହେଲା - "ଆସ ଭାଇ ଲୁଚକାଳି ଖେଳିବା।" ତିନୋଟି ରେକର୍ଡ଼ର ନମ୍ବର ହେଲା - ପି:ନ: ୯୩୪୫ (ଜୟ ଟଙ୍କା..., ରସିକ ତୁମେ ପରା...), ପି:ନ:୯୬୭୯ (ଚାକରି ଝକ୍‌ମାରି, କାହ୍ନୁ ପୁଣେ...), ପି.ନ: ୯୩୪୪ (ଆସ ଭାଇ, ଅଙ୍ଗେ ଅଙ୍ଗେ...)। ଗୀତ ରେକର୍ଡ଼ିଂରୁ କିଛି ପଇସା ମିଳିଲା। ଜୀବନର ଗୋଟେ ନୂଆ ରାହା ବି ମିଳିଗଲା। କଥାରେ ଅଛି - ଯାହାକୁ ରଖିବେ ଅନନ୍ତ, କି କରିପାରେ ବଳବନ୍ତ?"

କଲିକତାରୁ ପୁରୀ ବାହୁଡ଼ା। ଧରାକୋଟ ରାଜାଙ୍କ ଠାରୁ ନିମନ୍ତ୍ରଣ ପତ୍ରଟେ ପାଇଲେ କାଳୀଚରଣ। ବ୍ରହ୍ମପୁରରେ ଶଶୀଭୂଷଣ ରଥଙ୍କ ସହ ଆଗରୁ ଚିହ୍ନା ପରିଚୟ ଥିଲା। ଉଭୟ ଧରାକୋଟ ଗଲେ। ରାଜା ମଦନମୋହନ ସିଂହ, କାଳୀଚରଣଙ୍କ ଠାରୁ ଗୀତଟିଏ ଶୁଣିଲେ, ତାଙ୍କ ଆନନ୍ଦର ସୀମା ରହିଲାନି। ରାଜା ପ୍ରେସ୍‌ଟିଏ ଦେବା ପାଇଁ ହଁ ଭରିଲେ। ପୁରୀ ବଡ଼ଦାଣ୍ଡର ମରିଚକୋଟ ଗଳି ସାମ୍ନା। ଗୋଟେ ଭଡ଼ାଘରେ ପ୍ରେସ୍ ବସିଲା। ନାଁ ହେଲା 'ସଙ୍ଗୀତ ପ୍ରଭା ପ୍ରେସ୍'। ସେଠାରୁ ମାସିକ ପତ୍ରିକାଟି ବାହାରିଲା। ତା'ର ନାଁ 'ସଙ୍ଗୀତ-ପ୍ରଭା'। ଏଇଟି କେବଳ ସଙ୍ଗୀତ ସମ୍ବନ୍ଧୀୟ ପତ୍ରିକା। ଏ ପ୍ରକାର ପତ୍ରିକା ପ୍ରକାଶନ ଓଡ଼ିଶାରେ ପ୍ରଥମ ପ୍ରଚେଷ୍ଟା। ତା' ସହିତ କାଳୀଚରଣ ସଙ୍ଗୀତ ସ୍କୁଲଟିଏ ଖୋଲିଲେ। ଛାତ୍ରଙ୍କ ସଂଖ୍ୟା ବଢ଼ିଲା; କିନ୍ତୁ ଟଙ୍କା ଘରେ ଶୂନ, ବରଷକରେ ସ୍କୁଲଟି ବନ୍ଦ ହେଇଗଲା। କାଳୀଚରଣ ପୁରୀ ରାଜାଘରକୁ ଯିବା ବନ୍ଦ କରିଦେଇଥିଲେ। ରାଜା ଦି' ଚାରି ଥର ଡକାଇଲେ। ରାଣୀଙ୍କ ଠାରୁ ଖବର ମିଳିଲା।

ସାଙ୍ଗ ମୋସାହେବ ମାନେ, କାଳୀଙ୍କ ଅନୁପସ୍ଥିତିର କାରଣ ଖୋଜିଲେ। ରାମ ସହାୟ, ରାଜାଘର ଏକ ଅନୁଗୃହୀତ କର୍ମଚାରୀ, ପର୍ସନାଲ ଆସିଷ୍ଟାଣ୍ଟ। ପୂରା ମଧୁରଭକ୍ତିଆ, ତାଙ୍କୁ ଦେଖି କାଳୀଚରଣଙ୍କ ହାଡ଼ ଜଳିଗଲା। ପଞ୍ଚତନ୍ତ୍ରରୁ ମନେ ପଡ଼ିଲା ଶ୍ଲୋକଟେ - "ବଚସିତେ ଯାଦୃଶୀ ମଧୁରତା / କାର୍ଯ୍ୟେତୁ ତଦ୍ ବିପରୀତଂ ପ୍ରତିଭାତ।" ରାମସହାୟ କାଳୀଚରଣଙ୍କୁ ବାଧ୍ୟ କଲେ। ଶେଷରେ ରାଜଦରବାରକୁ ଯିବା ସ୍ଥିର ହେଲା। ରାତି ଆଠଟା ନଅଟା ହେବ, ଆସର ଜମିଛି, ପଶାଖେଳରେ ଦୋସ୍ତମାନେ ବସିଛନ୍ତି। ରାଜା ପୂରା ଖୁସ୍‌ମିଜାଜରେ। କାଳୀଚରଣ ବିଧି ମତେ ଜୁହାର ହେଲେ। ରାଜା ଚଳନ୍ତି ବିଷ୍ଣୁ। ଭକ୍ତ ଯେମିତି ଏକାବେଳେ ଗର୍ଭଛଡ଼ା ହୋଇ ଦେଖାଦେଇଛି, ଅଷ୍ଟାଙ୍ଗ ଶରୀରରେ କାଳୀଚରଣଙ୍କର। ଦେଓ୍ୱାନ କାଳୀଚରଣଙ୍କ ଅନୁପସ୍ଥିତ ରହିବା କଥା ପଚାରିଲେ। ରାମ ସହାୟ ନାନା ପ୍ରଶ୍ନକଲେ। କାଳୀଚରଣ ଉତ୍ତର ଦେଲେ - "ଛାମୁଙ୍କ ଦ୍ୱାରଛଡ଼ା ମୋର ଅନ୍ୟଗତି କାହିଁ? ଖୁସି ହେଇଗଲେ ଛାମୁ, ମୁଣ୍ଡ ଟୁଙ୍ଗାରିଲେ ମୁରୁକିହସା ମାରି।" କାଳୀଚରଣ ରେକର୍ଡ଼ ଖଣ୍ଡିଏ ବଢ଼େଇ ଦେଲେ - ଚାକିରି ଝକ୍‌ମାରି....। ସଙ୍ଗେସଙ୍ଗେ ଉଆସ ଭିତରୁ ଗ୍ରାମଫୋନଟା ମଗାହେଲା। ସବୁ ଗୀତ ବାଜିଲା, ଜୟ ଟଙ୍କା..., ଏ ଗୀତ ବି ବାଜିଲା। ଜଣେ ଉପହାସରେ କହିଲେ - "କାଳୀବାବୁ ଆମର ଟଙ୍କାର ଖୁବ୍ ପ୍ରଶଂସା କରି ଜାଣନ୍ତି।" ରାମସହାୟ କଥାରେ ଜୁଆଣ ଦେଲେ - "ହୁସିଆର ଆଦ୍‌ମି, ରୂପୟେକା କଦର ଜାନ୍‌ତ ହେଁ; ପହଚାନତେ ଭି ଖୁବ୍।" ଟଙ୍କାର ଗୁଣ ଗାଇଛନ୍ତି, କାଲି ଚାକିରିରେ ଜଏନ୍ କରିବେ ନା? ତା' ପରେ ବାଜିଲା ଅସଲ ରେକର୍ଡ଼ ଖଣ୍ଡକ, ଚାକିରି ଝକ୍‌ମାରି...। ଛାମୁଙ୍କ ମୁହଁ କେଶରା ପଡ଼ିଗଲା। ରାଜାଙ୍କ ନିର୍ଦ୍ଦେଶରେ କାଳୀଚରଣ ସେଇ ଗୀତଟି ଗାଇଲେ - "ଚାକିରି ଝକ୍‌ମାରି, ଏ ଜନମେ ନାହିଁ କରି।" ରାଜାଙ୍କ ମୁହଁ ବିରୂପ ହେଇଗଲା, ରୋଷ ଅବା ଅବସୋସର ଚିହ୍ନ ସ୍ପଷ୍ଟ ବାରି ହୋଇ ପଡୁଥିଲା। କାଳୀଚରଣ ଫେରି ଆସିଲେ। ପଛରେ ରହିଲା ରାଜବାଟି, ରାଜବାଟି ସାମ୍‌ନା ନଅର, ଜଗାର ସିଂହଦ୍ୱାର। ଏଇଠୁ ଜୀବନର ଘଟ ପରିବର୍ତ୍ତନ, ପଛରୁ ଖୋସାମତିଆ ଜଣେ କହୁଥିଲେ - "ଦୋସ୍ତ କଲ୍ ସୁବା ଆଠ ବଜେ ଆୟେଗା।" ରେକର୍ଡ଼ ଖଣ୍ଡିକରେ କାଳୀଚରଣ ମନକଥା ସବୁ କହିଦେଇଥିଲେ, ଆଉ ରାଜଦୁଆର ମାଡ଼ିଲେନି - "ଛୋଡ଼ ନଗରୀକା ନାମ କ୍ୟା।"

ରାଜା ପ୍ରତାପୀ, କ୍ଷମତାରେ ଅନ୍ଧ। ଦରବାରିଆ ମାନେ ତାଙ୍କର ଚାଟୁକାର। ଖୋସାମତିରେ ରାଜାଙ୍କ ମନ ନିଅନ୍ତି। ହେଲେ କବି, କଳାକାର ବଡ଼ ସ୍ୱାଭିମାନୀ। ସେ କାହାର ଗୋଲାମ ନୁହେଁ। ବଡ଼ଲୋକଙ୍କୁ ସିନା ଉତ୍ତର ଦେଇ ପାରିଲେନି କାଳୀଚରଣ, ଭର୍ତ୍ସନାର ଉତ୍ତର ଦେଲେ ବ୍ୟଙ୍ଗ ଗୀତରେ। ରାଜାଙ୍କ ହାତରେ ଅସି,

କବିଙ୍କ ହାତରେ ମସୀ, ଢେର୍ ତୀକ୍ଷ୍ଣ। ସେଦିନ ରାଜା ଦିବ୍ୟସିଂହ ଦେବ। ଦୀନକୃଷ୍ଣଙ୍କୁ କେତେ କଟାଳ କଲେ। ରସକଲ୍ଲୋଳ କାବ୍ୟକୁ ତାଙ୍କ ନାଁରେ ଭଣିତା କରିବାକୁ ଜିଦ୍ ଧରିଲେ। ହେଲେ କବି ଅଟଳ। ରାଜା ତାଙ୍କୁ କାରାଗାରରେ ନିକ୍ଷେପ କଲେ। ତଥାପି ଦୀନକୃଷ୍ଣ ବଳି ଦେଲେନି ସ୍ୱାଭିମାନକୁ। ରାଜାଙ୍କ ଉଦ୍ଦେଶ୍ୟରେ ଲେଖିଲେ - "କବି ଯା କରେ ମୂର୍ଖକୁ ସ୍ତୁତି। ଏଥିରୁ ନାହିଁ ବଡ଼ ବିପତ୍ତି / ଏଥିକି ପ୍ରତି, ଛାତିରେ କାତି ମାରିବା ଭଲ ହେ।" କବିଚନ୍ଦ୍ର କାଳୀଚରଣ ସ୍ୱାଭିମାନୀ, ସ୍ୱାଧୀନ ଚେତା ମଧ୍ୟ। ଗଜପତି ରାଜା; ଧନ, ମାନ, ବଳ, ପ୍ରତାପ ତାଙ୍କର କିଛି କମ୍ ନୁହେଁ। କଳାକାରଟି ବା କେଉଁ ଗୁଣରେ ନ୍ୟୂନ? ସେଦିନ କାଳୀଚରଣ ପ୍ରମାଣ କରି ଦେଖେଇ ଦେଲେ - "ଚାକିରି ଝକ୍ମାରି, ଏ ଜନମେ ନାଇଁ କରି।" ଏଣିକି ତାଙ୍କର ଚାକିରିକି ଦୂରୁ ଜୁହାର।

■

ସବୁ ଯାଉ ମହତ ଥାଉ

ଧନ, ଜନ, ଯଉବନ - ସବୁ ମିଛ ଅଲିକ। ଧନ ଚଞ୍ଚଳା, ପର କରି ଚାଲିଯାଏ। ଜନରେ ସଂସାର ଜଞ୍ଜାଳ ବଢ଼େ, ଯଉବନ ଆସେ ଯାଏ; ଆଉ ଫେରେନା। ସେମିତି ମହତ ପଣିଆ। ଏଇଟି ସ୍ୱାଭିମାନର ପ୍ରତୀକ, ମାନବିକତାର ପରିଚାୟକ। ଦୟା, କ୍ଷମା, ପ୍ରେମ, ସ୍ନେହ, ପ୍ରୀତି, ପ୍ରତ୍ୟୟ - ଏସବୁ ଗୁଣୀଜନଙ୍କ ଠାରେ ପରିଲକ୍ଷିତ। ସେମାନେ ଦୟାର୍ଦ୍ର। ଦୁଃଖୀ, ରଙ୍କୀ, ଭୋକୀ, ଶୋଷୀ, ରୋଗୀ, ଯୋଗୀଙ୍କ ମନ ବୁଝନ୍ତି। ନଥାଉ ପଛେ ଧନ, ମନରେ କିଛି ଅଭାବ ନଥାଏ ସେମାନଙ୍କର। ମାନ, ମହତ - ପୁରୁଷର ବ୍ୟକ୍ତିତ୍ୱକୁ ଉଭାସିତ କରେ। ପାଞ୍ଚ ଜଣରେ ଜଣେ କରିଦିଏ। ଏଇଥି ପାଇଁ ମହତ ଜନଙ୍କର ସବୁଠି ଆଦର, ନିଜ ଦେଶ ଅବା ପରଦେଶରେ। କୁକର୍ମ ମହତ ପଣିଆରେ କଳଙ୍କ ଲଗାଏ। ଥରେ ମହତ ଗଲେ - ମଣିଷତ୍ୱ ଲୋପ ପାଏ। ଏ ପ୍ରକାର ନଜିର ପୁରାଣ, ସାହିତ୍ୟ, ଇତିହାସରେ ଭରପୂର। ମହାଭାରତର କଥା। ରାଜା କୁରୁ ଚୂଡ଼ାମଣି - ଦୁର୍ଯ୍ୟୋଧନ। ସେ ମାନ ଗୋବିନ୍ଦ, କ୍ଷାତ୍ର ଧର୍ମର ମୂର୍ତ୍ତିମନ୍ତ ପ୍ରତୀକ। ଦୁର୍ଯ୍ୟୋଧନ ଭଲ ଭାବରେ ଜାଣିଥିଲେ। ପାଣ୍ଡବ ପକ୍ଷେ କପଟୀ ଶ୍ରୀକୃଷ୍ଣ, ଧନୁର୍ଦ୍ଧର ଅର୍ଜୁନ, ଗଦାଯୁଦ୍ଧ ବିଶାରଦ ଭୀମ। ଅନାଗତ ଭବିଷ୍ୟର ଆକଳନକାରୀ ସହଦେବ। ମହାଭାରତ ଯୁଦ୍ଧର ଫଳ ହେବ ବିଷମୟ। ନିଜ ସମେତ ଅନଶତ ଭାଇଙ୍କ ମୃତ୍ୟୁ ଅନିବାର୍ଯ୍ୟ। ତଥାପି ସେ କ୍ଷତ୍ରିୟର ଧର୍ମ ଛାଡ଼ି ନ ଥିଲେ। ବିନା ଯୁଦ୍ଧେ ନଦେବାର ସୂଚ୍ୟଗ୍ରେ ମେଦିନୀ - ଏଇଟି ଆର୍ଯ୍ୟବୀର ଦୁର୍ଯ୍ୟୋଧନର ସ୍ୱାଭିମାନ। ସମସ୍ତ କଠୋର ସ୍ଥିତି ସତ୍ତ୍ୱେ; ଜଳାଞ୍ଜଳି ଦେଇ ନ ଥିଲେ ତାଙ୍କ ମହତ ଟିକକ। ତାଙ୍କ ଅପକର୍ମ ପାଇଁ ସେ ନିନ୍ଦିତ; ମାତ୍ର ମାନ ମହତପଣିଆ ପାଇଁ ବନ୍ଦିତ ନିଶ୍ଚୟ ! ରାମାୟଣର ମର୍ଯ୍ୟାଦାବନ୍ତ ପୁରୁଷ ଶ୍ରୀରାମଚନ୍ଦ୍ର। ମାନ, ମହତର ସେ ଅନୁପମ ନିଦର୍ଶନ। ଲଙ୍କେଶ ରାବଣ, ବରିନେଲା ମୃତ୍ୟୁ। ଶ୍ରୀରାମଙ୍କ ଶରରେ ନିଧନ ହେଲା, ହୋଇଗଲା ମୋକ୍ଷ।

ବିଭୀଷଣ, ରାଜଗାଦି ଭୋଗକଲା। ମାତ୍ର ଭାତୃଦ୍ରୋହ କଳଙ୍କର ଟୀକା କାଳ କାଳକୁ ତା' ମୁଣ୍ଡରେ। ଗୋଟେ କଥାରେ କହିଲେ - ସ୍ୱାଭିମାନ ନାହିଁ ତ, ମହତପଣ ଆସିବ କେଉଁଠୁ? ସେଇଥି ପାଇଁ କଥାରେ ଅଛି - 'ସବୁ ଯାଉ, ମହତ ଟିକକ ଥାଉ।'

ଏଇ ମହତ ବାଣୀ, ବୁଝିଥିଲେ ବହୁ ଜ୍ଞାନୀ, ଗୁଣୀ, ପ୍ରାଜ୍ଞ, ବିଜ୍ଞମାନେ। ବୁଝିଥିଲେ କବିଚନ୍ଦ୍ର ଡକ୍ଟର କାଳୀଚରଣ ପଟ୍ଟନାୟକ। ମହତ ଜନରେ ସେ ଗଣ୍ୟ। ତାଙ୍କର ଉଠପଡ଼ ଜୀବନ। ଖଣ୍ଡପଡ଼ାରେ ଚାକିରି ଛାଡ଼ିଲେ, ବହିଲା ଅନାସ୍ଥା ବାଆ। ରାସଦଳ ଗଢ଼ିଲେ, ଭାଙ୍ଗିଲା। ନୂଆ ରାହା ଧରିଲେ। ଘରୁ ଗୋଡ଼ କାଢ଼ିଲେ, ଏଣିକି କଟକ ଯାତ୍ରା। ଆସିଲା ନାନାଦି ବାଧାବିଘ୍ନ। କେବେ ପ୍ରିଣ୍ଟିଂ କମ୍ପାନୀରେ ଚାକିରି ତ ପୁଣି ରାସଲୀଳା। କେବେ ସଫଳ ପୁଣି ବିଫଳ। ସଫଳତା ଆନନ୍ଦ ଦିଏ, ବିଫଳତା ବୁଦ୍ଧି ଶିଖାଏ, ବାଟ କଢ଼େଇ ନିଏ। ଏସବୁର ଅନୁଭବୀ କାଳୀଚରଣ। ତାଙ୍କ ଜୀବନରେ ଦୟନୀୟ ସ୍ଥିତି ଆସିଛି। ସେ ଧୈର୍ଯ୍ୟଚ୍ୟୁତ ହୋଇ ନାହାନ୍ତି। ଆପଣାର ମାନମହତ ବଜାୟ ରଖିଛନ୍ତି। ସେଇସବୁ କରୁଣ ବୃତ୍ତାନ୍ତ। ପରଶିଛନ୍ତି ଆତ୍ମଲିପି 'କୁମ୍ଭାର ଚକ'ରେ। କଟକ ରହଣିର ଦୁର୍ଦ୍ଦିନ କଥା ବିଶେଷଭାବେ ଉପସ୍ଥାପନ କରିଛନ୍ତି।

ଲଗାଣ ବର୍ଷାର ସୁପାତି। ଦିନରାତି ବାରି ହେଉନି। ବେଙ୍ଗର କେଁ କଟର ରଡ଼ି, କାନ ତାବଦା। କାଳୀଚରଣ ବାହାରିଲେ କଟକ। ସାଥିରେ ଖଣ୍ଡପଡ଼ା ରାସଦଳର ତିନିଟି ପିଲା। ହାତୀ ପିଠିରେ ଗଲେ ଗୋପୀନାଥପୁର ଯାଏ। ଏଣିକି ଡଙ୍ଗା ଭରସା। ମହାନଦୀ ଘାଟରେ ଡଙ୍ଗା ଖଟାଯାଇଛି, ଡଙ୍ଗା ଭର୍ତ୍ତି ଗୁଡ଼, ଆଉ ଆଉ ତେଜରାତି। ଡଙ୍ଗା ଚାଳଟି ନୂଆଁଣିଆ । ନାଉରୀ ଡଙ୍ଗା ଚଳାଏ ମଙ୍ଗଧରି। ନଦୀରେ ଅଷାଢୁଆ ଗୋଳିଆ ପାଣି। ସାପ ମୁଣ୍ଡକଟା ସୁଅ। ଅକାତ କାତ ପାଣି। ଚାରିଜଣ ଭେଣ୍ଡିଆ, ମୁଣ୍ଡରେ ତାଙ୍କର ଝାଁପି। ନାଆଚାଳ ମଥାନ ଉପରେ ବସିଥାଆନ୍ତି ଗୋଡ଼ ଲମ୍ବାଇ। ଆହୁଲା ମାରନ୍ତି। ଅସମୟ - ବରଷା ବୋଲେ ମୁଁ, ପବନ ବୋଲେ ମୁଁ। ଏକେ ଆରକୁ ବଳୀ। ଗୁଡ଼ ଗନ୍ଧରେ ନାକ ଫାଟି ଯାଉଥାଏ। ପ୍ରାୟ ୭/୮ ଘଣ୍ଟା ଲାଗିଲା। ନାଆ ଲାଗିଲା ଫାଶିଦିଆ ବରଗଛ ତୁଠରେ। କାଳୀଙ୍କ ପାଖରେ ମାତ୍ର ଦି' ଟଙ୍କା। ଟଙ୍କାଟାଏ ନାଉରୀ ହାତକୁ ବଢ଼େଇ ଦେଲେ। ଆପଣା ମହତ ରଖିଲେ। ଆଉ ଅଣ୍ଟାରେ ଟଙ୍କାଟିଏ। ପହଞ୍ଚିଲେ କଟକ ପ୍ରିଣ୍ଟିଂ ପ୍ରେସ୍‌ରେ। କମ୍ପାନୀର ମ୍ୟାନେଜର ଓକିଲ କାଶୀନାଥ ମହାନ୍ତି। ସେତେବେଳକୁ କାଳୀଚରଣଙ୍କର ତିନୋଟି ନାଟକ ଛପା ସରିଥାଏ - (୧) କଳାହାଣ୍ଡିଆ ମେଘ, (୨) ବାୟାଧନଟି, (୩) ଧ୍ରୁବ। କମ୍ପାନୀ ବହିଗୁଡ଼ିକୁ ଦୋକାନରେ ଜମା ଦେଇଥାଏ। ସେଠାରୁ ସେ ପାଇଲେ କିଛି ପଇସା, ବହିର ରୟାଲିଟି। ପ୍ରିଣ୍ଟିଂ କମ୍ପାନୀର କାଶୀନାଥ ବାବୁ ଜଣେ ଭଲ ଲୋକ। କାଳୀଚରଣଙ୍କୁ ଆଦର କଲେ।

ସେତେବେଳେ ସାହିତ୍ୟ ପତ୍ରିକା କହିଲେ 'ଉତ୍କଳ ଦୀପିକା' - ପ୍ରିଣ୍ଟିଂ କମ୍ପାନୀରୁ ପ୍ରକାଶ ପାଉଥାଏ। ସେଇଥିରେ ସମ୍ପାଦକ ଚାକିରି ପାଇଲେ କାଳୀଚରଣ।

ସେବେକା କଥା। ପ୍ରିଣ୍ଟିଂ କମ୍ପାନୀ ନାଁ ଭାରି ଡାକ। ନାମଜାଦା ପତ୍ରିକା 'ଉତ୍କଳ ଦୀପିକା'। କାଶୀନାଥ ବାବୁ କାଳୀଚରଣଙ୍କୁ ଲେଖା ଦେବାକୁ ଅନୁରୋଧ କଲେ। କାର୍ଯ୍ୟଭାର ଗ୍ରହଣ ପାଇଁ ପ୍ରସ୍ତାବ ରଖିଲେ। ଭାଗ୍ୟ ଦେବୀ ପୁନଶ୍ଚ ଅନୁକୂଳ, କାଳୀଚରଣ ଚାକିରିଟେ ପାଇଲେ। ଆରମ୍ଭ ହେଲା କଲମ ଚାଷ, ଲମ୍ବା ଚିଟ୍ କାଗଜ, ଦିନରାତି ଲେଖା, କଟା, ପ୍ରୁଫ୍ କରେକ୍‌ସନ - ନାନାଦି କାମ। ମାସେ କଟିଲା। ରାସ ପିଲା କୁଳମଣି, ଅଲଫ୍, ହରିଣ, ଲୋକନାଥ - ଏମାନେ କମ୍ପାନୀରେ କାମ କରୁଥାଆନ୍ତି। କାଳୀଙ୍କର ସେଇ ରାସନିଶା। ଏମାନଙ୍କୁ ଭଳେଇଲେ। ଫୁଲନଖରାର ପ୍ରଫୁଲ୍ଲଚନ୍ଦ୍ର ମହାପାତ୍ର, କମ୍ପୋଜଖାନାର ଶିକ୍ଷାନବିଶ। ତା' ଗଳାଟି ମଧୁର, ତାକୁ ଧରାଗଲା। କଥା କ୍ରମେ ପ୍ରଘଟ ହେଲା। କାଶୀବାବୁଙ୍କ କାନରେ ପଡ଼ିଲା। ଏସବୁ ନାଟୁଆ କାମକୁ ତାଙ୍କର ନାପସନ୍ଦ। ନାଚ, ଗୀତ, ଥିଏଟରରେ ତାଙ୍କର ଅରୁଚି। କାଳୀଚରଣ ସେଠାରୁ ବିଦାହେଲେ। ତାଙ୍କ ବାପାଙ୍କ ବନ୍ଧୁ ସ୍ୱର୍ଗୀୟ ବ୍ରଜସୁନ୍ଦର ଦାସ, କଟକ ଜାଉଁଳିଆ ପଟିରେ ରହୁଥିଲେ। ତାଙ୍କ ପାଖଲୋକ ନାରାୟଣ ବାବୁ। 'ମୁକୁର' ପ୍ରେସର ପରିଚାଳକ। ତାଙ୍କ ସହ କାଳୀଚରଣଙ୍କ ସାକ୍ଷାତ ହେଲା। ଅବୈତନିକ ଭାବେ ହେଲେ 'ମୁକୁର'ର ସହକାରୀ ସମ୍ପାଦକ। ଏଣେ ସମ୍ପାଦନା, ତେଣେ ରାସ ରିହର୍ସାଲ। ଚାରିଖଣ୍ଡ ସିନ୍, କେଇଖଣ୍ଡ ଉଇଙ୍ଗ୍‌ସ ତିଆରି ହେଲା। ମାତ୍ର ଦୁଇଟି ନାଟକ - 'କଳଙ୍କ ଭଞ୍ଜନ', 'ସୁଦାମା ଦାରିଦ୍ର୍ୟ ଭଞ୍ଜନ'। ଶିଖା ଶିଖି କାମ ସରିଲା। ପ୍ରିଣ୍ଟିଂ କମ୍ପାନୀରୁ ମାସେ ଛୁଟିନେଲେ କାଳୀଚରଣ। କଟକ ବାହାରକୁ ଚାଲିଲା ରାସଦଳ। ଖୋରଧାରୁ ବୋଲଗଡ଼, ସେଠାରୁ ଇଟାମାଟି।

ବୋଲଗଡ଼ର ମହାଜନ ବାମନ ମହାପାତ୍ର, ବଡ଼ ସରସ ଲୋକ। ତାଙ୍କର ଦିଅଁ ଦେଉଳ, ଦାନ, ଧର୍ମ ଇତ୍ୟାଦି ଡାକବଜା। କାଳୀଚରଣଙ୍କୁ ସାହାଯ୍ୟ ଦେଲେ। ତାଙ୍କ ଦେଉଳ ପାଖ ଖୋଲା ପଡ଼ିଆ। ସେଇଠି ଷ୍ଟେଜ୍ ବନ୍ଧା ସରିଲା। କେଇରାତି ଚାଲିଲା ରାସଲୀଳା। ଖଡ଼ା-ବଡ଼ି-ଥୋଡ଼। ମାତ୍ର ଦି' ଖଣ୍ଡ ବହି, ସେଇଆକୁ ଏପାଖ ସେପାଖ କରିବା ସାର ହେଲା। ଶସ୍ତାକାଳ, ମଫସଲ ଜାଗା, ଟିକଟ ଦାମ୍ ଦି' ଅଣା, ଚାରିଅଣା, ଆଠଅଣା। ରାସଦଳରେ ପୂଝାରୀ, ଚାକର, ଆର୍ଟିଷ୍ଟ-ମୋଟ୍ ତେଇଶ ଜଣ। ରାତିକେ ପାଞ୍ଚଟଙ୍କା ହେଲେ ଢେର୍, ଖୁସିରେ ଦିନ କଟେ। ମେସ୍‌ଖର୍ଚ୍ଚ ଚଳେ, ଏଥିରେ ଦୁଧ, ଦହି ବି ଥାଏ।

ଦିନ ସମାନ ଯାଏନି। ମଣିଷର ଚେଷ୍ଟା, ଦଇବର ଇଚ୍ଛା; ଏ ଦୁଇ ଅନୁକୂଳ

ଥିଲେ, ଭାଗ୍ୟ ବଦଳେ। ବିପରୀତ ହେଲେ ବିଷମୟ ଫଳ। ଅଙ୍ଗେ ନିଭେଇଛନ୍ତି କାଳୀଚରଣ ଏସବୁ କଥାଗୁଡ଼ାକ। ଇଟାମାଟିରେ ରାସଦଳ। ବୋଲଗଡ଼ର ଆୟ ମୁହଁରେ ଲାଗିଥିଲା। ଏଣିକି ସବୁଠି ସେଇ ଆଶା, ହେଲେ ଇଟାମାଟିରେ ପୂରା ଓଲଟା। କାଳୀଚରଣ ସ୍ୱପ୍ନାଭିଳାଷୀ। ପାଗ ଭଲ ଥିଲେ ଖରା ଚହଟେ, ଏକଥାଟି ସତ। ରାତି ହେବ ଇ ହେବ, ଏକଥାଟା ଅନ୍ୟଥା ନୁହେଁ। ସଞ୍ଜୁଆ ଅନ୍ଧାର ନଇଁ ନଇଁ ଆସିବ, ଆକାଶରେ ତାରା ଉଠିବ - ତା' ସାଥେ ଭାଗ୍ୟ ବିପର୍ଯ୍ୟୟ। ଏକଥାଟି ରାସ ଦଳର ଧାରଣା ବାହାରେ। ଆଖିଦୃଶିଆ ରୋଜଗାର ହେଲା, ବଦଖର୍ଚ୍ଚବି। ସଞ୍ଚୟ ଘର ଶୂନ। ଇଟାମାଟିର ଘନଶ୍ୟାମ ମାରୁଆଡ଼ୀ। ଖଣ୍ଡପଡ଼ାରେ ତାଙ୍କର ଲୁଗା ଦୋକାନ। ତାଙ୍କ ସହ କାଳୀଚରଣଙ୍କ ବେଶ୍ ଭାବଲାଭ। ସେ କାଳୀଚରଣଙ୍କୁ ଆଦର କରୁଥିଲେ। ନ ଚାହିଁଲେ ବି ପାଁପଡ଼, ଆଚାର ଦିଆ ନିଆ କରନ୍ତି। କାଳୀଚରଣ ଖବର ପଠେଇଲେ, ତିନି ଖବରରେ ବି ଘରୁ ବାହାରିଲେ ନାହିଁ। ସେତେବେଳର ସେ ଛଳ-ଆନ୍ତରିକତା, ଏବେ ବାସ୍ତବ ରୂପ ନେଲା। ମାରୁଆଡ଼ୀଙ୍କ ବିଲକୁଲ ଗମ୍ଭୀର ଶ୍ରୀମୁଖ। ନ ଚିହ୍ନିବାର ଅଭିନୟ କଲେ। କାଳୀଚରଣଙ୍କ ଚେତନା ଫେରିଲା। ମହାଜନ ଘନଶ୍ୟାମ, ତାଙ୍କୁ ସମ୍ମାନ କରୁ ନ ଥିଲେ। ରାଜ-ଅନୁଗୃହୀତ 'ମୁଁ'କୁ ଆଦର କରୁଥିଲେ। ସତରେ! 'ଦାଲୁଅ ଯୋଗୁଁ ସିନା କାନସିରି ପାଣି ପାଉଥିଲା'।

କାଳୀଚରଣ ନିରାଶ ହେଲେ। ତଥାପି ଚେଷ୍ଟା ଚାଲୁରଖିଲେ। ରାସଦଳ ରହିଲା ଗୋଟେ ମଠରେ। ମଠ ପାଖରେ ଷ୍ଟେଜ୍ ବନ୍ଧା। ଅଭିନୟ, ଟିକଟ ବିକ୍ରି - ସବୁ ସେଇ ଗତାନୁଗତିକ ରୀତି। ଟିକଟ ବିକ୍ରି ଊଣା ପଡ଼ିଲା। ଘନଶ୍ୟାମ ବାବୁଙ୍କ ହତାଦର - କାଳୀଙ୍କୁ ହତୋତ୍ସାହ କରିଦେଲା। ୪/୫ ଦିନରେ ଛାଡ଼ିଲେ ଇଟାମାଟି। ସେଠାରେ ତାଙ୍କର ଗୋଟେ ବିଚିତ୍ର ଅନୁଭୂତି "ରାଜାଘରିଆ ଅମଲା, ରାଜାଙ୍କ ପରି ରୋବାକ।" ରାସ ଦେଖିବା ପାଇଁ ପାସ୍ ଦାବି କଲେ, ତାହା ପୁଣି ସମ୍ଭାବନା ବାହାରେ। ତାଙ୍କ ସହ ମତାନ୍ତର ହେଲା କାଳୀଚରଣଙ୍କର। ଫ୍ରି ପାସ୍ ନ ମିଳିବାରୁ ଅଭିମାନ। ଏମାନେ ସତରେ ଭିକାରୀ! ପୁଣି ଧୋବଧାଉଳିଆ ଭିକାରୀ। ଏମାନଙ୍କର ଭେକ ଅଛି, ଦାଣ୍ଡ ଭିକାରୀଟି ଅଭେକା। ଏମାନେ ଗଣ୍ଡାଯୋଡ଼ିଆ, ସଭ୍ୟ, ତଥାକଥିତ ଭଦ୍ର। ନିଜ ପାଇଁ, ଘର ପାଇଁ ଏମିତିକି ଘରପୋଷା ବିରାଡ଼ି, କୁକୁରଙ୍କ ପାଇଁ ଫ୍ରି ପାସ୍ ଲୋଡ଼ା। ବାବୁଘର ପରଭାତୁଆ ଦୀନା। ତାକୁ ଦୀନବନ୍ଧୁ ଡାକିବାକୁ ପଡ଼ିଲା। ଆଦର୍ଶବାଦୀ କାଳୀଚରଣ। ଏବେ ନାଚାର। ପାସ୍ ନାହିଁ ତ ଅଭିନୟ ବନ୍ଦ। ରାସ ଦଳ ଯାଇଛି। ଖାଇ ଖରଚା, କଳାକାରଙ୍କ ପାଉଣା - ଏମିତି ନାନାକଥା। ନାଟଦଳ ଚଳାଇବା 'ଲୁହାର ବଡ଼ ଚଣା ଚୋବାଇବା' ସଙ୍ଗେ ସମାନ। କାଳୀଚରଣ ନିଜକୁ ବୁଝେଇ ଦେଲେ। ସେ ତ ଛାର

ମାନବ। ଅଶରଣ ବେଳେ ତ ସ୍ୱୟଂ ଶ୍ରୀକୃଷ୍ଣ ଗଧ ପାଦ ଧରିଥିଲେ। ଶେଷରେ ପାସ୍ ଦେଲେ। ଅମଲାମାନଙ୍କ ଖାତିରପାଶ, ଆଗଧାଡ଼ିରେ ବସିଲେ, କଣା ପାହୁଲାଟାଏ ଦେଲେନି। କାଳୀଚରଣଙ୍କ ଆତ୍ମା ଆଉ ଡାକିଲାନି, ନୂଆଗଡ଼ରୁ ଆଉ ଆଗକୁ ଦଳ ବଢ଼ିଲାନି।

ଯାତ୍ରା, ନାଟକ ସର୍କସ୍ - ଏବେ ବି ସେଇ ପାସ୍ ସିଷ୍ଟମ୍, ଆଇନ ରକ୍ଷାକାରୀଙ୍କ ଅଫିସର, ପରିବାର ଲୋକ, ପ୍ରଶାସନିକ ବଡ଼ବଡ଼ିଆ, ଇଲେକ୍ଟ୍ରି କରେଣ୍ଟ ବିତରକ ଆଗଧାଡ଼ିଆ - ସମସ୍ତଙ୍କର ପାସ୍ ଲୋଡ଼ା। ପାର୍ଟି ହାତରୁ ଖାଇ ଗଣ୍ଠିଲି ବୁହେ। ପଇସା ଅଭାବରେ ପରସ୍ପରରେ କଳି ତକରାଳ ଚାଲେ, ଶେଷରେ ପାର୍ଟି ଭାଙ୍ଗେ। ନାଟକାଦି ଅଭିନୟ ଏକ ଅନୁପମ କଳା। ଏହାର ଉତ୍କର୍ଷ ଅନ୍ୟମାନଙ୍କ ଆଦର ସ୍ନେହରେ ପ୍ରକଟିତ। ଅନୁକୂଳ ମନୋଭାବ ପୋଷଣ, କଳାକାରଙ୍କୁ ଉତ୍ସାହିତ କରିବା - ଏସବୁ ମହତ ପଣିଆ। ସେବେ ନଥିଲା, ଏବେ ବି କଳାପାଇଁ ଯତ୍ନ ନାହିଁ। ଫୁଲଗଛ ପାଣି ଲୋଡ଼େ, ନ ପାଇଲେ ଝାଉଁଳି ପଡ଼େ। ଠିକ୍ ସେମିତି ପ୍ରୋତ୍ସାହନ ବିନା କଳା। ଇଟାମାଟିର ବିଚିତ୍ର ଅନୁଭୂତି। କାଳୀଚରଣ ମନମରା। ଦଳ କଟକ ବାହୁଡ଼ିଲା। ରାସ ଦଳର ପିଲେ ଆଉ ତାଙ୍କୁ ସମ୍ମାନ କଲେନି। ସେମାନେ ମନେ କରିଥିଲେ - ରାତିକି ହାତୀଏ ଅରଜିବେ ବା ପାଇବେ। କାଳୀଚରଣ ତ ପାଇଲେ କେଞ୍ଚାଏ ଆଉ ତାଙ୍କୁ କାହୁଁ ଦେବେ ମେଞ୍ଚାଏ। ଦି' ତିନିଜଣଙ୍କୁ ଛାଡ଼ି ଅନ୍ୟ ସମସ୍ତେ ଯେଝା ବାଟ କାଟିଲେ। ରାସ ଦଳର ଇତି ହେଲା।

ଦିନ ଯାଏ ଚିହ୍ନ ରହେ। ଖଣ୍ଡପଡ଼ାର ଗେଲବସରିଆ ଦିନ ଗଲା। ବୋଲଗଡ଼ରେ ଅଭିନୟରେ ଉତ୍କର୍ଷ; ଆର୍ଥିକ ସ୍ଥିତି ଦମ୍ଭ ହେଲା। ଇଟାମାଟିରେ କରୁଣ ସ୍ଥିତି। ଖାଇ ଖୋରାକି ପାଇଁ ଟଙ୍କା ନାହିଁ। କାଳୀଚରଣଙ୍କର ଥାଏ ସୁନା ବୋତାମ ଚାରିଟି। ତାକୁ ବିକିଲେ, କାନମୁଣ୍ଡ ଆଉଁସି ରହିଲେ। ଯାହା ହେବାର ତ ହେଲା- 'ସବୁ ଯାଉ, ମହତ ଥାଉ !'

■

ରାଜା ବୁଝିଲେ ପାଚିଲା ଧାନରେ ମଇ

ରାଜତନ୍ତ୍ର ମୁଣ୍ଡରେ ଅପବାଦର ପସରା, କେତେକେତେ କଳଙ୍କର ଟୀକା। ସ୍ୱେଚ୍ଛାଚାରୀ, ଅତ୍ୟାଚାରୀ, ପରସ୍ୱାପହାରୀ, ପ୍ରଜାପୀଡ଼କ ରାଜାଏ - ଏମାନେ ସବୁକାଳରେ ନିନ୍ଦାର ପାତ୍ର। ସେଇଥି ପାଇଁ କଥାରେ ଅଛି - "ରାଜା ଖାଏ ତଣ୍ଡି।" ତା' ସହିତ ଆଉ ଗୋଟେ ଉପମା ଯୁକ୍ତ - 'କେଳା ଖାଏ ଭଣ୍ଡି'। ଏ ପ୍ରସଙ୍ଗଟି ଜନଚିତ୍ତରେ ଏବେ ବି ସତେଜ। ଆଜି ସମୟ କାହିଁ କେତେ ଆଗରେ। ମହାନଦୀରେ ଢେର୍ ପାଣି ବହିଗଲାଣି। ଏବେ ନାହିଁ ରାଜତନ୍ତ୍ର। ନାହାନ୍ତି ସେଇ ରାଜାଏ। ତଥାପି ବିଲାତରେ ଜୀଇଁଛି ରାଜତନ୍ତ୍ର। ଇଂରେଜମାନେ ପରମ୍ପରା ପ୍ରିୟ, ବିଲୋପ କରିନାହାନ୍ତି ରାଜାଙ୍କର ମାନସମ୍ମାନକୁ। ସେଠାରେ ଚାଲିଛି ସାମ୍ବିଧାନିକ ରାଜତନ୍ତ୍ର। ରାଜା ନାଁକୁ ମାତ୍ର। ବ୍ରିଟନ୍ ରାଜାଙ୍କୁ ନେଇ ସୁନ୍ଦର ଆଳଙ୍କାରିକ ପ୍ରୟୋଗଟେ - 'ରାଜା କିଛି ଭୁଲ କରିପାରିବେନି।' ରାଜ୍ୟର ହାନିଲାଭ, ସବୁ ସଂସଦ ହାତରେ। ଦିନଥିଲା, କେଉଁ ରାଜା କହୁଥିଲେ ସେ 'ରାଷ୍ଟ୍ର', ଆଉ କିଏ ଈଶ୍ୱରଙ୍କ ପ୍ରତିନିଧି। ମନଇଚ୍ଛା ଚାଲିଥିଲା ଶାସନ। ପ୍ରଜାକୁଳ ଭୟକାତର। ପ୍ରତିବାଦ, ପ୍ରତିରୋଧର 'ଯୁ' ନଥିଲା। ମୁହଁ ଖୋଲିଲେ କଠୋର ଶାସ୍ତି। ରାଜା ଅବୁଝା, ତାଙ୍କ ସାଙ୍ଗକୁ ପାରିଷଦବର୍ଗ। ସେମାନେ ଶିବଙ୍କ ସାପ, ପକ୍ଷିରାଜ ଗରୁଡ଼ଙ୍କୁ ଖାତିର ନାହିଁ। ଆଉ ଦଳେ ଚାଟୁକାର। କଥା କଥାରେ ଖୋସାମତି - ରାଜାଙ୍କ ଲାଞ୍ଜ ସୁନ୍ଦର, ପୁଚ୍ଛ ସୁନ୍ଦର। ତାଙ୍କରି କଥାରେ ରାଜା। ବିଚରା ପ୍ରଜାର ଦୁରବସ୍ଥା। ଏଭଳି ସ୍ଥିତିକୁ ନେଇ ଚମତ୍କାର ଲୋକ କଥାଟିଏ - "ଅବୁଝା ରାଜାଙ୍କୁ, ପାଳବିଣ୍ଡା ମନ୍ତ୍ରୀ।" ଏକଥାଟି କେହି ବୁଝୁ ବା ନବୁଝୁ, ବୁଝିଥିଲେ କବିଚନ୍ଦ୍ର ଡକ୍ଟର କାଳୀଚରଣ ପଟ୍ଟନାୟକ। ବାରିପଦାର ଘଟଣା। ମହାରାଜା ପୂର୍ଣ୍ଣଚନ୍ଦ୍ର ଦେବ, ବେଶ୍ କଳାପ୍ରିୟ, ରସିକ ମଧ୍ୟ। ଅତ୍ୟନ୍ତ ଗୁଣୀ। ମାତ୍ର ଭଳିଲେ ପାଖଲୋକଙ୍କ କଥାରେ। କାଳୀଚରଣ ଜଣେ ନାଁକରା ସଙ୍ଗୀତ-ନାଟକ-ବିଶାରଦ - ଏକଥାକୁ ଭୁଲିଲେ। ଶେଷରେ କାଳୀଚରଣ ଛାଡ଼ିଲେ

ବାରିପଦା । ସେଇ ସବୁ ଦୁଃଖଦ କଥାକୁ ଲେଖିଛନ୍ତି ଆତ୍ମଲିପି 'କୁମ୍ଭାରଚକ'ରେ । ରାଜତନ୍ତ୍ରର ଏକଦେଶଦର୍ଶୀ ନ୍ୟାୟ, ଏହାର ନିଖୁଣ ଚିତ୍ର ପୁସ୍ତକଟିରେ ବର୍ଣ୍ଣିତ । 'ରାଜା ବୁଝିଲେ ପାଚିଲା ଧାନରେ ମଇ' - ଏହାର ଜ୍ୱଳନ୍ତ ସାକ୍ଷୀ କାଳୀଚରଣ ।

ବାରିପଦାରେ କାନ୍ତକବି ଲକ୍ଷ୍ମୀକାନ୍ତ ମହାପାତ୍ରଙ୍କ ଉପସ୍ଥିତି । ବହୁ ଭାବେ ପ୍ରଭାବିତ ହେଲେ କାଳୀଚରଣ । ବ୍ୟଙ୍ଗ ସାହିତ୍ୟ ରଚନାରେ କାନ୍ତକବିଙ୍କ ଅପୂର୍ବ ଦକ୍ଷତା । ସେ କାଳୀଚରଣଙ୍କ ଅଗ୍ରଜ ପ୍ରତିମ । ଏକାଠି ବସାଉଠା, ଖିଆପିଆ, କିଛିଦିନ ବିତିଲା । ଲକ୍ଷ୍ମୀକାନ୍ତଙ୍କ ବ୍ୟଙ୍ଗକବିତା ଆଡ଼େ କାଳୀଚରଣଙ୍କ ମନ ଢଳିଲା । ମଣିଷ ବିଚାରେ ଆନ - ଦଇବ ବିଚାରେ ଆନ । କାଳୀଚରଣ ଲେଖିଲେ ଗୁଡ଼ିଏ ବ୍ୟଙ୍ଗକବିତା । ଏଥିରେ ଦେଶ-କାଳ-ପାତ୍ରର ସମାଲୋଚନା କରାଯାଇଥିଲା । ପାଣ୍ଡୁଲିପିଟି ପଢ଼ିଲେ ବାଗ୍ମୀ ବିଶ୍ୱନାଥ କର । ବେଶ୍ ଆନନ୍ଦିତ ହେଲେ । କବିତାଗୁଡ଼ିକ ବହିର ରୂପରେଖ ନେଲା । ଛପା ହେଲା କଟକ ଉତ୍କଳ ପ୍ରେସ୍‌ରେ (୧୯୨୫) । ବହିଟିର ନାଁ 'ହାଲଫେସନ' । କାଳୀଚରଣଙ୍କ ଆନନ୍ଦ କହିଲେ ନସରେ । ନାଟକ ଲେଖୁଥିଲେ, ଲେଖିଲେ ବ୍ୟଙ୍ଗ କବିତା । ଈଶ୍ୱରଙ୍କୁ ଶତ ଧନ୍ୟବାଦ ଦେଲେ । ବିଭିନ୍ନ ସ୍ଥାନକୁ ବହି ପଠାଇଲେ । ଚିହ୍ନା ପରିଚୟ ଥିବା ଅନେକ ତାଙ୍କୁ ବଧେଇ ଜଣେଇଲେ । କାଳୀଙ୍କ ଆଗ୍ରହ ବହୁଗୁଣିତ ହେଲା । ବାରିପଦାରେ ତାଙ୍କର ସ୍ୱତନ୍ତ୍ର ସମ୍ମାନ । ମହାରାଜା ପୂର୍ଣ୍ଣଚନ୍ଦ୍ର, ଭାବୀ ମହାରାଜା ଛୋଟରାୟ, ଲାଲ୍‌ସାହେବ - ଏମାନଙ୍କ ସେ ପ୍ରିୟପାତ୍ର । ଢେର୍ ଆଦର ଯତ୍ନ ମିଳୁଥିଲା ତାଙ୍କଠାରୁ । ଛୋଟଲାଲ୍ ସାହେବଙ୍କ ଅଲିଅଳୀ କନ୍ୟା ରହସ୍ୟମଞ୍ଜରୀ । କାଳୀଚରଣ ତାଙ୍କୁ ଗୀତ ଶୁଣାନ୍ତି । କାଳୀଚରଣ ତ ଉତ୍ସାହିତ ହୋଇ ଯାଇଥିଲେ । ରାଜା, ତାଙ୍କ ରାଜପାରିଷଦବର୍ଗ, ସମସ୍ତଙ୍କୁ ଖଣ୍ଡେ ଖଣ୍ଡେ 'ହାଲ ଫେସନ୍' ବହି ଉପହାର ଦେଲେ । ସେଇଟି ତାଙ୍କ ପାଇଁ ଆଣିଲା ବିପତି । ସୃଷ୍ଟି ହେଲା ନାହିଁ ନଥିବା ଝଡ଼ ବତାସ । ନୂଆକରି ଚେର ଦେଇଥିବା ବଟବୃକ୍ଷଟି ଭୂଶାୟୀ ହେଲା । ବିନା ମେଘେ ବଜ୍ରପାତ । ରାଜା ବହି ପଢ଼ି ମନ ଊଣା କଲେ । କାଳୀଙ୍କ ପାଇଁ ଦୁର୍ଦ୍ଦିନ ମାଡ଼ି ଆସିଲା ।

ଗେଲରୁ ତେଲ । ସ୍ରଷ୍ଟା ସୃଷ୍ଟି କରେ । କଳା କାରିଗରୀ ପଣ ଏକ ଐଶିକ ଆଶୀର୍ବାଦ । ଚୁଲିରେ ଜାଳ ଜୋର୍ ଜଳେ । ଭାତ ହାଣ୍ଡିର ପେଜ ଉତୁରି ପଡ଼େ । ସେମିତି ଆସେ ଆବେଗ ମୁହୂର୍ତ୍ତ, ଭାବ ଗଦ୍‌ଗଦେଇ ଉଠେ । ସେତେବେଳେ ସ୍ରଷ୍ଟା କାଳିସୀ ଲଗା ମଣିଷ, ନିଜ ଆୟତ ବାହାରେ । ସେଇ ମୁହୂର୍ତ୍ତର ସୃଷ୍ଟି 'ହାଲଫେସନ୍' । ନା ବୁଝିଲେ ରାଜା, ନା ଅନୁଭବ କଲେ ତାଙ୍କ ପାଖ ଲୋକ । ବ୍ୟଙ୍ଗସାହିତ୍ୟର ମର୍ଯ୍ୟାଦା ସ୍ୱତନ୍ତ୍ର । ଏହା ବ୍ୟକ୍ତିକୈନ୍ଦ୍ରିକ ନୁହେଁ । ମାନବ ସଭ୍ୟତାର ହିତ କାଙ୍କ୍ଷେ ତାହା

ସୃଷ୍ଟି । ଏକଥାଟି ବୁଝି ନ ଥିଲେ ରାଜା ପୂର୍ଣ୍ଣଚନ୍ଦ୍ର । କାଳୀଚରଣଙ୍କୁ ବହୁମୂଲ୍ୟ ଦେବାକୁ ପଡ଼ିଲା । ଏ ପ୍ରସଙ୍ଗ କିଛି ନୂଆ ନୁହେଁ । ବହୁ ନାମୀ ଲେଖକ କଳାକାରଙ୍କର ସମଦଶା, ଭାରତ କାହିଁକି ସାରା ପୃଥିବୀରେ । କଳା କାଳରେ ସୃଷ୍ଟି ହୁଏ, ହୋଇଯାଏ କାଳଜୟୀ । କଳାକାର ପାଲଟେ ସାଧାରଣରେ ଅସାଧାରଣ । ଏକଥାଟି ବୁଝିପାରି ନଥିଲେ ମହାରାଜା ପୂର୍ଣ୍ଣଚନ୍ଦ୍ର । ସେ ପାଖଲୋକଙ୍କ କାନକୁହାକୁ ଶୁଣୁଥିଲେ । ରାଜଦରବାରରେ କାଳୀଚରଣଙ୍କ ଖ୍ୟାତି । ସେଇସବୁ ଖଳଙ୍କୁ ଅସହଣୀ କରିଦେଲା । ସେମାନଙ୍କ ଆଖିରେ କାଳୀଚରଣ ଶୁଖୁଆ କଣ୍ଟା । ସେମାନେ ବେଳ ଉଣ୍ଡି ପ୍ରତିଶୋଧ ନେଲେ ।

'ହାଲଫେସନ୍' କୌତୁକ ରସ ବିମଣ୍ଡିତ । ପାଠକଙ୍କୁ ଯୋଗାଇଲା ଭରପୂର ଆନନ୍ଦ । ପଢ଼ିଲେ ହସ ଅସମ୍ଭାଳ । ମହାରାଜା ପୂର୍ଣ୍ଣଚନ୍ଦ୍ର ସେଇ ରୀତିରେ ବହିଟିକୁ ଗ୍ରହଣ କରିବେ - ଏ ଧାରଣାଟି ଥିଲା କାଳୀଚରଣଙ୍କର । ତାହା ଭୁଲ ପ୍ରମାଣିତ ହେଲା । କାଳୀଚରଣ ଅତି ଖୁସିରେ ରାଜାଙ୍କୁ ବହିଟି ଦେଇଥିଲେ । ସେଥିରୁ ଦି' ଚାରିଟା କବିତା ପଢ଼ି ଶୁଣାଇଲେ । ରାଜା ବି ଖୁସି ହେଲେ । ପାଞ୍ଚ ସାତ ଦିନ ବିତିଲା । ରାତି ଗୋଟାଏ, ରାଜାଙ୍କ ଠାରୁ ଡାକରା ଆସିଲା ! ହାଜର ହେଲେ କାଳୀଚରଣ । ସଭା ଗମ୍ଭୀର । ମହାରାଜାଙ୍କୁ ବେଢ଼ିଛନ୍ତି ଜଣ କେତେ ମୋସାହେବ । ଟେବୁଲ ଉପରେ ପଡ଼ିଛି 'ହାଲଫେସନ୍' ବହିଖଣ୍ଡିକ । କେହି ବି କହିଲେନି ବସିବାକୁ । ବାବୁସାହିର ଜଣେ ଯୁବକ, ଅଧାଖନା, କାଗଜ ଖଣ୍ଡିଏ ବଢ଼ାଇ ଦେଲେ । କାଳୀ ପଢ଼ିଲେ । ଲେଖାଥିଲା "ଧନ୍ୟ ହେ ବିଦେଶୀ ଫ୍ରେଣ୍ଡ୍ / ଖାଇଲ ରାଜାଙ୍କ ଅନ୍ନ / ଶେଷରେ ବସିଲ ତୁମେ / ମୁଡ଼ିତେ ରାଜାଙ୍କ କର୍ଣ୍ଣ ।" କାଳୀଚରଣ ହତ ଚକିତ । ନାହିଁ ମେଘ, ପବନ, ଘନଘନ ଘଡ଼ଘଡ଼ି, ନାହିଁ ନଥିବା ବିଜୁଳିର ଚମକ - ଏମିତି ଅନୁଭବ କଲେ । ସମସ୍ତେ ନିରବ । ମହାରାଜା ଅତି ଗମ୍ଭୀର । ଆଉ ଜଣେ ଉପରେ ପଡ଼ି କହିବାକୁ ଆରମ୍ଭ କଲେ । 'ହାଲଫେସନ୍' ଆପଣ ଲେଖିଛନ୍ତି ତ ? ଏମିତି ଜେରା ଚାଲିଲା । ବହିଟି ଛପା ହୋଇଥିଲା ଛଦ୍ମ ନାମରେ । ଲେଖକ 'ଶ୍ରୀ-ଚଣ୍ଡୀ' । ସେଇଥି ପାଇଁ ଗୁଡ଼େଇ ତୁଡ଼େଇ ପ୍ରଶ୍ନବାଣ । କାଳୀଚରଣ ନିର୍ଭୀକ । ସତ କଥାଟି କହିଲେ । ପୁଣି ନିର୍ଦ୍ଦେଶ ହେଲା ଆଉଗୋଟେ କବିତା ପଠନ ପାଇଁ । ସେଇ କବିତାଟି ଥିଲା - "ମଦ ତାଳି ତାଳି ପିଟିଲେ / ରାଜା ଦେଲେ ତାଳ / ଚଳୁ କଲା ଚାକର ଯେବେ / ସେ ଶଳା ମାତାଲ ।" କାଳୀଚରଣ ଆବୃତ୍ତି କରୁଥାଆନ୍ତି, ରାଜା କ୍ରୋଧରେ ନିଆଁବାଣ । ବାସ୍, ବାସ୍ - ସେତିକି ଥାଉ । କେବେ ଦେଖିଛନ୍ତି, ମହାରାଜା ତାଳି ମାରି ମଦ ପିଇଥିଲେ ? - ଏଇଟି ପ୍ରଶ୍ନ ମହାରାଜାଙ୍କର । କାଳୀଚରଣଙ୍କ ପାଦତଳୁ ମାଟି ଖଣ୍ଡିକ ଧସି ଯାଉଥିଲା ଯେମିତି ! ନିଜକୁ ବୁଝେଇ ପାରୁ ନ ଥିଲେ । କେମିତି ବି ବୁଝେଇବେ । ଏ ବ୍ୟଙ୍ଗ

କବିତା। ଏହାର ଅର୍ଥକୁ ଅନର୍ଥ କରାଯାଉଛି। ଏଇଟା ଧନୀ ଗରିବ ଅବା ଛୋଟବଡ଼ଙ୍କ ତୁଳନା ଅନୁସାରେ ବ୍ୟଙ୍ଗ ଚିତ୍ର। ସେଇଥି ପାଇଁ ଲେଖିଥିଲେ - "ଏ ବଡ଼ ଲୋକଙ୍କର ମତ / ଅଳପ ଲୋକେ ବିପରୀତ।" ଏକଥାକୁ ନିଜ ଦିହକୁ ଟାଣି ନିଆଗଲା। ଭିଡ଼ି ଓଟାରି ଅର୍ଥ କରାଗଲା। କାଳୀଙ୍କର ମନେ ପଡ଼ିଗଲା - 'ନୃପ ସେବ୍ୟଂ / ଚକ୍ର ସେବ୍ୟଂ' ଇତ୍ୟାଦି ଶ୍ଳୋକଟି। ଚକ୍ରମାନେ ମହାରାଜାଙ୍କୁ ଡତାଇ, ମତାଇ ଦେଇଥିଲେ। ରାଜା ତାଙ୍କ ରାସ୍ତାରେ ଧରା ଦେଲେ। ରାଜାଙ୍କ ମନ ବିଷେଇ ଯାଇଥିଲା। ଏଣିକି କଳା, ସଙ୍ଗୀତ, ସାହିତ୍ୟ - ସବୁ ପିତା। ତିନି ତୁଣ୍ଡରେ ଛେଳି କୁକୁର। କାଳୀଚରଣଙ୍କ ବୁଝାଇବାର ସବୁ ଉଦ୍ୟମ ପଣ୍ଡ ହେଲା। ମହାରାଜା ବଦଳିଲେ ନାହିଁ। କଥାରେ ଅଛି "ବ୍ରଣ ମିଛନ୍ତି ମକ୍ଷିକା", ମହୁମାଛିମାନେ ଫୁଲରସ ଦିଅନ୍ତି, ମାଛିର ମନ ପଚା ସଢ଼ା, ପୂଜ ପାଣିରେ। କାଳୀଙ୍କ ଅସହଣୀ ମାନେ ଦୁଷ୍ଟ ମକ୍ଷିକା, ସେମାନେ ତାଙ୍କ ସମାଦର ସହି ପାରୁନଥିଲେ। କଙ୍କଡ଼ାକୁ ଗୋଳି ପାଣି ସୁହାଇଲା। ରାଜା ଏକବାର ଅବୁଝା। 'ହଉ ଯାଅ' - ଏଇଟି ଥିଲା ରାଜାଙ୍କର ଶେଷକଥା। ଭଙ୍ଗା ମନନେଇ ଫେରିଲେ କାଳୀଚରଣ।

ମନଭାଙ୍ଗି ଯିବା ଯା' କାଚ ଭାଙ୍ଗିଯିବା ସେୟା। ତାକୁ ଆଉ ଯୋଡ଼ି ହୁଏନା। କାଳୀଚରଣ ଖିଆପିଆ ଭୁଲିଲେ। ଆଖିରେ ଲୁହ ଛଳଛଳ। ବାରିପଦାର ଫୁଲ, ତାକୁ ପ୍ରାଣଠୁ ବଳି ଭଲ ପାଉଥିଲେ। ତା'ର ପାନଖିଲ, ଆଦର, ସୁହାଗ ଆଉ ଭଲ ଲାଗିଲାନି। କଥାଟା ଚାରିଆଡ଼େ ରଟିଗଲା। ନିନ୍ଦୁକମାନେ ପ୍ରଚାର ଆରମ୍ଭ କରିଦେଲେ। ଏବେ ଦାଣ୍ଡରେ ଚାଲିବାକୁ ସଙ୍କୋଚ। ବାରିପଦାରେ ପ୍ରଥମ ସାକ୍ଷାତ ବଇଷ୍ଣିମା ସହ, ତା' ଝିଅ ଫୁଲ। ବଇଷ୍ଣିମା ରୋଷେଇ କରେ, ଫୁଲ ଘରକୁ ଯାଏନି। କାଳୀଙ୍କ ବସାରେ ରହେ। ସେ ଭାରି ସିହାଣୀ। କାଳୀଙ୍କର କଥା କହିବା ଆଗରୁ ସେ ହାଜର। କେବେ କେମିତି ଘଣ୍ଟା ଅଧଘଣ୍ଟା ଘରକୁ ଯାଏ, ମା'କୁ ଦେଖି ଫେରିଆସେ। ରାଜବାଟୀକି ବି ଯାଏ, କାଳୀଚରଣଙ୍କୁ ପାନ ଦେଇଆସେ। ଏଇଟି ତା'ର ବାହାନା। ରାଜବାଟୀରେ ତାକୁ ଅନେକ ଆଦର କଲେ। ଦିନ ସମାନ ଭାବରେ ଯାଏନି, "ଆଜି ପାଲିଙ୍କି ଉପରେ ପାଟଛତା ତ କାଲି ବେଡ଼ି ଉପରେ କୋରଡ଼ା।" ବିପଦ ଏକା ଆସେନି, ସାଥିରେ ଥାଆନ୍ତି ସାଙ୍ଗ ସହଚର। ସେଦିନ ଚିତାଲାଗି ବା ଚିତଉ ଅମାବାସ୍ୟା। ଫୁଲ ମା' ଡକେଇ ପଠେଇଲା। ଫୁଲ ଗଲା ଚିତଉ ପିଠା ଆଣିବାକୁ। ଜାମୁବଣି ଫୁଲର ଗାଁ। ଫେରୁଥାଏ, କାନିରେ ପୁଞ୍ଜାଏ ଚିତାଉ ପିଠା। ତା' ପାଦ ତଳେ ଲାଗୁନି। ଦଉଡ଼ିଲା ପରି ଚାଲିଛି। କାହିଁ ଥିଲା କଳାହାଣ୍ଡିଆ ମେଘ ଖଣ୍ଡେ। ମାଠିଆରୁ ଓଜାଡ଼ିଲା ପରି ଗାଳିଲା। ହଠାତ୍ ନଈରେ ପାଣି ଆସିଲା। ଫୁଲ ଭାସିଗଲା ନଈ ସୁଅରେ। କାଳୀଚରଣ

ହଜେଇ ଦେଲେ ହୃଦୟର ଅତି ଆପଣାର ଚିଜଟିକୁ। ଚାରିଆଡ଼ ଅନ୍ଧାର ଦିଶିଲା। ଯୁଆଡ଼େ ଚାହିଁଲେ ଫୁଲ। ରାଜ ଦରବାରରେ ହତାଦର, ଏଣେ ଫୁଲର ଅକାଳ ମରଣ! ଦିନେ ଦି' ଦିନ ଗଲା। ଛୋଟରାୟ ସାହେବଙ୍କ ଠାରୁ ମେଲାଣି ନେଲେ କାଳୀଚରଣ। ଲୁହଭରା ଆଖି। ବାଟ ଜାଲୁଜାଲୁଆ ଦିଶୁଛି। ଫୁଲବିନା ବାରିପଦା ଶୂନ୍ୟ। ତା' ବିନା ଜୀଇଁ ହେବ ନାହିଁ। କିନ୍ତୁ ଈଶ୍ୱରଙ୍କ ଇଚ୍ଛା ଭିନ୍ନ। ପ୍ରଭୁ ଶ୍ରୀଜଗନ୍ନାଥ। ଏବେ ତାଙ୍କରି ଡୋରି ଲାଗିଲା। ଟିକଟ କାଟିଲେ ପୁରୀକୁ। ଥକାମରା ନିଦ; ମାତ୍ର ଥକାମନ ପାଖରେ ଥକା ଦେହ ହାର୍ ମାନେ। ସବୁ ବେଳେ ମନରେ ବିଷମ ଚିନ୍ତା। ମନ-ବଚନ-କର୍ତ୍ତବ୍ୟରେ ସେ ତ ଊଣା କରିନଥିଲେ? ରାଜାଙ୍କୁ ଛଳନା ଦେଇ କିଛି ଲେଖି ନଥିଲେ? ଆଉ ବା କାହିଁକି ଲେଖନ୍ତେ? କିଏ କ'ଣ ନିଜ ମୁଣ୍ଡରେ ଗୋଇଠା ମାରେ? ସବୁ ସେଇ ଅଦୃଷ୍ଟର ଇଚ୍ଛା। ଫୁଲ, କୁଲି ରମଣୀ, ମହକେଇ ଦେଇଥିଲା କଳାକାରଙ୍କ ଜୀବନକୁ। ତା' ଖିଲିଖିଲି ହସ, ଭଲ ପାଇବା ନିକଟରେ ବନ୍ଧା ପଡ଼ିଥିଲେ କାଳୀଚରଣ। ବିଧି ବାମ ହେଲା, ଆଉ କି ସୁଖ ବାରିପଦାରେ?

'ରାଜା ବୁଝିଲେ ପାଚିଲା ଧାନରେ ମଇ' - କାଳୀଚରଣ ମନକୁ ବୁଝେଇଦେଲେ। ମନରେ ଉଙ୍କି ମାରିଲା ସେଇ ଗାଉଁଲି ଢଗ -

"ପାଖରେ ଶୁଏ, କାନରେ କୁହେ
ତାହା କଥା କି ଅନ୍ୟଥା ହୁଏ?" ବାରିପଦା ମହାରାଜା ପୂର୍ଣ୍ଣଚନ୍ଦ୍ର ବା କାହିଁକି ଏଥିରୁ ବାଦ୍ ଯିବେ? ଫୁଲ ଚାଲିଗଲା ଆର ପାରିକି, ରାଜା ନେଇଗଲେ ଚାକିରି। ଦୋଷ କ'ଣ ସ୍ରଷ୍ଟାର? ଲେଖିବା କ'ଣ ଏଡ଼େ ବଡ଼ ପାପ? "ଦଇବ ଦଉଡ଼ି ମଣିଷ ଗାଈ / ଯେଣିକି ଟାଣଇ ତେଣିକି ଯାଇ" - ଏବେ ଚକାନୟନ ଏକା ସାହା ଭରସା।

■

କବିକି ଚାକିରି 'ଘୋଡ଼ାବେକରେ ଜୁଆଳି'

କବିଟି ଆନମନା, ଭାବବାଉଳା। ଫୁଲ ହସିଲେ ସେ ସପନ ଦେଖେ, ବସନ୍ତ ଆସିଲେ ପଳାଶ ଓଠରେ ଗଜଲ ଶୁଣାଏ, ଆଉ ଚଇତାଳି ତାକୁ ବିହ୍ୱଳ କରିଦିଏ। ଚୋରା ଚଇତି ରାତିର ନିଦ ହଜା ସ୍ମୃତିକୁ କବିଟି ଉଖୁରେଇ ଦିଏ। ରାତି ଘନେଇଲେ କୁମୁଦିନୀର ମନକଥା ଚାନ୍ଦକୁ କହେ, ବେଳ ବୁଡ଼ିଲେ ପଦ୍ମିନୀର ଦୁଃଖ ବୁଝେ। ଆକାଶରେ ମେଘ ଦୋଳିଖେଳେ, କବି ବିରହୀ ଯକ୍ଷର ଚିଟାଉ ମେଘ ହାତରେ ପଠାଏ। ନିଦାଘରେ ଚାତକର ଅନ୍ତର୍ବେଦନା ପ୍ରତି ସମ୍ବେଦନଶୀଳ ହୁଏ। କାନ୍ଦୁରା ମଣିଷର ହା-ହୁତାଶ କଥା ଲେଖେ। ଭିତର ମଣିଷକୁ ଖୋଜେ। କେବେ ସେ ସପନର ସଉଦାଗର ତ କ୍ଷତାକ୍ତ ମଣିଷର ବ୍ୟଥା ବେଦନାର ରୂପକାର। ତା'ର ପରିବ୍ୟାପ୍ତ ସୃଷ୍ଟି, ଭୂରୁ ଭୂମାଯାଏ। ଶବ୍ଦ, ନାଦବ୍ରହ୍ମ; ଏମାନେ ତା'ର ବଶ। ସେ ଖତଗଦାରେ ପଦ୍ମ ଫୁଟାଏ, ସୂର୍ଯ୍ୟଙ୍କୁ ପଶ୍ଚିମରେ ଉଦୟ କରାଇଦିଏ। ଦଗ୍ଧମୁଖୀଟି କବି ଲେଖନୀରେ ହାସ୍ୟମୟୀ, ଲାସ୍ୟମୟୀ ନାୟିକା ପାଲଟେ। ତେଣୁ କବି ଦ୍ୱିତୀୟ ଈଶ୍ୱର। କବିର ପ୍ରାଣ ଆତୁର, ମନ ଅଧୀର, ସରମୀ ଲତାପରି ତା' ଜୀବନଚର୍ଯ୍ୟା। ଫୁଲ ମଉଳେ ଖରା ତେଜକୁ, କବି ଝାଉଁଳେ କଥା ପଦକୁ। ସାମାନ୍ୟ ଦୁଃଖରେ ଭାଙ୍ଗିପଡ଼େ। ମନମରା ହେଇ ଯାଏ। ଏମିତି ଜଣେ କବି କଳାକାର, ନାଟ୍ୟରସିକ ଡକ୍ଟର କାଳୀଚରଣ ପଟ୍ଟନାୟକ। ତାଙ୍କ କବିତ୍ୱ, ଅଭିନୟ ଚାତୁରୀରେ ମୁଗ୍ଧ ହେଇଛନ୍ତି ରାଜା ରାଜୁଡ଼ାଏ, ଚାକିରି ଦେଇଛନ୍ତି, ଢେର୍ ସମ୍ମାନ ମିଳିଛି। ଅପମାନ ବି କମ୍ ନୁହେଁ। ରାଜାଙ୍କ ମନନେଲେ ସୁନାପୁଅ, ସତକୁ ସତ କହିଲେ ବିପଦ। ସାମାନ୍ୟ ଘଟଣାଟେ। ରାଜା କୋପ କଲେ। ଗଜପତି ରାମଚନ୍ଦ୍ର ଦେବଙ୍କ ଦରବାର ଛାଡ଼ିଲେ କାଳୀଚରଣ। ଏବେ କଳାରେ ଶତପ୍ରତିଶତ ନିଘା। ଅମାପ ଯଶ କୀର୍ତ୍ତିର ଅଧିକାରୀ ହେଲେ। ଆପଣାର ଅନୁଭୂତି ଲେଖିଲେ

'କୁମ୍ଭାରଚକ'ରେ। କବି ସବୁକାଳେ ସ୍ୱାଧୀନ, ବନ୍ଧନ ତା' ଗଳାରେ ଫାଶ ପ୍ରାୟ। ଚାକିରି ଗୋଟେ ବୋଝ - କବିକୁ ଚାକିରି 'ଘୋଡ଼ାବେକରେ ଜୁଆଳି'।

୧୯୨୫ ମସିହା - ସୁନିଆଁ। ଦିନଟି କାଳୀଚରଣଙ୍କ ପାଇଁ ସ୍ମରଣୀୟ। ଏହି ଦିନ ରାସଦଳଟିଏ ଗୁଭ ଦେଲେ। ସହଯୋଗର ହାତ ବଢ଼ାଇଲେ ପଦ୍ମଚରଣ ରାୟ, ବଡ଼ ଦେଉଳର ଜମାଦାର। ପୁରୀର ମକୁ, ଭୋଳା, ଦାମ, ବରଜୁ, ସୁଦର୍ଶନ - ଏମାନେ ନାଁ କରା ରାସ ଅଭିନେତା। କାଳୀଚରଣଙ୍କ ଦଳରେ ସାମିଲ ହେଲେ। ସେତେବେଳେ ମୋହନ ଗୋସାଇଁଙ୍କ ନାଁ ଡାକ ରାସଦଳ। ପରସ୍ପର ମଧ୍ୟରେ ପ୍ରତିଦ୍ୱନ୍ଦ୍ୱିତା ଚାଲିଲା। ମୋହନ ଗୋସାଇଁ ଟାହିଟାପରା କଲେ - 'ରାଜାଘର ଚାକିରି ଯାଇଛି, ଏଣିକି କଳା ଚର୍ଚ୍ଚା'। ସବୁ ବିଧି ନିର୍ଦ୍ଦେଶ, ଯାହା ଭାଗ୍ୟରେ ଥିବ। ଯେପରି, ଯେଉଁଠି ଘଟିବ - ସବୁ ସ୍ଥିରୀକୃତ। ଏଥିକି କାହାରି ହାତ ନଥାଏ। ଏଇ ଭାବ ଭାଗ୍ୟବାଦୀ କାଳୀଚରଣଙ୍କର, କର୍ମଯୋଗରେ ସେ ବିଶ୍ୱାସୀ। ସମସ୍ତ ବୁଦ୍ଧି ଖଟାଇଲେ। ଲେଖିଲେ ଦି' ଖଣ୍ଡ ରାସବହି (୧) 'ଶ୍ରୀରାଧା', (୨) 'ବାଂଶରୀ ବିଳାସ'। ସେଦିନ ଥାଏ ପୁଷ୍ପୁନେଇଁ, ପୁରୀର ଜଗନ୍ନାଥ କ୍ଲବ୍‌ରେ ପ୍ରଥମ ଅଭିନୟ ହେବ। ଖବର ଚହଟିଗଲା। ଏମାର ମଠ ମହନ୍ତ ଗଦାଧର ରାମାନୁଜ ଦାସ। ତାଙ୍କ କାନରେ କଥାଟା ପଡ଼ିଲା। ସେ ମଠ ଆଗରେ ପହିଲି ଅଭିନୟ ପାଇଁ ପ୍ରସ୍ତାବ ଦେଲେ। ଦଳରେ ସମସ୍ତେ ଖୁସି, ଦିଅଁଙ୍କ ପୀଠ, ଭାଗ୍ୟରେ ଥିଲେ ମିଳେ। ରାସ ଅଭିନୟ ହେଲା। ସମସ୍ତେ ମୁଗ୍ଧ। ତହିଁ ପରଦିନ ସକାଳ। ପୁରୀ ସହର ତମାମ ରାସ ଦଳର ପ୍ରଶଂସା। ମୋହନ ଗୋସାଇଁଙ୍କ ରାସଦଳ, କାଳୀଚରଣଙ୍କ ରାସଦଳ - ଏ ଦୁଇ ମଧ୍ୟରେ କିଛି କିଛି ପାର୍ଥକ୍ୟ ଥିଲା। ମୋହନ ଗୋସାଇଁ ପୁରୁଣା କାଳିଆ ଗୀତ ଖଞ୍ଜୁଥିଲେ। ଆଉ କଥା ବା ବଚନିକା ଊଣା। କାଳୀଚରଣ ବିଭିନ୍ନ ରାଗରାଗିଣୀରେ ଗୀତ ଲେଖିଲେ, ଗଜଲ ସ୍ୱରରେ ଗୀତ ଯୋଡ଼ିଲେ। ବେଶି ବଚନିକା ରଖିଲେ। ଅପ୍ରାସଙ୍ଗିକତାକୁ ଦୂରେଇ ଦେଲେ। ଏ ରୀତି ମୋହନ ଗୋସେଇଁଙ୍କର ନ ଥିଲା। ରାସର ପ୍ରତିଟି ବିଭାଗରେ କାଳୀଚରଣଙ୍କ ପରୀକ୍ଷା ନିରୀକ୍ଷା, ନୂଆ ଭିଆଣ। ଦର୍ଶକଙ୍କ ମନ ମୋହିଲା। ଦଳପ୍ରତି ବହୁ ପିଲା ଆକୃଷ୍ଟ ହେଲେ।

କଳାକାର ସଦା ଅନ୍ୟମନସ୍କ। ବାସ୍ତବ ସ୍ଥିତି ଠାରୁ ବହୁ ଦୂରରେ। କେବଳ କଳା ହିଁ କଳା, ଆଉ କେଉଁଥିରେ ଏତେ ନଜର ନ ଥାଏ। ଏମିତି ଜଣେ କଳାକାର। ପୁରୀ ଚଣାହାଟର କୃଷ୍ଣମୋହନ ପଟ୍ଟନାୟକ। କାଳୀଚରଣଙ୍କ ସହ ତାଙ୍କ ଯତି ପଡ଼ିଲା। କୃଷ୍ଣମୋହନ ଭାବଭୋଳା ଗାୟକ। ଗୀତ ଗାଉଥିବେ ତ ଗାଉଥିବେ, ରାତି ପାହିଯାଏ। ଶୁଣିବା ଲୋକ ଉଠେ; ମାତ୍ର ସେ ହାରମୋନିୟମ ଛାଡ଼ନ୍ତି ନାହିଁ। ଟାଣି ବସେଇ

ଦିଅନ୍ତି, ଏଇ ଗୋଟିକ, ଏଇ ଗୋଟିକ - ଏମିତି କହନ୍ତି। ଶୁଣିଲା ବାଲା ନାଚାର। ତାଙ୍କୁ ଚିଟା ଲାଗୁପଛେ, ଶୁଣେଇବେ। ଦିନେ ଦିନେ ସକାଳୁ ସକାଳୁ ଗାଆନ୍ତି। ଗାଧୁଆ ଖିଆପିଆ ତାଙ୍କର ପାସୋର ଯାଏ। ସବୁବେଳେ ହସହସ ମୁହଁ, ଛୋଟ ପିଲାପରି ସରଳ, କୂଟ କପଟ ନାହିଁ। ଅମାୟିକ ବ୍ୟକ୍ତିତ୍ୱ। ଗୋଟି କେତେ ଗୀତ ଲେଖଛନ୍ତି। ସେଗୁଡ଼ିକ ଅତି ସରଳ, ରସଭରା। ତାଙ୍କର ଚାକିରି ମୋହ ନ ଥାଏ। କିଏ କଥା ଉଠାଇଲେ କହନ୍ତି - 'ଲେଖକ ବା କି ଚାକିରି କରିବ?' ଶିଳ୍ପୀ କୃଷ୍ଣମୁଖାର୍ଜୀ ଦଳରେ ଯୋଗଦେଲେ। ସିନ୍‌ସିନାରୀ ତିଆରି, ପେଣ୍ଟିଂ - ସବୁ କାମ ତୁଲାଇଲେ। ବହୁ ଭଦ୍ରଲୋକ ଅଯାଚିତ ଦାନ ଯୋଗାଇଲେ। ସବୁ ବିଧି ନିର୍ବନ୍ଧ। କାଳୀଚରଣ ମନରେ ଉଙ୍କିମାରେ ସେଇ କଥାଟି - "କରି କରାଉ ଥାଇ ମୁହିଁ, ମୋ ବିନୁ ଅନ୍ୟ ଗତି ନାହିଁ।" ଏ ମହାଜନଙ୍କ ବାକ୍ୟ, ଅନ୍ୟଥା ନୁହେଁ, ସଦାବେଳେ ସତ୍ୟ।

ରାସଦଳରେ ଥାଆନ୍ତି କାଳୀଚରଣଙ୍କ ଗୁରୁ ବନଓ୍ୱାରୀ ମିଶ୍ର। ତାଙ୍କ ସହ ଗୟା, ସେ ସ୍ୱନାମଧନ୍ୟ ଓସ୍ତାଦ୍ ହନୁମାନ ଦାସଜୀଙ୍କ ସାଗରେଦ୍। ଏକଦା ଗାଁ ତୁ ମହାରାଜାଙ୍କ ସେ ସଭା-ସଙ୍ଗୀତଜ୍ଞ ଥିଲେ। ଏ ଦୁହେଁ ରାସଦଳର ଗାମ୍ଭୀର୍ଯ୍ୟ ବୃଦ୍ଧିକଲେ। ସ୍ଥୂଳତଃ ଚାରିଆଡୁ ସାହାଯ୍ୟ ମିଳିଲା। ଦଳଟିର ଉତ୍ତରୋତ୍ତର ଉନ୍ନତି ହେଲା। ରାସ ଅଭିନୟ ଚାଲିଲା। ତା' ସାଙ୍ଗକୁ ଖଣ୍ଡେ ଅଧେ ନବଜିଆ ଗୀତ, ଗୋଟେ ଗୋଟେ ପ୍ରହସନ ଅଭିନୀତ ହୁଏ। ଦର୍ଶକଙ୍କ ଆନନ୍ଦ ବହୁଗୁଣିତ। ଦିନକୁ ଦିନ ରାସଦଳର କାଟତି ବଢ଼ିଲା। କାଳୀଚରଣ ଢେର୍ ଉତ୍ସାହିତ ହେଲେ। ତାଙ୍କର ଗର୍ବ ବି ବଢ଼ିଗଲା। କେନ୍ଦ୍ରାପଡ଼ାର ବରଜୁ, ରଙ୍ଗମଞ୍ଚରେ ଗୋଟାଏ ରତ୍ନ। ଆଉଜଣେ ରାସ ପିଲା ସୁଦର୍ଶନ। ତା' ଗଳା ବଡ଼ ମଧୁର। ରୂପ ଗୁଣ ଦୁଇଟିର ସମନ୍ୱୟ ତା'ଠାରେ। ବରଜୁ ମଧୁ ମଙ୍ଗଳ, ସୁଦର୍ଶନ ଲଳିତା ଭୂମିକାରେ ଅଭିନୟ କରୁଥାଆନ୍ତି, ଦୁହେଁ ମଞ୍ଚକୁ ଆସନ୍ତି। ତାଳି ବରଷେ। ଏସବୁ ଯୋଗାଯୋଗ ବିଚିତ୍ରକର୍ମାଙ୍କ କୀର୍ତ୍ତି - ଏକଥାଟି କାଳୀଚରଣ ମନରୁ ଧୀରେ ଧୀରେ ପାସୋରି ଗଲା। ଦିନକର ଘଟଣା, ହଠାତ ପ୍ରହସନଟିଏ ଲେଖିଲେ, ମଞ୍ଚସ୍ଥ କରାଇଦେଲେ। ମନ୍ଦ ଉଦ୍ଦେଶ୍ୟ ରଖି ଏହା ଲେଖା ଯାଇ ନ ଥିଲା। ବ୍ୟଙ୍ଗ ସାହିତ୍ୟ ପ୍ରହସନ। ଅନେକ ସମୟରେ ଏହା ଦ୍ୱିଅର୍ଥବୋଧ। ଯିଏ ଯେମିତି ବୁଝେ, ତାକୁ ସେମିତି ଅର୍ଥ କରେ। କାଳୀଚରଣ ପ୍ରହସନଟିର ଭାଗ୍ୟ ସେୟା ଥିଲା। ଦର୍ଶକମାନଙ୍କ ମଧ୍ୟରେ ଗୁଞ୍ଜରଣ ଉଠିଲା। ପ୍ରେକ୍ଷାଳୟରୁ ଟୁପ୍‌ଟାପ ଶୁଣାଗଲା। ଦେଖେଣାହାରୀ ଦୁଇ ଫାଙ୍କ ହୋଇଗଲେ। କଥାଟା କାଳୀଚରଣଙ୍କ କାନରେ ପଡ଼ିଲା, 'ପରମତୁଟ'ରେ ଗୀତଟି ନିଆଯିବ; ଏଇଟା ତାଙ୍କର ଚିନ୍ତାର ବାହାରେ ଥିଲା। ପୁରୀରେ ତାଙ୍କର ଢେର୍ ଖାତିର। ଗଣ୍ୟମାନ୍ୟ ଓଡ଼ିଆଙ୍କ ସହ ସମ୍ପର୍କ। ବଡ଼ବଡ଼ିଆଙ୍କ ଆଦର ସ୍ନେହ; ଏଇଟା

କେତେକଙ୍କ ଆଖିରେ କଣ୍ଟା ହେଲା। ଅଭିନୟ ଚାଲିଛି। ଗୋଳମାଳିଆ ସ୍ଥିତି ହେଇଗଲା। କାଳୀଚରଣଙ୍କ ଅକଲ ଗୁଡୁମ୍। ସ୍ୱର୍ଗୀୟ ଲକ୍ଷ୍ମୀନାରାୟଣ ପଟ୍ଟନାୟକେ, ସେତେବେଳେ ପୁରୀର ମୁନସିଫ। ସେ କାଳୀଙ୍କୁ ସୁଖ ପାଉଥିଲେ। ସେ ଦିନ ଥିଲେ ପ୍ରେକ୍ଷାଳୟରେ। ଏ ପ୍ରକାର ପ୍ରହସନ କାହିଁକି ଲେଖିଲେ ? କାଳୀଚରଣଙ୍କୁ ପ୍ରଶ୍ନକଲେ। ଗୀତଟି ଥିଲା ଏଇପରି - "ଅଜବ୍ ସହର ପୁରୀରେ ଭାଇ !/ ଅଜବ୍ ସହର ପୁରୀ / ମଶା ମୂଷା, ମହନ୍ତ ମାତା- / ମାଙ୍କଡ଼ ମାହାରି ଏଠି କରତା / ମେନେଜର ଆଉ ମୁନସିପାଲିଟି / କରନ୍ତି ବଡ଼ ଜାରି" ଇତ୍ୟାଦି। ପୁରୀର କେତେଜଣ ମହନ୍ତ ଥାଆନ୍ତି। ରାସର ଶେଷ ପର୍ଯ୍ୟାୟ ଆସେ। ଶ୍ରୀମତୀ ଶ୍ରୀପତିଙ୍କ ମିଳନ ଦୃଶ୍ୟ। ଭାବ ସମ୍ଭାଳି ପାରନ୍ତିନି। ମଞ୍ଚ ଉପରକୁ ଉଠିଆସନ୍ତି, ସଜ୍ଜିତ ଯୁଗଳ ମୂର୍ତ୍ତିଙ୍କୁ ବାସ୍ତବ ରାଧାକୃଷ୍ଣ ମିଳନ ଭାବେ ଗ୍ରହଣ କରନ୍ତି। ବିହ୍ୱଳ ହୋଇ ଭକ୍ତି ପ୍ରଦର୍ଶନ କରନ୍ତି। ସେମାନେ ରାସ ଦଳର ପୃଷ୍ଠପୋଷକ। ତାଙ୍କ ବିରୁଦ୍ଧରେ ଲେଖିବା ଘୋର ଅନ୍ୟାୟ। ସତେ ଯେମିତି କାଳୀଚରଣ ମେଘ ଉପରୁ ଖସିପଡ଼ିଲେ। ବଜ୍ର ପଡ଼ିଲା ମୁଣ୍ଡରେ। ଚେତନା ଘନ ଘନ ଚାବୁକ୍ ଦେଲା। ପ୍ରକାଶ୍ୟ ମଞ୍ଚରେ କ୍ଷମା ମାଗିବାକୁ ସେ ପ୍ରସ୍ତାବ ରଖିଲେ। ମୁନସିଫ ଲକ୍ଷ୍ମୀନାରାୟଣ ବାବୁ ବୋଧ ଦେଲେ। ଅନେକ ଗୀତକୁ ଉପଭୋଗ କରୁଥିଲେ। ସେମାନେ ଅନ୍ୟ ଅର୍ଥ କହିବେ। ବର୍ତ୍ତମାନ ପାଇଁ ନିରବ ରହିବାକୁ କାଳୀଚରଣଙ୍କୁ ପରାମର୍ଶ ଦେଲେ। କାଳୀଚରଣ ରକ୍ଷା ପାଇଗଲେ। ଜଗାକୁ ପ୍ରଣାମ ଜଣାଇଲେ। 'ଦଣ୍ଡିବା ଶକ୍ତି ଯାର ଥାଇ / ସେ ପୁଣି କ୍ଷମା ଆଚରଇ' - ଏଇ କଥାଟି ସେଦିନ ଅନୁଭବ କଲେ।

ଆଉ ଦିନକର ଘଟଣା। କାଳୀଚରଣଙ୍କ ଘା'ରୁ ଯନ୍ତ୍ରଣା ଯାଇନି, ରାଜାଙ୍କ ଦୁର୍ବ୍ୟବହାର କଥା ମନେ ପଡ଼ିଯାଏ। ରାସପିଲାଏ ଜିଦ୍ ଧରିଲେ। ରାଜା ରାମଚନ୍ଦ୍ର ଦେବଙ୍କୁ ଅଭିନୟ ଦେଖାଇବାକୁ ଅଡ଼ିବସିଲେ। ଶେଷରେ ସେୟା ହେଲା। ମଞ୍ଚ ବନ୍ଧାହେଲା ନଅର ଅଗଣାରେ। ଦେବାର୍ଚ୍ଚନା ଘର ଆଗ ଛାମୁଆରେ ଅଭିନୟ; ଭାରି ସରସ ହେଲା। ରାଜା ଖୁସିହେଲେ, ସମାଦର କଲେ। କାଳୀଚରଣଙ୍କ ପୂର୍ବ କଥା ଗୁଡ଼ାକ ମନେ ପଡ଼ିଯାଉଥାଏ। ସେଦିନ ରାଜା ତାଙ୍କୁ କୁକୁର ସହ ତୁଳନା କଲେ। ସେଇ ରାଜା - ସେଇ କାଳୀଚରଣ। ତଫାତ୍ ଏତିକି। ସେଦିନ ସେ ଥିଲେ ଚାକର - ଆଜି ସ୍ୱାଧୀନ। ବିଚାରିଲେ ଚାକିରି ଝକ୍‌ମାରି - ଏ ଗୀତଟି ଯେ ଲେଖାଅଛି, ସେଇଟି ଧନ୍ୟ। କେବଳ ପୁରୀ ରାଜବାଟୀ ନୁହେଁ, ସାରା ଓଡ଼ିଶାରୁ ରାସ ଅଭିନୟ ପାଇଁ ଅନୁରୋଧ ଆସିଲା; କାଳୀଚରଣଙ୍କ ଖ୍ୟାତି ବଢ଼ିଲା। ନରସିଂହପୁର ରାଜାଙ୍କ ବାହାଘର, ସେଠାରେ ରାସ ଅଭିନୟ ହେବ। କାଳୀଚରଣ ସେଠାକୁ ଯିବାକୁ ମନସ୍ଥ କଲେ।

ସେତେବେଳକୁ ତାଙ୍କ ପଛରେ କେଇଜଣ ଲାଗି ଯାଇଥିଲେ। ପୁରୀରୁ ନିସ୍ତାର ମିଳିଗଲା। ଦଉଡ଼ିଲେ ବଡ଼ ଦେଉଳକୁ। ଜଗାଙ୍କୁ କେତେ ଯେ ମୁଣ୍ଡିଆ ମାରିଲେ ସୁମାରି ନାହିଁ। କରୁଣାମୟଙ୍କୁ ଦର୍ଶନ କରୁଛନ୍ତି, ଆଖିରୁ ଝରଝର ଲୁହ ଝରୁଛି। କାନ ଧରି କହୁଥାଆନ୍ତି, "ପ୍ରଭୁ ଏ ଗର୍ବ ନ ଦିଅ ଆଉ।" ସବୁବେଳେ ଏଇ ଧାରଣାଟି ଦୃଢ଼ କରିବାକୁ ଆକୁଳ ନିବେଦନ କଲେ। ପ୍ରଭୁ - 'ଯଥା ନିଯୁକ୍ତୋଽସ୍ମି ତଥା କରୋମି।' ଗାଇହେଇ ଗଲା ପଦୁଟିଏ - "କରି କରାଉ ଥାଉ ତୁହି - ତୋ ବିନା ଆନ ଗତି ନାହିଁ। ତୋ କଥା ତୋତେ ଏକା ଜଣା।" ସାଥିରେ ଧରିଲେ କିଛି ଶୁଖିଲା ମାହାର୍ଦ୍ଦ, ଖାଲି ହାତରେ ରାଜ ଦର୍ଶନ ଅବିଧି। ଦଳ ସହ ଚାଲିଲେ ନରସିଂହପୁର। ରାଜ ଦର୍ଶନ ହେଲା, ରାସ ଅଭିନୟ ବି। ରାଜା ଯଥାବିଧି ମାନ୍ୟ କଲେ। ଚାକିରି ଜୀବନରେ ଏଇଟା କ'ଣ ପାଇ ଥାଆନ୍ତେ? ମନେ ପଡ଼ିଗଲା ପୁରୀ ରାଜଦରବାର ଅଭିନୟ କଥା। ଅଭିନୟ ସରିଲା। ରସଗ୍ରାହୀ ଦେୱାନ ରାଜୁବାବୁ ଉଠି ଆସିଲେ, କାଳୀଚରଣଙ୍କୁ କୁଣ୍ଢାଇ ପକାଇଲେ। ଆନନ୍ଦରେ ତାଙ୍କ ବାକ୍‌ରୋଧ ହେଇ ଯାଉଥାଏ। କହିଲେ - "ଚାକିରି ଯଦି ତୁମେ କରିଥାଆନ୍ତ କାଳୀ! - ଏ ରାସରସ ଲୋକଙ୍କୁ ଚଖାନ୍ତା କିଏ? ଜଗନ୍ନାଥ ତୁମକୁ ଚାକିରି ଛଡ଼ାଇଲେ। କବିକୁ ଚାକିରି "ଘୋଡ଼ା ବେକରେ ଜୁଆଳି ପଡ଼ିଲା ପରି।" କାଳୀଚରଣ ସ୍ମିତ ହସଟିଏ ହସିଦେଲେ।

ଯାହାକୁ ଯେମନ୍ତ କରିଛି ଦଇବ, ତହିଁ ନିକି ଅବା ଅନ୍ୟଥା ହୋଇବ। ଜୁଆଳି ବଳଦ କାନ୍ଧରେ ପଡ଼େ, ବଳଦ ହଳ ବୁଲାଏ। ଘୋଡ଼ା ଦଉଡ଼େ, ଯୋଦ୍ଧାକୁ ପିଠିରେ ବୁହେ, ରଣ କ୍ଷେତ୍ରରେ ସାମିଲ ହୁଏ। ତାକୁ କି ଜୁଆଳି ସାଜେ? କବି କଳାକାର, ସାଧାରଣରେ ଅସାଧାରଣ। ନଥାଉ ପଛେ ଧନ, ମାନ ତାଙ୍କର କିଛି କମ୍ ନୁହେଁ? ବିଶିଷ୍ଟ କୂଟନୀତିଜ୍ଞ ଚାଣକ୍ୟଙ୍କ ନୀତି ବାକ୍ୟଟେ - "ରାଜା ପୂଜା ପାଏ ଆପଣା ଦେଶରେ, ପଣ୍ଡିତର ପୂଜା ଦେଶ ବିଦେଶରେ।" କବି, କଳାକାର, ଲେଖକ ସବୁଦିନେ ରାଜା, ମୁକୁଟ ବିହୀନ ସମ୍ରାଟ। ତା' ପାଇଁ ଚାକିରି ଘୋଡ଼ା ବେକରେ ଜୁଆଳି - କିଏ ବୁଝୁ ବା ନବୁଝୁ ବୁଝିଥିଲେ କବିଚନ୍ଦ୍ର ଡକ୍ଟର କାଳୀଚରଣ ପଟ୍ଟନାୟକ।

■

ବେଙ୍ଗ ବୋଲେ ବେଙ୍ଗୁଲିଲୋ
ପୃଥ୍ୱୀ କ୍ଷଣ କ୍ଷଣକେ ଆନ

ଅଷାଢୁଆ ବରକୋଳିଆ ଟୋପା, ଟୁପୁରୁ ଟାପୁରୁ ବରଷା, ଝରିପଡ଼େ ସାରୁ ପତର ଉପରେ, ବୁଦାମୂଳେ ବେଙ୍ଗ ବେଙ୍ଗୁଲୀ, କାମ-କେଳି-କ୍ରୀଡ଼ାରେ ବିଭୋର। ତୁହାକୁ ତୁହା ଶୁଭେ କେଁ କଟର ଡାକ। ଆରମ୍ଭ ହୁଏ ବେଙ୍ଗର ସୁଖ ସଂସାର। ଶୀତ ଆସେ, ବେଙ୍ଗମାନେ ଶୋଇ ଯାଆନ୍ତି ଚାରିମାସ, ଗହମ ନିଦରେ। ଖରା ଚହଟେ, ଏମାନଙ୍କ ନିଦ ଭାଙ୍ଗେ, ଚାରିଆଡ଼େ ଚରି ବୁଲନ୍ତି। ଅପେକ୍ଷା ବରଷା ରାଣୀକୁ। ଆସେ ଆଷାଢ଼, ଚହଲି ଯାଏ ବେଙ୍ଗ ସଂସାର। ଏଇ ପ୍ରକାର ବେଙ୍ଗର ଜୀବନ ଚକ୍ର, କେବେ ଖୁସି ତ କେବେ ଦୁଃଖ ଯାତନା। ଠିକ୍ ସେମିତି ସୃଷ୍ଟି କଥା। ପରିବର୍ତ୍ତନ ପ୍ରକୃତିର ନିୟମ, ଏଠି ସବୁ ଅଳୀକ, କ୍ଷଣ ଭଙ୍ଗୁର। ଆଜିକଥା କାଲିକି ବଦଳେ, ନୂଆ ପୁରୁଣା ହୁଏ, ପୁରୁଣା ନୂଆ ହୁଏ। ଭାଙ୍ଗିରୁଜି ଯାଏ ରାଜଉଆସ, ଚାଲିଯାଆନ୍ତି ରାଜାମହାରାଜା। ଠିକ ସେମିତି ଜ୍ଞାନୀ, ଗୁଣୀ, ମାନୀ, ଦାନୀ। କେହି ରହି ନାହାନ୍ତି ବାସ୍ତବ ବିଭବେ ସୁବର୍ଣ୍ଣ ମୁକୁଟ ବାନ୍ଧି, ସର୍ବେ ବାହୁଡ଼ିଯାନ୍ତି କାଳବଳେ, ରହିଯାଇଛି ଯଶ କୀର୍ତ୍ତି ଟିକକ। ରାଜାଥିଲେ, ରାଜତନ୍ତ୍ର ଥିଲା, ଏବେ ସେସବୁ ନାହିଁ। ଇଂରେଜମାନେ ଆସିଲେ, ରାଜତ୍ୱ କଲେ, ଲୁଟିଲେ, ଶୋଷିଲେ, ଅତ୍ୟାଚାର ଚଳାଇଲେ। ଗୋଟାଏ ଐତିହ୍ୟ ସମ୍ପନ୍ନ ଜାତି, ଶେଷରେ ବଟସ୍କର ପାଲଟିଗଲା। ସବୁଠି ଇଂରେଜଙ୍କ ଜୟଜୟକାର। ସେମାନେ ବି ଗଲେ। ଏମିତି କେତେ କେତେ ଘଟଣା। ସବୁ କାଳ ବକ୍ଷରେ ବିଲୀନ। ପୃଥିବୀ ଚିର ପରିବର୍ତ୍ତନଶୀଳ। ସେଇ କଥାକୁ ନେଇ ପ୍ରବଚନଟେ - "ବେଙ୍ଗ ବୋଲେ ବେଙ୍ଗୁଲିଲୋ ପୃଥ୍ୱୀ କ୍ଷଣ କ୍ଷଣକେ ଆନ।" ଠିକ୍ ସେମିତି ସ୍ମୃତି ଅନୁଭୂତି। ଏଗୁଡ଼ିକୁ ସାଇତି ରଖିଛନ୍ତି କବିଚନ୍ଦ୍ର କାଳୀଚରଣ ପଟ୍ଟନାୟକ, ପରଶି ଦେଇଛନ୍ତି 'କୁମ୍ଭାର

ଚକ'ରେ। ଇଂରେଜ ଶାସକଙ୍କ ସ୍ତୁତି, ସ୍ତବପାଠ, ତିଗିରିଆ ଗଡ଼ ରାଜାଙ୍କ ସଙ୍ଗୀତ ପ୍ରୀତି ଆଦି କେତୋଟି ଘଟଣା, ପ୍ରାଞ୍ଜଳ ଭାବେ ଆଙ୍କିଛନ୍ତି କାଳୀଚରଣ। ସମୟର ଚହଲା ସୁଅରେ ଏଗୁଡ଼ିକ ଏବେ ବିସ୍ମୃତିମୁହାଁ।

ଫିରିଙ୍ଗି ରାଜତ୍ୱ, ସବୁଆଡ଼େ ମହାରାଣୀଙ୍କ ବନ୍ଦନା। ସ୍କୁଲ, କଲେଜ ଏଥିରୁ ବି ବାଦ୍ ଯାଇ ନ ଥିଲା। କାଳୀଚରଣ ପଢୁଥାଆନ୍ତି ବାଙ୍କି ଚର୍ଚ୍ଚିକା ସ୍କୁଲ୍‌ରେ। ଡିସେମ୍ବର ମାସ, କାଠୁଆ ଜାଡ଼, ସ୍କୁଲ୍‌ରେ 'ଆୱାର ଡେ ସେଲିବ୍ରେଶନ୍'। ପ୍ରସ୍ତୁତି ଧୁମ୍‌ଧାମରେ ଚାଲିଥାଏ ସ୍କୁଲ୍‌ରେ। ଏଇଟି ଭାରତସମ୍ରାଟ ପଞ୍ଚମ ଜର୍ଜଙ୍କ ଗଦିନସିନ ଉତ୍ସବ। ମୋଷ୍ଟ ଓବିଡ଼ିଏଣ୍ଟ ସର୍‌ଭାଣ୍ଟ ବା ଏକାନ୍ତ ଅନୁଗତ ନଉକରମାନଙ୍କର ପ୍ରଭୁ। ତାଙ୍କ ପଦାରବିନ୍ଦରେ ଆନୁଗତ୍ୟ ନିବେଦନର କୁମ୍ଭମେଳା ଯୋଗ। ସେତେବେଳେ ଦରଖାସ୍ତ ଲେଖାରେ ବିନୟୋକ୍ତି। ତଳେ, ଆଇ ହାଭ୍ ଦି ଅନର ଟୁ ବି ସାର୍, ୟୋର ମୋଷ୍ଟ ଓବିଡ଼ିଏଣ୍ଟ ସରଭାଣ୍ଟ୍ - ଅମୁକ। ଏକଥା ଲେଖିବାକୁ ହୁଏ। ନହେଲେ ଚାକିରିରୁ ବରଖାସ୍ତ, ସାଧାରଣ ପ୍ରଜାଟେ ହେଲେ ଦଣ୍ଡମିଳେ। ଏଗୁଡ଼ାକ କାଳୀଙ୍କୁ ନାପସନ୍ଦ। ତାକୁ ଓଡ଼ିଆରେ ଅନୁବାଦ କରନ୍ତି, ବ୍ୟଙ୍ଗାତ୍ମକ ଠାଣିରେ ତର୍ଜମା କରନ୍ତି - "ଅଛି ହେବାକୁ ତୁମର ଚିର ନଉକର, ଆହେ ମହାବାହୁ।" ସାଥୀ ପିଲେ ଶୁଣି ଠୋ ଠୋ ହସନ୍ତି। ମଜା କରନ୍ତି। ଆକାଶ କଇଁଆ ଚିଲିକା ମାଛ। ସେମିତି କାହିଁ ବିଲାତ, ସାତ ସମୁଦ୍ର ତେର ନଈ ଆରପାରି, କାହିଁ ଆମ ଭାରତ ! ତଥାପି ଉତ୍ସବ ପାଳନରେ ତ୍ରୁଟି ନାହିଁ। ସଭାମଣ୍ଡପ ସଜଭଟ, ତୋରଣ ବନ୍ଧାବନ୍ଧି, ମକଦଲ ଫୁଲମାଳ ଟଙ୍ଗାଇବା, କାଗଜକଟା, ପତାକା ଝୁଲାଇବା ଇତ୍ୟାଦି - ସାଜସଜ୍ଜା। ସବୁ ତୁଚ୍ଛା ବେଠି କାମ। କାଳୀଚରଣ ମନ ଊଣା କରନ୍ତି, ଭାବନ୍ତି - ବିଲାତ ରାଜା, ତାଙ୍କର ଗରଜ ନାହିଁ, ବାଙ୍କି ଚର୍ଚ୍ଚିକା ମାଇନର ସ୍କୁଲ୍‌ରେ କ'ଣ ଚାଲୁଛି, ଯେମିତି ଅନେଇ ରହିଛନ୍ତି। ମନେ ପଡ଼ିଯାଏ ପିତୃପୁରୁଷଙ୍କ ଶ୍ରାଦ୍ଧାଦି କର୍ମ କଥା। ଶୁଦ୍ଧପୂତ ଭାବେ, ତୁଳସୀ ଗଣ୍ଠିଆ ହୋଇ, ସାଲିଆନା ଶ୍ରାଦ୍ଧ କରାଯାଏ। ବଡ଼ ବଡ଼ିଆଙ୍କୁ ଆମେ ଡାକୁ, ଦୀପାବଳି ଅମାବାସ୍ୟା ରାତିରେ, ଉଜ୍ଜ୍ୱଳବତି ଦେଖାଉ, ବାଟ ମଣାଉଁ। ଠିକ୍ ସେମିତି ବିଲାତି ବନ୍ଦନା, ଅଜଣା, ଅଦେଖା ବନ୍ଧୁଙ୍କୁ ବତିଜଳା କଥା। କେବଳ ସ୍କୁଲ୍ ସଜେଇବାରେ କଥା ସରେନା, ଗୀତ ବୋଲାଯାଏ। ଏଥିପାଇଁ ମଡ଼ାଣ ଆଗରୁ ଚାଲେ। ଚର୍ଚ୍ଚିକା ସ୍କୁଲର ହେଡ୍‌ମାଷ୍ଟ୍ରେ ରଘୁବାବୁ, ଲେଖିଥିଲେ ଗୀତଟେ, ଓଡ଼ିଶୀ ଢାଞ୍ଚାରେ - "ଭାଗ୍ୟ ରବି ଜମ୍ବୁଦ୍ୱୀପେ ଉଇଁଲାରେ, ବିଭୁକୃପାରୁ ଏଣିକି।" ସଭାଟିଏ ହେଲା। ମିଠେଇ ବଣ୍ଟାବଣ୍ଟି। ସଭାରେ ଥିଲେ ଡେପୁଟି କଲେକ୍ଟର ସ୍ୱର୍ଗତ ବାଳମୁକୁନ୍ଦ କାନଗୋଇ। ସେ ଫରମାସୀଟେ କଲେ, କାଳୀଚରଣ ଗାଇଲେ ଆଉଗୋଟେ ଗୀତ। ପିଲାଙ୍କ ଗଳାରେ ଗୋଟେ ଗୋଟେ

ଧୋବଲା ମେଡ଼ାଲ। ଘରକୁ ଫେରିଲେ, ଯେମିତି କୋଉ ଗଡ଼ଜିତି ଆସିଛନ୍ତି ! ରାତିରେ ଚାଲିଲା ନାଚ ତାମସା, ତଲଘଟିଆ ଯାତ୍ରା ନୁହେଁ, ରଣପୁର ଗାଁ ଦାଣ୍ଡଯାତ, ଭାରି ସରସ ହେଲା। ଏସବୁ ୧୯୧୧ ମସିହାର କଥା। କୁଆଡ଼େ ସାତତାଳ ପଙ୍କରେ ପୋତି ହୋଇଗଲାଣି; କିନ୍ତୁ କାଳୀଚରଣ ଭୁଲିନଥିଲେ ଶେଷଯାଏ।

କାଳୀଚରଣଙ୍କ ମାମୁଘର ତିଗିରିଆ, ମହାନଦୀ ଆରପଟ। ଚନ୍ଦନ ଦ୍ୱାଦଶୀ ଯାତ୍ରା - ଏଠାକାର ପ୍ରଧାନ ଉତ୍ସବ। ଏଇ ଉତ୍ସବ ବେଳକୁ କେତେକ ସଙ୍ଗୀତ ପିଲାଦଳ ଆସିଲେ, କାଳୀଚରଣ ଦାଦାଙ୍କ ଚଉପାଢ଼ି। ନିତି ସଞ୍ଜରେ ସେଠି ନାଚ ହେଲା। ଜଣେ ଆଖଡ଼ା ପିଲା ଗାଇଲା - "କେହ୍ନୁ ଜାଣିପାରେ ଯୁବତୀ ମତି / ମାର ଶରରେ ପିଣ୍ଡ ହୁଏ ଖଣ୍ଡଖଣ୍ଡ / ନିତି ଦକ ଦକ ହୁଏ ମୋ ଛାତି," ଗୀତଟି କାଳୀଙ୍କୁ ସୁଖ ଲାଗିଲା। ଶୁଣିଶୁଣି ମନେ ରଖିଦେଲେ। ଗାଇଲାବେଳେ 'ଦକଦକ' ଜାଗାରେ ଜକଜକ ଗାଇଲେ। ପରେ ଏକଥା ଜାଣିଲେ, ଖୁବ୍ ଲାଜେଇଲେ। ଆଉ ଗୋଟିଏ ଗୀତ - "ଶ୍ରୀମତୀ, ସରାଗେ ତୋ ମୁଖେ ନାହିଁ / ପରାଗ ମୁଞ୍ଛିଲା ପଙ୍କଜ ପରାଏ / ଦିଶୁଅଛୁ କାହିଁ ପାଇଁ।" ଏଇଟି ଗାଇଲା ଗୋଟି ପିଲାଟିଏ। 'ଚୋର ମା' ଲାଜେ ନ କାନ୍ଦେ, ଯେବେ କାନ୍ଦେ, ତେବେ ଦୁଆର ଦେଇ" - ଏକଥାଟି ସତ। କାଳୀଚରଣ ଭାବିଲେ, ବୋଲା ଯାଇଥିବା ଗୀତଟି, ଯେମିତି ତାଙ୍କରି ପାଇଁ।

ତିଗିରିଆ ଗଡ଼ଦାଣ୍ଡ ଗୋଟେ ଗୋହିରୀ ପରି, ଖାଲ ଢ଼ିପ ରାସ୍ତା, ବଡ଼ ଅପରିଷ୍କାର। ଗଡ଼ଟି ବିଶେଷ ବଡ଼ ନୁହେଁ, ଗଡ଼ ମୁଣ୍ଡରେ ଜେଲଖାନା, ଝାଟିମାଟି ବାଡ଼ ଘେରା କେଇ ବଖରା ନାଆ ଚାଳିଆ ଘର, ଏଇସବୁ କଇଦିଖାନା। କଇଦିଆଳମାନେ ହାତରେ ରୋଷେଇ କରନ୍ତି। ଜାତି ପାତ ଭୟରେ ନିଜ ହାତ ତିଆରି ଖାଦ୍ୟ ଖାଆନ୍ତି। ତାଙ୍କ ଘରୁ ଡାଲି ଚାଉଳ ଆସେ। ବିବାହ ବ୍ରତରେ କଇଦୀମାନେ କେଇ ଦିନ ଛୁଟିରେ ଯାଆନ୍ତି। ରାଜା ଦୟାଳୁ, ଆଇନ ପାଳନକାରୀଙ୍କୁ କୋହଳ ଆଖିରେ ଦେଖନ୍ତି। ଜେଲଖାନା ସେପଟେ ବୁଦିବୁଦିକିଆ ନଟା। ଗଡ଼ୁଆଙ୍କ ବାଡ଼ି ତାଟି (ପାଇଖାନା) ସେଇଟା।

ଗଡ଼ର ରାଜା ଚମ୍ପତି ସିଂହ, କଳା, ସଙ୍ଗୀତରେ ତାଙ୍କ ଶରଧା। ସେ ହଳଦୀ ଲଗାନ୍ତି, କଜଳ ଘେନନ୍ତି। ବାହୁରେ ବାହୁଟି, ସୁନାଖଡୁ ବି ପିନ୍ଧନ୍ତି। କଳାମନ୍ଦାର ଧଡ଼ିଆ ନୂଆପାଟଣିଆ ଅବା ମାଣିଆଁବନ୍ଧି ପିନ୍ଧା ଧୋତି। ଗଳାରେ ଗୋଟି କେତେ ସୁନାହାର। ଜଗନ୍ନାଥଙ୍କ ମନ୍ଦିର, ନିତି ସଞ୍ଜ ସକାଳେ ଭଜନ ଜଣାଣ ବୋଲାଯାଏ, ରାଜା ନିଜେ ଉପସ୍ଥିତ ରହନ୍ତି। ରାଜା ଭକ୍ତି ଅଂଶିଆ ଲୋକ, ନିତି ତାଙ୍କର ହବିଷ। ଗାଧୋଇ ସାରି ଯାଆନ୍ତି ଜଗନ୍ନାଥ ମନ୍ଦିର। ଗରୁଡ଼ ପଛରେ ଯୋଡ଼ ହସ୍ତରେ ଦଣ୍ଡାୟମାନ,

ଦୁଇ ଚାରି ଘଣ୍ଟା ଧ୍ୟାନରେ ଥାଆନ୍ତି। ଛାନ୍ଦ ଜଣାଣରେ ତାଙ୍କର ଭାରି ସରାଗ। ଏସବୁ କଥା କାଳୀଚରଣ ଶୁଣିଥିଲେ ଦାଦାଙ୍କଠାରୁ।

କାଳୀଚରଣ ତାଙ୍କ ମାମୁଘରେ ଥାଆନ୍ତି, ହଠାତ୍ ଡାକରା ଆସିଲା, ରାଜାଙ୍କ ପାଖଲୋକ ଜଣେ ଆସି ପହଞ୍ଚିଲା। କାଳୀ ଗଲେ ଗୀତଟିଏ ଗାଇବାକୁ। ରାଜାଘର, କାହିଁ କେତେ କଟକଣା, କାଳୀଚରଣ ଶଙ୍କିଗଲେ। କୁଞ୍ଚକୁ ଖୋଷି, କାନ୍ଧରେ ଚଦର ପକାଇ, ମୁଣ୍ଡକୁ ଆଣ୍ଠୁଯାଏ ନୁଆଁଇ, ବଡ଼ ଦଣ୍ଡବତଟାଏ ପକାଇଲେ। ରାଜା ଖୁସି ହେଇଗଲେ। କହିଲେ - "ହଁ ଚାଟଘର ପୁଅ ଚାଟ, ଦେଖ ତାଙ୍କ ଭବ୍ୟପଣିଆଁ, ଲୁଗା ପିନ୍ଧା ଦେଖ, ଜୁହାରିବା ଦେଖ।" କାଳୀଙ୍କ ପରିବାର ଲୋକଙ୍କ ରାଜଦ୍ୱାରେ, ପୁରୁଷାନୁକ୍ରମିକ ଚଳାଚଳ। ସେଇଥି ପାଇଁ ପିଲାର ମନପସନ୍ଦିଆ ସାଣ୍ଟଣା-ଏକଥା ବି କହିଲେ। ରାଜା ଫରମାସ୍ କଲେ - 'ଜଣାଣଟିଏ ଶୁଣିବା, ବାଳୁତ କଣ୍ଠ ମଧୁର ହେଇଥିବ ଭଜନ ଜଣାଣ ସବୁ ସେଇ ଜଗନ୍ନାଥଙ୍କ କଥା, ତୁଳସୀପତ୍ରର ସାନବଡ଼ କି ବିଚାର ? ଯାହା ଗାଇବ, ସେ ଅମୃତ। ସବୁ ତ ମୁଣ୍ଡ ଉପର ଦରବ - ଏକଥା କହି ରାଜା ହାତ ଯୋଡ଼ିଲେ। ଛାମୁଆ ଦି ଜଣ, କାଳୀଙ୍କୁ ଉତ୍ସାହିତ କଲେ- "ଗାଅ ଗାଅ, ବୋଲ ବାବୁ! କାନରେ କୃଷ୍ଣନାମ ଅମୃତ ବରଷୁ।" କାଳୀ ଗାଇଲେ "ରାଧାକାନ୍ତ ରାଧାମୋହନ ଗୋବିନ୍ଦ! ଲବେ ଦୟା ନାହିଁକି ?" ରାଜାଙ୍କ ଆଖିରୁ ଝରୁଥାଏ ଆନନ୍ଦାଶ୍ରୁ। ଆଖି ଖୋଲିଲା ବେଳକୁ ନାଲି ଦିଶୁଥାଏ। ପାଖଲୋକ ଜଣେ ଗାଲ ପୋଛିଦେଲା ପୋଛାରେ। ବାଳୁତ କଣ୍ଠରୁ ସୁଲଳିତ ଜଣାଣ। କାନରେ ଅମୃତବର୍ଷା, ରାଜା ତୃପ୍ତ ହେଲେ। କାଳୀଙ୍କୁ ଆଦର କଲେ, ଜଗନ୍ନାଥଙ୍କ ଧୂପ ଉଠିଲେ ଉପର ଓଳିଆ ହୋଇ ଯିବାକୁ କହିଲେ। ଗଡ଼ ବୋଇଲେ ତ ଏଡ଼ିକି ଖଣ୍ଡେ। ଚହଳ ପଡ଼ିଗଲା। ଲୋକ କେତେ ଆସି ପହଞ୍ଚିଗଲେ। ପ୍ରଶଂସାରେ ପୋତି ପକାଇଲେ କାଳୀଚରଣଙ୍କୁ। ତା' ପରଦିନ ଡାକରା ଆସିଲା, କାଳୀଚରଣ ଗଲେ ରାଜ ନଅରକୁ।

ରାଜନଅର ବୋଲନ୍ତେ - ମାଟିଘର। ଭିତରେ କୋଠାଘର, ବାହରଟା ମଉଡ଼ ମରାଚାଳ, ଘୋଷରା ପାହାଚ। ପାହାଚ ଠାରୁ ଟିକିଏ ଦୂରଛଡ଼ା, କେତେକ ଲୋକ ଧାଡ଼ିରେ। ଏମାନେ ଗୁହାରିଆ। ନିତି ଆସନ୍ତି, ରାଜାଙ୍କୁ ଦୁଃଖ ଜଣାନ୍ତି। ରାଜା ଓଜର ଆପତ୍ତି ଶୁଣନ୍ତି। ରାଜାଙ୍କ ଦେଉଳ ପ୍ରବେଶ ପୂର୍ବରୁ, ଏଇଟା କଚେରି ବା ବିଚାରାଳୟ। ଗୁହାରି ତୁଣ୍ଡେ ତୁଣ୍ଡେ, କୋର୍ଟଫିସ୍ ଲାଗୁ ନାହିଁ। କଚେରିକୁ ଦଉଡ଼ିବାକୁ ପଡ଼େନା, ଫଏସଲା ବି ତୁରନ୍ତ। ଜରିମାନା ଚାରିଅଣାରୁ ପାଞ୍ଚ ସୁଉକା, ଜଣେ ରାଜ କର୍ମଚାରୀ ସବୁ ଟିପିନିଏ। ଆଦାୟ ଟଙ୍କା ରାଜକୋଷକୁ ଯାଏନା, ଖର୍ଚ୍ଚ ହୁଏ ଜଗନ୍ନାଥଙ୍କ ଅମୃତ ମଣୋହି ସେବାରେ। ପ୍ରଜା ଖୁସିହୁଅନ୍ତି - ରାଜା ସନ୍ତୁଷ୍ଟ। ଏବେ ସବୁ ବଦଳି ଗଲାଣି।

କାହିଁ ସେଇରାଜା ? କାହାନ୍ତି ସେ ପ୍ରଜା ? କାହିଁ ସେ ବିଚାର ? କାହିଁ ସେ ଫଇସଲା ? ରାଜଶାସନର ଏଇଟି ବଳିଷ୍ଠ ନମୁନା। ସମୟ ସୁଅରେ ଭାସିଗଲାଣି କେଉଁ ଅଜଣା ମୁଲକକୁ।

କାଳୀଚରଣ ଉଆସରେ ପହଞ୍ଚିଲେ। ଛାମୁଙ୍କୁ ଜୁହାର ହେଲେ। ପଛେପଛେ ଦେଉଳକୁ ଗଲେ ଛାମୁଙ୍କ ଗହଣରେ। ଦେଉଳ ବେଢ଼ା କୂଅ, ଉଆ ଦଉଡ଼ିରେ ପାଣି କଢ଼ାହେଲା, ଛାମୁଙ୍କ ପାଦ ଧୋ-ପୋଛା ହେଲା। କାଳୀଚରଣ ବି ହାତ ଗୋଡ଼ ଧୋଇଲେ। ରାଜାଙ୍କ ପରି ଗରୁଡ଼ ସ୍ତମ୍ଭ ପଛରେ ହାତଯୋଡ଼ି ଠିଆ ହେଲେ। ରାଜା ସ୍ତୋତ୍ରପାଠ କରୁଥାଆନ୍ତି, "ଜଗନ୍ନାଥ ସ୍ୱାମୀ ନୟନ ପଥଗାମୀ ଭବତୁମେ" ଇତ୍ୟାଦି। କାଳୀଙ୍କ ପାଳି ପଡ଼ିଲା, ସେ ଜଣାଣଟେ ଗାଇଲେ - "କୃପାସିନ୍ଧୁ ବଦନ, କରି ଅବଲୋକନ, କେଉଁ କରମ ହୀନ ଜନ"...। ଗତ ରାତି ପରି ସେଦିନ, ରାଜାଙ୍କ ଆଖିରୁ ଲୁହଝରା ଦୃଶ୍ୟର ପୁନରାବୃତ୍ତି। ଏବେ ବି ଆଖି ଆଗରେ ନାଚିଯାଏ, ସତରେ, କେଡ଼େ ସରଳ ସେ ! କି ନିଷ୍ଠା ତାଙ୍କର ! ରାଜା କଳା ସାହିତ୍ୟ ପ୍ରେମୀ, ତାଙ୍କ ପରି ଆହୁରି କେତେ ଗଡ଼ଜାତ ରାଜା ଏଇ ସ୍ୱଭାବର। ସେମାନଙ୍କ ଦରବାରକୁ ରାଜକବି ମଣ୍ଡନ କରୁଥିଲେ, ବିଦୁଷକମାନେ ବି ଥିଲେ। ସେମାନଙ୍କୁ ରାଜା ପୁରସ୍କାର ଦିଅନ୍ତି। ନିଷ୍କର ଜମି ଖଞ୍ଜି ଦେଇ ଥାଆନ୍ତି।

ରାଜା ଚମ୍ପତି ସିଂହ, କାଳୀ ଚରଣଙ୍କୁ ସମ୍ମାନ କଲେ। ରାଜ ନଅରରୁ ବିଦାକି ଆସିଲା। ରଙ୍ଗପାଟ ଯୋଡ଼ଟିଏ, ଆଉ ନଗଦ ଦଶ ଟଙ୍କା। ଗୋଟିଏ ରୁପା ଥାଳିରେ ଏସବୁ ଆସିଥିଲା କାଳୀଙ୍କ ଦାଦା ଘରକୁ। ଖାଲି ସେତିକି ନୁହେଁ। ଦିନବାରଟା ଗୋଟା ହେବ, ଦିଅଁଭୋଗ ଖିରୀ - ଖେଚେଡ଼ି-ଦଶ ପନ୍ଦର ଜଣଙ୍କ ପାଇଁ ଆସି ପହଞ୍ଚିଲା। ଦିନ ଢଳି ଆସୁଥାଏ, ହାତୀଆଳ ହାତୀରେ ଆସି ତାଙ୍କ ଦାଦାଘରେ ହାଜର। ଏବେ ତିଗିରିଆରୁ ମେଲାଣି। କାଳୀଚରଣଙ୍କ ଆଖି ତିନ୍ତେଇ ଗଲା, ଦାଦା ଝିଅ ଭଉଣୀ ଆସନ, ଅଧା ଭଙ୍ଗା ଗଳାରେ କହୁଥିଲା - 'ନନା ! ଆଉ କେବେ ଆସିବ ?" ଅମାନିଆ ଆଖିରୁ ଲୁହ ଝରି ପଡୁଥିଲା, କାଳୀ ହାତୀ ପିଠିରେ ପାର ହେଲେ ମହାନଦୀ। ଏକା ନଈ ମହାନଦୀ, ସହସ୍ର କୋଶ। ଗାଁ ମୁଣ୍ଡ ଧରିଲା ବେଳକୁ ଫୁଲ-ସଞ୍ଜ। ମା' ଚର୍ଚ୍ଚିକାଙ୍କ ଦେଉଳରେ ସଞ୍ଜଆଳତି, ଶୁଭୁଥାଏ ମହୁରୀ। ବାଟରେ କେତେକେତେ ଅନୁଭୂତି। ଆମ୍ବତୋଟା, ଗାଁ ଦାଣ୍ଡ, କ୍ଷେତବାଡ଼ି, କୋଉଠି କଜଳପାତି, କୋଉଠି ଚଷାପୁଅ, ହଳଦୀବସନ୍ତ, ଠା ଠା ଗାଁ ପିଲାଙ୍କ ଧୂଳିଖେଳ, ନାଳକୂଳ ଗାଁ ଝିଅ ବୋହୂଙ୍କ ସଞ୍ଜ ଗାଧୁଆ, ପାଣିବୁହା - ଏମିତି କେତେ କଥା ଦେଖିଲେ କାଳୀ, ମନ ମୋହିହେଇ ଯାଇଥିଲା। ଭୁଲି ପାରି ନ ଥିଲେ ବିଦାୟକାଳୀନ କରୁଣ ଦୃଶ୍ୟକୁ। କୋଡ଼ିଏ ବର୍ଷର

ଘଟଣା। କାଳୀ ଗଲେ ତିଗିରିଆକୁ। ସବୁ ବଦଳି ଯାଇଥିଲା। ଦାଦା ତାଙ୍କର ଆରପାରିରେ; ଆଦରର ଭଉଣୀଟି, ହତଭାଗିନୀ - ଏବେ ବିଧବା। କାଳୀଚରଣ ବି ଢେର୍ ବଦଳି ଯାଇଥିଲେ।

କେତେ ଦଶହରା ଛୁଟିଗଲା। କାଳୀଚରଣଙ୍କ ବଚନଦିଆ ଦଶହରା ଛୁଟି; ଆଉଥରେ ଜୀବନରେ ଆସିଲାନି। ସେତେବେଳକୁ କାଳୀ ଗାଁରେ ନ ଥିଲେ, ଥିଲେ ଅବା ସେଇ ଦଶହରା ଛୁଟି ଆସି ନ ଥା'ନ୍ତା। ଟର୍ଚ୍ଚିକା ସ୍କୁଲ୍‌ରେ କାଳୀଚରଣ ପାଠ ଶେଷ କଲେ। ତା' ପରେ ପାଠପଢ଼ା ଖୋରଧା ହାଇସ୍କୁଲରେ। ନୂଆଣିଆ ବୟସ, ଏବେ ବି ତିଗିରିଆର ପୁରୁଣା ସ୍ମୃତି ତାଙ୍କୁ କିଲିବିଲି କରିପକାଏ। ମଣିଷ ନିଜର ଆୟତ୍ତରେ ନାହିଁ। ଏକଥାଟି କାଳୀଚରଣ ବୁଝିଲେ। ଦିନ ବଦଳି ଚାଲେ, ପୃଥ୍ୱୀଟା ବି କ୍ଷଣକ୍ଷଣକେ ଆନ। ମନକଥା ମନରେ ମରେ, ଆଉବା ଚାରା କ'ଣ ? ଦାନ୍ତ ଗଲେ ଲୋକ ଦାନ୍ତର ମହତ ବୁଝେ। ବୁଝିଥିଲେ କବିଚନ୍ଦ୍ର କାଳୀଚରଣ, ଭୁଲି ନଥିଲେ ସାରାଜୀବନ।

■

ଓଡ଼ିଶା ରାଜାମାନଙ୍କ ମଥାରୁ ମୁକୁଟ ଖସିଲା

ଫିରିଙ୍ଗିଙ୍କ ଓଡ଼ିଶା ବିଜୟ ସମାପ୍ତ (୧୮୦୩)। ନଦୀନାଳ, ବଣପାହାଡ଼ ଘେରା ଓଡ଼ିଶା। ଏ ପ୍ରକାର ଭୌଗୋଳିକ ସ୍ଥିତି। ଏଥି ସହିତ ସେମାନେ ସମ୍ପୂର୍ଣ୍ଣ ଅନଭିଜ୍ଞ। ଆରମ୍ଭ କଲେ ଆପଣାର 'ତୋଗଲକି' ନୀତି। ଶାସନର ସୁବିଧା ପାଇଁ ବାଟ ଉଣ୍ଡିଲେ। ଖଣ୍ଡ ଖଣ୍ଡ କରିଦେଲେ ଓଡ଼ିଶାକୁ। ଗଡ଼ଜାତ ଅଞ୍ଚଳକୁ ସମ୍ପୂର୍ଣ୍ଣ ଅଣଦେଖା କଲେ। ଜନ୍ ମେଲ୍‌ଭିନ୍, କର୍ଣ୍ଣେଲ ହାରକୋର୍ଟ - ଏ ଦୁଇ ଇଂରେଜ ଅଫିସର; ଏକ ରାଜିନାମା ସ୍ୱାକ୍ଷର କରାଇ ନେଲେ। ଓଡ଼ିଶାର ପ୍ରତ୍ୟେକ ରାଜା ବାର୍ଷିକ ଏକ ନିର୍ଦ୍ଦିଷ୍ଟ କର ପଇଠ କରିବେ, ତାହା ଫିରିଙ୍ଗି ରାଜାକୋଷକୁ ଯିବ। ଇଂରେଜମାନେ ସେହିସବୁ ଅନୁଗତ ରାଜାଙ୍କୁ ସୁରକ୍ଷା ଦେବେ - ଏହା ଥିଲା ବଶ୍ୟତା ସୂଚକ ଅଙ୍ଗୀକାର ପତ୍ରର ସାରାଂଶ। ଏହାକୁ ରାଜାଏ ବିନା ଦ୍ୱିଧାରେ ମାନିନେଲେ। ସମ୍ବଲପୁର, ତତ୍‌ସଂଲଗ୍ନ କେତୋଟି ରାଜ୍ୟ। ପ୍ରଥମେ ଏ ପ୍ରସ୍ତାବକୁ ଗ୍ରହଣ କରି ନ ଥିଲେ। ପରବର୍ତ୍ତୀ କାଳରେ ମାନିନେଲେ। ଓଡ଼ିଶାରେ ଚାଲିଲା ବିଚିତ୍ର ଶାସନ। ରାଜାଏ କର ପଇଠ କରିଦେଲେ। ହେଇଗଲେ ସର୍ବେସର୍ବା। ସେମାନଙ୍କ ପ୍ରଜାପୀଡ଼ନ ମାତ୍ରାଧିକ୍ୟ ହେଲା। ସୃଷ୍ଟି ହେଲା ଗଭୀର ଜନ ଅସନ୍ତୋଷ। ଚାରିଆଡ଼େ ଅବ୍ୟବସ୍ଥା। ଶେଷରେ ବ୍ରିଟିଶ ସାମ୍ରାଜ୍ୟବାଦର ପତନ ହେଲା (ଅଗଷ୍ଟ ୧୫, ୧୯୪୭)। ୧୯୪୭ ମସିହା ଡିସେମ୍ବର ୧୪ ତାରିଖ, ଭାରତର ସ୍ୱରାଷ୍ଟ୍ର ମନ୍ତ୍ରଣାଳୟଙ୍କ ନିର୍ଦ୍ଦେଶଟି କାର୍ଯ୍ୟକାରୀ ହେଲା। ସେଇ ସବୁ ସାମନ୍ତ ରାଜ୍ୟ ଓଡ଼ିଶା ସହ ମିଶିଲା। ଏଇଟି ଏକ ଐତିହାସିକ ଘଟଣା।

ସାମ୍ରାଜ୍ୟବାଦୀ ଗଙ୍ଗରାଜତ୍ୱ, ଗଜପତି ରାଜତ୍ୱ - ସେଇ ସମୟରୁ ଗଡ଼ଜାତ ରାଜାମାନେ ସାର୍ବଭୌମ ଅଧିପତି ଭାବେ ସ୍ୱୀକୃତ। ଆବିର୍ଭାବ ଘଟିଲା ଛୋଟବଡ଼

ସାମନ୍ତରାଜାଙ୍କର। ସେମାନେ ଗଜପତିଙ୍କ ପ୍ରତି ଅନୁରକ୍ତ ରହିଲେ। ଜଗନ୍ନାଥ ଧର୍ମର ମହିମା କୀର୍ତ୍ତନ କଲେ। ପୁରୀ ଶ୍ରୀମନ୍ଦିରର ନିର୍ମାଣ ନିମନ୍ତେ ସାଧମତେ ସାହାଯ୍ୟ କଲେ। ପୁରୀରୁ ବ୍ରାହ୍ମଣଙ୍କୁ ଅଣାଇଲେ। ନିଜ ରାଜ୍ୟରେ ସ୍ଥାୟୀ ବାସିନ୍ଦା କଲେ। ଭୂସମ୍ପତ୍ତି ମଧ୍ୟ ଖଞ୍ଜା କଲେ। ସାମନ୍ତ ରାଜାମାନେ ଜଗନ୍ନାଥଙ୍କ ସହିତ ଘନିଷ୍ଠ ଭାବେ ସମ୍ପର୍କିତ ହୋଇଗଲେ। ମରହଟ୍ଟା, ମୋଗଲ ଶାସନକାଳରେ ଏଇ ବ୍ୟବସ୍ଥାଟି ଅତୁଟ ରହିଥିଲା। ସାମନ୍ତ ରାଜାଏ ଜନଜାତି ସମ୍ପ୍ରଦାୟର। ପରେ କ୍ଷତ୍ରୀୟ ରୂପେ ନିଜକୁ ପ୍ରତିଷ୍ଠା କଲେ। ଗଜପତିଙ୍କ ସହ ସାମାଜିକ ସମ୍ପର୍କ ଗଢ଼ିଲେ। ସେମାନଙ୍କର ଗୋଟେ ସ୍ୱତନ୍ତ୍ର ଗୋଷ୍ଠୀ ତିଆରି ହେଲା। ପ୍ରାଚୀନ ଭାରତୀୟ ପରମ୍ପରା ଅତୁଟ ରହିଲା। ସେମାନେ ହେଲେ ରାଜତନ୍ତ୍ରର ପ୍ରତୀକ। ସେଇ ରାଜାମାନଙ୍କୁ ଜନଜାତି ମାନିଲେ, ସମ୍ମାନ କଲେ। ଏହାର ଦୁଇଟି କାରଣ - (୧) ଭୟ, (୨) ସୁଶାସନ। ସାମନ୍ତ ରାଜାଏ, ରଥଯାତ୍ରା ସମୟରେ ଗଜପତିଙ୍କୁ ଭେଟି ଦେଲେ, ଯୁଦ୍ଧ ସମୟରେ ବି ସାହାଯ୍ୟ କଲେ। ସମୟ କ୍ରମେ ସାମନ୍ତ ରାଜାଙ୍କର ଭିନ୍ନ ଏକ ପରିଚୟ ସୃଷ୍ଟି ହେଲା। ସେମାନଙ୍କୁ ଗଡ଼ଜାତ ରାଜା କୁହାଗଲା। ଓଡ଼ିଆ ଜାତିର ଚଳଣି, ପର୍ବପର୍ବାଣି, ସାମାଜିକ ବିଧିବିଧାନ ବ୍ୟବସ୍ଥା-ସବୁ ସେମାନଙ୍କ ଦ୍ୱାରା ଗୃହୀତ ହେଲା। ଜଗନ୍ନାଥଙ୍କ ପଞ୍ଜିକା, ସାମାଜିକ ଚଳଣି ଉପରେ ଏହା ପର୍ଯ୍ୟବସିତ। ସେମାନେ ଓଡ଼ିଶା ଦେଶର ରାଜା - ଏକଥାକୁ ଇଂରେଜମାନେ ଗ୍ରହଣ କରିନେଇଥିଲେ।

ଓଡ଼ିଶାରେ ଗଡ଼ଜାତ ରାଜ୍ୟ ଛତିଶିଟି। ଏଗୁଡ଼ିକ ଦେଶୀୟ ରାଜ୍ୟ। ଏହା ମଧ୍ୟରୁ ୧୧ଟି 'କ' ଶ୍ରେଣୀ, ୧୨ଟି 'ଖ' ଶ୍ରେଣୀ, ୩ଟି 'ଗ' ଶ୍ରେଣୀୟ। ଅଗଷ୍ଟ ୧ ତାରିଖ, ୧୯୪୭ ମସିହା। ଉକ୍ତ ରାଜ୍ୟଗୁଡ଼ିକ 'ଛତିଶଗଡ଼' ଦଳଟେ ଗଠନ କଲେ। ମାତ୍ର ମୟୂରଭଞ୍ଜ, ବସ୍ତରର ରାଜା - ଏ ପ୍ରକାର ଅପକୌଶଳରୁ ନିବୃତ୍ତ ରହିଲେ। ତଥାକଥିତ 'ଛତିଶଗଡ଼' ଦଳ ରାୟପୁରର ରାଜକୁମାର କଲେଜରେ ଏକତ୍ରିତ ହେଲେ। 'ଇଷ୍ଟର୍ଣ୍ଣ ଷ୍ଟେଟ୍ ୟୁନିୟନ୍' ଗଠିତ ହେବା କଥା ଘୋଷଣା କଲେ। ଏହାର ମୁଖ୍ୟ ଦପ୍ତର 'ରାୟଗଡ଼ା'। ଏ ପ୍ରକାର ପଦକ୍ଷେପ ଗଭୀର ଜନ ଅସନ୍ତୋଷ ସୃଷ୍ଟି କଲା। ଭାରତ ସ୍ୱାଧୀନତା ପାଇଥାଏ। ତତ୍କାଳୀନ ଓଡ଼ିଶାର ପ୍ରଧାନମନ୍ତ୍ରୀ ହରେକୃଷ୍ଣ ମହତାବ, ସେତେବେଳକା ଭାରତର ଗୃହମନ୍ତ୍ରୀ ସର୍ଦ୍ଦାର ବଲ୍ଲଭଭାଇ ପଟେଲ। ନିର୍ଭୁଲ କୂଟନୀତି, ଦୃଢ଼ପ୍ରତିଜ୍ଞ ମନ ତାଙ୍କୁ ବଳିଷ୍ଠ କରିଥିଲା। ସେଇଥି ପାଇଁ ସେ ଭାରତର 'ଲୌହ ମାନବ'। ତାଙ୍କ ନିକଟକୁ ମହତାବ ଦାବି ପତ୍ରଟି ପଠାଇଲେ। ସାମନ୍ତ ରାଜ୍ୟଗୁଡ଼ିକ ଏକ ଶାସନାଧୀନ ହେବେ, ଏହା ଓଡ଼ିଶାର ଅବିଚ୍ଛେଦ୍ୟ ଅଙ୍ଗ ହେବ - ଦାବିପତ୍ରଟିର ଏହାହିଁ ମର୍ମାର୍ଥ।

ସାମନ୍ତ ରାଜାମାନେ ଅଖଣ୍ଡ କ୍ଷମତାଧାରୀ। ଶାସନ ମନମୁଖୀ, ସବୁ ପ୍ରକାର ଦଣ୍ଡ ତାଙ୍କ ହାତରେ। ମାତ୍ର ମୃତ୍ୟୁଦଣ୍ଡର ଅଙ୍କୁଶ ଫିରିଙ୍ଗି ହାତରେ। ଇଂରେଜ ନ୍ୟାୟିକ ବ୍ୟବସ୍ଥା, ମୃତ୍ୟୁଦଣ୍ଡକୁ ଅନୁମୋଦନ କରିବା ଅନିବାର୍ଯ୍ୟ। କ୍ରମେ ସେଇ ରାଜାମାନଙ୍କ ଉପରେ ଲଗାମ ଲାଗିଲା। ୧୯୨୨ ମସିହା। ଅଧ୍ୟକ୍ଷ ବା ସୁପରିନ୍‌ଟେଣ୍ଡେଣ୍ଟ ପଦବୀ ଲୋପ ହେଲା। ଇଂରେଜ ସରକାର ପଲିଟିକାଲ ଏଜେଣ୍ଟ ପଦ ଲାଗୁକଲେ। ସେ ହେଲେ ଗଡ଼ଜାତ ରାଜ୍ୟ ପରିଚାଳକ, କିନ୍ତୁ ଶାସକ ନୁହଁନ୍ତି। ରାଜାମାନଙ୍କ ପଦବୀ 'କିଙ୍ଗ' ନ ଥିଲା। ସେମାନଙ୍କ ଆସନ ରଜା ଅବା ମହାରାଜା। ଗାଦିଲାଭ ପରମ୍ପରା ପୁରୁଷାନୁକ୍ରମିକ। କେହି ନିଃସନ୍ତାନ ରାଜା ପୋଷ୍ୟପୁତ୍ର ଗ୍ରହଣ କଲେ। ଏଥିପାଇଁ ଲୋଡ଼ାହେଲା ଇଂରେଜ ଶାସକଙ୍କ ଅନୁମତି। ୧୯୩୦ ମସିହା, ସାଇମନ କମିଶନ ରିପୋର୍ଟଟିଏ ଦେଲେ। ଓଡ଼ିଶାରେ ଗଡ଼ଜାତ ମିଶ୍ରଣ ପ୍ରସ୍ତାବ ପାଇଁ ସୁପାରିଶ କଲେ। ୧୯୩୩ ମସିହା। ଭାରତରେ ଏକ ସୁସଂଗଠିତ ଶାସନ ବ୍ୟବସ୍ଥା ଆବଶ୍ୟକ ପଡ଼ିଲା। ସବୁ ରାଜ୍ୟବାସୀ ଏକ ଶାସନାଧୀନ ହେବେ - ଏ ମତଟି କ୍ରମେ ଦୃଢ଼ ହେବାକୁ ଲାଗିଲା। ଓଡ଼ିଆ ଅଧ୍ୟୁଷିତ ୨୬ଟି ଗଡ଼ଜାତ ରାଜ୍ୟ, କେନ୍ଦ୍ର ପ୍ରଦେଶ ଅଧୀନସ୍ଥ ୧୮ଟି ଦେଶୀୟ ରାଜ୍ୟ। ଏଗୁଡ଼ିକ ଜଣେ ପଲିଟିକାଲ ଏଜେଣ୍ଟଙ୍କ ଅଧୀନରେ ରହିଲେ। ଏ ବ୍ୟବସ୍ଥା ଚାଲିଲା ୧୯୪୭ ଯାଏ। ଏହାପରେ ରାଜ୍ୟଗୁଡ଼ିକ ଭାଗ୍ୟ ବଦଳିଲା। ଶେଷରେ ଗଡ଼ଜାତ ରାଜ୍ୟଗୁଡ଼ିକ ଓଡ଼ିଶା ସହିତ ମିଶିଲା। କଟକରେ ସେଇ ରାଜାମାନେ ଏକତ୍ରିତ। ୧୪ ଡିସେମ୍ବର, ଆସିଲେ ସର୍ଦ୍ଦାର ପଟେଲ। ଓଡ଼ିଶାରେ ହେଲା ନବସୂର୍ଯ୍ୟୋଦୟ। ଏହି ଐତିହାସିକ ଘଟଣାର ପ୍ରତ୍ୟକ୍ଷ ସାକ୍ଷୀ କବିଚନ୍ଦ୍ର କାଳୀଚରଣ। ସେଦିନର ଦୃଶ୍ୟ, ପ୍ରାଞ୍ଜଳ ଭାବେ ଆଙ୍କିଦେଲେ ଆତ୍ମଲିପି 'କୁମ୍ଭାର ଚକ'ରେ।

କଟକର ଓଡ଼ିଶା ଥିଏଟର୍ସ। କାଳୀଚରଣଙ୍କ ବିଭିନ୍ନ 'ନାଟକ' ଖେଳୁଥାଏ। ସେଦିନ ଥାଏ 'ଦଶଭୁଜା' ନାଟକ। ଆସିଲେ ଚିନ୍ତାମଣି ମିଶ୍ରେ। ସେ ଲୋକ ସମ୍ପର୍କ ବିଭାଗର ପରିଚାଳକ, କାଳୀଚରଣଙ୍କ ପୁରୁଣା ବନ୍ଧୁ। କାଳୀଚରଣଙ୍କୁ ଗୋଟେ ଗୁରୁଦାୟିତ୍ୱ ଦେଲେ। ଓଡ଼ିଶା ଆସିବେ କେନ୍ଦ୍ର ଗୃହମନ୍ତ୍ରୀ ସର୍ଦ୍ଦାର ପଟେଲ। ଏଥି ଲାଗି ଚଳଚ୍ଚିତ୍ର ଗ୍ରହଣ ହେବ। ଯେହେତୁ କାଳୀଚରଣ ଅଭିଜ୍ଞ, ତାଙ୍କରି ଉପରେ ଦାୟିତ୍ୱ ସମର୍ପି ଦେଲେ। ତା ୦୯/୧୨/୧୯୪୭ରିଖ, କାଳୀଚରଣ କଲିକତା ଚାଲିଲେ। କଲିକତାରେ ତାଙ୍କ ବନ୍ଧୁ ଦିଗମ୍ବର ଚାଟାର୍ଜୀ। ତାଙ୍କ ଭାଇ ନୀଳାମ୍ବର ଚାଟାର୍ଜୀ। ଏମାନଙ୍କ ସହ କଲ୍ୟାଣ ଗୁପ୍ତ, ତିନିହେଁ ଚଳଚ୍ଚିତ୍ର ନିର୍ମାଣ ସହ ସଂପୃକ୍ତ। କ୍ୟାମେରା ମ୍ୟାନ୍ ରାମପ୍ରକାଶ ରାଓ। ତା ୧୧/୧୨/୧୯୪୭ ରିଖରେ ସମସ୍ତେ କଟକରେ ପହଞ୍ଚିଲେ। ସବୁ ବନ୍ଦୋବସ୍ତ ଶେଷ। ଡିସେମ୍ବର ୧୩ ତାରିଖ, କାଳୀଚରଣଙ୍କ ଦଳ ଭୁବନେଶ୍ୱରରେ ପହଞ୍ଚିଲେ।

ଦିନ ୧୨ଟାରେ ଆସି ପହଞ୍ଚିଲେ ପଟେଲ। ସେଠାରେ ଚିତ୍ରଗ୍ରହଣ କରାଗଲା। ଆସିଲା ସେଇ ପ୍ରତୀକ୍ଷିତ ଦିନ। ଡିସେମ୍ବର ୧୪ ତାରିଖ। କାଳୀଚରଣ ବ୍ୟସ୍ତ ବିବ୍ରତ। ଗୁରୁଦାୟିତ୍ୱ ସୁଚାରୁ ରୂପେ ତୁଲାଇବାକୁ ହେବ, ନ ହେଲେ ନିନ୍ଦା, ଅପବାଦ। ସକାଳୁ ସକାଳୁ ନାହିଁ ନଥିବା ଝଡ଼, ପବନ, ବର୍ଷା। ପ୍ରକୃତିର ଭୀଷଣ ରୂପ। ଘଡ଼ଘଡ଼ି ଚମକୁଛି। ତା' ସହିତ କାଳୀଚରଣଙ୍କ ଛାତି ଧଡ଼ଧଡ଼। ତିନ୍ତି ବୁଡ଼ି ବାହାରିଲେ। କାଠଯୋଡ଼ି କୂଳ ଲାଲବାଗ, ପୁରୁଣା କମିଶନରଙ୍କ କୋଠି। ପ୍ରଶସ୍ତ ହଲ୍। ଚାରିପଟେ ଚଉକି। ଗୋଟିଏ ଗୋଟିଏ ଚଉକିରେ ବସିଛନ୍ତି, ସେମାନେ ଜଣେ ଜଣେ ଓଡ଼ିଶାର ସାମନ୍ତ ରାଜା। ଆଉ କେହି କେହି ଆସୁଥାଆନ୍ତି। କାଳୀଚରଣ ତାଙ୍କ ସହ ଆଖି ମିଶାଉ ନାହାନ୍ତି। ସେମାନଙ୍କ ମଧ୍ୟରୁ ଅନେକ ତାଙ୍କ ଜଣାଶୁଣା। କେଉଁ ରାଜା - ଗାୟକ, ନାଟ୍ୟକାର, ଆଉ କେହିକେହି ସଙ୍ଗୀତଜ୍ଞ। କେତେଜଣ କାଳୀଚରଣଙ୍କୁ ରାଜଦରବାର ମଣ୍ଡନ ସୁବିଧା କରିଛନ୍ତି। ସମାଦର କିଛି କମ୍ କଥା ନୁହେଁ। କେତେ ସାହାଯ୍ୟ ସହାନୁଭୂତି ଦେଖେଇଛନ୍ତି। ଏଇ ରାଜାଏ କୋଣାର୍କ, ଶ୍ରୀମନ୍ଦିର ଇତ୍ୟାଦି ଗଢ଼ିଛନ୍ତି। ସେମାନଙ୍କ ପୂର୍ବଜ, କେତେଜଣ ଭୁବନ ବିଦିତ। କେହି କେହି ବି ଅତ୍ୟାଚାରୀ। ପାଞ୍ଚ ଆଙ୍ଗୁଳି ସମାନ ନୁହେଁ। ଦିନଟା ୨୪ ଘଣ୍ଟା, ଆଲୁଅ ବାରଘଣ୍ଟା, ସେତିକି ସମୟ ଅନ୍ଧାର। ତଥାପି ରାଜା ହିଁ ରାଜା। ଆଜି ଗଡ଼ଜାତ ରାଜ୍ୟ ହସ୍ତାନ୍ତର ହେବ। ହସ୍ତାନ୍ତର କରିବାକୁ ବାଧ୍ୟ। କାଳୀଚରଣ ଚେତନାହରା ହେଇ ପଡ଼ିଲେ। ଅବଶ୍ୟ କେହି କେହି ଆନନ୍ଦ ନେଉଥିଲେ। ଏତ ଦୁନିଆର ଗତି। ଭିନ୍ନ ମଣିଷ, ନିଆରା ତାଙ୍କର ମତି, ଗତି।

ସର୍ଦ୍ଦାର ପଟେଲ ପହଞ୍ଚିଲେ। ଅଳ୍ପ କଥାବାର୍ତ୍ତା। ତା'ପରେ ଚାଲିଲା ହସ୍ତାନ୍ତର ପ୍ରକ୍ରିୟା। ଜଣ ଜଣକି 'ହସ୍ତାନ୍ତର ସ୍ୱୀକାର ପତ୍ର' ସ୍ୱାକ୍ଷର କଲେ। ନ କରି ଗତ୍ୟନ୍ତର କାହିଁ? ଭାରତ ସରକାରଙ୍କ ଆଇନ। କେବଳ ମୟୂରଭଞ୍ଜ ରାଜା ଅମଙ୍ଗ ହେଲେ। ସର୍ଦ୍ଦାରଜୀଙ୍କ ଏକା କଲମ ଗାର, ପରମ୍ପରା ମଥାରେ କୁରାଢ଼ୀ ଚୋଟ ବାଜିଲା। ଭାରତର ସ୍ୱାଧୀନ ଯୁଗର ଅୟମାରମ୍ଭ। ୨୬ଟି ଗଛହଣା ବାଢ଼ିଲା, ନୂଆ ରାହା ଫିଟିଲା। ସବୁ ରାଜା କାଳୀଚରଣଙ୍କୁ ଚାହିଁ ଥାଆନ୍ତି। କାହାରି ଆଖିରେ ସେ ଆଖି ମିଳାଇ ପାରିଲେନି। କଳାକାରର ଦରଦୀ ମନ। ହୃଦୟଟା ନରମ। ଯାହା ହେଲେବି ଉପସ୍ଥିତ କେତେକ ରାଜା, ତାଙ୍କ ସୁଖ ଦୁଃଖର ସାଥୀ। ସେମାନଙ୍କର ଦୁର୍ଦ୍ଦିନ। କାଳୀଚରଣଙ୍କ ମନ ବିଳପି ଉଠୁଥାଏ। ହସ୍ତାନ୍ତର ସ୍ୱାକ୍ଷର ବେଳର ଚିତ୍ର ଉତ୍ତୋଳନ କରାଗଲା। ପୂର୍ବାହ୍ଣରେ ସ୍ୱାକ୍ଷର କଲେ 'ବି', 'ସି' ଶ୍ରେଣୀର ରାଜାଏ। ସନ୍ଧ୍ୟା ଆସିଲା। ସେଇ କୋଠି, ଏକତ୍ରିତ 'ଏ' ଶ୍ରେଣୀୟ ରାଜାଏ। ଚିତ୍ର ଗ୍ରହଣ କରୁଥାନ୍ତି କାଳୀଚରଣଙ୍କ ସାଥୀମାନେ। ଦିନସାରା ବର୍ଷା ଲାଗିରହିଛି। ସତେ ଯେମିତି ପ୍ରକୃତିରାଣୀ, ତୁହାକୁ ତୁହା ଲୁହ ଝରାଉଛି। ବର୍ଷଣ

ମୁଖର ରାତ୍ରି। ଓଡ଼ିଶାର ରାଜାଙ୍କ ମଥାରୁ ଖସିଲା ରାଜମୁକୁଟ। ଅନ୍ତ ହେଲା ଏକ ମହାର୍ଘ ପରମ୍ପରା।

ନାଟ୍ୟକାର କାଳୀଚରଣ, ବାସ୍ତବତା ତାଙ୍କ ନାଟକର ଭିତ୍ତିଭୂମି। ଭାରତ ସ୍ୱାଧୀନତା ପାଇଲା, ଦି' ଫଡ଼ା ହେଲା। ଏଇଟି ଦେଲା କାଳୀଚରଣଙ୍କ ପ୍ରାଣରେ ଦାରୁଣ ଆଘାତ। ଲେଖିଲେ ନାଟକଟେ। ଭାବି ଭାବି ନୂଆ ନାଟକ ନାଁ ଦେଲେ 'ଫଟା ଭୂଇଁ'। ସ୍ୱାଧୀନତା ଲାଭ ପର୍ଯ୍ୟନ୍ତ ନାନାଦି ଘଟଣା। ଠିକେ ଠିକେ ପରଶିଲେ 'ଫଟା ଭୂଇଁ'ରେ। ସଙ୍ଗୀତ ଓଡ଼ିଆ ବର୍ଣ୍ଣଶିକ୍ଷାର ମୂଳ, କାନ ମନର ସାଥୀ। 'ଫଟା ଭୂଇଁ'କୁ କବିତା, ସଙ୍ଗୀତରେ ଲେଖିଲେ କାଳୀଚରଣ। ଖୁବ୍ କମ୍ ଗଦ୍ୟ ବଚନିକା, ବାକି ସବୁ ସ୍ୱର ଛନ୍ଦରେ। ନାଟକରେ ଗୋଟିଏ ମୁଖ୍ୟ ଚରିତ୍ର ଅବତାରଣା କଲେ। ଆଖ୍ୟା ଦେଲେ 'ଯୁଗ ପୁରୁଷ'। ଯୁଗପୁରୁଷ ମୁଖରେ ସୁଲଳିତ ବଚନିକା, ସବୁ ଗଦ୍ୟରେ। କଳାକାର ଚନ୍ଦ୍ରଶେଖର। ଯୁଗପୁରୁଷ ଭୂମିକାକୁ ଭଲ ଫୁଟାଇଲେ। ଯଦୁମଣି କାନୁନ୍‌ଗୋ, ରଘୁନାଥ ପଣ୍ଡା, ଆର୍ତ୍ତବନ୍ଧୁ ରାଉତରାଏ - ଏସବୁ କଳାକାର, ନାଟକରେ ଅଭିନୟ କଲେ। ପରବର୍ତ୍ତୀ ସମୟରେ ନାଁ ରଚିଲେ। ନାଟକରେ ଆଉ ଗୋଟେ ନୂଆ ଭିଆଣ। ତାହା ଥିଲା 'ଛାୟା ଦୃଶ୍ୟ'। 'ଫଟା ଭୂଇଁ' ଅଭିନୀତ ହେଲା (ଡିସେମ୍ବର ୭, ୧୯୪୭)। ଜାତିର ଦୁର୍ଭାଗ୍ୟ। ଜାନୁଆରୀ ୩୦, ୧୯୪୮, ଆତତାୟୀ ଗୁଳିରେ ନିଧନ ହେଲେ ଗାନ୍ଧିଜୀ। 'ଫଟା ଭୂଇଁ'ର ଯୁଗପୁରୁଷ ଆଉ ରହିଲେନି। ତାଙ୍କର ମହାପ୍ରୟାଣ ହେଲା। ସେତେବେଳକୁ ନାଟକଟି କେଇରାତି ଅଭିନୀତ ହୋଇ ସାରିଥିଲା। ସାରା ଦେଶ ଝାଉଁଳି ପଡ଼ିଲା। ମର୍ମାହତ କାଳୀଚରଣ। ଜାତିର ପିତାଙ୍କ ଆକସ୍ମିକ ମହାଯାତ୍ରା, ମର୍ମନ୍ତୁଦ ବିଦାୟ। ଏ ସମ୍ବନ୍ଧୀୟ ଦୃଶ୍ୟଟିଏ ଯୋଡ଼ିଲେ। ନାଟକ ହେଲା ଦୁଃଖାନ୍ତକ। ନାଟକରେ ସାମାନ୍ୟ ଅଗ୍ରକଥନ, ତା'ପରେ ଛାୟାଦୃଶ୍ୟ। ଅଭିନେତା, ଅଭିନେତ୍ରୀଙ୍କ ମଞ୍ଚ ପ୍ରବେଶ। ପରଦା ପଛରୁ ଶୁଭୁଥାଏ - "କିଏ ଦରିଆପାରି ଗଲେ ବେପାରି, ଆମ ଗାଁକୁ ବାଟ ଗଲେ ପଚାରି" ଇତ୍ୟାଦି। ତା ୦୧/୦୪/୧୯୪୯ ରିଖ। ନାଟକଟିର ଅଭିମତ ଲେଖିଲେ ଡଃ ମହତାବ - ", ଭାରତର ଦୀର୍ଘ ଦେଢ଼ଶହ ବର୍ଷର ଇତିହାସକୁ ସେ ଯେପରି ଭାବେ ନାଟ୍ୟ ଉପଯୋଗୀ କରି ଥୋଇଛନ୍ତି, ତାହା ତାଙ୍କପରି ଶିଳ୍ପୀ ବ୍ୟତୀତ ଅନ୍ୟ କେହି ସହଜରେ କରି ପାରିବେନି।" 'ଯୁଗପୁରୁଷ' କଳ୍ପନାଟି ବିଚିତ୍ର। ନାଟକର ଶେଷ ଦୃଶ୍ୟ, ଲୁହଭରା ଆଖି। ନେହେରୁ ଅଣ୍ଡାଳୁଛନ୍ତି ତାଙ୍କ ଚିତା ଭସ୍ମ, ଡାକୁଛନ୍ତି 'ବାପୁଜୀ' 'ବାପୁଜୀ'। ସେତେବେଳେ ରାଜେଶ୍ୱରୀ ଆବିର୍ଭୂତା। ନେହେରୁଙ୍କୁ କହୁଛନ୍ତି - "ରାମ-ରାମ-ରାମ, ସୀତାପତି ରାଜାରାମ/ ରଘୁପତି ରାମ, ପତିତପାବନ ସୀତାରାମ।" ଏଇ ଭଜନଟି ବାପୁଙ୍କର ଅତି ପ୍ରିୟ। ରାଜେଶ୍ୱରୀ

(ଭାରତମାତା) ପୁଣି ଗାଇଲେ - "ଫଟା କପାଳୀ ମୁଁ ପୁଅ ହରାଇଲି..."। ମଞ୍ଚରୁ ଭାସି ଆସିଲା "ରଘୁପତି ରାଘବ ରାଜା ରାମ"। ଦେଖଣାହାରୀଏ ପାଳି ଧରିଲେ। ସଭିଁଙ୍କ ଆଖିରୁ ଝରି ପଡୁଥିଲା ଲୁହ-ଝରଝର। ଏଇଠି 'ଫଟା ଭୂଇଁ'ର ଯବନିକା। ଜାତିପ୍ରେମୀ କାଳୀଚରଣ। ଓଡ଼ିଶା ସାମନ୍ତ ରାଜାଙ୍କର ମୁକୁଟ ପତନ ତାଙ୍କର ଆଖିଦେଖା କଥା। ଭାରତର ମୁକ୍ତିସଂଗ୍ରାମ ଇତିହାସ 'ଫଟାଭୂଇଁ'ର ପ୍ରାଣସତ୍ତା।

■

ସ୍ମୃତି : କେବେ ହସ, କେବେ ରୋଷ

ସ୍ମୃତି ଏକ ରୁପାଜହ୍ନ। ସଅଳ ସଅଳ ଚାଲିଯାଏ ସୁନା ଶଗଡ଼ିରେ। ମୁହଁ ଲୁଚାଇ ଦିଏ ସମୟର ପରିଖା ସେପାରିରେ। ଚିର ଅଭୁଲା ସେ ସ୍ମୃତି ଟିକକ। ଆସେ ସପନରେ, ଚେତନାରେ। କେବେ ଆଣେ ହସ ପସରା ପସରା, ଆଉ କେବେ ଅସରା ଅସରା ଲୁହ। ଚାଲିଯାଏ, ଆଉ ମୁହଁ ମୋଡ଼େନା। ଏଣିକି ରକୁଣାରଥ ଅଣଲେଉଟା। ତଥାପି ମଣିଷ ତାକୁ ଝୁରେ, ଝରା ବରଷାରେ, ଉତୁରା ଫଗୁଣରେ, ଉଦୁଉଦିଆ ଦି' ପହରେ। ସ୍ମୃତି ସବାର ହୁଏ, କିଳିବିଲି କରି ପକାଏ, ଦୁଃଖରେ ଆଉଟୁ ପାଉଟୁ ମଣିଷ, ସାହାରାହା ଖୋଜେ। ପୁଣି ଆସେ ସେଇ ସ୍ମୃତି-ଅନୁଭୂତି, ବାଟ ଭୁଲାକୁ ବାଟ କଢ଼େଇ ନିଏ, ଅଭିଜ୍ଞତା ବାଣ୍ଟେ, କଞ୍ଚା ମଣିଷକୁ ପାକଳ କରିଦିଏ, ଭୀରୁ ସାହସୀ ହୁଏ। ଜୀବନସାରା ସ୍ମୃତି ତା'ର ସାଥୀ, ସହୋଦର, ଏକାନ୍ତ ଆତ୍ମୀୟ। ସଚେତନ ମଣିଷଟି ତାକୁ ପାଥେୟ କରେ, ହୋଇଯାଏ ଅନୁଭୂତି ସିଦ୍ଧ। ସେମିତି ଜଣେ ସ୍ମୃତିର ସୌଦାଗର, କବିଚନ୍ଦ୍ର ଡକ୍ଟର କାଳୀଚରଣ ପଟ୍ଟନାୟକ। ତାଙ୍କ ଝୁଲାରେ ସ୍ମୃତିମାନେ ଅଣନିଶ୍ୱାସ। କେବେ ରାଜତିରସ୍କାର, ଆଉ ପୁରସ୍କାର। କେବେ ଗେଲବସରିଆ ତ କେତେବେଳେ ରୋଷର ଶିକାର। ମିଳିଯାଏ ରାଜ ଦରବାରରୁ ମୁକ୍ତି, ଚାଲେ କଳା-ସାହିତ୍ୟ-ନାଟକ-ଅଭିନୟ ସାଧନା, ରାସ-ରସ ପିପାସା ବଢ଼େ। ଭିଜେଇ ଦିଏ ତନୁ-ମନ-ପ୍ରାଣକୁ। ରାଜାଘରେ ଚାକିରି, କଳାକାର ଜୀବନରେ ସଫଳତା - ଏହାକୁ ନେଇ କାଳୀଚରଣଙ୍କ ରାଶି ରାଶି ସ୍ମୃତି। ତାହାକୁ ବାଣ୍ଟିଛନ୍ତି ଲେଖକ 'କୁମ୍ଭାରଚକ' ଆତ୍ମଲିପିରେ।

ରାଜାଘରେ ଚାକିରି, ଆମୋଦ ଯେତିକି ପ୍ରମାଦ ସେତିକି। କେବେ ଘିଅମହୁ ବରଷେ। କପାଳ ଫାଟିଲେ, ସବୁ ବିଷ। ଏ ସବୁ ଖଟାମିଠା ଅନୁଭୂତି। କାଳୀଚରଣ ବାରିପଦା ରାଜଦରବାର ଛାଡ଼ିଲେ, ପୁରୀ ରାଜାଙ୍କ ଠାରୁ ଅପମାନିତ ହେଲେ। ସେଇ ସବୁ ଜୀବନାନୁଭୂତି। ତାଙ୍କରି ଭାଷାରେ - 'ସ୍ମୃତି ଚେତନା, କେଡ଼େ ଦହଜିଆ ସତେ !'

ମନେ ପଡ଼େ ଆଠଗଡ଼ ରାଜଦରବାର କଥା । ରାଜା ବିଶ୍ୱନାଥ ବେବର୍ତ୍ତା ପଟ୍ଟନାୟକେ, ତାଙ୍କର ରାଣୀ ରାଧାପ୍ରିୟା ଦେବୀ, ସଦା ପଣ୍ଡିତ ମଣ୍ଡଳୀ ମଣ୍ଡିତ । ଏବେ ସେ ସରଗ ରାଇଜରେ, ଭାରି ସାହିତ୍ୟାନୁରାଗୀ ରାଜା । ଲେଖକ ବି । ଲେଖିଥିଲେ 'ଶରଦରାସ' । ରାଜାରାଣୀ ଦିହେଁ, ରାଧାକୃଷ୍ଣଙ୍କ ପରମ ଭକ୍ତ । ରାଜା କାଳୀଚରଣଙ୍କୁ ଢେର୍ ଆଦର କରୁଥିଲେ । ଏବେ ସେ ଦିନ ଆଉ ନାହିଁ । ତାଙ୍କ ଅମଳର କଥାଟିଏ । ରାଜବାଟୀ ପାଖ ଗଡ଼ମୁଣ୍ଡ । ପାଖରେ ଜଗନ୍ନାଥ ମନ୍ଦିର, ଲରି ସେଇ ପାଖ ଦେଇ ଯାଏ । ରାୟବାହାଦୁର ରାଜକିଶୋର ଦାସ, ତାଙ୍କ ଭାଇ ବୀରକିଶୋର ଦାସ, ଥାଆନ୍ତି ରାଜାଙ୍କ ଦେଓ୍ୱାନ । ଫୋର୍ଡ଼ ମଟର ଗାଡ଼ି ଖଣ୍ଡେ ବୀରବାବୁ ଅଣାଇଲେ । ମଟର ଗାଡ଼ି ସେତେବେଳେ ଗଡ଼ରେ ନୂଆ । ସଞ୍ଜ ନଇଁ ଆସେ । ଶୀତୁଳି ପବନ ବହେ । ରାଜା ଗଡ଼ ବିଜେ ହୁଅନ୍ତି, ତାମ୍‌ଜାନ୍ ଚଢ଼ି । ସାଙ୍ଗରେ ଅନେକ ଲୋକ । ତାମ୍‌ଜାନ୍ ପାଖେ ପାଖେ ଯାଆନ୍ତି ଛୋଟ ଛୋଟ ପିଲେ, ଭାରି କୌତୁହଳିଆ, ଚାଲିଥାଆନ୍ତି ପଛରେ । କେତେକ ଗଡ଼ଟି ସେମିତି ବଡ଼ ନୁହେଁ । ରାଜା ବୁଲନ୍ତି, ବାହୁଡ଼ିବା ବେଳେ ଜଗନ୍ନାଥ ଦେଉଳରେ ସଞ୍ଜ ଆଳତି ବଜୁଥାଏ । ତାମ୍‌ଜାନ୍ ବେହେରାଏ, ଡାକ ମାରି ମାରି ଚାଲିଥାଆନ୍ତି । ଛାମୁଙ୍କ ବିଜେ । ପିଣ୍ଡାରୁ ଲୋକେ ଓହ୍ଲାଇ ଆସନ୍ତି, ବର୍ଣ୍ଣ ଅନୁସାରେ ମାନ୍ୟ କରନ୍ତି । କିଏ ଜୁହାରି ପକାଏ, କିଏ ଆଶୀର୍ବାଦ ଶ୍ଳୋକ ପାଠ କରନ୍ତି । ଆଉ କିଏ ଫୁଲଟିଏ, ଟାହିଆଟିଏ, ଫୁଲମାଳଟିଏ - ସବୁ ସୁଖ, ଶରଧା ସମ୍ମାନ କଥା - ଏ ସମସ୍ତ ଛାମୁଙ୍କୁ ଭେଟି । ଛାମୁ ମଧ ପ୍ରଜାଙ୍କ ଭଲମନ୍ଦ ବୁଝନ୍ତି, ସୁଖଦୁଃଖ ପଚାରନ୍ତି । ସତେ ଯେମିତି ରାଜାଘର ପ୍ରଜାଘର ଏକ ! ରାଜା ଖାଲି ପଚାରନ୍ତିନି, ଲୋଡ଼ା ଥିଲେ ଉପଚାର କରନ୍ତି । ଛୋଟବଡ଼, ଖୁଣ୍ଟି ନାଟି ଯେତେକ ମାଲିମାମଲା, ଦରବାରକୁ ଆସିବାକୁ ପଡ଼େନା, ତୁଣ୍ଡେ ତୁଣ୍ଡେ ଦାଣ୍ଡରେ ଫଏସଲା । ରାଜା ପ୍ରଜାଙ୍କ ଭିତରେ ଗଭୀର ଆତ୍ମୀୟତା - ନିକଟ ସମ୍ପର୍କ, ସତେ ଯେମିତି ଉଭୟ ଉଭୟଙ୍କର, ଏକ ପରିବାରର ! ଫୋର୍ଡ଼ ମୋଟର ଗାଡ଼ି, ନୂଆ ନୂଆ ଗଡ଼କୁ ଆସିଥାଏ । ଦିନେ ଦିଆନ ଅନୁରୋଧ କଲେ; ସଞ୍ଜ ହେଲା । ଗାଡ଼ିରେ ବୁଲି ବାହାରିଲେ । ଛୋଟିଆ ଥାନ, ସଙ୍ଗେ ସଙ୍ଗେ ରାଜା ଗଡ଼ ବୁଲି ଆସିଲେ । ରାଜାଙ୍କ ମନ ବୁଝିଲାନି, ଦିଆନ ବାବୁଙ୍କୁ ଡାକିଲେ । ଗାଡ଼ିଟାକୁ ତାଙ୍କୁ ବ୍ୟବହାର କରିବାକୁ କହିଲେ, ବୁଝେଇଦେଲେ - "ଆମେ ରାଜା, ରାଜ୍ୟର ହାଲ ଆମକୁ ଜଣା ପଡ଼ିବ ନାହିଁ । ଲୁଚିଲା ପରି ଯିବୁ, ଲୁଚିଲା ପରି ଆସିବୁଁ । ଆମେ କ'ଣ ଚୋର କି ? ରାଜା-ପ୍ରଜା-ବାପ-ପୁଅ । ସୁଖ ଦୁଃଖ ହେବା ନାହିଁ, ଚିହ୍ନା ପରିଚେ ହେବା ନାହିଁ ?" ଏଥିରୁ ବାରିହେଇପଡ଼େ, ରାଜାଙ୍କର ସହୃଦୟତା, ପ୍ରଜାଙ୍କ ପ୍ରତି ଥିବା ସ୍ନେହ, ଶରଧା । ଏବେ ନାହାନ୍ତି ସେଇ ରାଜା, ରହିଛି କେବଳ ସ୍ମୃତିରୁ ଖିଏ ।

କାଳୀଚରଣଙ୍କ ରାସ ପାର୍ଟି। ଲରି ଚାଲିଛି, ଆଉ ଆଉ ସ୍ମୃତିମାନେ ସଜାଗ। କେତେ କେତେ ଲୁହ ଗାଧୁଆ ସେଇ ଅନୁଭୂତି। ଗାଡ଼ି ନୂଆପାଟଣା ଗାଁ ଡେଇଁଲା, ତା'ପରେ ତିଗିରିଆ। ନରସିଂହପୁର ବାହୁଡ଼ାଣି, ଗଡ଼ ମୁଣ୍ଡରେ ଡାକବଙ୍ଗଳା, ଦହି, ଉଖୁଡ଼ା, ମୁଢ଼ି ଚକଟା ଜଳଖିଆ, ରାସପିଲାଏ ଖାଇଲେ। ଗାଡ଼ି ବାହାରିଲା, ବାଟରେ ମାଣିଆଁବନ୍ଧ ଗାଁ। ଗାଁର ନାଁ ଡାକ। ସେଠିକା ବୁଣାକାର। ସୁନ୍ଦର ସୁନ୍ଦର ମନଲାଖି ପାଟ ବୁଣନ୍ତି। ସେତେବେଳେ ମାଣିଆଁବନ୍ଧ ବିଖ୍ୟାତ ଏକଫୁଲିଆ, ଦୋଫୁଲିଆ ଶାଢ଼ୀ ପାଇଁ। ପିଲାବେଳେ ସେ ଏଥିରୁ ପିନ୍ଧିବାକୁ ଜିଦ୍ ଧରିଥିଲେ। ମାଣିଆଁବନ୍ଧର ଦାମ ସାଅନ୍ତରା, ଆଉ ଏ ପୁରରେ ନାହାନ୍ତି। ବେଶ୍ ସରସ ବୁଣାଳି, ବ୍ୟବସାୟୀ ବି। ସେ ଗାଁର ଅନେକ ବୌଦ୍ଧ ଧର୍ମାବଲମ୍ବୀ। ଜଗନ୍ନାଥ ମନ୍ଦିର ବି ଅଛି। ବିଧିମତେ ପୂଜା ଆରାଧନା। ବୌଦ୍ଧଧର୍ମ ସେଠାରେ ଲୋକପ୍ରିୟ। କେହି ଜାଣନ୍ତିନି। କିଏ ସେ ମହାତ୍ମା ? କେବେ ଆସିଲେ, ଏଠାରେ ବୌଦ୍ଧଧର୍ମର ମଞ୍ଜି ପୋତିଦେଲେ ? ତା'ର ଚେର ଅଛି ଆଜିଯାଏଁ। ବୁଦ୍ଧଦେବ ଜଗନ୍ନାଥଙ୍କ ଏକ ଅବତାର, ଗାଁ ବାଲା ତାହା ଧରି ନେଇଥିଲେ। ଏ ଗାଁର ବୁଣାଳି ବଡ଼ କୁଶଳୀ। ବାଉଁଶନଳୀ, ତା'ରି ଭିତରେ ପିନ୍ଧା ଦୋସଡ଼ା, ଏ ସବୁ ବିକ୍ରି କରାଯାଉଥିଲା। ବଜାରରେ ମିଳୁଥିଲା - ଏହାର ଢେର୍ କାଟ୍‌ତି। କିଭଳି ବୁଣାଳି ସେମାନେ ? ତାଙ୍କୁ ନେଇ ଧନ୍ୟ ଆମ ଦେଶ। ମାଣିଆଁବନ୍ଧରୁ ଧୋବଣୀନାଳ। ଝରିଝରି ଯାଉଛି, ଗୀତ ଗାଉଛି ଗୁମୁରି ଗୁମୁରି, ଖୋଜୁଛି ତା' ପ୍ରିୟ ସାଥୀକୁ। କେତେ ବଣମଲ୍ଲୀ, ଝରି ପଡ଼ିଛି ଅଯତନରେ, ଝର ପାଣିରେ ମିଶେଇ ଦେଇଛି, ତା' ବାସ ବେଶ। ସତରେ ଯୌବନର ପାହାନ୍ତି ପହର, ଖର ନିଃଶ୍ୱାସ ପକାଇଛି, ହଜିଯିବ, ରହିଯିବ ସେମିତି ଅଜଣା ଅଶୁଣା ହୋଇ।

ସ୍ମୃତି ମାନେ ବେଗଗାମୀ, ଲରି ଦଉଡୁଛି, ବଡ଼ମ୍ବା ଗଡ଼, ଆଉ ଅଳ୍ପ ବାଟ। ଗଡ଼ ପୋଖରୀ ଗାଁ, ପାରିହେଲେ କହ୍ନେଇ ମଣ୍ଡପ। ପ୍ରାୟ ପନ୍ଦର କୋଡ଼ିଏ ବର୍ଷ ତଳେ, କାଳୀଚରଣ, ପରମାନନ୍ଦ ଆଚାର୍ଯ୍ୟ, ଦୁହେଁ ଦେଖିଥିଲେ ଗାଁରେ ଗୋଟେ ପଥର ମୂର୍ତ୍ତି। ସେ ମୂର୍ତ୍ତି ଚାମୁଣ୍ଡା ଠାକୁରାଣୀ, ମୁଣ୍ଡରେ କାନରେ ଫୁଲ ସିନ୍ଦୂର। ଗାଁ ଲୋକେ ମା'ଙ୍କୁ ଭାରି ମାନନ୍ତି। ରୋଗ ବାଧିକା, ପୁଅ ବାହାଘର, ଜୋଇଁ ଖୋଜା - ସବୁପାଇଁ ମାନସିକ। ଛେଳି, କୁକୁଡ଼ା, ମେଣ୍ଢା ବଳି ପଡ଼େ। କାଳୀଚରଣ ଢେର୍ ବୁଝାବୁଝି କଲେ। ଗାଁଲୋକ ମଙ୍ଗିଲେ, ମା'ଙ୍କ ମୁଣ୍ଡ, କାନରୁ ସିନ୍ଦୂର ଛଡ଼ାଗଲା, ବାହାରିଲା ଏକ ଦିବ୍ୟସୁନ୍ଦର ମୂର୍ତ୍ତି। ତାହା ଥିଲା ଜୈନ ମୂର୍ତ୍ତିଟେ - ନିରୋଳା ନିରାମିଷାଶୀ। ମାତ୍ର କାହିଁ ଏ ବଳି ଖାଇ ଠାକୁରାଣୀ ! ଏକାବେଳେ ଆକାଶରୁ ପାତାଳ, ପୁରୁଷରୁ ପୁଣି ନାରୀ। କାହିଁ କେତେ ଯୁଗ ନ ବଦଳୁଛି ? ପୁଣି ବଡ଼ମ୍ବା ଗଡ଼ର ସ୍ମୃତି, ମନକୁ ଚହଲେଇ ଦେଲା। ପିଲାଦିନ

କଥା। ଏଇ ସେଇ ନରସିଂହପୁର ଗଡ଼। ପିଲାଦିନର କେତୋଟି ଅଭୁଲା ବର୍ଷ କଟିଛି, ଭୁଲି ହେଉନି। ପଣ୍ଡିତେ ଆର୍ତ୍ତମିଶ୍ରେ, 'ଅ, ଆ' ପଢ଼େଇ ଥିଲେ କାଳୀଚରଣଙ୍କୁ। ଦାଣ୍ଡ ଚଉପାଢ଼ି, ହାତରେ ପତ୍ର ସିଜୁଗଛର ଖଣ୍ଡେ ଡାଙ୍ଗ। ପଣ୍ଡିତେ ଡାକ ଦିଅନ୍ତି - "କାଳୀଚରଣ ! କି ତାପ ଆଣୁଚ କି ତାପ ବାହାରିବ ?" ଗାଧୁଆ ଖିଆ ବେଳ ହୁଏ। ପଣ୍ଡିତେଙ୍କୁ ପିଲେ ଜୁହାରନ୍ତି, ଏଣିକି ଘର ବାହୁଡ଼ା, ସକାଳ ଓଳି ପାଠ ସରେ, ଆର ଓଳି ପଢ଼ାଯାଏ। କାଳୀଚରଣ ଭୁଲି ନାହାନ୍ତି ନରସିଂହପୁରକୁ, ପାସୋରି ନାହାନ୍ତି ବାଲ୍ୟସ୍ମୃତି ମଖା ଦିନଗୁଡ଼ିକୁ।

ନରସିଂହପୁର ଗଡ଼, ପିଲାବେଳ ପାଠପଢ଼ା ନୁହେଁ, ରାସ ରସ ପରିବେଷଣ। ଚଉକତି ଚାଞ୍ଚରା ବାଡ଼ଦିଆ ବିରାଟ ଘରଟେ। ଅଭାବ କିଛି ନାହିଁ, ବଣ, ବାଉଁଶ। ବୁଣିବାକୁ ଡୋମ, ଶଅର ଅଛନ୍ତି। ରାଜାଘର ବାହାଘର, ସାମାନ୍ୟ କଥା ନୁହେଁ, ବାଣ, ରୋଶନି, ଖିଆପିଆ, ବାଇଦ, ବାଜଣା - ତା' ସାଙ୍ଗକୁ ରାସଲୀଳା। ଗଡ଼ଲୋକେ ଚାତକ ପରି ଚାହିଁଛନ୍ତି। ଚାଲିଲା ଅଭିନୟ। ନାହିଁ ନଥିବା ଦେଖଣାହାରୀ, ପ୍ରେକ୍ଷାଳୟ ଭରପୂର। ଜାଗା ଜୁଗତି ଅନେକ ପାଇଲେନି, ଏଣେ ରାସଦେଖା ନିଶା ଘାରିଛି। ସହଜେ ତ ଚାଞ୍ଚରାରେ କାନ୍ଥ। ତାକୁ କଣାକରି, ଅନେକ ଜୁଳୁଜୁଳୁ ଆଖି ଚାହିଁ ରହିଥାଏ। ତା'ର କଳନା ନ ଥିଲା ସେଦିନ। ଏହା ପଛରେ ବଳିଷ୍ଠ କାରଣଟେ। ସେଠାରେ ମଞ୍ଚବନ୍ଧା ଆଉ ମଞ୍ଚରେ ନାଟକ ଅଭିନୟ ଥିଲା ପ୍ରଥମ। ଦିନ ରାତି ଅଭିନୟ ଚାଲିଲା। ସେଦିନ ଥାଏ ଦୋଳ ପୁନେଇଁ। ବଡ଼ମ୍ବା ଗଡ଼ ଛାମୁ, ଆଗରୁ ଖବର ଦେଇଥିଲେ, ପାର୍ଟି ରହିଲା 'ରଙ୍ଗମହଲ'ରେ। ବଡ଼ମ୍ବାରେ ଅଭିନୟ ଚାଲିଲା। ସବୁଦିନେ ନଥାଏ ଚାନ୍ଦିନୀ ରାତି, ସୁଖ ସରି ସରି ଯାଏ। ମାଡ଼ିଆସେ ଦୁର୍ଦ୍ଦିନ। ତାହା ହିଁ ହେଲା। ନାଟକଗୁଡ଼ିକ ବେଶ୍ ଉତୁରିଲା। ଚତୁର୍ଥ ରାତି, ସେତେବେଳେ ନ ଥିଲା ବିଜୁଳିବତୀ, ପେଟ୍ରୋମାକ୍ସ ଆଲୁଅ, ଦିକି ଦିକି ହେଲେ ପମ୍ପ ମାରିବାକୁ ପଡ଼େ। ବରଜୁ (ନାଟ ଦଳର ମଧୁମଙ୍ଗଳ) ଲାଇଟ୍ ଲଗଉଥିଲା, ହଠାତ୍ ନିଆଁ ଉଠିଗଲା। ତା' ମୁହଁ ଜଳିଗଲା, ହେଲେ ଆଖି ଦି'ଟା ରକ୍ଷା ପାଇଗଲା। ହୋ ହାଲ୍ଲା, ପାଟି ତୁଣ୍ଡ, ପିଲାଏ ଦଉଡ଼ା ଦଉଡ଼ି କଲେ। ଆଉ କି ଅଭିନୟ ? ସବୁ ସୁଖ ଚୁଲିକୁ ଗଲା। ବରଜୁ ପରି ଆଉ କିଏ ଅଛି ? ତା' ପରି ନିଖୁଣ ଅଭିନୟ କରିପାରିବ ? ବିପଦ ଏକା ଆସି ନ ଥିଲା, ସାଥିରେ ତା'ର କେତେକ ସାଙ୍ଗସାଥୀ। ସେଇ ରାତି କଥା, କାଳୀଚରଣଙ୍କ ଗୋଟେ ଗୋଡ଼ ଅଚଳ ହୋଇଗଲା। ଚାଲିବାକୁ ବଳ ନାହିଁ। ବଡ଼ମ୍ବା ଗଡ଼ ଡାକ୍ତରଖାନା, କମ୍ପାଉଣ୍ଡର ବାଙ୍କି ଖମାରଙ୍ଗ ଗାଁର ନାରାୟଣ ଶତପଥୀ, ଆସିଲେ, କାଳୀଚରଣଙ୍କ ସ୍ୱାସ୍ଥ୍ୟ ପରୀକ୍ଷା କଲେ। ପାରାଲିସିସ୍‌ର ପହିଲି ଲକ୍ଷଣ ବୋଲି କହିଲେ। ଔଷଧ

ଦେଲେ ମାତ୍ର ବିଶେଷ ଫଳ ହେଲାନି। ସରି ଆସିଲା ସବୁ ଆନନ୍ଦ। କାଳୀଚରଣ ମନମରା ହେଇଗଲେ, କିନ୍ତୁ ହିମ୍ମତ ହାରିନଥିଲେ। ପୁଣି ଚାଲିଲା ରାସ ଅଭିନୟ। ସେତେବେଳେକା ତିଗିରିଆ ରାଜା ସୁଦର୍ଶନ ଚମ୍ପତିସିଂହ। ସେ ସମ୍ଭବତଃ ପୋଷ୍ୟପୁତ୍ର ହୋଇ ଆସିଥିଲେ। କଥାରେ ଅଛି - "ସାଉଁଟିଲା କାଣ୍ଡ ଯୁଦ୍ଧକୁ ପାଏନି।" କାହିଁ ବରଜୁ କାହିଁ ଆଉ ନୂଆପିଲା। ନୂଆପିଲାଟି ମଧୁମଙ୍ଗଳ ପାର୍ଟ କରି ପାରିଲାନି। ଦର୍ଶକ ନାପସନ୍ଦ କଲେ। ତା' ପରେ ଯାତ୍ରା ବିଭିନ୍ନ ସ୍ଥାନରେ - କେନ୍ଦ୍ରାପଡ଼ା, କଟକ, ସାକ୍ଷୀଗୋପାଳ, ଆଠମଲ୍ଲିକ, ଅନୁଗୋଳ - ଏମିତି ସାରା ଓଡ଼ିଶା, ଜାରି ରହିଲା ନାଟ୍ୟାଭିନୟ। କାଳୀଚରଣଙ୍କ ଯଶ-କୀର୍ତ୍ତି-ଖ୍ୟାତି ଶିଖରରେ ପହଞ୍ଚିଲା।

ସମୟର ଚହଲା ସୁଅ, ସ୍ମୃତିମାନେ ଏବେ ବିସ୍ମୃତି ମୁହାଁ, ତଥାପି ଚିଆଁଇ ଦିଅନ୍ତି। ହଜିଲା ଅତୀତ ସତେ ଯେମିତି ହାତ ପାହାନ୍ତାରେ! କଳାକାର କଥା ଅଲଗା। ସେ ଆନମନା ହେଇଯାଏ। ଲେଖିପକାଏ ଅଙ୍ଗେନିଭା କଥା କେଇପଦ। ଏହାର ସାର୍ଥକ ନିଦର୍ଶନ 'କୁମ୍ଭାରଚକ'। କାଳୀଚରଣଙ୍କ ସ୍ମୃତି ସାଉଁଟା ଉତ୍କଳୀୟ-କଳା-ସାହିତ୍ୟ-ସଂସ୍କୃତି। ପୁନଃ ଆତ୍ମପ୍ରକାଶ କରେ। ଅତୀତର ଗରିମାମୟ ଉତ୍କଳ ପାଲଟି ଯାଏ ଐଶ୍ୱର୍ଯ୍ୟଶାଳିନୀ। କବିଚନ୍ଦ୍ର ଆପଣା ସ୍ମୃତିକୁ ବଡ଼ ଲୋଭନୀୟ ଶୈଳୀରେ ବାଢ଼ି ଦେଇଛନ୍ତି ଆତ୍ମଲିପିରେ।

■

ଓଡ଼ିଶୀ ନୃତ୍ୟର ଶାସ୍ତ୍ରୀୟ ସ୍ୱୀକୃତି

ପ୍ରତିଟି ସଫଳତା ପାଇଁ ଲୋଡ଼ା ସଂଘର୍ଷ। ସଂଘର୍ଷ ବାଟ କଢ଼େଇ ନିଏ, ବୁଦ୍ଧି ଦିଏ। ଉପାୟମାନ ଆପେ ଆପେ ଧରା ଦିଅନ୍ତି। ଆସେ ପ୍ରତୀକ୍ଷିତ ମୁହୂର୍ତ୍ତଟି। ମନସ୍କାମନା ପୂର୍ଣ୍ଣ ହୁଏ। ଲକ୍ଷ୍ୟ ହାସଲ ହୁଏ। ସେଇଥିପାଇଁ, ସଂଘର୍ଷ ନାହିଁ ତ ଜୀବନ କାହିଁ? ପ୍ରତିଟି ପ୍ରଥିତ ଯଶା, ତାଙ୍କ ଜୀବନରେ ଆସେ ଘାତ ପ୍ରତିଘାତ, ନାନାଦି କଷଣ ସହିବାକୁ ହୁଏ। କ୍ରମେ ସବୁ ଟଳିଯାଏ। ଏମିତି ଜଣେ କଳାକାର, କବିଚନ୍ଦ୍ର କାଳୀଚରଣ ପଟ୍ଟନାୟକ। ତାଙ୍କର ସଂଘର୍ଷମୟ ଜୀବନ। କେତେ କେତେ ଉଠ ପଡ଼, ସଫଳତା, ବିଫଳତା। ସେ ଧୈର୍ଯ୍ୟ ହାରି ନାହାନ୍ତି। ଓଡ଼ିଆ କଳା, ସାହିତ୍ୟ, ସଂସ୍କୃତି ଜଗତକୁ ଋଦ୍ଧିମନ୍ତ କରିଛନ୍ତି। ଓଡ଼ିଶୀ ନୃତ୍ୟ ଶାସ୍ତ୍ରୀୟ ମାନ୍ୟତା ପାଇବ, ଏଥିପାଇଁ ଆପ୍ରାଣ ଚେଷ୍ଟା କରିଛନ୍ତି। ଆପଣାର ଲୋକେ ବିରୋଧ କରିଛନ୍ତି, ହତୋତ୍ସାହ ହେଇ ନାହାନ୍ତି କଳାକାର। ସହଯୋଗର ହାତ ଲମ୍ୱି ଆସିଛି। ଶେଷରେ କେନ୍ଦ୍ର ସଂଗୀତ ନାଟକ ଅକାଦମୀ, ଓଡ଼ିଶୀ ନୃତ୍ୟକୁ ଶାସ୍ତ୍ରୀୟ ସ୍ୱୀକୃତି ଦେଇଛି। କାଳୀଚରଣଙ୍କ ସାଧୁ ଉଦ୍ୟମ ସଫଳ ହୋଇଛି।

ଶାସ୍ତ୍ରୀୟ ଅର୍ଥାତ୍ ଶାସ୍ତ୍ର କଥିତ ବା ସମ୍ମତ। ଏହା ଶାସ୍ତ୍ର ବିହିତ। ଶାସ୍ତ୍ର ସ୍ୱୀକୃତ ସଂଗୀତ ହିଁ ପ୍ରାଚୀନ ସଂଗୀତ। ଯଥା- ଓଡ଼ିଶୀ, ଭାରତନାଟ୍ୟମ୍। ଭାଷା, ସଙ୍ଗୀତ, ନାଟକ - ଶାସ୍ତ୍ରୀୟ ମାନ୍ୟତା ପାଏ। ଏହାର ଗରିମା ବଢ଼େ। ଜାତିର ଯଶ କୀର୍ତ୍ତି ଚୌଦିଗକୁ ପ୍ରସରୀ ଯାଏ। ଶାସ୍ତ୍ରୀୟ ମାନ୍ୟତା ଆପେ ମିଳି ଯାଏନି। ଏଥି ପାଇଁ ଆବଶ୍ୟକ ଯଥା ବିଧି ତାତ୍ତ୍ୱିକ ପ୍ରମାଣ। ପ୍ରାଚୀନ ପୋଥି, ପୁରାଣ, ଗବେଷଣା ଲବ୍ଧଜ୍ଞାନ। ଏସବୁ ସହାୟକ ହୁଏ ଦାବି ଉପସ୍ଥାପନ ପାଇଁ। କାଳୀଚରଣ ତ ଓଡ଼ିଶୀ ସଙ୍ଗୀତ, ନୃତ୍ୟ ବିଶାରଦ। ୧୯୫୮ ସାଲ, ମାର୍ଚ୍ଚ ୩୧ରୁ ଅପ୍ରେଲ ୬ ତାରିଖ, ଦିଲ୍ଲୀରେ ଆୟୋଜିତ ହେଲା ନୃତ୍ୟ ସମାରୋହ। ତା ୪/୦୪/୧୯୫୮ ରିଖ, କାଳୀଚରଣ ସେଠାରେ ପାଠକଲେ ଓଡ଼ିଶୀ ନୃତ୍ୟ ସମ୍ବନ୍ଧୀୟ ତାତ୍ତ୍ୱିକ ପ୍ରବନ୍ଧଟେ। ଠା ଠା ଡେମୋନଷ୍ଟ୍ରେସନ୍

ଦିଆଗଲା। ମାତ୍ର କେଇଜଣ ନାଁକରା ଓଡ଼ିଆ କଳାକାର, ପ୍ରୋଗ୍ରାମଟି କରେଇ ଦେବେନି। ସେମାନେ କୁଆଡ଼େ ମନ୍ଦ ବୁଦ୍ଧି ଖଂଜିଲେ। ତାଙ୍କ ଉଦ୍ୟମ ପଣ୍ଡ ହେଲା। ଡ. ନୃସିଂହଚରଣ ସାମନ୍ତ ସିଂହାର, ତତ୍‌କାଳୀନ ଏମ୍.ପି., ଲେଖିଲେ ପୁସ୍ତିକାଟେ। ଶିରୋନାମା ରଖିଲେ 'ମୋ କାଳୀଭାଇ'। ୧୯୭୦ ସାଲ, କାଳୀଚରଣଙ୍କ ଜୟନ୍ତୀ, ବହିଟି ଆତ୍ମପ୍ରକାଶ କଲା। ସନ୍ଦର୍ଭ ପାଠ, ଏନେଇ ଦିଲ୍ଲୀରେ ଘଟିଥିଲା ଅଭାବନୀୟ ଘଟଣାଟେ। ଏହାର ସାକ୍ଷୀ ସେଇ ପୁସ୍ତିକା 'ମୋ କାଳୀଭାଇ'।

ସେଦିନର କଥା। ଦିଲ୍ଲୀର ପ୍ରଶସ୍ତ ବିଜ୍ଞାନ ଭବନ। ସୁପ୍ରସିଦ୍ଧ ସଙ୍ଗୀତ ବିଶାରଦମାନେ ଉପସ୍ଥିତ। ସେମାନଙ୍କ ଆଗରେ ସନ୍ଦର୍ଭ ପାଠ, ଡିମନ୍‌ଷ୍ଟ୍ରେସନ୍। ସହଯୋଗୀଏ, କିଏ କେଉଁଠି ବସିବେ, କାହାର କାମ କ'ଣ ସବୁ ସ୍ଥିର ହେବ। କାଳୀଚରଣ ବି ଟିକେ ଶଙ୍କିତ। ଏତେ ବଡ଼ ବିଦ୍ୱାନ ମଣ୍ଡଳୀ, ତାଙ୍କ ଆଗରେ ଠିଆ ହେବାକୁ ହେବ, କେମିତି ପଢ଼ିବେ? ୪ ତାରିଖ ସକାଳ ୧୦ଟା ସୁଦ୍ଧା ଏ ସମସ୍ତର ବ୍ୟବସ୍ଥା କରାଯିବ। କାଳୀଚରଣ, ତାଙ୍କ ସାଥୀଏ, ଆଗରୁ ଯାଇ ପ୍ରସ୍ତୁତ ହେଲେ। ସଂଗୀତ ନାଟକ ଅକାଦମୀର ସମ୍ପାଦିକା ଶ୍ରୀମତୀ ନିର୍ମଳା ଯୋଷୀ। ତାଙ୍କୁ କାଳୀଚରଣ ଭେଟିଲେ। ଫେରିଲେ ମନମରା ହୋଇ। ମୁହଁଟି ଶୁଖି ଯାଇଛି। ଯୋଷୀ ସିଧା କହିଦେଲେ। ସନ୍ଦର୍ଭଟି ୫ ତାରିଖରେ ଅବା ତା' ପରେ ପଢ଼ାଯିବ, ୪ ତାରିଖରେ ନୁହେଁ। କଟକ ଫେରିଆସିବାର ସିଦ୍ଧାନ୍ତ ହେଇଗଲା। ଏମ୍.ପି. ଡା. ନୃସିଂହ ଚରଣ ସାମନ୍ତ ସିଂହାର, ରାଗରେ ନିଆଁଦାଣ ହେଇଗଲେ। ସଂଗୀତ ନାଟକ ଅକାଦମୀ, ସର୍ବଭାରତୀୟ ସ୍ତରର ପ୍ରତିଷ୍ଠିତ ଅନୁଷ୍ଠାନଟେ। ୩/୪ ମାସ ଆଗରୁ ପ୍ରୋଗ୍ରାମ ସ୍ଥିର। ଅତିଥିଙ୍କୁ ଆମନ୍ତ୍ରଣ କରାଗଲା, ବହୁ ଅର୍ଥ ବ୍ୟୟ ହେଲା। କାନକୁହା କଥା ଚାଲିଲା? ପ୍ରୋଗାମ୍ ଭଣ୍ଡୁର ହେବ। ଏମ୍.ପି. ମହାଶୟ ଉପାୟ କାଢ଼ିଲେ। ନିତ୍ୟାନନ୍ଦ କାନୁନ୍‌ଗୋ ସଂଗୀତ ନାଟକ ଅକାଦମୀର ବିଶିଷ୍ଟ ସଦସ୍ୟ। ସେ କେନ୍ଦ୍ରମନ୍ତ୍ରୀ। ଅକାଦମୀର ଏକମାତ୍ର ଓଡ଼ିଆ ସଦସ୍ୟ। ବହୁ ପ୍ରତିପତ୍ତି ତାଙ୍କର। କଳାହାଣ୍ଡିର ମହାରାଜା ଶ୍ରୀ ପି.କେ. ଦେଓ; ଶ୍ରଦ୍ଧାକର ସୂପକାର, ଉମାଚରଣ ପଟ୍ଟନାୟକ, ଆସାମର ବଡୁଆ, ବସୁମାତାରୀ, ଭଗବତୀ, ଆନ୍ଧ୍ରର ଡାକ୍ତର ମାଲଖୋଟେ, ଲକ୍ଷ୍ମୀବାଈ ପ୍ରଭୃତି ଏମ୍.ପି.। ଏତଦ୍‌ଭିନ୍ନ ଡାକ୍ତର ଫାବ୍ରୀ, ଇନ୍ଦ୍ରାଣୀ, ରଘୁମଣି ପଟ୍ଟନାୟକ - ସମସ୍ତଙ୍କ ସହ ଆଲୋଚନା ହେଲା। ସେତେବେଳେ ଅକାଦମୀର ସଭାପତି ରାଜମନ୍ନାର। ସେ ଅନୁପସ୍ଥିତ ଥାଆନ୍ତି। ଉପସଭାପତି କମଳା ଦେବୀ ଚଟ୍ଟୋପାଧ୍ୟାୟ, ତାଙ୍କ ସହ ବି ସାକ୍ଷାତ ଆଲୋଚନା ହେଲା। ମାତ୍ର ସେ ସାହାଯ୍ୟ କରିପାରିବେନି। ରୋକ୍‌ଠୋକ୍ କହିଦେଲେ। ପାର୍ଲିଆମେଂଟ ଲବିରେ ବିଭାଗୀୟ ମନ୍ତ୍ରୀ ହୁମାୟୁନ କବିର। ତାଙ୍କୁ ଦାବି ପତ୍ର ଦିଆଗଲା।

ପ୍ରତିକାର ପାଇଁ ନିବେଦନ ରଖାଗଲା। ଫଳ ନ ମିଳିଲେ ପାର୍ଲିଆମେଂଟରେ ମୁଲତବୀ ପ୍ରସ୍ତାବ ଆସିବ – ଏ କଥାଟି ଏମ୍.ପି. ନୃସିଂହ ଚରଣ ଦାବିପତ୍ରରେ ଲେଖିଥିଲେ। ତତ୍ ସହିତ ଧ୍ୟାନ ଆକର୍ଷଣକାରୀ ନୋଟିସ୍ ବି ଦିଆଯିବ। ତାହା ବି ଉଲ୍ଲେଖ ଥିଲା। ଆଲୋଚନା ବେଳେ ଏହି ପ୍ରସଙ୍ଗ ଉଠିଲା। କ୍ରମେ କାଳୀଚରଣଙ୍କ ଆଡ଼େ ଅନୁକୂଳ ପବନ ବହିଲା।

ନୃସିଂହ ବାବୁ ଅନୁପସ୍ଥିତ। ଆସିଲେ ନିର୍ମଳା ଯୋଷୀ, କାଳୀଚରଣଙ୍କୁ ସାଥିରେ ନେଇଗଲେ। ସମାଧାନ ପାଇଁ ପ୍ରସ୍ତାବ ରଖିଲେ; କାଳୀଚରଣ ମଙ୍ଗିଲେନି। ନିର୍ମଳା ଯୋଷୀ ଏମ୍.ପି. ନୃସିଂହ ବାବୁଙ୍କୁ ବହୁତ ଫୁସୁଲାଇଲେ। କାଳୀଚରଣ ନିଶ୍ଚୟ ସନ୍ଦର୍ଭ ପଢ଼ିବେ, ଡିମୋନ୍‌ଷ୍ଟ୍ରେସନ୍ ଦିଆଯିବ। ନଚେତ୍ ଯାହା ହବାର ହେବ। ଏମିତି ଜିଦ୍ ଧରିଲେ ଏମ୍.ପି. ନୃସିଂହ ବାବୁ। ସେଇଦିନ ସନ୍ଧ୍ୟା, ସଙ୍ଗୀତ ନାଟକ ଆକାଦମୀର କାର୍ଯ୍ୟକାରୀ କମିଟି ବୈଠକ ବସିଲା। କାଳୀଚରଣ ଠିକେ ଠିକେ ସନ୍ଦର୍ଭ ପଢ଼ିବେ, ଡିମନ୍‌ଷ୍ଟ୍ରେସନ୍ ବନ୍ଦ ହେବ। ଏ ପ୍ରକାର ନିଷ୍ପତ୍ତି ହେଲା। କାଳୀଚରଣଙ୍କୁ ବି ଜଣାଇ ଦିଆଗଲା। ଏହା ସନ୍ତୋଷଜନକ ନଥିଲା। ବିଚାର ବିମର୍ଷ ଚାଲିଲା। କୁମାରୀ ଜୟନ୍ତୀ ନନ୍ଦୀ, ତାଙ୍କୁ ବେଶ କରାଇ ନିଆଯିବ, ଡିମନ୍‌ଷ୍ଟ୍ରେସନ୍ ପାଇଁ ଦର୍ଶକ ମଂଚରୁ ଦାବି ହେବ। ଏ ପ୍ରକାର ଯୋଜନା ହେଲା। ଏଥିପାଇଁ କଳାକାରଙ୍କ ସମର୍ଥନ ଯୋଗାଡ଼ ଆରମ୍ଭ ହେଇଗଲା।

ତା' ପରଦିନ। ବାଳିକାଟି ସୁସଜ୍ଜିତା। ରୂପ କିଛି କମ୍ ନୁହେଁ। ଦିଲ୍ଲୀ ବିଜୟଚୌକ। ସେଇ ବାଟ ଦେଇ ଚାଲିଚାଲି ସମସ୍ତେ ଗଲେ। ଦେଖଣାହାରୀଏ ଚାହୁଁଥାଆନ୍ତି। ଏତେ ସୁନ୍ଦରୀ ଓଡ଼ିଶୀ ନର୍ତ୍ତକୀ। ସମସ୍ତଙ୍କ ଉତ୍ସୁକତା ବଢ଼ିଲା। ବିଜ୍ଞାନ ଭବନରେ ଦର୍ଶକ ସଂଖ୍ୟା ବଢ଼ିଲା। ଦୁଇ ତିନିଶହ ଲୋକ ହେଇଗଲେ। ଇନ୍ଦ୍ରାଣୀ, ଫାବ୍ରୀ – ଉଭୟ ନୃତ୍ୟ ନିପୁଣା, ପ୍ରାଣପଣେ ଚେଷ୍ଟା କଲେ। ଦର୍ଶକଙ୍କ ସମର୍ଥନ ମିଳିଲା। ଡିମନ୍‌ଷ୍ଟ୍ରେସନ୍ ପାଇଁ ଦର୍ଶକ ଅଡ଼ିବସିଲେ। ତାହା ହେଲା। ବାଳିକାଟି ଡିମନ୍‌ଷ୍ଟ୍ରେସନ୍ ଦେଲା। କାଳୀଚରଣ ମଧ୍ୟ ଓଡ଼ିଶୀ ନୃତ୍ୟର ତାତ୍ତ୍ୱିକ ଅନୁଶୀଳନ ପ୍ରବନ୍ଧଟି ପାଠ କଲେ। ମାତ୍ର ଅଧଘଂଟା ସମୟ ଦିଆଯାଇଥାଏ। ଦୀର୍ଘ ତିନିଘଣ୍ଟା ୩୫ ମିନିଟ୍ ଚାଲିଲା ସନ୍ଦର୍ଭ ପାଠ। ସବୁ ସମ୍ପୂର୍ଣ୍ଣ ହେଲା। ଓଡ଼ିଶୀ ନୃତ୍ୟ ଏକ ଶାସ୍ତ୍ରୀୟ ନୃତ୍ୟ – ବିଚାରକ ମଣ୍ଡଳୀ ଏହି ମତ ରଖିଲେ। ଇନ୍ଦ୍ରାଣୀ ଆନନ୍ଦିତ ହେଲେ। ଖୁସିରେ କାଳୀଚରଣଙ୍କ ଗଳାରେ ଫୁଲମାଳଟେ ଲମ୍ବାଇଦେଲେ। ୭ ତାରିଖ ସନ୍ଧ୍ୟା। ବିଜ୍ଞାନ ଭବନ ସଫଳତା କଳାକାରଙ୍କୁ ଉତ୍ସାହିତ କଲା। ସେଇ ଖୁସିରେ ଆଉ ଏକ ଓଡ଼ିଶୀ ନୃତ୍ୟ ପରିବେଷିତ ହେଲା। ତାଲକତାରା ମୁକ୍ତ ରଂଗମଂଚ। ସେଇଠି ପ୍ରଦର୍ଶିତ ହେଲା

ଓଡ଼ିଶୀ ନୃତ୍ୟ। ଦିଲ୍ଲୀର ଓଡ଼ିଆ ଆଉ ଓଡ଼ିଶୀ ପ୍ରେମୀଏ। ସମସ୍ତଙ୍କର ମହା ଆନନ୍ଦ। ଇନ୍ଦ୍ରାଣୀ ନୃତ୍ୟ ଦେଖାଉ ଥାଆନ୍ତି। ବିଶିଷ୍ଟ ଦର୍ଶକଙ୍କ ମଧ୍ୟରେ ମରହଟ୍ଟୀ ଲେଖକ ମାମା ୱାରେର୍ କାର ତାଙ୍କ ସହ ଏମ୍.ଏସ୍. ଆବେ। ନୃତ୍ୟ ଶେଷ ହେଲା। ମନ୍ତ୍ରୀ କବିର କାଳୀଚରଣଙ୍କୁ ସମ୍ବର୍ଦ୍ଧିତ କଲେ। ଭାରତୀୟ ନୃତ୍ୟ କଳାରେ ଓଡ଼ିଶୀ ନୃତ୍ୟର ଏ ସଂବୃଦ୍ଧି ସଂଯୋଗ। ଏଥି ପାଇଁ କାଳୀଚରଣଙ୍କ ଦାନ ଅତୁଳନୀୟ। ସମ୍ବର୍ଦ୍ଧନାରେ କବିର ଏଇ କଥା ଉଲ୍ଲେଖ କଲେ। କିନ୍ତୁ ଓଡ଼ିଶୀ ଉପରୁ ବିପଦ ସମ୍ପୂର୍ଣ୍ଣ ଟଳିଲାନି।

କେନ୍ଦ୍ର ସଂଗୀତ ନାଟକ ଅକାଦମୀ। ଏହାର କାର୍ଯ୍ୟକାରୀ ସମିତି ବସିଲା। ଓଡ଼ିଶା ପ୍ରତିନିଧି ପ୍ରତିକୂଳ ମତ ରଖିଲେ। ଓଡ଼ିଶୀ ନୃତ୍ୟକୁ ତରତରରେ ଶାସ୍ତ୍ରୀୟ ମାନ୍ୟତା ଦିଆ ନ ଯାଉ। ଏଇ ବିପରୀତ ମତଟି ଦେଲେ। ସେୟା ହେଲା। ଓଡ଼ିଶୀ ନୃତ୍ୟ ପାରମ୍ପରିକ ନୃତ୍ୟ (ଟ୍ରାଡ଼ିସନାଲ ଡ୍ୟାନ୍ସ) ଭାବେ ଗୃହୀତ ହେଲା। କାଳୀଚରଣ ମନମରା। ମାତ୍ର କୁହୁଡ଼ି କ୍ଷଣକ ପାଇଁ ଆସେ, ଝଲକାଏ ସୂର୍ଯ୍ୟକିରଣ। ବାସ୍ ସବୁ ସଫା ସୁତୁରା। କାଳୀଚରଣଙ୍କୁ ତାହା ଜଣାଥିଲା। ଓଡ଼ିଶୀ ନୃତ୍ୟର କଳାବିଭବ; ତାହା ହିଁ ଶାସ୍ତ୍ରୀୟ ମାନ୍ୟତା ଦେବ। ଏଇଟି ତାଙ୍କର ଦୃଢ଼ ବିଶ୍ୱାସ। ୧୯୫୯ ମସିହା, ବଜେଟ୍ ଆଲୋଚନା ଚାଲିଥାଏ। ବିଜ୍ଞାନ ଗବେଷଣା, ଓଡ଼ିଶୀ ନୃତ୍ୟ - ଏ ଦିଗରେ ଖର୍ଚ୍ଚ ଦାବି ଉପସ୍ଥାପିତ ହେଲା। ମହାରାଜା କଳାହାଣ୍ଡି, ଚିନ୍ତାମଣି ପାଣିଗ୍ରାହୀ, ନୃସିଂହ ଚରଣ, ଏମାନେ ଆଲୋଚନାରେ ଅଂଶଗ୍ରହଣ କଲେ। ଓଡ଼ିଶୀ ନୃତ୍ୟ ଶାସ୍ତ୍ରୀୟ ମାନ୍ୟତା ପାଇବ। ଦୁଇବର୍ଷ ଆଗରୁ ଏ ଦାବି ହେଇ ଆସୁଛି। ସଂସ୍କୃତି ବିଭାଗ ଉଦାସୀନ ରହୁଛି। ଏ ପ୍ରସଙ୍ଗ ଉଠାଇଲେ ସାଂସଦ ଚିନ୍ତାମଣି ପାଣିଗ୍ରାହୀ। ଯେଉଁମାନେ ଓଡ଼ିଶୀ ନୃତ୍ୟରେ ଆଗ୍ରହୀ, ଯେଉଁମାନେ ଏ ଦିଗରେ ଦକ୍ଷ, ସେମାନେ କମିଟିରେ ରହନ୍ତୁ। କମିଟିରେ ଜଣେ ମାତ୍ର ଓଡ଼ିଆ ପ୍ରତିନିଧି, ମନ୍ତ୍ରୀ କାନୁନ୍‌ଗୋ। ଚେହେରାରେ କଳା ପୂର୍ଣ୍ଣ; ମାତ୍ର ଓଡ଼ିଶୀ ନୃତ୍ୟର ସେ ଧାର୍ ଧାରନ୍ତିନି। ସେ କେବେ ଓଡ଼ିଶୀ ତତ୍ତ୍ୱ ଅଧ୍ୟୟନ କରି ନାହାନ୍ତି। ଏ ସମ୍ପର୍କରେ ତାଙ୍କରି କୌଣସି ଜ୍ଞାନ ନାହିଁ। ସାଂସଦ ଏ ପ୍ରସଙ୍ଗ ବି ଉଠାଇଲେ।

ଓଡ଼ିଶୀ ଅଙ୍ଗପ୍ରତ୍ୟଙ୍ଗରେ ଲଳିତ କଳା ଭଙ୍ଗୀ, ତାହା ଶାସ୍ତ୍ରୀୟ ନୃତ୍ୟର ବିଶିଷ୍ଟ ଅଂଶ। ମନ୍ଦିର ମାନଙ୍କରେ ଦେବଦାସୀ, ଓଡ଼ିଶୀ ନୃତ୍ୟ ପ୍ରଦର୍ଶନ କରନ୍ତି। କୋଣାର୍କ ସୂର୍ଯ୍ୟମନ୍ଦିର, ଭୁବନେଶ୍ୱର ରାଜାରାଣୀ ମନ୍ଦିର, ଅନ୍ୟାନ୍ୟ ମନ୍ଦିର ଗାତ୍ର, ସବୁଠି ଓଡ଼ିଶୀ ନୃତ୍ୟଭଙ୍ଗୀ ଚିତ୍ର ପ୍ରଦର୍ଶିତ। ତାଳପତ୍ର ଖେଦାମାନଙ୍କରେ ନାନାଦି ତଥ୍ୟ ବି ଲିପିବଦ୍ଧ। ଏ ସମସ୍ତ ଛପା ହେବା ବାଂଛନୀୟ। ଏ ସମ୍ପର୍କିତ ଚାରୋଟି ତାଳପତ୍ର ଖେଦା - (୧) ସଂଗୀତ ନାରାୟଣ, (୨) ଅଭିନୟ ଚନ୍ଦ୍ରିକା, (୩) ନାଟ୍ୟ ମନୋରମା, (୪) ସଙ୍ଗୀତ

ଅଭିନୟ ଦର୍ପଣ। ସବୁଗୁଡ଼ିକ ଅତି ଉପାଦେୟ। ଶେଷ ଗ୍ରନ୍ଥଟି ସଂସ୍କୃତ ଶ୍ଳୋକସହ ଓଡ଼ିଆ ଟୀକାଯୁକ୍ତ। କବିଚନ୍ଦ୍ର ନାଟ୍ୟାଚାର୍ଯ୍ୟ କାଳୀଚରଣ, ଓଡ଼ିଶୀ ନୃତ୍ୟ ଗବେଷଣାରେ ପାରଙ୍ଗମ। ଭାରତ ସୁନ୍ଦରୀ ଇନ୍ଦ୍ରାଣୀ ରହମାନ୍, ଓଡ଼ିଶୀ ନୃତ୍ୟ ପ୍ରଦର୍ଶନ କରୁଛନ୍ତି। ଦେଶ ବିଦେଶରେ ଖ୍ୟାତି ଅର୍ଜନ କରିଛନ୍ତି। ଓଡ଼ିଶୀର ଆନ୍ତର୍ଜାତିକ ଖ୍ୟାତି ବଢ଼ିଛି। ଏହି ସମସ୍ତ ତଥ୍ୟ ଓଡ଼ିଆ ସାଂସଦମାନେ ପ୍ରଦାନ କଲେ। ଗତ ସନର ନୃତ୍ୟ ସମାରୋହ, ସେଥିରେ ଯେଉଁ ଚକ୍ରାନ୍ତ ଚାଲିଲା, ତାହା ଅତ୍ୟନ୍ତ ଦୁର୍ଭାଗ୍ୟଜନକ। କ୍ଷୁଦ୍ର ମନୋବୃତ୍ତି, ସଂକୀର୍ଣ୍ଣ ପ୍ରାଦେଶିକତା ଅତି ନିନ୍ଦନୀୟ। କାଳୀଚରଣଙ୍କ ଦ୍ୱାରା ସଂଗୃହୀତ ପୋଥିସମୂହ, ସେଗୁଡ଼ିକ ଲୋକ ଲୋଚନକୁ ଅଣାଯାଉ। ଏସବୁ ଉପରେ ସାଂସଦମାନେ ଜୋର୍ ଦେଲେ। ମନ୍ତ୍ରୀ ହୁମାୟୁନ କବିର। ନିଜର ମତ ରଖିଲେ। କେନ୍ଦ୍ର ସଂଗୀତ ନାଟକ ଅକାଦମୀ। ଓଡ଼ିଶୀ ନୃତ୍ୟକୁ ସ୍ୱୀକୃତି ଦେଇଛନ୍ତି। ଏହା ଏକ ପାରମ୍ପରିକ ନୃତ୍ୟ। ମାତ୍ର ଶାସ୍ତ୍ରୀୟ ମାନ୍ୟତା ପ୍ରସଙ୍ଗ ଏକ ଜଟିଳ ବ୍ୟାପାର। ମନ୍ତ୍ରୀ ନିଜେ ଅନଭିଜ୍ଞ, ସେ ଓଡ଼ିଶୀ ନୃତ୍ୟର ଧାର ଧାରନ୍ତିନି। ଏଇ ବିବୃତି ବି ରଖାଗଲା। ଶେଷରେ ସିଦ୍ଧାନ୍ତ ପାଇଁ ସ୍ୱତନ୍ତ୍ର କମିଟିକୁ ପଠାଇ ଦିଆଗଲା।

ଓଡ଼ିଶୀ ନୃତ୍ୟପ୍ରେମୀ ସାଂସଦ, କାଳୀଚରଣଙ୍କ ଅକୁଣ୍ଠ ଶ୍ରମ, ଈଶ୍ୱରଙ୍କ ଆଶୀର୍ବାଦ। ଶେଷରେ ଫଳବତୀ ହେଲା, ଓଡ଼ିଶୀ ଏକ ଶାସ୍ତ୍ରୀୟ ନୃତ୍ୟ। ସଙ୍ଗୀତ ନାଟକ ଅକାଦମୀ ଏଇ ସ୍ୱୀକୃତି ଦେଲା। କାଳୀଚରଣଙ୍କ ମନୋବାଂଛା ପୂର୍ଣ୍ଣ ହେଲା। ଓଡ଼ିଆ ଜାତି ପାଇଁ ଏଇଟି ଏକ ବିରାଟ କୀର୍ତ୍ତି। ମାତ୍ର ଏତିକି ଯଥେଷ୍ଟ ନଥିଲା। ଓଡ଼ିଶୀ ନୃତ୍ୟକୁ ଯାହା ସାହାଯ୍ୟ ମିଳିବା କଥା, ମିଳିଲାନି। ଅନ୍ୟାନ୍ୟ ଶାସ୍ତ୍ରୀୟ ନୃତ୍ୟ କଥା ଅଲଗା। ସେମାନଙ୍କ ପାଇଁ ସ୍ୱତନ୍ତ୍ର ସୁବିଧା। ଓଡ଼ିଶୀ ଏଥିରୁ ବଂଚିତ ଥିଲା। ଓଡ଼ିଶୀ ସଂଗୀତ ଶାସ୍ତ୍ରୀୟ ମାନ୍ୟତାପ୍ରାପ୍ତ ହେବ। ଏ ଦିଗରେ କାଳୀଚରଣ ଯତ୍ନନେବେ। ସମସ୍ତେ ଏଇ ଆଶାଟି ପୋଷଣ କଲେ। ଓଡ଼ିଶା ରାଜ୍ୟ ସରକାର, ନିଜ ସଂସ୍କୃତି ବିକାଶ ପାଇଁ ଆବଶ୍ୟକୀୟ ପଦକ୍ଷେପ ନେବା ଉଚିତ। ଜାତି ହିତୈଷୀ ସାଂସଦମାନେ ଏ ପ୍ରକାର ଉପାଦେୟ ମତ ସେଦିନ ପୋଷଣ କରିଥିଲେ।

ତା ୦୭.୦୪.୧୯୫୮ ରିଖ। ଷ୍ଟେଟ୍ସମ୍ୟାନ୍ ପତ୍ରିକାରେ ମତଟିଏ ପ୍ରକାଶ ପାଇଲା। ସନ୍ଦର୍ଭ ପାଠ କରିବା ଦିନ କଥା। ଭାରତର ବିଭିନ୍ନ ପ୍ରାନ୍ତରୁ ଆସିଥିଲେ ନୃତ୍ୟସଙ୍ଗୀତ ବିଦ୍ୱାନ୍‌ମାନେ। ଭାରତନାଟ୍ୟମ୍, କଥାକାଳୀ, ମଣିପୁରୀ, କୁଚ୍‌ପୁଡୀ ନୃତ୍ୟ ନିପୁଣମାନେ। ସେମାନେ ଓଡ଼ିଶୀ ନୃତ୍ୟକୁ ଶାସ୍ତ୍ରୀୟ ନୃତ୍ୟ ବୋଲି ସ୍ୱୀକାର କଲେ। ପତ୍ରିକାରେ ଏଇ ମତଟି ପ୍ରକାଶ ପାଇଥିଲା। ତା ୦୭.୦୪.୧୯୫୮ ରିଖ। ନିତ୍ୟାନନ୍ଦ କାନୁନ୍‌ଗୋ ପ୍ରମୁଖ ତିନି ଚାରିଜଣ ବିଜ୍ଞାନ ଭବନରେ ବସିଲେ। ଓଡ଼ିଶୀ ନୃତ୍ୟର

ଶାସ୍ତ୍ରୀୟ ମାନ୍ୟତା ଦେବା ନ ଦେବା - ଏନେଇ ବୈଠକ ବସିଲା । ବୈଠକରେ ଥିଲେ ଶ୍ରୀମତୀ ମୃଦୁଳା ସରାଭାଇ, ଶ୍ରୀ ମୋହନ ଖୋକର, ଶ୍ରୀ ଅନିଲ ଦେ ପ୍ରମୁଖ ନୃତ୍ୟ-ସଙ୍ଗୀତ-ବିଦ୍ୱାନ୍ । ସେମାନେ ଓଡ଼ିଶୀର ଶାସ୍ତ୍ରୀୟ ମାନ୍ୟତା ସପକ୍ଷରେ ଦୃଢ଼ମତ ପୋଷଣ କଲେ । ଅନ୍ୟ ପକ୍ଷରେ ନିତ୍ୟାନନ୍ଦ କାନୁନ୍‌ଗୋ, ତାଙ୍କ ସହ ଆଉ ତିନିଜଣ, ଓଡ଼ିଶୀକୁ ପାରମ୍ପରିକ ନୃତ୍ୟ କହିଲେ । ଉପସ୍ଥିତ ନୃତ୍ୟ-ସଙ୍ଗୀତ-ପ୍ରବୀଣମାନେ କଥାଟିକୁ ନାପସନ୍ଦ କଲେ । ଓଡ଼ିଆ ସାଂସଦମାନେ ଏଥିରେ ଖୁବ୍ କ୍ଷୁବ୍ଧ ହେଲେ । ଶେଷରେ ସତ୍ୟର ଜୟ ହେଲା ।

ବଡ଼ ବିଚିତ୍ର ଏ ରାଜନୀତି । କ୍ଷମତା, ଅର୍ଥ, ପଦପଦବୀ, ଥାନା କଚେରି - ସବୁ ଆଡ଼େ ରାଜନୀତି । ଶେଷରେ କଳା ସଂସ୍କୃତି କ୍ଷେତ୍ରରେ ବି ରାଜନୀତି ପଶିଲା । ଗୋଡ଼ ଟଣା ନୀତି ଆରମ୍ଭ ହେଲା । କଥାଟିଏ ଅଛି । କୁରାଢ଼ୀ କହୁଛି ଗଛକୁ 'ତୋରି ଭାଇ ତୋତେ ହାଣୁଛି ।' ଭାଷା-ସାହିତ୍ୟ-ସଂସ୍କୃତି ଗୋଟେ ଜାତିର ମହିମାମୟ ସ୍ୱର୍ଣ୍ଣିମ ଇତିହାସ, ଜାତୀୟତା ବାଦର ପ୍ରତୀକ । ଏଥିରେ ସମସ୍ତେ ଆର୍ଦ୍ର ହେବା ବିଧେୟ । ନଚେତ କାଳ କ୍ଷମା ଦେବନି । ଅପଯଶ ଯାହା ଲେଖିହେଇ ଯିବ କାଳ କପାଳରେ । କବିଚନ୍ଦ୍ର କାଳୀଚରଣ ପଟ୍ଟନାୟକ । ସଚ୍ଚା ଓଡ଼ିଶୀ ନୃତ୍ୟପ୍ରେମୀ, ଲଢ଼ିଲେ । ଶେଷରେ 'ଓଡ଼ିଶୀ ନୃତ୍ୟ ଶାସ୍ତ୍ରୀୟ ନୃତ୍ୟ' ସ୍ୱୀକୃତି ପାଇଲା, ଶିକ୍ଷା, ରିସର୍ଚ୍ଚ ପାଇଁ ବୃତ୍ତି ବ୍ୟବସ୍ଥା ହେଲା । ସତରେ ! କାଳୀଚରଣ ଜଣେ ମହାନ୍ କଳାକାର, ଓଡ଼ିଆ ଜାତିର ଚିରନମସ୍ୟ ।

■

ସୁନ୍ଦରେ ତୃପ୍ତିର ଅବସାଦ ନାହିଁ...

ଝରାବଉଳର ଗୀତ, ମହୁଆ ସଞ୍ଜର ମଲ୍ଲୀମହକ, ଜୋଛନା ଭିଜା ଚଇତି ରାତି, ଚୋରା ବସନ୍ତର ମୃଦୁ ମନ୍ଦ ହିଲ୍ଲୋଳ, ଅମାନିଆ ପବନ, ଫୁଲର ଚହଟା ହସ, କଳନାଦିନୀ ନଦୀ, ଛଳଗାମିନୀ ଝରଣା, ଦୂର ମୁଣ୍ଡିଆରେ କୁରେଇ ଫୁଲର ହାଟ, ଅଷାଢୁଆ ଜହ୍ନିଫୁଲର ଖିଲିଖିଲି ହସ - କିଣି ନିଏ କବି, ଭାବୁକ ମନକୁ, ଆନମନା ହେଇଯାଏ କଳାକାରଟେ, ମନ ହଜିଯାଏ ଆଉ ଏକ ରାଇଜରେ। ଭାବ ବାଉଳାଏ ବଖାଣି ପକାନ୍ତି ପ୍ରକୃତିର ଅପରୂପ ଶୋଭା ଶିରି। ସେମିତି ହଜି ଯାଇଥିଲେ କବିବର ରାଧାନାଥ ରାୟ। ମରାଳମାଳିନୀ ଚିଲିକାର ନୀଳିମା, ହଂସ ହଂସରାଳୀର ଜଳ କେଳି, ଏରାର ନିଦଭଙ୍ଗା ରାତି ଡାକରା, ଭାଲେରୀ ମଥାନରେ ଆସନ ପାତିଥିବା ଦେବ ବିକର୍ତ୍ତନ, କାଳୀଜାଈ ପାହାଡ଼, ଅପରାଜିତାର ନୀଳିମା ତସ୍କର ବଗୁଲିଆ ପବନ, ସର୍ବୋପରି ପଶ୍ଚିମ ତୀରର ଚିତ୍ତଛୁଆଁ ଆକର୍ଷଣ; ବିହ୍ୱଳ ହୋଇଗଲେ କବିବର। ଅପରୂପା ଚିଲିକାର ଶୋଭା ପସରାମେଲା ସ୍ୱର୍ଗୀୟ ସୁଷମା। ଗାଇଲେ "ଦୃଷ୍ଟପର୍ବ ହୋଇ ଅପୂର୍ବ ପ୍ରତୀତି / ସୁନ୍ଦର ପଣର ଚିରନ୍ତର ରୀତି / ସୁନ୍ଦରେ ତୃପ୍ତିର ଅବସାଦ ନାହିଁ / ଯେତେ ଦେଖିଲେହେଁ ନୂଆ ଦିଶୁଥାଇ।" ଏଇ ସାରସ୍ୱତ ବାଣୀ ଏବେ ବି ଚହଲେଇ ଦିଏ ପାଠକର ରୂପ ତୃଷ୍ଣାକୁ। କେବଳ ରାଧାନାଥ ନୁହନ୍ତି, ଊଣା ଅଧିକେ ପ୍ରାଚୀନ କବିଏ, ସାରଳାଙ୍କ ଠାରୁ ଅଭିମନ୍ୟୁ, ଦୀନକୃଷ୍ଣ, ଉପଇନ୍ଦ୍ର ଯାଏ ଅବା ରଙ୍ଗାଜୀବ ଗଙ୍ଗାଧର - ଏମାନଙ୍କ ଉତ୍କର୍ଷ ପ୍ରକୃତି ପ୍ରାଣତା। ଠିକ୍ ସେମିତି କବିଚନ୍ଦ୍ର କାଳୀଚରଣ ପଟ୍ଟନାୟକ। ସେ ଜଣେ ବିଖ୍ୟାତ ସଙ୍ଗୀତଜ୍ଞ, ଲୋକପ୍ରିୟ ବଂଶୀବାଦକ, ବହୁ ନାଟକର ରଚୟିତା। ସଫଳ ଅଭିନେତା ବି। ତାଙ୍କର ପ୍ରକୃତି ପ୍ରୀତି କିଛି କମ୍ ନୁହେଁ। ପଦୁଅଁ ପୋଖରୀ, ରାଜବାଟୀର ଫୁଲବଗିଚା, ମହାନଦୀର ସାମ ସଙ୍ଗୀତ, ପ୍ରତ୍ୟୁଷ, ପ୍ରଦୋଷ କାଳୀନ ଦୃଶ୍ୟ। ତାଙ୍କ କଳାକାର ପ୍ରାଣକୁ ଚହଲେଇ ଦେଇଛି। ତାଙ୍କର ପ୍ରତିଟି ସାରସ୍ୱତ ସୃଷ୍ଟି

ରସସିକ୍ତ। ଅପରୂପା ପ୍ରକୃତିରାଣୀ ଶୋଭାମୟୀ ରୂପସୀ ଲଳନାଟିଏ। ମୁଗ୍ଧ କବି ବଖାଣିଛନ୍ତି ତା'ର ରୂପ ଲାବଣ୍ୟକୁ। ତାଙ୍କ ଆତ୍ମଲିପି 'କୁମ୍ଭାରଚକ'। ଗଦ୍ୟର ଆବରଣ ତଳେ ପ୍ରକୃତିର ଅଭୁଲା ଚିତ୍ର, କାବ୍ୟିକ ରସ ପ୍ରାଚୁର୍ଯ୍ୟ, ପାଠକ ପ୍ରାଣକୁ ସ୍ପର୍ଶ କରେ - ଏହା ଅନସ୍ୱୀକାର୍ଯ୍ୟ। ସୌନ୍ଦର୍ଯ୍ୟର ପୂଜାରୀଟିଏ ହିଁ କଳାକାର। ସେଇଥି ପାଇଁ ଓଡ଼ିଆରେ ଢଗଟେ - "ରସକୁ ରସେ ରସିଆ / ଘାସକୁ ରସେ ଗାଈ / ହରି ନାମକୁ ଭକତ ରସେ / ଦୁନିଆ ରସେ ମାଈ।" ଏକଥାଟି କେବଳ କାଳୀଚରଣ କାହିଁକି, ସବୁ ରସିକଙ୍କ ପାଇଁ ପ୍ରଯୁଜ୍ୟ।

ସଙ୍ଗୀତପ୍ରେମୀ କାଳୀଚରଣ। କଟକରେ ପାଠ ପଢୁଥିଲେ। ପୋଖରୀତୁଠ, ଦେଖା ହେଇଗଲା ବିଚକ୍ଷଣା ସହ। ସେ ଅନନ୍ୟା ସୁନ୍ଦରୀ, ମନକିଣା ରୂପଲାବଣ୍ୟ ତା'ର। ରହୁଥିଲା କାଳୀଚରଣଙ୍କ ବସା ପାଖରେ, ହେଲେ ବାରନାରୀ। କାଳୀ କେଇଦିନ ନିଜ ଇନ୍ଦ୍ରିୟ ଉପରେ ଅଙ୍କୁଶ ଲଗାଇଲେ। ପ୍ରବୃତ୍ତିର ତାଡ଼ନା, କାମନା ବାସନାର ଅଜଗରୀ କ୍ଷୁଧା, ଏଥିରୁ ମୁନିଋଷିଏ ବାଦ୍ ଯାଇନାହାନ୍ତି। ଦେବତାମାନେ ବି। ମଣିଷ ତ ଛାର। ଭୈମୀ (ଦମୟନ୍ତୀ)ଙ୍କ ସ୍ୱୟମ୍ବର ଚାଲିଥାଏ। କାମ ବିକାର ଗ୍ରସ୍ତ ଦେବତାଏ, ଛଦ୍ମବେଶରେ ଯୋଗଦେଲେ ସ୍ୱୟମ୍ବରରେ। ଇଚ୍ଛା ଦମୟନ୍ତୀଙ୍କ ପାଣିଗ୍ରହଣ କରିବେ। ରୂପ ଆକର୍ଷଣରୁ କିଏ ବା ବାଦ୍ ଯାଇଛି? ନର, କିନ୍ନର ଅବା ଦେବ ଦାନବ? କନ୍ଦର୍ପର ଫୁଲଶର ଆଗରେ ସମସ୍ତେ ମୁଣ୍ଡ ନୁଆଁଇଛନ୍ତି। ଏ ପ୍ରସଙ୍ଗଟି ଲେଖିଛନ୍ତି ରାଧାନାଥ। ତାଙ୍କର ଖଣ୍ଡକାବ୍ୟ 'ଚନ୍ଦ୍ରଭାଗା'। ସୂର୍ଯ୍ୟଦେବ ବି ମୁନିକନ୍ୟା ଚନ୍ଦ୍ରଭାଗାଙ୍କ ପଶ୍ଚାତ୍ ଧାବନ କରିଛନ୍ତି, ନିଜକୁ କିଣା କିଙ୍କର କହିଛନ୍ତି। ପ୍ରେମ ନିବେଦନ କରିଛନ୍ତି। ଯେ ଯେତେ ତେଜସ୍ୱୀ ହେଉ; ତା' ତେଜ କାମଦେବତା କନ୍ଦର୍ପଙ୍କୁ ଜଣା। ଫୁଲ ଶର ଆଗେ ପଡ଼ିଲେ ବୁଦ୍ଧି ହୋଇଯାଏ ବଣା। ତାହା ହିଁ ହେଲା, କାଳୀଚରଣ ଚାଲିଲେ ବିଚକ୍ଷଣା ପାଖକୁ; କିନ୍ତୁ ସେ ରୂପସୀ ସହ ସାକ୍ଷାତ୍ ହେଇ ପାରିଲାନି। ସେତେବେଳକୁ ସେ ଆରପାରିରେ। ଏମିତି ଜୀବନରେ ତାଙ୍କର କେତେକ ଅଭୁଲା ସ୍ମୃତି। କେତେବେଳେ ଫୁଲ ଫଗୁଣକୁ ନେଇ ସେ ସ୍ୱପ୍ନବିଳାସୀ। କେବେ କେଉଁ ସୁନ୍ଦରୀର ଚାରୁ-ଚଟୁଳ-ଚାହାଣୀ, ରାଜହଂସୀ ଚାଲି ତାଙ୍କ ମନ ମୋହିନେଇଛି। ବଡ଼ କଳାତ୍ମକ ଢଙ୍ଗରେ ସେ ସବୁ ବଖାଣିଛନ୍ତି କାଳୀଚରଣ।

ଜୀବନର ଦୋଛକିରେ କାଳୀଚରଣ। ସୁରଙ୍ଗୀ ରାଜ ଦରବାର ଛାଡ଼ିଲେ। ବାରିପଦାର ମହାରାଜା ଶ୍ରୀରାମଚନ୍ଦ୍ର ଭଞ୍ଜଦେବଙ୍କ କଥା ଶୁଣିଥିଲେ। ତାଙ୍କ ଜାତିପ୍ରୀତି, ଭାଷା ପ୍ରେମ କାଳୀଙ୍କୁ ବିହ୍ୱଳ କରିଥିଲା। ଏବେକା ରାଜା ସେଇ ରକ୍ତଧାରୀ। ଆଶାର ମିନାର, ଭାବନାର ଅନ୍ତ ନାହିଁ। ବାରିପଦାରେ ଥା'ନ୍ତି କାଳୀଚରଣଙ୍କର ସମ୍ପର୍କୀୟା

ଭଉଣୀ ଲକ୍ଷ୍ମୀ । କାଳୀ ଡାକନ୍ତି ଲଖମା ଅପା । ତା' ବର ବଂଶୀବାବୁ, ଟ୍ୟାକ୍ସ ଅବକାରୀ ବିଭାଗର ଡେପୁଟି ମାଜିଷ୍ଟ୍ରେଟ୍ । ଲଖମା କାଳୀଚରଣଙ୍କୁ ଡାକେ ଗୁରୁବାରୀ (ଗୁରୁବାରରେ ଜନ୍ମବୋଲି ତାଙ୍କୁ ସ୍ନେହରେ ଏମିତି ଡାକନ୍ତି) । କେହିତ ଚିହ୍ନା ନାହାନ୍ତି । ବାରିପଦାରେ 'ଲଖମା ଅପା' ଏକା ସାହା ଭରସା । କାଳୀଚରଣ ଜଟଣୀରୁ ଟିକଟ କାଟିଲେ ରେଳରେ । ଖୋରଧା ବାଟର ଧୂଳି ସଡ଼କ, ଗଛପତର, ସଭିଏଁ ଲୁହ ଗାଧୁଆ । ପିଲାଦିନ ଏଇଠି କଟିଥିଲା । କେତେ କେତେ ଗଲାଦିନ କଥା, ସତେ ଯେମିତି ବଖାଣି ଚାଲିଛନ୍ତି ସେଇ ଦୃଶ୍ୟରାଜି ! କାଲିକି ପଛରେ ପକାଇସିନା ଦୁନିଆ ଚାଲିଛି । ମଣିଷ ସବୁବେଳେ ଆଗମଡ଼ା, ସ୍ମୃତି ଏକା ପଛଫେରା କରାଇପାରେ । ଆଖିକୁ ପିଠି ଦିଶେନା, ମନକୁ ପଛପଟଟା ଦେଖାଯାଏ । ଅବଚେତନ ମନରେ ସ୍ମୃତିଗୁଡ଼ାକ ସାଇତା, ହଠାତ୍ ଚିଆଇଁ ଦେଲା ରେଳଗାଡ଼ିର ବିକଟ ଚିତ୍କାର । ରୂପ୍‌ସାରୁ ବାରିପଦାକୁ ସାନରେଳ, ହାବଡ଼ା ଯାଉଛି ଗାଡ଼ି, ରହିଲା ରୂପ୍‌ସା ଷ୍ଟେସନରେ । କାଳୀଚରଣ ପାଖ ହୋଟେଲକୁ ଗଲେ, ତରବରରେ ମାଛ ଭାତ ଖାଇଲେ । ଭାତ ମାଛ ମିଲ୍ ଅଠର ପଇସା, ନିରାମୋହୀ ତିନି ଅଣା । ହୋଟେଲ ମାଲିକ ବଙ୍ଗାଳୀ । ମୁହଁରେ ସ୍ମିତହସ । ଓଡ଼ିଶାରୁ ଆସିଥିବାରୁ ତାଙ୍କୁ 'ଠାକୁର' ସମ୍ବୋଧନ କଲେ । ଜଗନ୍ନାଥ ଦେଶର ଲୋକଙ୍କୁ ବଙ୍ଗାଳୀଙ୍କ ଢେର୍ ଆଦର । ଗାଡ଼ି ବାହାରିଲା ବାରିପଦା । ମଦମନ୍ଥର ଗତି, ହିନ୍ଦୁସ୍ତାନୀ ଧିମାତେତାଲା ତାଳ ଦେଇ ଦେଇ ଠୁକୁର ଠୁକୁର ଚାଲିଛି । ମନ ଦଉଡ଼ିଛି । ନାନା ଚିନ୍ତା, କାହାରି କାହା ସହ ତାଳ ମିଳୁନି । ଭଉଁରୀ ପରି ଏକାଠି ମିଳନ, ସେଇ କେନ୍ଦ୍ରରେ । ଅତି ଚଞ୍ଚଳ କେନ୍ଦ୍ରଚ୍ୟୁତ ହେଉଥାଏ ଭାବନା । ସବୁ ଅବିନ୍ୟସ୍ତ-ବିପର୍ଯ୍ୟସ୍ତ-ଅସଙ୍ଗତ । ଗାଡ଼ି ଚାଲିଛି, ଆଗକୁ ଆଗକୁ ।

ସେଦିନ ଗୋପବନ୍ଧୁ ଯାଉଥିଲେ ରେଳରେ, ଆଖି ଆଗରେ ଚିଲିକା । ଭାସି ଯାଉଥିଲା ଚାରୁ ଚିତ୍ରଶାଳା ଆଉ ତା' ଶୋଭାଭଣ୍ଡାର । ସେ ଗାଇଥିଲେ – 'ରହ ରହ କ୍ଷଣେ ବାଷ୍ପୀୟ ଶକଟ / ଦେଖିବି ଚିଲିକା ଚାରୁ ଚିତ୍ରପଟ ।" କାଳୀଚରଣ ବି ଦେଖୁଛନ୍ତି ପ୍ରକୃତି ରାଣୀକୁ । ହଜିଯାଉଛି ତାଙ୍କ ମନ, ଚୈତନ୍ୟ । ଜଙ୍ଗଲୀ ବାଟ । ଭାରି ସୁନ୍ଦର । ପବନ ଚୋରି କରିଆଣୁଛି ଫୁଲର ବାସ । ବେଳେବେଳେ ମନ ଚହଲେଇ ଦଉଛି, କାଳୀଚରଣଙ୍କ ଭାବନାର ସୀମା ନାହିଁ । ଏଇ ପବନ, ବଡ଼ ବଗୁଲିଆ, କେଡ଼େ ଅବିଶ୍ୱାସୀ ସତେ ! ଅଜଣା ଫୁଲକୁମାରୀ, ନବଯୌବନା, କେତେ ସରାଗରେ, କେଡ଼େ ଆଦରରେ ପବନକୁ ଆପଣାର ମଣିଛି । ମନ, ଯୌବନର ଏକମାତ୍ର ସମ୍ପତ୍ତି – ସେଇ ସୁବାସ ସୌରଭ ଟିକକ, ସଅଁପି ଦେଇଛି ବାରବୁଲା ପବନକୁ । ପବନଟା ଦଗାଦିଆ । ଫୁଲକୁମାରୀଙ୍କୁ ଭୁଲେଇ ଦେଲା, ତା' ମନ ଚୋରିକଲା, ପରକୁ ବାଣ୍ଟିଲା, ନିଜ

ବାହାଦୁରି ହାସଲ କଲା ! ପବନ ତ ଏକ ପକ୍ଷ, ଆରପକ୍ଷଟି ଫୁଲ ସୁନ୍ଦରୀ। ବିଚାରିଲେ ସେ ବି ଊଣା ନୁହେଁ। ଫୁଲ କିଛି ବୁଝିଲାନି, ପାତ୍ର ଦେଖି ବ୍ୟବହାର କଲାନି। ପରଦେଶୀ ପବନ ତା' ଦୁଆରେ ପହଁଚିଲା। ମନଭୁଲାଣିଆ ଚାଟୁକଥା କହିଲା। ଫୁଲକୁମାରୀ ଭଳିଲା। ଭଲମନ୍ଦ, ରୀତିନୀତି, ଚାଲିଚଳଣି କିଛି ବାରିଲାନି। ତୁହାକୁ ତୁହା ପବନ, ଆସିଲା ଗଲା ! ଫୁଲ ତ ସବୁରି ମନ କିଣିନେଲା। ଖାଲି ପୁରୁଷକୁ ଦୋଷ ଦେଇ କି ଲାଭ ? 'ବିଶ୍ୱାସୋନୈବ କର୍ତ୍ତବ୍ୟମ୍' - ଏଇ ପାଠଟା ପରେ ଗୁରୁ କହିଛନ୍ତି 'ସ୍ତ୍ରୀଷୁ'। କାହିଁ ଗୁରୁତ ପୁରୁଷଙ୍କୁ ଅବିଶ୍ୱାସ କରିବା କଥା କହିଲେନି। ସୁକୁମାରୀ ଫୁଲ ଦୋଷୀ ହେଲା, ସମସ୍ତେ କହିଲେ ବାଃ ! ବଢ଼ିଆ ପବନ। ଏହା ସତ୍ତ୍ୱେ; ପବନଟା ଯେ ମନଚୋର ଏକଥାଟି କ'ଣ ମିଛ ?

ଫୁଲ, ପବନର ପ୍ରେମ କାହାଣୀ ମନ ସରସା କଥା। ନାନାଦି ଚିତ୍ତ ଚହଲା ଭାବ, ଅନୁଭାବ, ବିଭାବ। ଭାବୁଭାବୁ ଗାଡ଼ି ପହଞ୍ଚିଲା ବାରିପଦାରେ। ମୋଟିଆଟିଏ ଆସିଲା। ଜାତିରେ ଭୂମିଜ, କଳାମଚମଚ ବଳିଷ୍ଠ ବପୁ। ମୁଣ୍ଡବାଳରୁ ତେଲ ଯେମିତି ନିଗିଡ଼ି ପଡୁଛି। ଚିକ୍‌କଣ ସୁନ୍ଥା, ସାଥିରେ ତା'ର ୯/୧୦ ବର୍ଷର ଝିଅ 'ଫୁଲ'। ସିଏ ଯେମିତି ଅସଲ ଫୁଲ ! ରକ୍ତମାଂସର ଫୁଲସହ ଭେଟ, ବାପ ପରି ସେ କଳା। କିନ୍ତୁ ଗଢ଼ଣ ଭାରି ସୁନ୍ଦର। ଢଳାଢଳା ଦୋଟି ଚଞ୍ଚଳ ଆଖି। ନାଲି ମାଖିଲା ପରି ଟିକିଟିକି ଓଠରେ ଲାଜୁଆ ହସ; ଯେମିତି ଘର ବାନ୍ଧି ରହିଛି। ତା'ର ପ୍ରତି କଥାର ଉତ୍ତରରେ ସେଇ ଚାହାଁଣି, କାଳୀଚରଣଙ୍କ ଚିର ଅଭୁଲା। ଚାହିଁଲା ବେଳକୁ ତା' ଆଖିରେ ଆଖିଏ ଲାଜ। ଆଖି ପତା କବାଟକୁ ଆଡ଼ ଆଡ଼ ପେଲା କରି, ପୁଣି ଦେହଛପା ଦେଉଥାଏ। କବିଚନ୍ଦ୍ର ଆଶ୍ଚର୍ଯ୍ୟ ହେଲେ। ତା'ର ମୂର୍ଖ, ବାପା ମା'। ଏ ସରଗ ଖସା ବାଳିକାର ନାଁ ଦେଲେ ଫୁଲ। ସତରେ କ'ଣ ଫୁଲଟିଏ ସେ ? ମା' ଷଠି ଦୁଉଛେଇ, ବୋଧହୁଏ ତା' ମା' କଣ୍ଠରେ ବିଜେ ହେଲେ, ମା' ନାଁ ଦେଇ ଦେଲା ଫୁଲ ! ସତରେ ସିଏ ବଣ ଫୁଲଟିଏ, ତା' ଦରଭଙ୍ଗା ଓଡ଼ିଆ ଭାଷାରେ ଥିଲା ଫୁଲର ମହୁ। କଥା ହୋଇ ହୋଇ ଆସିଲେ କାଳୀଚରଣ। ବାଟ ଜଣାଗଲାନି। ଫୁଲର ବାପା 'ବଇଷ୍ଟିମା'। ତା' ନାଁ ଗାଁ ଠିକଣା ଆଣିଲେ କାଳୀଚରଣ। ଘର ତା'ର ଜାମୁବଣୀ-ବାରିପଦା, ସହରତଳି ଗାଁ। ଏଇ 'ଖେଳ ଲୋଳ ଖଞ୍ଜନାକ୍ଷୀ' ଫୁଲ କୁମାରୀ, ବାପା ମା'ର ଏକମାତ୍ର ଅଲିଅଳୀ ସନ୍ତାନ। ଫୁଲ ହସରେ - ଫୁଟା ଫୁଲ, ଚାହାଁଣିରେ - ଆବାହନୀ - କଥାରେ ଅମୃତ। ବର୍ଣ୍ଣ ତା'ର କଳା। ମନେହେଲା ଯେମିତି 'କଳା' ତା' ଦିହକୁ ଆଶ୍ରା କରି ରହିଛି ! ବାଟ ସରିଲା, ପଡ଼ିଲା କାଳୀଚରଣଙ୍କ 'ବଂଶୀଭାଇ'ର ଘର। ଜବାବ ଥିଲା କୁଲି ମଜୁରି ଛ' ଅଣା। ବୈଷ୍ଟିମାକୁ ତା' ପାଉଣା ତୁଟାଇଲେ। ଫୁଲ ହାତରେ ଦେଲେ

ଶରଧାରେ ଛ' ଅଣା, ଭୁଜା ମୁଆଁ ଖିଆ। କାଳୀଚରଣଙ୍କ ଠାରୁ ହସିହସି ନେଲା ଫୁଲ ପଇସା। କେତେ କଥା ପଚାରିଲା। ଯେମିତି, କେତେଦିନ ରହିବେ, ସେ କାଲିଆସିବ - ଇତ୍ୟାଦି। ଜୁହାର କରି ବାପା ସାଙ୍ଗରେ ଚାଲିଗଲା ଫୁଲ।

ଫୁଲ ଯାଉଛି, ତା' ଫେରିଅନାଉଁଣୀ କାଳୀଙ୍କ ବୁକୁରେ ଗିରା ମାରିଦେଲା। ମନେ ମନେ ଭାବିଲେ - ବିଚିତ୍ର ସେ ଦଇବ ବିନ୍ଧାଣି, କେତେ କାଳ ବସି ଗଢ଼ିଲେ ଏଇ ଅପୂର୍ବ ପ୍ରତିମା ଆଉ ତା' ରୂପ ଠାଣି ମାଣି ! ଧନ୍ୟ ସେ ସ୍ରଷ୍ଟା ! ବାରିପଦାରେ ବସାଘରଟିଏ ନେଲେ, ରହିଲେ କାଳୀଚରଣ। ଫୁଲର ବାପା ବଇଷ୍ଣିମା, ଭଲ ରାନ୍ଧୁଣିଆ, ରାନ୍ଧିଦିଏ। ଏବେ ବାପଝିଅ କାଳୀଚରଣଙ୍କ ପାଖରେ। ଫୁଲର ବୟସ ୧୦/୧୧ ବର୍ଷ। ଫୁଲ ଆଉ ଘରମୁହାଁ ହେଲାନି। ପାଖେପାଖେ ରହିଲା। କାଳୀଚରଣଙ୍କ ସଙ୍ଗରେ ଖାଏ, ଶୁଏ। କ୍ରମେ ପାନ ଭାଙ୍ଗି ଶିଖିଲା। ପାନ ଭାଙ୍ଗି ଦିଏ। ଭାରି ଆଦରରେ ପାନ ଖିଲେ ଖୁଆଇଦିଏ, ଗାଲରେ ଚୁମା ଦିଏ। ଅତି ସରଳା। କିଏ ଅଛି ନ ଅଛି, ତା'ର ସେଥିକି ପସରା ନଥାଏ। କ୍ରମେ ସେ କାଳୀଚରଣଙ୍କୁ ଡାକିଲା ବାବା। ନାଟୁଆ କାଳୀଚରଣ। ଢେର୍ ରାତିରେ ଫେରନ୍ତି ବସାକୁ। ପାହାଚ ଉପରେ ଚାହିଁ ବସିଥାଏ ଫୁଲ। ଆଖିରେ ନିଦ ନାହିଁ। କେତେ କଥା ଭାବେ, ମନକୁ ମନ ଝୁମୁର ଗୀତ ପଦେ ଗାଏ - "ଗ୍ରୀଷମ କାଳେତେ / ମୋର କପାଳେତେ / ନନ୍ଦ ଗୋପାଳେତେ ପାଇ ଯଦି।" ଏଇ ଧାଡ଼ିକ ଦୋହରେଇ, ଦୋହରେଇ ଗାଏ। ଭାରି ମଧୁର ତା' କଣ୍ଠସ୍ୱର।

ମଣିଷ ସପନ ଦେଖେ, କାହିଁ କେତେ। କେତେ ସତ, କେତେ ମିଛ; ସବୁ ସପନ ଦେଖାଳିଙ୍କୁ ଜଣା। ପହିଲି ଦେଖା ଫୁଲ ସହ। ବଣୁଆ ମହକ। ଚହଲି ଯାଇଥିଲା କାଳୀଚରଣଙ୍କ କଳାକାର ମନଟି। ଆଖିରେ ଦେଖିଲେ ବାରିପଦାର ଫୁଲକୁ, ବିମୁଗ୍ଧ ହେଇ ଯାଇଥିଲେ ସେଦିନ। ଘଟଣାର କ୍ରମ ବଦଳିଲା, କୁମ୍ଭାରଚକ ଘୂର୍ଣ୍ଣନ ପରି। ଅପତ୍ୟ ସ୍ନେହରେ ବନ୍ଧାପଡ଼ିଲେ କାଳୀଚରଣ। କ୍ରମେ ଫୁଲର ବୟସ ବଢ଼ିଲା। ଦୁହିତା ପ୍ରତିମା 'ଫୁଲ'କୁ ସେ ସ୍ନେହ ଦେବାରେ ତ୍ରୁଟି କଲେନି। ୧୯୨୨ ସାଲ, ଚିଠିଟିଏ ପହଞ୍ଚିଲା। କାଳୀଚରଣଙ୍କ ପାଇଁ କନ୍ୟା ସିଦ୍ଧାନ୍ତ ହେଇଛି। ଝିଅଟି ଖୋର୍ଦ୍ଧା ଗୁରୁଜଙ୍ଗ ଗ୍ରାମର। କାଳୀଚରଣ ବାହାରିଲେ ଖୋରଧା। ଫୁଲର ଖିଆପିଆ ନାହିଁ, କାନ୍ଦି କାନ୍ଦି ଆଖି ଲାଲ୍। ବହୁତ ବୁଝାବୁଝି କଲେ। ଛୁଟିନେଇ ଖୋରଧା ଆସିଲେ। ପୁଣି ବାଟରେ ଜଙ୍ଗଲ ଭରି ଫୁଲ, ପବନ ମହକ ବାଣ୍ଟୁଥିଲା। କାଳୀଚରଣଙ୍କ ମନେ ପଡ଼ି ଯାଉଥିଲା ଫୁଲର ସେଇ ମନ ଫୁଲାଣିଆ ଗୀତ -

"ଗ୍ରୀଷମ କାଳେତେ, ମୋର କପାଳେତେ, ନନ୍ଦ ଗୋପାଳେତେ ପାଇ ଯଦି

/ ମୁଁଇ ଲବ ଏଇବର, ଯେନ ମୋର ବର, ହେବେ ନଟବର ଶିରୀପତି / ଯାବତ ଜୀବନ ଥାକିବେ ଭୁବନେ ଚୁମିବ ଚରନ ନିତିନିତି।"

ଫୁଲର ଏ ଗୀତ କାହା ପାଇଁ ? ବୁଝି ନ ଥିଲେ କାଳୀଚରଣ। ଆଉ ଚେଷ୍ଟା ବି କରିନଥିଲେ। ନୈସର୍ଗିକ ସୌନ୍ଦର୍ଯ୍ୟ କଳାକାରଟିର ମନ କିଣିନିଏ। ଏଥିରୁ ବାଦ୍ ଯାଇନଥିଲେ କବିଚନ୍ଦ୍ର କାଳୀଚରଣ ପଟ୍ଟନାୟକ। ସେଦିନ ଚିତଉ ଅମାବାସ୍ୟା। ଫୁଲ କାନିରେ ପୁଞ୍ଜାଏ ଚିତଉ, ଆସୁଥିଲା ଗାଁରୁ। କାହିଁ ଥିଲା କଳାହାଣ୍ଡିଆ ମେଘ ଖଣ୍ଡେ, ଢେର୍ ବର୍ଷିଲା। ଫୁଲ ନଈ ଛାତିରେ। ଅମାନିଆଁ ସୁଅ ଭସେଇ ନେଲା, ଫୁଲ ଭାସିଗଲା କାହିଁ କେଉଁ ଅଜଣା ରାଇଜକୁ। ଠିକ୍ ନଈକୂଳିଆ ବଣମଲ୍ଲୀଟି ପରି। ଫୁଲ ଚାଲିଗଲା ଫୁଲବାଟରେ। ରାଜାଘର ଚାକିରି ଯାଇଥିଲା। ବାରିପଦାରୁ ଫେରିଲେ କାଳୀଚରଣ। ପଛରେ ରହିଲା। ଲୋଭନୀୟ ସ୍ମୃତିରୁ ଖିଏ।

■

ଅଦୃଶ୍ୟ କୁମ୍ଭାରର ଇଚ୍ଛା

ଅଦୃଶ୍ୟ କୁମ୍ଭାର, ସେଇ ଇଚ୍ଛାମୟ। ସେ ହିଁ ସୂତ୍ରଧର। ପ୍ରାଣୀଏ ଗୋଟେ ଗୋଟେ କଣ୍ଢେଇ। ତାଙ୍କରି ଇଙ୍ଗିତରେ ପରିଚାଳିତ ଦେବ, ଦାନବ, ନର, କିନ୍ନର - ଏମିତି ସଭିଏଁ। ଅଦୃଶ୍ୟ କୁମ୍ଭାର, ସେ କାହା ପାଇଁ ଈଶ୍ୱର, କିଏ ତାଙ୍କୁ ଡାକେ ପରଂବ୍ରହ୍ମ, ପରମାତ୍ମା। ଆସ୍ତିକମାନେ, ଅଦେଖା ପୁରୁଷଙ୍କୁ ପୂଜନ୍ତି ନାନା ରୂପରେ, ବିଭିନ୍ନ ଭାବରେ। କାହାର ମନସ୍କାମନା ପୂର୍ଣ୍ଣ ହୁଏ। କାହା ଜୀବନ ଅପୂର୍ଣ୍ଣ ରହେ। ସବୁ ବିଧିର ବିଧାନ। ପ୍ରତିଟି ମଣିଷ କୁମ୍ଭାର ଚକରେ ଗଢ଼ା। କୁମ୍ଭାର ମାଟି ଚକଟେ, ସରା, ହାଣ୍ଡି, ମାଠିଆ, ବଢ଼ା, ପୁତଲି ଗଢ଼େ। ଗଢ଼ିବାଟା ତା'ର ମର୍ଜି। ସମସ୍ତେ ଏକ ଏକ ଘଡ଼ି ମାଠିଆ, ହାଣ୍ଡି, ଆଟିକା। ଏମିତିକା ଧାରଣା କବିଚନ୍ଦ୍ର କାଳୀଚରଣ ପଟ୍ଟନାୟକଙ୍କର। ନିଜ ଜୀବନ କାହାଣୀକୁ ସେ ଲେଖିଲେ। ନାଁ ରଖିଲେ 'କୁମ୍ଭାରଚକ'। ଜୀବନର ସୁଖ ଦୁଃଖର କଥା। ସୁଖ ଠାରୁ ଦୁଃଖ ଢେର୍ ଅଧିକ। କଥାଟିଏ ସେ ବାରିଛନ୍ତି। କୁମ୍ଭାରର ମାଟି ଦଳା ଚକଟା ଚାଲେ। ମାଟି କି ବାଧେ। ହାଣ୍ଡି ଆଟିକା ଯୋଡ଼ିଦିଏ କୁମ୍ଭାର। ଏଗୁଡ଼ିକ କାମରେ ଲାଗେ, ଉପକାରରେ ଆସେ। ଟିକେ ଆନନ୍ଦ ପାଏ କୁମ୍ଭାର। ଏ କଥାଟି ଜାଣିଛନ୍ତି କାଳୀଚରଣ। ବାରିଛନ୍ତି କୁମ୍ଭାରର ଅଦେଖା ହାତର ଛୁଆଁ, ମଥା ଉପରେ ଆଶୀର୍ବାଦ ଝରିଛି। ସେଇ ଭରସା, ସେଇ ଦମ୍ଭ, ତାକୁ ଆଶ୍ରା କରି ଚାଲିଛନ୍ତି। ଏବେ ଲେଖକ ଛଅସ୍ତରୀ ବର୍ଷର ବୁଢ଼ା। ସେଦିନର ସେ ଆବେଗ ନାହିଁ, ଆଗକୁ ମାଡ଼ି ଯାଇ ହେଉନି। ଖାଲି ସ୍ମୃତିର ରୋମନ୍ଥନ ଯାହା।

କାଳୀଚରଣଙ୍କ ପିଲାଦିନ, ହସଖୁସିରେ ବିତିଲା। ରାଜଉଆସରେ ନାନାଦି ସୁଖଦ ଅନୁଭବ। ଯାତ୍ରା, ନାଟକ, ସୁଆଙ୍ଗ ଦେଖିବାର ସୁଯୋଗ ମିଳିଲା। ପାଠପଢ଼ା ଜୀବନ, ଆସିଲା ପ୍ରତିବନ୍ଧକ। ବାପା ବାଟ କାଟିଲେ। ଚାକିରି ଖୋଜିଲେ, ମିଳିଗଲା ରାଜାଘରେ ଚାକିରି। ଗେଲବସରିଆ ଦିନ, ସବୁ ପାଣିସୁଅରେ ଭାସିଗଲା। ବାରିପଦାରେ

ଚାକିରି ପାଇଲେ। 'ଫୁଲ' ଆସିଲା ତାଙ୍କ ଜୀବନ ପରିଧିକୁ। କାଳୀଚରଣ ତାକୁ କନ୍ୟାତୁଲ୍ୟା ଆଦର କଲେ। ଫୁଲ ଝରିଗଲା ଅଦିନରେ। ବାରିପଦା ରାଜା ଘରେ ଚାକିରି ରହିଲାନି। କାଳିଆର ଡୋରି ଲାଗିଲା। ପୁରୀ ରାଜପୁରୀରେ ଚାକିରି। ଗଜପତି ରାମଚନ୍ଦ୍ର ଦେବ, ଶ୍ରୀଜୀଉଙ୍କ ଚାମର ସେବା ଦେଲେ। ବିଧି ବାମ ହେଲା। ରାଜା ରାମଚନ୍ଦ୍ର ଦେବ, ବିନା କାରଣରେ ରାଗିଲେ, ତାଙ୍କୁ କୁକୁର ସହ ତଉଲିଲେ। ସଂଗୀତଜ୍ଞ କାଳୀଚରଣ, ପ୍ରତିଜ୍ଞା କଲେ - 'ଚାକିରି ଝକ୍‌ମାରୀ, ଏ ଜନମେ ନାଇଁ କରି।' ଏଣିକି କଳା ସାହିତ୍ୟରେ ମନୋନିବେଶ। ପ୍ରଥମେ ରାସ-ରସ ଚାଖିଲେ, ଥିଏଟର୍ସ ପାର୍ଟି ଗଢ଼ିଲେ, ଓଡ଼ିଶୀ ସଙ୍ଗୀତର ଶାସ୍ତ୍ରୀୟ ମାନ୍ୟତା ପାଇଁ ଆପ୍ରାଣ ଉଦ୍ୟମ କଲେ। ସଫଳତା ବି ପାଇଲେ। ଓଡ଼ିଆ ସଙ୍ଗୀତ-ନାଟକ-ନୃତ୍ୟ ପ୍ରତି ତାଙ୍କର ବଡ଼ ଶରଧା। ଏହାର ଉନ୍ନତି ହେବ, ଜାତିର ଯଶକୀର୍ତ୍ତି ବଢ଼ିବ - ଏଦିଗରେ ଲାଗିପଡ଼ିଲେ। ଢେର ମାନ ସମ୍ମାନ ମିଳିଲା। ହେଲେ ଭଗାରି ମା' ପେଟରେ। ନିଜ ଲୋକେ ବିରୋଧ କଲେ। ତାହା ହିଁ କଳାକାର କାଳୀଚରଣଙ୍କର କ୍ଷୋଭ।

୧୯୫୯ ସାଲ କଥା। କାଳୀଚରଣ ଶିଶୁ ଶ୍ରେଣୀର ପାଠ୍ୟ ପୁସ୍ତକମାନ ଲେଖୁଥିଲେ। ବହିଗୁଡ଼ିକ ସରକାରଙ୍କ ଦ୍ୱାରା ମନୋନୀତ ହେଲା। 'ବାପ ପୁଅର ମଙ୍ଗଳ ଚାହେଁ', ଅଦୃଶ୍ୟ କୁମ୍ଭାର, ତାଙ୍କରି ଅଦେଖା ହାତ ସବୁ ବେଳେ କାଳୀଚରଣଙ୍କ ମୁଣ୍ଡ ଉପରେ। ଏହାର ମୂଳ ବିଶ୍ୱାସ, ନିର୍ଭରଶୀଳତା, ଆତ୍ମ ସମର୍ପଣ। କେତେକେତେ ନାଟକ, ଏକାଙ୍କିକା, ଉପନ୍ୟାସ, କ୍ଷୁଦ୍ରଗଳ୍ପ, ସଂଗୀତ, ନୃତ୍ୟ ନାଟିକା, କାଳୀଚରଣ ଲେଖିଲେ। ଗୀତ ନୃତ୍ୟ ସମ୍ବନ୍ଧୀୟ ଆଲୋଚନା ବି। ଏଥି ସହ ଶିଶୁ ସାହିତ୍ୟ ଲେଖା, ତାହା ମଧ୍ୟ ଅଦୃଶ୍ୟ କୁମ୍ଭାରର ପ୍ରେରଣା। ଲେଖକ ଏହା ସ୍ୱୀକାର କରିଛନ୍ତି। ସେ ଧନୀ ଘର ପିଲା ନୋହିଲେ କ'ଣ ହେବ, ମାନୀଘରର ପିଲା। ଆଜିବି ବାଙ୍କି ଲୋକେ କହନ୍ତି, 'କରଣ ମଧ୍ୟରେ ଶରଣ ପନ୍ନହାକେ'। ପ୍ରାୟ ଦେଢ଼ଶହ ବର୍ଷ ପୂର୍ବେ। ଶରଣ ପଟ୍ଟନାୟକ, ସେ ବାଙ୍କିର ଅତି ପ୍ରସିଦ୍ଧ ବ୍ୟକ୍ତି। ତାଙ୍କରି ବଂଶରେ କାଳୀଚରଣଙ୍କର ଜନ୍ମ। ପରିବାରର ସମ୍ମାନକୁ ସେ ପାସୋରି ନାହାନ୍ତି। ବଂଶ ଗୌରବ ବଡ଼କଥା। ଆତ୍ମମର୍ଯ୍ୟାଦା ବି। ଗୋଟିକରେ ତାଙ୍କ ମତି - "ଯାହା କରିବେ ସାଇଁ।" ଦିଲ୍ଲୀରେ ଆପଣା ଲୋକେ ଭଗାରି ହେଲେ। ବାଟ ଓଗାଳିଲେ। ବହୁ ମାନ-ଅପମାନ ସହିଲେ କାଳୀଚରଣ। ଓଡ଼ିଶୀ ନୃତ୍ୟକୁ ଅନ୍ୟତମ ଶାସ୍ତ୍ରୀୟ ନୃତ୍ୟ ରୂପେ ସ୍ୱୀକୃତି ମିଳିଲା। ଏହି ନୃତ୍ୟ ଅତୀବ ଉଚ୍ଚକୋଟୀର। ନାଟ୍ୟ ଶାସ୍ତ୍ରାନୁଯାୟୀ ଏହାର ଅବୟବ। ଆଙ୍ଗିକ, ବାଚନିକ, ଆହାର୍ଯ୍ୟ, ସାତ୍ତ୍ୱିକ ବିଭାଗ ମଧ୍ୟ ନାଟ୍ୟ ଶାସ୍ତ୍ରାନୁସାରୀ। ଗାୟନ ରୀତି, ଶୈଳୀ - ସବୁ ଓଡ଼ିଶୀ ପରମ୍ପରା ଭିତ୍ତିକ। ଓଡ଼ିଶାର ପରମ୍ପରା ହିଁ 'ଓଡ଼ିଶୀ'। ଖିଆ,

ପିଆ, ପୁଣ୍ୟପର୍ବ, ଚାଲି-ଚଳଣି, ରସପ୍ରକାଶ ଭଙ୍ଗୀ, ସ୍ୱର ବ୍ୟବହାର - ଏ ସବୁ ଅନ୍ୟ ପ୍ରଦେଶ ଠାରୁ ସ୍ୱତନ୍ତ୍ର। ଓଡ଼ିଶୀ ଗୀତ ଓଡ଼ିଶାର ସ୍ୱର ତାଳକୁ ନେଇ ସମୃଦ୍ଧ। ସଙ୍ଗୀତ ଶାସ୍ତ୍ର - ଗ୍ରନ୍ଥମାନଙ୍କରେ ଏସବୁ ପ୍ରସଙ୍ଗ ସ୍ଥାନିତ। ସେଇ ସବୁ ଗ୍ରନ୍ଥଗୁଡ଼ିକର ସଂଗ୍ରହ ଲୋଡ଼ା, ପଠନ ଆବଶ୍ୟକ, ଗବେଷଣା ଅତ୍ୟନ୍ତ ଜରୁରୀ। ଓଡ଼ିଶୀ ନୃତ୍ୟ ଶାସ୍ତ୍ରୀୟ ନୃତ୍ୟ। ଆପଣା ଲୋକେ ବିରୋଧ କଲେ। ସୁନାଟା ପିତଳ ହେବ କିପରି ? ଶେଷରେ କାଳୀଚରଣଙ୍କ ଜିତାପଟ ହେଲା। ତଥାପି ବିରୋଧ ଥମିଲାନି। ଓଡ଼ିଶୀ ସଙ୍ଗୀତ ବିଲୋପ ଲାଗି ଚକ୍ରାନ୍ତ ଚାଲିଲା। ଏହା କର୍ଣ୍ଣାଟକୀ ଧାରାର ସଙ୍ଗୀତ - ଏସବୁ ଅକଥା ଆଉ କେହି ନୁହେଁ, କେଇଜଣ ଓଡ଼ିଆ କହିଲେ। କାହାକୁ କହିବା, ଭାଇ ଭାଇର ଭଗାରି, ସବୁଠୁ ବଡ଼ ଶତ୍ରୁ।

କାଳୀଚରଣଙ୍କ ପିଲାବେଳ। ତାଙ୍କ ବୋଉ ତୁଣ୍ଡରୁ ଶୁଣିଥିଲେ - "ପ୍ରିୟେ ଚାରୁଶୀଳେ" ଗୀତ। ଗୀତ ଗୋବିନ୍ଦ ପ୍ରତି ତାଙ୍କ ମନ ବଳିଲା। 'ଗୀତଗୋବିନ୍ଦ'ର ସ୍ୱର, ଛନ୍ଦ, ତାଳ - ଏସବୁକୁ ଅନୁକରଣ କଲେ। ଗୀତଗୋବିନ୍ଦକୁ ନାଟ୍ୟରୂପ ଦେଲେ। ନାଟକଟିକୁ ପରଶିଲା ସତ୍ୟବାଦୀ ନାଟ୍ୟ ସଂଘ। ୧୯୬୬ ମସିହା। ଦିଲ୍ଲୀ ସଙ୍ଗୀତ ନାଟକ ଅକାଦମୀ ସମାରୋହ। ଆଲୋଡ଼ନ ସୃଷ୍ଟି କଲା 'ଗୀତଗୋବିନ୍ଦ'। ସେଦିନର କଥା, କାଳୀଚରଣ ନିମନ୍ତ୍ରଣ ପାଇଲେ। ଅକାଦମୀରେ ସନ୍ଦର୍ଭଟିଏ ପଢ଼ିବେ। ଲେଖା ଇଂରାଜୀରେ ହେବା ବିଧେୟ। ଲେଖିଲେ 'ଗୀତ ଗୋବିନ୍ଦ ଇନ୍ ଓଡ଼ିଶୀ ଡ୍ୟାନ୍ସ'। 'ମେଘୈର୍ମେଦୁର' ଶ୍ଳୋକର ଓଡ଼ିଆ ଅନୁବାଦ ପାଠ, 'ଲଳିତ ଲବଙ୍ଗଲତା', 'ଦଶାବତାର ଗୀତ', 'ରତିସୁଖସାରେ', 'ପଶ୍ୟତି ଦିଶି ଦିଶି' - ଏସବୁ ଗୀତର ରାଗ, ତାଳ, ଲକ୍ଷଣ ସମ୍ବନ୍ଧୀୟ ଚର୍ଚ୍ଚା। ପ୍ରାଞ୍ଜଳ ଭାବେ ପ୍ରବନ୍ଧରେ ସ୍ଥାନିତ। ୧୯୬୭ ମସିହା, ମାର୍ଚ୍ଚ ୧୮, ୧୯, ୨୦। ତିନି ଦିନ ଧରି ଚାଲିଲା ପ୍ରୋଗ୍ରାମ। କେନ୍ଦ୍ର ସଙ୍ଗୀତ ନାଟକ ଅକାଦମୀ ଏହାର ଆୟୋଜକ। ଗୀତ ଗୋବିନ୍ଦ ଉପରେ ପ୍ରବନ୍ଧମାନ; ବହୁ ବିଶିଷ୍ଟ ବିଦ୍ୱାନ ବ୍ୟକ୍ତି ପାଠକଲେ। ସେତେବେଳର ସଭାପତି ଟି.ଏଲ୍. ଭେଙ୍କଟରମଣମ୍। ପ୍ରବନ୍ଧ ପଢ଼ିଲେ ଅଧ୍ୟାପକ ଏନ୍.ଏସ୍. ରାମଚନ୍ଦ୍ରନ୍, ଅଧ୍ୟାପକ ସି.ଏସ୍. ପନ୍ଥ, ଡ. ଶ୍ରୀମତୀ ପ୍ରେମଲତା ଶର୍ମା। ଶ୍ରୀ ଦିଲ୍ଲୀପ କୁମାର ମୁଖାର୍ଜୀ ବି। ଭାରତୀୟ ସଙ୍ଗୀତକୁ ଗୀତଗୋବିନ୍ଦର ଦାନ, ଏହାର ସାଙ୍ଗୀତିକ ଗଠନ (କଂଟ୍ରିବ୍ୟୁସନ ଅଫ୍ ଗୀତଗୋବିନ୍ଦ ଟୁ ଇଣ୍ଡିଆନ୍ ମିଉଜିକ୍ ଏଣ୍ଡ ଇଟ୍ସ ମ୍ୟୁଜିକାଲ ଷ୍ଟ୍ରକ୍‌ଚର) - ଏଇଟି ଆଲୋଚନାର ବିଷୟବସ୍ତୁ। କାଳୀଚରଣ ବି ପ୍ରବନ୍ଧ ପାଠ କଲେ। ରାତି ୭ଟାରୁ ୯ଟା। ଅକାଦମୀ ହତାରେ ତିଆରି ରଙ୍ଗମଂଚ। ଚାଲିଲା ଗୀତଗୋବିନ୍ଦ ଉପରେ ଗୀତ, ନୃତ୍ୟ ପ୍ରଦର୍ଶନ। ଆଡ଼ାୟାର କଳାକ୍ଷେତ୍ର। ଏହାର ଖ୍ୟାତନାମା କଳାକାର ରାମଗୋପାଳନ୍, ଶ୍ରୀମତୀ

କୃଷ୍ଣାବେଣୀ। ଏମାନେ ରାଧାକୃଷ୍ଣ ଭୂମିକାରେ। ପ୍ରଦର୍ଶନ କଲେ ଭାରତନାଟ୍ୟମ୍। 'ଲଳିତ ଲବଙ୍ଗଲତା', 'ସଖୀ ହେ!' 'କେଶୀ ମଥନ ମୁଦାରମ୍', 'ରତିସୁଖସାରେ', 'ପଶ୍ୟତି ଦିଶି ଦିଶି' ଆଦିଗୀତ। ବିଶିଷ୍ଟ ନୃତ୍ୟାଙ୍ଗନା କୁଙ୍କୁମ୍ ଦାସ, ସେଇ ଗୀତଗୁଡ଼ିକୁ ଓଡ଼ିଶୀ ଶୈଳୀରେ ନୃତ୍ୟ ପରିବେଷଣ କଲେ। 'ବଦସି ଯଦି କିଂଚିଦପି ଦନ୍ତରୁଚି କୌମୁଦୀ' - ଏଇ ଗୀତଟି ଗାଇଲେ ଅଧ୍ୟାପକ ନୀଳକଣ୍ଠ ସିଂ। ଉକ୍ତ ଗୀତର ଓଡ଼ିଆ ଅନୁବାଦ କରିଥିଲେ କାଳୀଚରଣ। ତାହା ସମସ୍ୱରୀ, ସମଛନ୍ଦୀ। ଗୀତଟି ହେଲା- "ମଞ୍ଜୁ ମଧୁ ଭାଷିଲେ ସରସ ରଜ ଚନ୍ଦ୍ରିକା / ହରଇ ମନ ମନ-ତିମିର-ଯାମେ/ ଚନ୍ଦ୍ର-ବଦନା ଅଧର ମଧୁର-ମଧୁ ଧାର ଗୋ / ନୟନ ତ ଚକୋର ସରି କାମେ। ପ୍ରିୟେ ଚାରୁଶୀଳେ! ତେଜ ମନୁ ମାନିନି! ଗୁମାନେ / କାମ-ଖର-ତାପ ସହି! ଦହଇ ସମ ମାନସେ / ଦାନକର ବଦନ ମଧୁପାନେ।" ଏହାକୁ ବି ଗାଇଲେ ଅଧ୍ୟାପକ ନୀଳକଣ୍ଠ ସିଂ। ଗୀତଟିର ରାଗ-ଦେଶ ବରାଡ଼ି, ତାଳ ଅଷ୍ଟତାଳୀ - ଅଷ୍ଟତାଳୀ ବା ଆଠତାଳୀ। ଓଡ଼ିଆ ଭିନ୍ନ ଭାରତର ଅନ୍ୟତ୍ର କୁତ୍ରାପି ଏ ଧାରା ପ୍ରଚଳିତ ନୁହେଁ। ଏହି ତାଳ ଗୀତଗୋବିନ୍ଦରେ ନିର୍ଦ୍ଦେଶିତ। ସେଦିନ କାଳୀଚରଣ ତାଳ, ମାତ୍ରା, ଉକୁଟ ସହ ପରିଷ୍କାର ବୁଝାଇଦେଲେ। ଗୀତଗୋବିନ୍ଦର କବି ଜୟଦେବ, ଜଣେ ଓଡ଼ିଆ, ଏକଥାକୁ ସାବ୍ୟସ୍ତ କରିଦେଲେ।

କାଳୀଚରଣଙ୍କ ଚହଲା ସ୍ମୃତି ଏବେ ବାଟବଣା। ଦିନ ସଅଳ ସଅଳ ଚାଲିଗଲା। ସେଇ ଅଜଣା କୁମ୍ଭାରର ନିର୍ଦ୍ଦେଶ। ସଙ୍ଗୀତ ନାଟକ-ନୃତ୍ୟ, ପ୍ରତିଟିରେ ତାଙ୍କ ଦାନ ସ୍ମରଣଯୋଗ୍ୟ। ଏଇ ପ୍ରଥିତ ଯଶାଙ୍କୁ ବହୁ ସମ୍ମାନ ମିଳିଲା। ଗଜପତି ରାମଚନ୍ଦ୍ର ଦେବ ବିଭୂଷିତ କଲେ 'କବିଚନ୍ଦ୍ର' ଉପାଧିରେ। ବହୁ ଅନୁଷ୍ଠାନରେ ସେ ସମ୍ବର୍ଦ୍ଧିତ। ଉତ୍କଳ ସାହିତ୍ୟ ସମାଜ 'ନାଟ୍ୟାଚାର୍ଯ୍ୟ', ଉପାଧି ଦେଲେ।୧୯୭୪ ମସିହା, ଜାନୁୟାରୀ ୨୬ ତାରିଖ। ସକାଳୁ ସକାଳୁ କଟକ ଆକାଶବାଣୀରୁ ଭାସି ଆସିଲା ଖବରଟେ। ସତ୍ୟନାରାୟଣ ରାଜଗୁରୁ, କେଳୁଚରଣ ମହାପାତ୍ର, କାଳୀଚରଣ ପଟ୍ଟନାୟକ। ଏମାନେ ମନୋନୀତ। ପାଇବେ 'ପଦ୍ମଶ୍ରୀ ପୁରସ୍କାର'। ଅଭିନନ୍ଦନର ସୁଅ ଛୁଟିଲା। ସେତେବେଳର ଗୃହମନ୍ତ୍ରୀ ଏନ୍.କେ. ମୁଖାର୍ଜୀ। ଟେଲିଗ୍ରାମଟେ ପଠାଇଲେ - "ଆଇ ଅଫର ମାଇଁ କଂଗ୍ରାଚୁଲେସନ୍ସ ଅନ୍ ଦି ଆୱାର୍ଡ଼ ଅଫ୍ ପଦ୍ମଶ୍ରୀ ଟୁ ୟୁ ବାଇ ଦି ପ୍ରେସିଡ଼େଂଟ, ରିଗାର୍ଡ଼ସ।" ତାର ବାର୍ତ୍ତାରେ ଏହା ଉଲ୍ଲେଖ ଥିଲା। ପୁରୁଣା ଦିନ ଡାଏରୀ ଆଡ଼େଇଲେ। କାଳୀଚରଣ ପାଇଲେ ତଥ୍ୟଟେ। ତା ୨୧.୧୦.୧୯୬୪ ରିଖ। କଟକ କିଲଟରସାହେବ କାଳୀଚରଣଙ୍କୁ ପଦ୍ମଶ୍ରୀ ଉପାଧି ଦେବା ପାଇଁ ପ୍ରସ୍ତାବ ରଖିଥିଲେ। ଚିଠିଟିଏ ବି ଏ ମର୍ମରେ ପଠାଇଥିଲେ। ସେଇଟି ରହିଗଲା ନାଲିଫିତା ତଳେ। ୧୦

ବର୍ଷ ଗଡ଼ିଗଲା। ଏବେ ବୃଦ୍ଧ କାଳେ ବାଲ୍ୟଲୀଳା। ପଦ୍ମଶ୍ରୀ ସମ୍ବନ୍ଧେ ଗୃହ ସଚିବ, ମିନିଷ୍ଟର ଇନ୍‌ଫରମେସନ୍ ଏଣ୍ଡ ବ୍ରଡ୍‌କାଷ୍ଟିଂ ଚିଠିଟେ ପଠାଇଲେ। କାଳୀଚରଣ ନିର୍ବିକାର। ଉତ୍ସାହ ମୋଟେ ନ ଥିଲା। ସେମାନଙ୍କ ନିକଟକୁ ଉତ୍ତର ଲେଖିଲେ। ଚିଠିଟି ଥିଲା ଇଂରାଜୀରେ। ମୁଁ ବୟସର ଶେଷ ସୋପାନରେ (୭୫ ବର୍ଷ)। ସାରା ଜୀବନ ଓଡ଼ିଶାର କଳା-ସାହିତ୍ୟ-ସଂସ୍କୃତି ପ୍ରତି ଉତ୍ସର୍ଗୀକୃତ। ବିଶେଷକରି ଓଡ଼ିଶୀ ନୃତ୍ୟ, ଗୀତ, ନାଟକକୁ ଲୋକପ୍ରିୟ କରାଇଲି। ଦେଶବାସୀ କବିଚନ୍ଦ୍ର, ନାଟ୍ୟାଚାର୍ଯ୍ୟ ସମ୍ବୋଧନ କରି ଆସୁଅଛନ୍ତି। କେନ୍ଦ୍ର ସଙ୍ଗୀତ ନାଟକ ଅକାଦମୀ ୧୯୬୮ରେ ଭାରତର 'ରତ୍ନ ସଦସ୍ୟ' ଉପାଧିରେ ସମ୍ବର୍ଦ୍ଧିତ କରିଛି। ଏପରି ସ୍ଥଳେ, ରାଜ୍ୟ ସରକାର ଅବା ମହାମାନ୍ୟ ରାଷ୍ଟ୍ରପତିଙ୍କ ସମ୍ମାନ, ତାହା ପୁଣି ବୁଢ଼ା ବୟସରେ, ସମ୍ପୂର୍ଣ୍ଣ ଅନାବଶ୍ୟକ ମନେ ହୁଏ। ଏଭଳି 'ରାଷ୍ଟ୍ରୀୟ ସମ୍ମାନ' ପ୍ରତ୍ୟାଖ୍ୟାନ ପାଇଁ କ୍ଷମା ପ୍ରକାଶ କରୁଅଛି। ଏହି ସବୁ କଥା ସମ୍ପୃକ୍ତ କର୍ତ୍ତୃପକ୍ଷଙ୍କୁ ଜଣାଇଦେବାକୁ ନିବେଦନ। ଧନ୍ୟବାଦ। କାଳୀଚରଣଙ୍କ ଚିଠିଟିର ଏହା ଓଡ଼ିଆ ଅନୁବାଦ।

ଅତି ବିନୟର ସହ 'ପଦ୍ମଶ୍ରୀ' ଉପାଧିକୁ ତୁଚ୍ଛ କଲେ କାଳୀଚରଣ। ୧୯୭୪, ନଭେମ୍ବର ୨୭ ତାରିଖ। ଦୈନିକ ସମ୍ବାଦପତ୍ର 'ପ୍ରଜାତନ୍ତ୍ର', କଟକ ଆକାଶବାଣୀ; ଖବରଟେ ପ୍ରସାର କଲେ। ସମ୍ବଲପୁର ବିଶ୍ୱବିଦ୍ୟାଳୟର ସମାବର୍ତ୍ତନ ଉତ୍ସବ ହେବ। ଏଥିରେ ପଦ୍ମଶ୍ରୀ କୃତାର୍ଥ ଆଚାର୍ଯ୍ୟଙ୍କ ସହିତ କାଳୀଚରଣ ପଟ୍ଟନାୟକଙ୍କୁ ଅନରାରୀ ଡକ୍ଟରେଟ୍ ଦିଆଯିବ। ଉକ୍ତ ଉପାଧିକୁ କାଳୀଚରଣ ସସମ୍ମାନେ ଗ୍ରହଣ କଲେ। ପଦ୍ମଶ୍ରୀ ଉପାଧି ପ୍ରତ୍ୟାଖ୍ୟାନ, ଡକ୍ଟରେଟ୍ ଗ୍ରହଣ। କାନକୁହା କେଇଜଣ ନାକ ଟେକିଲେ। ନାନାଦି ଅପପ୍ରଚାର ଚଳାଇଲେ। କାଳୀଚରଣ ଏ ସମ୍ପର୍କରେ ସଫେଇ ଥିଲା - "ମୋର ବୟସ, ପରିସ୍ଥିତି, ପରିବେଶ ଇତ୍ୟାଦି ବିଚାରରେ ପଦ୍ମଶ୍ରୀ ଉପାଧିକୁ ଦୂରଫିଙ୍ଗା କରିଛି ଆଉ ମୋ ଭାଇଘରର ଆଦର ପରଶା ଶାଗ ପଖାଳକୁ ଆନନ୍ଦରେ ଆଦରି ନେଇଛି। ଏଥିରେ କ'ଣ ଭୁଲ କଲି ? ସହୃଦୟ ପାଠକ ପାଠିକାଙ୍କ ବିଜ୍ଞ ବିଚାର ତଳେ ମୁଁ ମଥା ନୁଆଁଇବାକୁ ରାଜି।"

କାଳୀଚରଣ ଜଣେ ନିରୋଳା କଳାକାର। ସେ ଉପାଧି ଲାଳସା ମହାବ୍ୟାଧିରେ ପୀଡ଼ିତ ନଥିଲେ। ଅଧୁନା ଉପାଧି ରୋଗ ନଖଠାରୁ ଶିଖଯାଏ ଗ୍ରାସ କଲାଣି। ସବୁଠି ପ୍ରତିଯୋଗିତା। ଧରାଧରି, ମାରପେଂଚ କଥା। ଏପରି କି କଥା ନ୍ୟାୟାଳୟ ଯାଏଁ ଯାଉଛି। 'ନୋବେଲ' ପୃଥିବୀର ସର୍ବୋଚ୍ଚ ପୁରସ୍କାର। ଯାକୁ ନେଇ ବି ବାଦ ବିସମ୍ବାଦ। ଶିଳ ଶିଳପୁଆ ଗଗନ ଉଡ଼ିଲେଣି, ଶିମିଳି ତୁଳା ବା କିବା ଛାର ? ଯୋଗ୍ୟ ଲୋକଙ୍କୁ

ଉପାଧି ମିଳୁ ହେଲେ ଠିକ୍ ସମୟରେ ପାଇବାଟା ଗୁରୁତ୍ୱପୂର୍ଣ୍ଣ। ବୃଦ୍ଧକାଳେ ଅବା ପରଲୋକ ଗମନ ପରେ, ଉପାଧି ବା କି ଲୋଡ଼ା ? କବିଚନ୍ଦ୍ର, ନାଟ୍ୟାଚାର୍ଯ୍ୟ, ଡକ୍ଟର କାଳୀଚରଣ - ଏ କଥାଟି ମର୍ମେ ମର୍ମେ ବୁଝିଥିଲେ। 'ପଦ୍ମଶ୍ରୀ' ପ୍ରତ୍ୟାଖ୍ୟାନ ତାଙ୍କର ଅହମିକା ନୁହେଁ; ସଚେତନତା ସୃଷ୍ଟି ପାଇଁ ତାହା ଏକ ନମ୍ର ପରାମର୍ଶ ମାତ୍ର।

ଭାଗ୍ୟ, ମଣିଷ - ଉଭୟଙ୍କ ଦ୍ୱାରା ପରାଜିତ ଫଟାକପାଳିଆ କାଳୀଚରଣ। ତଥାପି ସେଇ ଅଦୃଶ୍ୟ କୁମ୍ଭାର। ସବୁ ତା'ର ଇଚ୍ଛା। 'କୁମ୍ଭାର ଚକ' ଲେଖିଦେଇ ସ୍ରଷ୍ଟା ମେଲାଣି ମାଗିଛନ୍ତି। ନେଇଛନ୍ତି ମଧ୍ୟ। ସମ୍ପୂର୍ଣ୍ଣ ହେଇଛି ଆତ୍ମଲିପି 'କୁମ୍ଭାରଚକ'। ସତରେ! "ଯାହା କରିବେ ସାଇଁ / ତା' କାହାରି ହାତରେ ନାଇଁ।"

■

ଡକ୍ଟର ସେଣଙ୍କ ପ୍ରକାଶିତ ପୁସ୍ତକ

୧. ଓଡ଼ିଶାରେ ମୁକ୍ତିସଂଗ୍ରାମର ଓଁ କାର
୨. ଓଡ଼ିଶା ଜନଜୀବନ ଓ ଔପନ୍ୟାସିକ ନିତ୍ୟାନନ୍ଦ ମହାପାତ୍ର
୩. ଛାଇ ଓ ମଣିଷ
୪. ମୁକ୍ତି ସଂଗ୍ରାମରେ ସ୍ରଷ୍ଟା କତିପୟ
୫. ସୃଷ୍ଟି ସମୀକ୍ଷା
୬. ନବଧା ନିତ୍ୟାନନ୍ଦ
୭. ଅନନ୍ୟ କାନ୍ତକବି
୮. ଜନଜୀବନ ଓ ସାହିତ୍ୟ
୯. କାଳ ଓ କଳାର ଶିଳ୍ପୀ ସୁରେନ୍ଦ୍ର
୧୦. ଭାବ ଓ ଭାଷାର ସମ୍ରାଟ ସୁରେନ୍ଦ୍ର
୧୧. ଊନବିଂଶ ଶତାବ୍ଦୀ ଓ ଫକୀରମୋହନ
୧୨. ଓଡ଼ିଆ ସାହିତ୍ୟ-ସଂସ୍କୃତି ଓ କବିଚନ୍ଦ୍ର କାଳୀଚରଣ

www.ingramcontent.com/pod-product-compliance
Lightning Source LLC
Chambersburg PA
CBHW050140110726
47898CB00008B/2604
9781645607960